자연어 텍스트 처리를 통한
검색 시스템 구축

자연어 텍스트 처리를 통한 검색 시스템 구축

아파치 솔라, 루씬, OpenNLP 등 오픈소스 활용

그랜트 잉거솔 · 토마스 모튼 · 드류 패리스 지음
임혜연 옮김

i!i
에이콘

추천의 글

고품질 텍스트 처리 능력에 대한 요구가 기하급수적으로 증가하는 이 시기에 어떤 식으로든 텍스트 정보에 의존하지 않는 분야나 산업을 생각하기는 어렵다. 급성장하는 웹 기반 경제는 극적으로 신속히 의존 정도를 늘렸다. 동시에 재능 있는 기술 전문가의 수요도 빠른 속도로 증가하고 있다. 이런 환경에 나온 훌륭하고 아주 실용적인 이 책은 실질적이고 현실적이며, 테스트된 지침과 설명을 제공해 준다.

몇 년간 나와 함께 일한 적이 있는 탁월하고 대단히 경험 많은 소프트웨어 엔지니어인 그랜트 잉거솔Grant Ingersoll, 드류 패리스Drew Farris와 자연언어 처리 분야의 존경받는 기여자인 톰 모튼Tom Morton은 이 책에서 고도로 선별된 텍스트 처리자, 즉 자연언어 처리NLP 엔지니어 집단에 합류하는 데 관심이 있는 다른 기술 분야의 사람들을 안내하기 위한 현실적 과정을 제공한다.

내가 '세상을 위한, 세상 속에서의 학습'이라고 생각하는 것과 같은 방식으로 그랜트, 드류, 톰은 사실 아주 복잡한 프로세스에서 불가사의를 제거했다. 그들은 기존 도구, 구현된 예제, 잘 테스트된 코드에 집중해서 한 학기의 NLP 학습 과정을 수료하지 않고서도 이 책만으로도 가능하게 만들었다.

소프트웨어 엔지니어로서 독자가 예제와 코드 베이스, 여기서 참조한 오픈소스 도구를 자신의 것으로 익힐 수 있는 기초가 있다면, 예상한 것보다 더 빨리 진짜 전문가가 되고 실세계의 기회를 잡을 준비를 할 수 있을 것이다.

— **리즈 리디**(Liz Liddy)/시라큐즈 대학 정보학부 학과장

지은이 소개

그랜트 잉거솔 Grant Ingersoll

검색과 자연언어 처리 도구를 개발하는 루시드 이미지네이션Lucid Imagination의 창업자다. 루시드 이미지네이션을 창업하기 전에는 시라큐즈 대학의 자연언어 처리 센터의 시니어 소프트웨어 엔지니어였다. 자연언어 처리 센터와 그 이전에는 MNIS-텍스트와이즈TextWise에서 정보 검색, 질의응답, 클러스터링, 요약, 카테고리 분류를 수반하는 다수의 텍스트 처리 애플리케이션을 개발했다. 아파치 루씬Lucene 자바 프로젝트의 커미터이면서 강연자이자 트레이너이고, 아파치 머하웃Mahout 기계학습 프로젝트의 공동 창립자다. 시라큐즈 대학에서 컴퓨터과학 석사학위를 받았으며, 암허스트 칼리지에서 수학과 컴퓨터과학 학사학위를 받았다.

토마스 모튼 Thomas Morton

텍스트 처리와 기계학습 분야의 소프트웨어를 개발하고 연구를 수행한다. 최근 5년 동안 OpenNLP 텍스트 처리 프로젝트와 최대 엔트로피 기계학습 프로젝트의 주요 개발자이자 관리자였다. 2005년, 펜실베이니아 대학에서 컴퓨터과학 박사학위를 받았고, 업계에서 텍스트 처리와 기계학습을 기업 수준의 개발에 적용하는 일을 수행했다. 현재 필라델피아에 있는 컴캐스트 인터랙티브 미디어Comcast Interactive Media에서 소프트웨어 아키텍트로 일하고 있다.

드류 패리스 Drew Farris

대규모 분석과 분산 컴퓨팅 및 기계학습을 주로 하는 전문 소프트웨어 개발자이자 기술 컨설턴트다. 전에는 텍스트와이즈Textwise에서 일하면서 자연언어 처리와 분류, 시각화 기법을 조합해서 다양한 텍스트 조사와 관리, 검색 애플리케이션을 만들었다. 아파치 머하웃, 루씬, 솔라 등의 여러 가지 오픈소스 프로젝트에 기여했고, 시라큐즈 대학 정보학부의 정보자원관리 석사학위와 컴퓨터그래픽스 학사학위가 있다.

지은이의 말

인생은 뜻하지 않은 순간으로 가득 차 있지만, 그중 지금 내 경력을 정의하는 것과 같은 몇 가지 순간은 나에게 더 두드러지게 나타난 것이다. 텍스트와이즈라는 뉴욕 시라큐즈에 있는 작은 회사의 개발자 구인 광고를 우연히 발견했을 때는 90년대 후반이었고, 그때 나는 분산 전자기학 시뮬레이션 일을 하는 젊은 소프트웨어 개발자였다. 구인 내용을 읽고, 스스로 직무 조건을 만족시킨다고는 거의 생각하지 못했지만, 어쨌든 해보기로 하고 이력서를 보냈다. 어떻게 됐든 그 자리를 얻었고, 검색과 자연언어 처리 분야의 경력을 시작했다. 그때는 이렇게 몇 년 후에 내가 그 주제에 대한 책을 쓰는 것은 물론 여전히 검색과 NLP 분야에 종사할 거라고는 생각지도 못했다.

당시 첫 과제는 사용자가 영어로 질의를 입력해서 프랑스어, 스페인어, 일본어로 된 문서를 찾고 자동으로 번역할 수 있게 해 주는 교차 언어 정보 검색^{CLIR,} _{Cross-Language Information Retrieval} 시스템에 대한 일이었다. 돌이켜 보면 작업한 첫 시스템은 텍스트를 다루는 맛을 알게 하는 난해한 문제를 다 다루는 것이었다(검색, 분류, 정보 추출, 기계 번역, 문법 학습자를 미치게 만드는 그 모든 언어에 대한 독특한 규칙 등). 첫 프로젝트 후 나는 규칙 기반 분류기부터 질의응답^{QA} 시스템에 이르는 여러 가지 검색과 NLP 시스템 일을 했다.

그 후 2004년, 자연언어 처리 센터^{Center for Natural Language Processing}의 새 일 때문에 오픈소스 검색 라이브러리의 실질적 표준인(어쨌든 그때에는) 아파치 루씬^{Apache Lucene} 을 사용하게 됐다. 나는 또 한 번 CLIR 시스템을 작성하고 있었는데, 이때는 영어와 아랍어에 대한 일이었다. 이 과제를 수행하는 데 루씬 기능이 필요했기 때문에 기능과 버그 수정에 대한 패치를 내놓기 시작했다. 그러고 나서 나는 커미터가 됐다. 거기부터 수문이 열렸다. 오픈소스에 더 관여하게 됐는데, 아파치 머하웃^{Apache Mahout} 기계학습 프로젝트를 이자벨 드로스트^{Isabel Drost}와 칼 웨틴^{Karl Wettin}과 함께 시작했고, 거기 더해 아파치 루씬과 솔라^{Solr}를 사용한 검색과 텍스트 분석 중심으로 만든 회사 루시드 이미지네이션Lucid Imgination을 공동으로 창립했다.

원점으로 돌아와서 검색과 NLP는 문제를 해결하기 위해 데이터 구조와 알고리즘 모두에 대한 정교한 접근 방식이 필요한 컴퓨터 과학의 정의 영역에 속한다고 생각한다. 사용자가 만든 대량의 웹과 소셜 콘텐츠를 처리해야 하는 확장 요구 사항을 더하면 개발자의 꿈을 이루게 된다. 이 책은 텍스트 처리에 대한 어려운 문제를 해결하기 위해 이미 존재하며 검증된 오픈소스 라이브러리를 사용하는 데 초점을 맞춘 엔지니어를 위한, 그리고 엔지니어가 직접 저술한 책이 없는 현실로부터 출발했다. 이 책이 현재 직무에서 일상의 문제를 해결하는 데 도움이 되는 것은 물론이고, 학습에 대한 풍부한 기회로 텍스트의 세계를 보게 독자를 고무하기를 희망한다.

— **그랜트 잉거솔**(Grant Ingersoll)

고등학교 2학년 때 인공지능에 매료됐고, 학부시절에 대학원에 진학해서 자연언어 처리에 집중하기로 했다. 펜실베이니아 대학에서 텍스트 처리, 기계학습, 일반적인 알고리즘과 데이터 구조에 대해 믿기 어려울 만큼 많이 배웠다. 자연언어 처리의 최고 지성 몇몇과 일하고 배울 기회도 있었다.

대학원 연구 과정에서 다수의 NLP 시스템 일을 했고 DARPA가 지원하는 동일 지시어, 요약, 질의응답에 대한 수많은 평가에 참여했다. 이 작업 과정에서 루씬과 더 큰 오픈소스 움직임에 익숙해졌다. 또한 효율적인 종단 간 처리를 제공할 수 있는 오픈소스 텍스트 처리 소프트웨어에 구멍이 있는 것도 알아챘다. 학위 논문을 기반으로 해서 OpenNLP 프로젝트에 광범위하게 기여했고, ETSEducational Testing Services에서 자동화된 에세이와 짧은 답변 채점에 대한 일을 하는 동안에도 NLP 시스템에 대해 계속 학습했다.

오픈소스 커뮤니티에서 일하는 동안 다른 사람들과 일하는 것에 대해 많이 배웠고, 그래서 훨씬 더 나은 소프트웨어 엔지니어가 됐다. 오늘날 이 책에서 설명한 도구와 기법 상당수를 사용하는 소프트웨어 엔지니어 팀들과 같이 컴캐스트Comcast

Corporation에서 일한다. 이 책이 내가 대학원에서 가르침을 받은 여러 연구자들과 실제 사람을 위한 현실적인 문제를 해결하기 위해 텍스트 처리를 사용하려는 목적을 가진 모든 소프트웨어 엔지니어 사이의 간극을 메우는 데 도움이 되기를 바란다.

— **토마스 모튼**(Thomas Morton)

90년대 중반에 엘리자베스 리디Elizabeth Liddy 박사, 백우진Woojin Paik 박사 및 텍스트와이즈의 여러 연구자들에게 그랜트Grant처럼 정보 검색과 자연언어 처리 분야를 소개받았다. 시라큐즈 대학의 정보학부에서 석사 과정을 마칠 때 그룹에서 일하기 시작했다. 그때 텍스트와이즈는 연구 그룹에서 텍스트 처리 연구 결과에 기반을 두고 애플리케이션을 개발하는 스타트업 비즈니스로 전환하고 있었다. 수년간 그 회사에서 꾸준히 배우고, 새로운 것을 발견했으며, 여러 가지 관점에 따라 기계가 언어를 이해하도록 가르치는 도전에 맞서기로 한 뛰어난 사람들과 같이 일했다.

개인적으로는 소프트웨어 개발자 관점에서 먼저 텍스트 분석 주제에 접근했다. 뛰어난 연구자와 함께 일하면서 그들의 아이디어를 실험에서 동작하는 프로토타입으로, 다시 거대하게 확장 가능한 시스템으로 변형하는 특권을 누렸다. 그 과정에서 최근 데이터 과학으로 알려진 것을 다량으로 할 기회를 얻었고, 거대한 데이터 집합과 거기서 학습하기 위한 도구와 기법을 탐구하고 이해하는 데서 깊은 기쁨을 발견했다.

내 경력에서 오픈소스 소프트웨어가 미친 영향은 아무리 강조해도 모자란다. 일반적으로 연구의 동반자로서 쉽게 사용할 수 있는 소스코드는 텍스트 분석과 소프트웨어 개발에 대해 새로운 기법과 방식을 배우기 위한 대단히 효율적인 방법이다. 자신의 지식과 경험을 협력하고 배우려는 열정을 지닌 타인과 나누기 위해 노력한 모두에게 경의를 표한다. 특히 오픈소스 소프트웨어의 개발과 그것을 지원하는 사람들, 절차, 커뮤니티 전용의 활기찬 생태계를 지속적으로 발달시키는 아파치 소프트웨어 재단의 좋은 사람들에게 감사하고 싶다.

이 책에 소개된 도구와 기법은 오픈소스 소프트웨어 커뮤니티에 깊은 뿌리를 두고 있다. 루씬, 솔라, 머하웃, OpenNLP는 모두 아파치의 영향 아래에 있다. 이 책에서는 이런 도구로 할 수 있는 일을 겉핥기 정도로 다룬다. 우리의 목표는 텍스트 처리를 둘러싼 핵심 개념을 이해시키고, 이 분야에 대한 이후의 탐구를 위한 견고한 기초를 제공하는 것이다.

행복하게 코딩하시라!

— 드류 패리스(Drew Farris)

감사의 글

오랜 시간이 걸려 나온 이 책은 우리가 기꺼이 감사드리려 하는 많은 사람들의 노고에 상응한다. 모두에게 감사를 전한다.

- 아파치 솔라^{Apache Solr}, 루씬^{Lucene}, 머하웃^{Mahout}, OpenNLP와 그 외의 이 책 도처에 사용된 도구의 사용자와 개발자

- 우리와 함께 한 데 대해 매닝 출판사, 특히 Douglas Pundick, Karen Tegtmeyer, Marjan Bace에게 감사한다.

- Jeff Bleiel, 우리의 개발 편집자, 우리의 미친 일정에도 불구하고 우리를 이끌어 주고, 언제나 좋은 피드백을 갖고 있으며, 개발자를 저자로 바꿔준 데 대해

- 이 책을 개선해준 질문 및 첨언, 비평을 전해준 리뷰어에게게: Adam Tacy, Amos Bannister, Clint Howarth, Costantino Cerbo, Dawid Weiss, Denis Kurilenko, Doug Warren, Frank Jania, Gann Bierner, James Hatheway, James Warren, Jason Rennie, Jeffrey Copeland, Josh Reed, Julien Nioche, Keith Kim, Manish Katyal, Margriet Bruggeman, Massimo Perga, Nikander Bruggeman, Philipp K. Janert, Rick Wagner, Robi Sen, Sanchet Dighe, Szymon Chojnacki, Tim Potter, Vaijanath Rao, Jeff Goldschrafe

- 이 책의 특정 절에 전문 지식을 빌려준 기여자들인 J. Neal Richter, Manish Katyal, Rob Zinkov, Szymon Chojnacki, Tim Potter, Vaijanath Rao

- 빈틈없는 기술적 비평 및 텍스트와이즈^{TextWise}, CNLP에서, 그리고 루씬의 일부로 텍스트 애플리케이션을 개발하는 데 시간을 내준 Steven Rowe에게

- 드류와 그랜트에게 텍스트 분석의 세계와 그 안에 있는 즐거움과 기회를 소개해 주고 추천의 말을 써준 리즈 리디 박사

- 모든 MEAP^{Manning Early Access Program}(책이 완성되기 전 미리 구매한 사람들이 일부분을 읽을 수

있게 매닝 출판사가 제공하는 프로그램) 독자들에게, 그들의 인내심과 피드백에 감사한다.

- 무엇보다도, 격려와 정신적인 지원, 그리고 보통의 삶에 쓸 시간을 줄여 집필
  작업을 하는 데 몰두한 것을 이해해 준 가족과 친구, 동료들

그랜트 잉거솔 Grant Ingersoll

텍스트 분석에 대해 많은 것을 가르쳐준 텍스트와이즈와 CNLP의 모든 동료들에게
감사드린다. 수학을 흥미롭게 만들어 준 Mr. Urdahl, 내가 더 나은 학생이자 사람
이 되게 해 준 Ms. Raymond, 부모님인 Floyd와 Delores, 아이들인 Jackie와
William에게(언제나 사랑한다), 심야 작업과 사라진 주말을 참아준 내 아내 Robin에게,
그 모든 때 곁에 있어준 데 감사한다!

톰 모튼 Tom Morton

공동 저자들에게, 노고와 파트너십에 감사드린다. 아내 Thuy와 딸 Chloe에게, 인
내심과 지원, 너그럽게 준 시간에 감사드린다. 내 가족 Morton과 Trans에게, 보내
주신 모든 격려에 감사를 드린다. 펜실베이니아 대학과 컴캐스트Comcast의 동료들에
게, 그들의 지원과 협력에 대해 감사를 전한다. 특히 Na-Rae Han, Jason
Baldridge, Gann Bierner, Martha Palmer. Jörn Kottmann에게, OpenNLP에 대한
지칠 줄 모르는 기여에 감사드린다.

드류 패리스 Drew Farris

이 책과 그 외의 많은 흥미로운 프로젝트에 관여하게 해 준 그랜트에게 감사를
전한다. 믿기 힘들 정도로 멋진 것들을 가르쳐주고, 텍스트 분석, 기계학습, 놀라운
소프트웨어의 개발에 대한 열정을 공유했던 이전과 현재 동료들에게 감사한다. 아
내 Kristin과 아이들 Phoebe, Audrey, Owen에게, 이 책과 다른 기술적 시도를 위한
작업을 하기 위해 시간을 훔치는 동안 보내준 인내와 지원에 대해 감사를 전한다.
나의 대가족에게, 특히 이 책을 완결된 형태로 볼 수 없을 내 어머니에게 보내준
흥미와 지원에 감사드린다.

옮긴이 소개

임혜연 hyeyeon.yim@gmail.com
소프트웨어가 세상을 더 좋게 바꿀 수 있는지 고민하며 사는 개발자다. 인간 언어와 프로그래밍 언어, 프론트엔드부터 백엔드까지 다 파고들고 싶은 욕심이 있는 사람이다. 옮긴 책으로는 에이콘출판사에서 발간한 『데이터 접근 패턴』(2013)이 있다.

옮긴이의 말

오래 걸렸습니다. 이 책의 원서가 출간됐을 때 "제가 처음 검색 분야를 접할 때 이런 책이 있었다면 좋았겠다."는 아쉬움이 들었고, 그래서 이 책의 한국어판이 반드시 필요하다고 생각했습니다. 이 책에는 많은 오픈소스 프로젝트를 사용한 예제가 들어 있고, 이 프로젝트들은 지금도 끊임없이 진화하고 있습니다. 개발자들이 이 책으로 검색과 자연어 처리를 쉽게 활용하는 시작 지점으로 삼으면 좋겠습니다. 깃허브에 책의 예제가 모두 올라와 있고, 거의 바로 실행시킬 수 있는 정도로 완성돼 있으니 좋은 참고가 될 것이라고 생각합니다.

9개의 장으로 이뤄진 이 책은, 텍스트 처리에 대한 소개부터 시작해서 처리 대상인 텍스트를 얻기 위한 방법, 검색 이론, 검색 서비스를 구성하는 주요 요소가 되는 유사 문자열 일치, 개체명 인식, 결과를 사용자에게 도움이 되는 방식으로 보여주기 위한 클러스터링과 분류, 앞의 내용을 통합해서 적용하는 QA 시스템 소개와 심화된 주제에 이르는 내용으로 구성됐습니다. 순차적으로 읽을 필요는 없지만, 이 분야가 낯선 사람이라도 차근차근 따라갈 수 있게 구성돼 있습니다.

이 책을 번역할 때 여러 사람의 도움을 받았습니다. 흔쾌히 베타리더를 해주신 강희구 님, 권정민 님, 이은지 님, 정지용 님, 진태진 님, 그리고 정상영 님께 감사드립니다. 한국어 용어와 문장에 대한 피드백이 큰 도움이 됐습니다. 제 고민을 바로 옆에서 들어주고 첫 독자가 되어준 이상섭 님께도 큰 감사의 마음을 전합니다. 검색 분야를 처음 접했을 때 이끌어준 예전 동료들께도 늘 고마운 마음을 갖고 있습니다.

2018년 12월, 솔라 최신 버전인 7.5를 기준으로 책 내용을 검토해, 최신 버전을 사용하려면 어떤 것을 보면 될지에 대한 안내를 덧붙였습니다. 머하웃의 경우에는 패키지 전체적인 변화가 너무 크고 그동안 더 널리 사용되는 다른 라이브러리(아파치 스파크)가 있어, 책에서 하는 일을 스파크로 하기 위해 어떤 문서를 보면 좋을지 주석에 간단히 설명했습니다.

임혜연

목차

들어가며

이 책은 주로 문자 단어로 구성된 콘텐츠를 사용하고 조작하는 데서 핵심 가치를 이끌어내는 소프트웨어 애플리케이션을 구축하는 내용에 대한 책이다. 이 책은 도처에서 모든 주제에 대한 상당량의 세부 사항을 다루기는 하지만, 검색, 자연언어 처리, 기계학습 주제에 대한 이론적인 논문은 아니다. 우리는 특수 용어와 복잡한 수학을 피하려 노력하고, 대신 오늘날의 소프트웨어 엔지니어, 아키텍트, 현직 종사자들이 지능적인 차세대 텍스트 주도 애플리케이션을 구현하는 데 필요한 개념과 예제를 제공하는 데 집중했다. 이 책은 또한 아파치 솔라, 머하웃, OpenNLP같이 자유롭게 사용할 수 있고 매우 대중적인 오픈소스 도구를 사용해 책에서 설명한 개념에 대한 실제 예제를 제공한다.

이 책의 대상 독자

이 책이 당신을 위한 것일까? 어쩌면 그럴지도 모른다. 대상 독자는 검색, 자연언어 처리, 기계학습 배경 지식이 (거의) 없는 소프트웨어 현업 종사자다. 사실 이 책은 많은 회사에서 본 것과 같이 새 애플리케이션이나 기존 애플리케이션에 검색과 기타 기능을 추가하는 과제가 주어진 개발 팀이면서 극히 적은 개발자만 텍스트 작업에 대한 경험이 있거나 아예 없는 작업 환경에 있는 현업 종사자들을 목표로 한다. 그들에게는 불필요한 지식 때문에 꼼짝 못하는 일 없이 개념을 이해하는 데 도움이 될 만한 입문서가 필요하다.

많은 경우 위키피디아나 중대한 학술 논문처럼 쉽게 접근할 수 있는 자료에 대한 참고 문헌도 제공한다. 그렇게 해서 독자가 원한다면 더 상세한 내용을 탐구할 수 있는 도약대를 제공한다. 게다가 대다수 오픈소스 도구와 예제가 자바로 돼 있지만, 개념과 아이디어는 수많은 다른 프로그래밍 언어로도 옮길 수 있기 때문에 루비 사용자Rubyist, 파이썬 사용자Pythonista, 기타 언어 사용자들도 이 책을 편하게 느낄 수 있다.

이 책은 학생들이 교실과 더 학술 지향적인 책에서 배운 개념을 구현할 필요가 있을 때 도움이 될 것이지만, 이 시스템에 연관된 수학에 대한 설명이나 주제에 대한 학술적인 엄격함을 구하는 사람을 위한 책은 결코 아니다.

경험자들도 이 책 곳곳에서 책이 설명하는 오픈소스 패키지를 사용하는 데 대한 흥미로운 정보를 찾을 수도 있겠지만, 이 책은 다수의 텍스트 기반 애플리케이션을 구축한 적이 있는 경험 있는 현장 실무자를 대상으로 하지는 않는다. 그렇지만 한 명 이상의 경험 있는 실무자들은 이 책이 이 분야에 신참자인 팀 구성원들에게 텍스트 기반 애플리케이션을 작성하는 데 관련된 아이디어와 코드에 대해 속도를 높이게 해 주는 훌륭한 방식이라고 우리에게 말해줬다. 궁극적으로 이 책이 현대 프로그래머를 위한 최신 안내서이면서, 처음 텍스트 기반 애플리케이션 프로그래밍 경력을 시작했을 때 우리가 바라던 바로 그 안내서이기를 바란다.

이 책의 구성

1장, 텍스트 길들이기 시작에서는 텍스트 처리가 중요한 이유와 이것이 무엇 때문에 도전적인지 설명한다. 텍스트를 길들이는 데 오픈소스 라이브러리를 활용하기 위한 준비를 하면서 사실 기반 질의응답^{QA} 시스템을 간단히 소개한다.

2장, 텍스트 길들이기 기초에서는 텍스트 처리의 구성 요소인 토큰 분리, 청크화, 구문 해석, 품사 태그 부착을 소개한다. 또한 아파치 티카$^{Apache\ Tika}$ 오픈소스 프로젝트를 사용해서 몇 가지 일반적인 파일 형식에서 텍스트를 추출하는 방법을 살펴본다.

3장, 검색에서는 검색 이론과 벡터 공간 모델의 기본 지식을 탐구한다. 아파치 솔라 검색 서버를 소개하고, 솔라를 사용해서 콘텐츠를 인덱스로 만드는 방법을 보여준다. 수량과 품질이라는 검색 성능 요소를 어떻게 평가하는지 배운다.

4장, 유사 문자열 일치에서는 접두사와 n그램을 사용한 유사 문자열 일치를 살펴본다. 두 개의 문자 중첩 척도, 자카드 척도와 자로 윙클러 거리를 자세히 알아보고, 솔라를 사용해서 일치 후보를 찾고 순위화하는 방법을 설명한다.

5장, 인명, 지명, 사물 식별에서는 개체명 인식 너머의 기본 개념을 소개한다. 개체명을 찾기 위해 OpenNLP를 사용하는 방법을 보이고, 몇 가지 OpenNLP 성능 고려 사항을 설명한다.

6장, 텍스트 클러스터링에서는 텍스트 클러스터링만을 다룬다. 여기서 일반적인 텍스트 클러스터링 알고리즘 너머의 기본 개념을 배우고, 텍스트 애플리케이션을 향상시키는 데 클러스터링이 어떤 도움을 줄 수 있는지에 대한 예제를 살펴본다. 또한 아파치 머하웃을 사용해 문서 컬렉션 전체를 클러스터링하는 방법과, $Carrot^2$를 사용해 검색 결과를 클러스터링하는 방법도 설명한다.

7장, 분류, 카테고리 분류, 태깅에서는 분류, 카테고리 분류, 태그 부착 너머의 기본 개념을 설명한다. 카테고리 분류가 텍스트 애플리케이션에서 어떻게 쓰이는지, 어떻게 오픈소스 도구를 사용해서 분류기를 구축하고, 훈련하고, 평가하는지 보여준다. 또한 문서 카테고리 분류기를 구축하기 위해 머하웃의 나이브 베이즈 알고리즘 구현체를 사용한다.

8장, 질의응답 시스템 예제 구축에서는 QA 시스템 예제를 구축하기 위해 앞서 다른 장에서 배운 모든 것들을 모은다. 이 단순한 애플리케이션은 위키피디아를 지식 기반으로 사용하고, 솔라Solr을 기준 시스템으로 사용한다.

9장, 야생의 텍스트: 다음 개척지 탐구에서는 검색과 NLP 다음에 나올 주제와 의미론, 담론, 화용론의 역할을 탐구한다. 여러 언어에 걸친 검색과 콘텐츠에서의 감정 감지, 거기에 더해 최근 생겨난 도구, 애플리케이션, 아이디어를 다룬다.

편집 규약과 예제 코드

이 책에는 많은 코드 예제가 들어 있다. 모든 코드는 일반 텍스트와 구별하기 위해 이와 유사한 고정폭 폰트로 돼 있다. 메소드 이름, 클래스 이름 등의 코드 요소 또한 고정폭 폰트로 표시했다.

많은 리스트에서 주요 개념을 가리키기 위해 코드에 주석을 붙였고, 본문에서 코드에 대한 추가적인 정보를 제공하기 위해 때때로 동그라미 번호도 사용한다.

이 책의 소스코드 예제는 온라인에서 찾을 샘플과 상당히 유사하다. 그렇지만 간결성을 위해 본문과 잘맞도록 코드에서 주석 같은 자료가 제거됐을 수 있다.

이 책의 예제 소스코드는 출판사 사이트 www.manning.com/TamingText에서 다운로드할 수 있다. 에이콘출판사 도서정보 페이지 www.acornpub.co.kr/book/taming-text에서도 다운로드할 수 있다.

온라인 포럼

이 책을 구매하면 매닝Manning 출판사가 운영하는 비공개 웹 포럼에 자유롭게 접근할 수 있다. 웹 포럼에서 책에 대한 코멘트를 남기고, 기술적 질문을 하고, 저자와 다른 사용자로부터 도움을 받을 수 있다. 포럼에 접속하고 가입하려면 브라우저로 www.manning.com/TamingText에 접속하라. 이 페이지는 등록한 다음 포럼에 접근하는 방법과 제공받을 수 있는 도움, 그리고 포럼의 행동 규칙에 대한 정보를 제공한다.

매닝은 독자에게 독자 개개인 사이, 독자와 저자 사이에 의미 있는 대화가 일어날 수 있는 장소 제공을 약속한다. 이 약속은 어떤 특정한 참여 정도가 저자의 몫이라는 뜻이 아니다. 포럼에 대한 저자의 기여는 자발적(그리고 보수가 없는)이다. 저자에게 도전적인 질문을 해서 저자의 흥미가 벗어나지 않게 하길 추천한다.

온라인 포럼Author Online과 이전 논의 아카이브는 책이 절판되지 않는 한 출판사 사이트를 통해 접근할 수 있다.

표지 그림 설명

이 책의 표지 그림에서 표제는 상인이나 가게 주인이라는 뜻의 'Le Marchand'다. 이 삽화는 Sylvain Maréchal의 프랑스에서 출판된 지역 복색 풍습에 대한 네 권짜리 개요서의 19세기 판에서 차용했다. 각 삽화는 섬세하게 그려지고 손으로 채색됐다. Marechal 컬렉션의 풍부한 다양성은 바로 200년 전의 세계의 작은 도시와 지방이 어떻게 문화적으로 떨어져 있는지 생생하게 알려준다. 사람들은 서로 격리돼 다른 방언과 언어를 사용한다. 거리에서든 시골에서든 그들이 어디 사는지, 그들의 직업이나 신분이 무엇인지를 바로 옷차림에서 알아낼 수 있다.

그때부터 지금까지 다양하게 복장 규칙은 변해 왔고, 그 시점에 매우 풍부했던 지역에 의한 다양성은 사라졌다. 이제는 다른 작은 도시나 지역은 고사하고 다른 대륙의 거주자들을 따로 이야기하기도 어렵다. 어쩌면 우리는 문화적 다양성을 더 다양한 개인적 삶과 맞바꾼 것일지도 모른다(확실히 더 다양하고 빠른 속도의 기술적 삶을 위해서 말이다).

어떤 컴퓨터 책을 다른 것과 구별해서 말하기 어려운 이 시점에 매닝은 Maréchal의 그림으로 인생에 다시 돌아온 2세기 전 지역적 생활의 풍부한 다양성에 기초한 책 표지로 컴퓨터 비즈니스의 독창성과 창의성을 찬양한다.

1

텍스트 길들이기 시작

1장에서 다루는 내용

- 텍스트 프로세싱이 중요한 이유를 이해하기
- 무엇이 텍스트 길들이기를 어렵게 만드는지 알아보기
- 오픈소스를 활용해서 텍스트를 길들일 준비하기

이 책을 읽는 독자라면 프로그래머이거나 적어도 정보기술 분야 종사자일 것이다. 따라서 이메일, 인스턴스 메시징, 구글, 유투브, 페이스북, 트위터, 블로그, 기타 현대 디지털 시대를 정의하는 대부분의 기술이라면 비교적 쉽게 다룰 수 있을 것이다. 스스로의 기술적 기량에 실컷 우쭐댔다면 자신이 만든 제품의 사용자를 잠시 상상해보라. 사용자는 자신이 받는 엄청난 양의 이메일에 감금된 듯한 느낌을 자주 받는다. 사용자는 자신의 인생에 쏟아져 들어오는 모든 데이터를 정리하느라 애쓴다. 그리고 아마도 RSS나 JSON에 대해 모르거나 신경 쓰지 않을 것이고, 검색 엔진이나 베이지안 분류기classifier, 신경망에 대해서는 더 관심이 없을 것이다. 사용 자들은 결과 페이지를 일일이 뒤지지 않고서도 알고 싶은 것에 대한 답을 바로 얻고 싶어 한다. 사용자는 실제로 이메일 정리와 우선순위 매기기에 시간을 적게 들이면서도 그 일들이 잘되기를 바란다. 궁극적으로 사용자는 본인의 삶과 일에 집중하게 도와주는 도구를 원할 뿐이지, 기술에만 집중하게 하는 도구를 원하지는 않는다. 사용자들은 텍스트로 된 통제되지 않는 야수를 통제하거나 길들이고 싶어 한다. 그렇다면 텍스트를 길들인다는 말은 무슨 의미일까? 이에 대해서는 1장의 뒷부분에서 더 자세히 다루겠지만, 일단 텍스트 길들이기는 다음과 같은 세 가지 주요 요소를 수반한다.

- 주어진 정보 요구에 대해 연관된 답과 지원 콘텐츠를 찾는 능력
- 사용자를 거의 개입시키지 않으면서 텍스트를 구조화하고(태그를 붙이고, 발췌하고, 요약하고) 다루는 능력
- 입력이 항상 증가해도 앞의 두 가지 일을 해낼 수 있는 능력

이에 따라 이 책의 주된 목표가 정해졌다. 프로그래머인 독자에게, 삶을 삼켜버리는 의사소통의 파도를 사용자들이 더 잘 관리할 수 있게 해주는 애플리케이션을 만들기 위한 도구와 실천에 옮길 만한 조언을 건네는 것이다. 이 책의 두 번째 목표는, 기존의 무료로 사용 가능하고 품질이 좋은 오픈소스 라이브러리와 도구를 사용해서 앞에서 설명한 일을 하는 방법을 보여주는 것이다.

이 책의 후반부에서는 앞서 세운 커다란 목표에 도달하기 전에 한 걸음 물러서서 텍스트 프로세싱에 연관된 요소 몇 가지와 텍스트 프로세싱이 어려운 이유를 검토 하고, 뒤따르는 장들에 대한 동기를 부여하기 위해 몇 가지 사용 사례도 살펴보자. 구체적으로 1장은 텍스트를 효과적으로 처리하는 일이 중요하면서도 도전적인 일인 이유에 대한 배경을 제공하는 것을 목표로 한다. 또한 첫 두 가지 주된 과업에 대해 동작하는 단순 예제로 기초를 닦고, 이 책의 끝부분에서 만들 애플리케이션인 사실 기반 질의응답 시스템을 소개한다. 그런 다음, 우리가 살고 있는 정보 사회의

크기와 형태를 살펴보면서 텍스트 길들이기에 대해 동기를 부여할 요소를 몇 가지 살펴본다.

1.1 텍스트 길들이기가 중요한 이유

재미 삼아 온종일 단 하나의 단어도 읽지 않는 날을 한번 상상해보자. 그렇다. 온종일 뉴스나 간판, 웹사이트를 읽지 않고, 텔레비전조차 보지 않는 하루다. 가능할 것 같은가? 별로 그렇지 않다, 하루 종일 잠이라도 자지 않는다면 말이다. 이제 잠깐 시간을 내서 그 모든 콘텐츠를 읽는 데 들이는 모든 것을 생각해보자. 학생 시절과 부모님, 교사, 동년배로부터의 피드백, 셀 수 없는 맞춤법 시험, 문법 강의, 독서 감상문, 대학까지 한 사람을 교육하는 데 드는 엄청난 돈은 말할 것도 없다. 그런 후 한 단계 물러서서 하루에 콘텐츠를 얼마나 많이 읽는지 생각해보자.

시작하기 위해 잠시 다음 질문에 대한 답을 숙고해보라.

- 오늘 이메일을 몇 개나 받았는가(업무와 개인 모두, 스팸 메일도 포함해서)?
- 그 중 몇 개나 읽었는가?
- 몇 개나 바로 응답했는가? 한 시간 안에는? 그 날 안에는? 일주일 안에는?
- 오래된 이메일을 어떻게 찾아보는가?
- 오늘 몇 개의 블로그를 읽었는가?
- 온라인 뉴스 사이트를 몇 개나 방문했는가?
- 친구나 동료와 같이 인스턴트 메시징^{IM}이나 트위터, 페이스북을 사용했는가?
- 구글^{Google}이나 야후$^{Yahoo!}$, 빙^{Bing}에서 몇 번이나 검색했는가?
- 컴퓨터로 어떤 문서를 읽었는가? 읽은 문서의 포맷은 무엇인가(워드, PDF, 텍스트)?
- 로컬에서 뭔가를 얼마나 자주 검색하는가(본인의 컴퓨터나 회사 내부 인트라넷 모두)?
- 이메일, 보고서 등의 형태로 만들어낸 콘텐츠의 양은 얼마나 되는가?

마지막으로 가장 큰 질문이다. 이 일을 하는 데 시간을 얼마나 썼는가?
당신이 전형적인 정보 노동자라면 국제 데이터 사$^{IDC,\ International\ Data\ Corporation}$가

2009년에 실시한 연구의 결론과 스스로의 모습에 관계가 있을 것이다(Feldman 2009).

노동자마다 이메일에 평균적으로 주당 13시간을 소모한다. 그러나 이메일은 더 이상 유일한 의사소통 도구가 아니다. 소셜 네트워크, 인스턴트 메시징, 야머(Yammer), 트위터, 페이스북, 링크드인은 정보 노동자의 일과시간에서 집중된 생산성 시간을 약화시킬 수 있는 의사소통 경로를 추가했다. 그 해 정보를 검색하는 데 쓰는 시간은 주당 평균 8.8시간이었고, 이는 연간 사람당 14,209달러의 비용이다. 정보 분석은 추가적인 8.1시간을 빨아들였고, 매년 13,078 달러의 비용을 추가했기 때문에, 두 과업이 비교적 곧바로 자동화 개선 대상이 됐다. 노동자가 정보를 검색하는 데 3분의 1의 시간을 보내고, 4분의 1은 그것을 분석하는 데 보낸다면 이 시간은 가능한 한 생산적이어야 한다.

게다가 이 조사는 같은 직원들이 개인적인 시간 동안 콘텐츠를 생산하는 데 얼마나 시간을 보내는지 설명하지 않는다. 사실 이마켓[eMarketer]는 인터넷 사용자가 온라인에서 주당 18시간을 보낸다고 추정했고, 이 추정을 여전히 최고로 많은 주당 30시간을 차지하는 텔레비전 시청과 같은 다른 레저 활동과 비교했다.

이메일을 읽거나, 구글을 검색하거나, 책을 읽거나, 페이스북에 기록하는 등 우리 삶의 모든 곳에 문자 형식의 언어가 존재한다.

개인의 콘텐츠 생산과 소비에 대한 그림은 앞의 설명과 같지만, 집단에 대한 그림은 어떤가? IDC에 따르면(2011) 세계는 2011년에 1.8제타바이트[zettabyte](1000^7바이트)의 디지털 정보를 생성했고, 2020년에는 이의 50배가 되는 양의 정보를 생성할 것이다. 당연히 우리가 예상보다 더 많은 콘텐츠를 생산할 다음의 거대한 트렌드를 예측할 수 없다는 사실을 고려할 때 그런 예언은 대개 실제보다 적은 것으로 증명된다.

신호 데이터, 이미지, 오디오, 비디오 때문에 대규모의 덩어리[chunk] 데이터가 생기더라도 현재 이 모든 데이터를 찾을 수 있게 만드는 최선의 방법은, 분석 보고서를 쓰고, 키워드 태그와 텍스트 설명을 추가하거나, 음성 인식이나 수동으로 인코딩된 자막을 추가하는 방식으로 오디오를 기록해서 텍스트로 취급할 수 있게 하는 것이다. 달리 말해 구조를 얼마나 추가하든 간에 데이터는 콘텐츠를 공유하고 파악하기 위해 텍스트 형태로 다시 출현한다. 이미 봤듯이 콘텐츠의 엄청난 양에 기가 죽을 수도 있겠지만, 다음 절에서 보게 될 것처럼 텍스트 프로세싱은 작은 규모에서도 어려운 일이니 신경 쓰지 말라. 그동안 이상적인 애플리케이션이나 도구가 어떻게 우리를 에워싼 텍스트의 거센 흐름을 막아 줄지는 생각해볼 만하다. 많은 경우 정답은 빠르고 효과적으로 질문의 답에 곧장 접근하는 데 있지, 그저 따라가야 하는 답이 될 만한 목록을 얻는 데 있지 않다. 게다가 사람들은 질문하는 데 명령을 따를 필요가 없고, 따옴표나 AND/OR 연산자나 그 외의 기계에는 도움이 되지만 사람에게는 어려운 것들을 사용하지 않고 평소 사용하는 문장이나 음성을 사용할 수 있다.

우리가 사는 세상이 이상적이지 않다는 사실은 다 알지만, 텍스트 길들이기가 제시하는 유망한 접근법 중 하나는 영어와 같은 자연어를 처리해서 몇 페이지의 잠재적 답안들을 그저 돌려주는 게 아니라 실제 답을 반환하는 질의응답 시스템이다. 이런 시스템은 IBM이 만든 제퍼디^{Jeopardy}(미국의 퀴즈 쇼로서 설명으로 문제가 주어지면 해당 설명에 대한 답을 참가자가 질문 형태로 제시하는 식으로 진행된다) 문제를 맞추는 왓슨^{Watson} 프로그램과 애플의 시리^{Siri} 애플리케이션으로 널리 알려졌다. 이 책의 목표는 그런 시스템을 만들기 위한 일부 토대를 쌓는 것이다. 그렇게 하기 위해 어떤 시스템이 그런 것일지 생각해보자. 그리고 텍스트에서 중요한 정보 비트를 찾아 뽑아낼 수 있는 단순한 코드를 조금 살펴보자. 이것은 이후 질의응답 시스템에서 유용하게 사용될 것이다. 그리고 이런 시스템 및 다른 언어 기반 애플리케이션을 만드는 것이 어려운 이유와, 거기 더해 후속 내용이 사실 기반 질의응답 시스템이나 다른 텍스트 기반 시스템의 토대를 어떻게 쌓을지 자세히 알아보면서 이번 장을 마친다.

1.2 미리보기: 사실 기반 질의응답 시스템

이 책의 목적을 보여주기 위한 예시로서의 질의응답^{QA} 시스템은 사용자가 물어볼 수 있는 질문에 대한 답이 있다고 추정되는 문서 컬렉션을 처리할 수 있어야 한다. 예를 들어 답을 찾는 소스로 위키피디아나 연구 논문 컬렉션을 사용할 수 있다. 달리 말해 여기서 제안하는 질의응답 시스템은 이전에 본 적이 있는 패턴에 기반을 두고 답을 제공할 가능성이 있는 텍스트를 확인하고 분석하는 데 기반을 둔다. 이 시스템은 다양한 소스로부터 답을 추론할 수는 없을 것이다. 예를 들어 시스템에 "Who is Bob's uncle(누가 밥의 삼촌인가)?"이라는 질문이 들어오고, 컬렉션에 있는 문서 중 하나에 "Bob's father is Ola. Ola's brother is Paul(밥의 아버지는 올라이고, 올라의 형제는 폴이다)."이라는 문장이 있다면 이 시스템은 밥의 삼촌이 폴이라는 사실을 추론하지 못할 것이다. 그러나 직접 "Bob's uncle is Paul(밥의 삼촌은 폴이다)."이라고 명시한 문장이 있다면 이 시스템이 질문에 답할 수 있다고 기대할 수 있다. 앞서의 예제를 시도할 수 없다는 것이 아니라, 그저 그 예제는 이 책의 범위를 넘어간 것이라는 의미다.

앞에서 기술한 질의응답 시스템을 만들기 위한 간단한 작업 흐름은 그림 1.1에서 볼 수 있다.

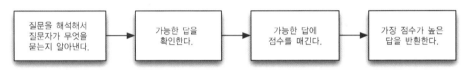

그림 1.1 질의응답 시스템에 제기된 질문에 답하기 위한 간단한 작업 흐름

물론 저렇게 간단한 작업 흐름은 많은 세부 사항을 감추고 문서를 받아들이는 부분도 다루지 않지만, 사용자의 질문을 처리하기 위해 필요한 주요 구성 요소 몇 가지를 강조할 수 있다. 먼저 사용자의 질문을 해석하고 질문의 내용을 알아내기 위해서는 일반적으로 단어 확인 같은 기본 기능이나 질문에 적절한 응답의 종류를 알아내는 능력이 필요하다. 예를 들어 "Who is Bob's uncle?(누가 밥의 삼촌인가?)"에 대한 답은 사람이 돼야 할 테지만, 반면 "Where is Buffalo?(버팔로는 어디에 있지?)"에 대한 답으로는 장소 이름이 반환돼야 할 것이다. 그런 다음 가능한 답안을 찾아낼 필요성은 시스템이 많은 양의 텍스트를 해석하지 않고 가능성 있는 답을 포함하는 구절, 문장, 절을 빠르게 찾아내는 기능을 수반한다.

점수 매기기에는 단어 해석 같은 많은 기본 사항 및 후보 문서가 사람이나 장소에 대해 언급하는 식으로 질문에 답하기 위한 필요 요소를 정말로 포함하는지에 대해 깊이 이해해야 한다. 이들 중 일부, 대부분의 사람들이 할 수 있다고 생각하는 일은 쉽게 보이지만, 그런 일들이 당연하지는 않다. 이를 염두에 두고 패시지^{passage}를 찾고 이름과 같은 관심사를 찾는 텍스트 덩어리 처리 예제를 살펴보자.

1.2.1 안녕하세요, 프랑켄슈타인 박사님

질의응답 시스템에 대한 논의 및 텍스트를 처리하기 위한 3가지 주요 작업을 고려하면서 몇 가지 기본 텍스트 처리에 대해 살펴보자. 이 단순한 시스템에서 처리하기 위한 예제 텍스트도 약간 필요하다. 여기서 예제 텍스트로는 메리 셸리$^{Mary\ Shelly}$의 고전 『프랑켄슈타인』을 선택했다. 왜 프랑켄슈타인이냐고? 내가 문학적으로 이 책을 좋아할 뿐만 아니라 구텐베르크 프로젝트 사이트(http://www.gutenberg.org/)에서 처음 발견한 첫 책이기도 하고, 평문 텍스트이며 멋진 형식으로 돼 있고(이런 특성은 텍스트를 다루는 매일 매일에서 희귀한 것임을 알게 될 것이다), 저작권이 만료돼 자유롭게 배포할 수 있다는 추가적 보너스도 있다. 우리는 그 책 전체를 소스 트리에 포함시켰지만, http://www.gutenberg.org/cache/epub/84/pg84.txt에서 이 책의 사본을 다운로드할 수도 있다.

이제 작업 대상인 텍스트도 있으니, 텍스트 애플리케이션에서 몇 번이고 반복해서 출현하는 몇 가지 작업을 해보자.

- 사용자 입력에 기반을 두고 텍스트를 검색하고 연관된 패시지(이 예제에서는 한 문단)를 반환하기
- 패시지를 문장으로 나누기
- 사람 이름과 같은 관심사를 텍스트에서 추출하기

이런 작업을 하기 위해 아파치 루씬과 아파치 OpenNLP라는 두 가지 자바 라이브러리를 com.tamingtext.frankenstein.Frankenstein에 있는 자바 파일의 코드와 함께 사용하겠다. 자바 파일은 책에 포함돼 있고, 깃허브^{GitHub} http://www.github.com/tamingtext/book에서도 구할 수 있다. 소스를 빌드하기 위한 설명은 https://github.com/tamingtext/book/blob/master/README를 참조하라.

이 프로세스를 추진하는 하이레벨 코드는 다음 리스트에서 볼 수 있다.

```
Frankenstein frankenstein = new Frankenstein();
frankenstein.init();
frankenstein.index();          ◀──────── 콘텐츠를 검색 가능하게 만든다.
String query = null;
while (true) {
                                    질의를 얻기 위해 사용자에게
    query = getQuery();   ◀──────  프롬프트를 보인다.
    if (query != null) {
                                                          검색을
                                                          수행한다.
        Results results = frankenstein.search(query);  ◀──
        frankenstein.examineResults(results);  ◀──  결과를 해석하고
                                                      흥미로운 아이템을
        displayResults(results);                      보여준다.
    } else {
        break;
    }
}
```

드라이버 예제에서 먼저 콘텐츠에 대한 색인을 생성해야 한다. 색인 생성은 루씬 Lucene을 사용해 콘텐츠를 검색할 수 있게 만드는 과정이다. 이 내용은 이후 검색에 대한 장에서 더 자세히 설명한다. 우선 색인 생성을 텍스트 조각에 출현한 단어의 위치를 빠르게 찾는 방법으로 간주하면 된다. 그런 다음 사용자에게 질의 입력을 요청하고, 검색을 실행하고, 발견한 결과를 처리하는 루프에 들어간다. 이 예제의 목적을 위해 각 문단을 검색 가능한 단위로 다룬다. 이 말은 검색을 실행하면 책의 어떤 문단이 질의와 일치하는지 바로 알 수 있게 된다는 의미다.

문단을 얻은 다음, OpenNLP 사용으로 들어간다. OpenNLP는 각 문단을 받아 문장 단위로 나눈 후 문장에 있는 사람 이름을 확인하려고 한다. 이 책의 나머지 다양한 절에서 관계된 개념을 다루기 때문에 각 메소드가 어떻게 구현되는지 상세한 내용을 살펴보는 것은 생략한다. 대신, 프로그램을 실행해서 질의를 던져보고 결과를 살펴보자.

코드를 실행시키기 위해 터미널 윈도우를 열고(명령 프롬프트를 열어 디렉터리를 압축

해제된 소스코드를 포함한 디렉터리로 변경한다) 유닉스/맥에서는 bin/frankenstein.sh을 입력하고, 윈도우에서는 bin/frankenstein.cmd를 입력한다. 다음과 같은 메시지를 보게 될 것이다.

```
Initializing Frankenstein
Indexing Frankenstein
Processed 7254 lines.  Paragraphs: 722

Type your query.  Hit Enter to process the query \
(the empty string will exit the program):
>
```

이 시점에서 'three months(3개월)' 같은 질의를 입력할 수 있다. 다음은 결과의 부분 리스트다. 형식을 맞추기 위해 수많은 부분에 [⋯]를 넣었으니 유의하라.

```
>"three months"
Searching for: "three months"
Found 4 total hits.
-----------------------------------
Match: [0] Paragraph: 418
Lines: 4249-4255
    "'Do you consider,' said his companion to him, ...
    ----- Sentences ----
        [0] "'Do you consider,' said his companion to him, ...
        [1] I do not wish to take any unfair advantage, ...
-----------------------------------
Match: [1] Paragraph: 583
Lines: 5796-5807
    The season of the assizes approached.  ...
    ----- Sentences ----
...[2] Mr. Kirwin charged himself with every care ...
        >>>> Names
            Kirwin
...[4] ... that I was on the Orkney Islands ...
```

```
        >>>> Locations
             Orkney Islands

------------------------------------
Match: [2] Paragraph: 203
Lines: 2167-2186
    Six years had elapsed, passed in a dream but for one indelible trace, ...
    ----- Sentences ----
...[4] ... and represented Caroline Beaufort in an ...
        >>>> Names
             Caroline Beaufort

...    [7] While I was thus engaged, Ernest entered:  ...  "Welcome
, my dearest Victor," said he.  "Ah!
        >>>> Names
             Ah

        [8] I wish you had come three months ago, and then you would have
found us all joyous and delighted.
        >>>> Dates
             three months ago

        [9] ... who seems sinking under his misfortune; and your
persuasions will induce poor Elizabeth to cease her ...
        >>>> Names
             Elizabeth

...
```

위의 출력은 'three months'를 연결된 구로 언급하는 상위 문단(전체 중 4개 문단)을 가져온 결과를, 문단 안의 몇 개 문장의 예와 그 텍스트에 있는 모든 이름, 날짜, 장소의 리스트와 함께 보여준다. 이 예제에서 문장 감지 사례 및 이름, 장소, 날짜를 추출한 것을 볼 수 있다. 안목이 날카롭다면 단순한 시스템이 명백히 잘못한 몇 가지 지점도 알아볼 것이다. 예를 들어 시스템은 Ah를 이름으로 간주하지만, Ernest는 이름으로 보지 않는다. 또한 이 시스템은 "... said he. "Ah!"로 끝나는 텍스트를 별개의 문장으로 나누지 못한다. 어쩌면 시스템이 제대로 느낌표를 처리하는 방법을 모를 수도 있고, 텍스트에 출력 형식이 이상한 부분이 좀 있을 수도 있다.

우선 이런 것들이 왜 잘못됐는지는 넘어가겠다. 다른 질의로 더 탐색해본다면 텍스트 프로세싱의 엄청나게 많은 좋고, 나쁘고, 거기다 추한 부분을 발견할 것이다. 이 예제는 다음 절로 들어가기에 적합한 전환점이 되는데, 다음 절에서는 텍스트 프로세싱의 이런 난점 중 일부를 다루고, 이 책에서 취할 접근법 다수에 대한 동기를 부여하는 역할을 한다.

1.3 텍스트를 이해하기는 어렵다

로빈Robin과 조Joe가 대화하는데, 조가 "The bank on the left is solid, but the one on the right is crumbling."이라고 말했다고 치자. 로빈과 조가 무엇에 대해 이야기하고 있는가? 그들이 월 스트리트에 있고, 두 금융 기관의 사무실을 보고 있는가, 아니면 미시시피 강을 따라 내려오면서 카누를 상륙시킬 장소를 찾고 있는가? 전자를 가정한다면 단어 solid와 crumbling은 아마도 은행의 재정 상태에 대한 언급일 것이며, 반면 후자의 경우 강변의 지면이 상륙에 적합한 정도를 평가하는 것이다. 이제 등장인물의 이름을 톰 소여의 모험에 나오는 허크Huck과 톰Tom으로 바꾼다면 어떨까? 이 대화가 금융기관에 대한 것이 아니라 강둑에 대한 대화라고 자신할 가능성이 크다. 그렇지 않은가? 여기서 볼 수 있듯 맥락 또한 중요하다. 주변 맥락에서 오는 정보를 경험과 결합해야만 정말로 어떤 콘텐츠의 일부가 무엇을 뜻하는지 알 수 있는 경우가 많다. 조의 말에서 나타난 애매함도 텍스트를 이해하는 데 수반되는 복잡성의 겉면만을 스쳤을 뿐이다.

잘 작성되고 일관성 있는 문장과 문단이 주어졌을 때 아는 것이 많은 사람들은 완벽하게 단어의 의미를 찾고, 자신의 경험과 배경 지식을 결합시켜 콘텐츠와 대화를 이해하는 데 이른다. 학식이 있는 어른은 (정도가 더하건 덜하건 간에) 수월하게 문장을 분석하고, 관계를 찾으며, 거의 즉각적으로 의미를 추론한다. 그리고 로빈과 조예제에서처럼 사람들은 거의 항상 어떤 것이 주변과 상당히 어울리지 않거나 문장,

문단, 혹은 전체 문서에서 빠져있는 때를 알아챈다. 또한 사람은 대화를 하면서 다른 사람의 말을 항상 듣고, 지명 타자 역할을 하는 사람에게 날씨에서 정치에 이르는 범위의 주제에 대한 생각을 전달할 수 있게 즉시 상대의 어조와 감정에 적응한다. 대체로 우리가 이런 기술을 당연하게 여기지만, 이 기술은 조상들이 물려준 모든 지식은 물론이고, 수년에 걸친 대화, 교육, 다른 사람으로부터의 피드백을 통해 미세 조정됐음을 기억해야 한다.

동시에 컴퓨터와 정보검색^{IR, Information Retrieval} 및 자연언어 처리^{NLP, Natural Language Processing} 분야는 여전히 비교적 신생 분야다. 컴퓨터는 언어를 사람이 콘텐츠를 이해하는 것에 가깝게 '이해'하기 위해 서로 다른 수많은 수준에서 언어를 처리할 수 있어야 한다(NLP에 들어가는 많은 요소에 대한 상세한 논의는 Liddy[2001]을 참고하라). 컴퓨터에게 완벽한 이해를 요구하는 것은 무리한 일이지만, 가용 텍스트의 엄청난 용량과 텍스트가 발생하는 다양한 상황을 고려하면 기본적인 작업조차 압도적일 수 있다.

"숫자는 거짓말을 하지 않는다."는 속담은 있지만 "텍스트는 거짓말을 하지 않는다."는 속담은 없는 이유가 있다. 텍스트는 다양한 형태와 의미를 갖고 아주 똑똑한 사람조차 꼬박꼬박 실수하게 만든다. 텍스트를 처리하는 애플리케이션을 작성한다는 건 수많은 기술적 도전과 비기술적 도전에 마주치게 된다는 뜻이다. 표 1.1에 텍스트 애플리케이션이 겪는 문제의 일부를 나타냈다. 표의 아래쪽에 있는 행일수록 위의 행보다 난이도가 높다.

표 1.1 텍스트 프로세싱은 문자 인코딩 처리부터 우리가 사는 세상의 맥락에서의 의미 추론까지 다양한 수준의 해결해야 하는 문제를 야기한다.

수준	해결해야 하는 문제
문자	– ASCII, Shift-JIS, Big 5, Latin-1, UTF-8, UTF-16과 같은 문자 인코딩 – 대소문자, 구두점, 강세, 숫자는 애플리케이션이 다르면 모두 각기 다르게 다뤄져야 한다.
단어와 형태소[a]	– 단어 분할: 텍스트를 단어로 나누기. 공백을 사용하는 영어와 다른 언어에 대해서는 상당히 쉽지만 중국어나 일본어와 같은 언어에서는 훨씬 어렵다. – 품사 배정 – 동의어 찾기: 동의어는 검색에 유용하다. – 어간 추출: 단어를 단어의 기본형 또는 원형으로 줄이는 과정 　예를 들어 words의 간단한 어간 추출 결과는 word다. – 약어, 두문자어, 맞춤법도 단어를 이해하는 데 중요한 역할을 한다.
복수 단어와 문장	– 구절 감지: 'quick red fox', 'hockey legend Bobby Orr', 'big brown shoe'는 모두 구의 예제다. – 구문 분석(parsing): 문장을 주어-동사와 다른 관계로 분해하면 대체로 문장을 이루는 단어와 단어 간의 관계에 대한 유용한 정보를 얻을 수 있다. – 문장 경계 감지는 영어에서 잘 알려진 문제이지만 여전히 완벽하지는 않다. – 동일 지시어 분석: "Jason likes dogs, but he would never buy one." 예제에서 he는 Jason에 대한 동일 지시어. 동일 지시어 분석에 대한 요구는 여러 문장을 포괄할 수 있다. – 단어는 흔히 여러 가지 의미를 갖는다. 그래서 문장이나 문장을 넘어서는 범위의 문맥을 사용하면 올바른 단어를 선택하는 데 도움이 될 수 있다. 이 프로세스는 단어 의미 명확화(word sense disambiguation)라고 하며 잘 하기 어렵다. – 문장의 의미를 알아내기 위해 단어들의 정의와 단어 간의 관계를 조합한다.
복수 문장과 문단	이 수준에서 프로세싱은 작가의 의도를 좀 더 깊이 이해하려는 노력 때문에 더 어려워진다. 요약 알고리즘은 대체로 어떤 문장이 다른 문장보다 중요한지 알아낼 수 있어야 한다.
문서	문단 수준과 비슷한데, 문서의 의미를 이해하려면 흔히 실제 문서에 포함된 지식을 넘어서는 지식이 필요하다. 작가는 보통 독자가 어떤 배경이나 어떤 읽기 기술을 갖고 있다고 기대한다. 예를 들어 이 책의 대부분은 독자가 컴퓨터를 써본 적이 없고 프로그래밍을 좀 해본 적이 없다면 이해할 수 없겠지만, 반면 대부분의 신문은 최소 초등학교 6학년 이상의 읽기 수준을 가정한다.

a. 형태소는 의미를 갖는 작은 언어학적 단위이다. 접두사와 접미사는 형태소의 일종이다.

(이어짐)

수준	도전
복수 문서와 말뭉치(corpus)	이 수준에서 사람들은 빠르게 관심 항목을 찾고, 연관된 문서를 그룹으로 묶고, 이 문서에 대한 요약을 읽고 싶어 한다. 사실과 의견을 종합하고 조직화하며 관계를 찾아낼 수 있는 애플리케이션은 특히 유용하다.

이런 문제뿐 아니라 인간 요인도 텍스트를 다루는 데 중요한 역할을 한다. 서로 다른 문화와 언어, 그리고 같은 글에 대한 각기 다른 해석은 최고의 엔지니어조차 무엇을 구현해야 할지 모르게 만들 수 있다. 단지 몇 개의 샘플 파일을 살펴보고 문서 컬렉션 전체에 대한 접근법을 추론하려는 것도 대개 문제가 많다. 다른 면에서 보면 수동으로 커다란 문서 집합을 분석하고 주석을 다는 것은 비싸고 시간이 들 수 있다. 그러나 이런 작업에 도움을 얻을 수 있고 텍스트를 길들일 수 있다는 건 믿어도 된다.

1.4 길들여진 텍스트

이제까지 앞으로 맞서게 될 몇 가지 문제에 대해 알아봤는데, 이런 주제와 씨름할 수많은 도구가 상업 용도로, 그리고 오픈소스 커뮤니티(http://www.opensource.org 참고)에 있다는 것을 알고 힘을 내기 바란다. 막 착수한 이 여정의 멋진 특징은, 늘 변화하고 항상 개선된다는 본성이다. 리소스가 제한됐기 때문에 10년 전에는 다루기 힘들었던 문제가 이제는 더 나은 알고리즘과 더 빠른 CPU, 싼 메모리와 디스크 공간, 하나의 가상 CPU로 수많은 컴퓨터를 쉽게 활용하는 도구에 힘입어 긍정적인 결과를 내고 있다. 현재는 어떤 때보다도 새로운 아이디어와 애플리케이션의 토대가 될 수 있는 질 좋은 오픈소스 도구가 많다.

이 책을 집필한 목적은 실세계의 경험을 오픈소스 도구로 가져오고 독자에게 자연어 처리와 정보 검색 분야를 소개하는 것이다. NLP와 IR의 모든 측면을 다룰 수 없고, 적어도 이 책의 마지막 장 이전에는 최첨단의 연구도 논할 수 없다. 그 대신 텍스트를 길들이는 데 대한 가장 중요한 영향을 줄 만한 영역에 집중한다.

검색, 개체 식별(인명, 지명, 사물), 그룹으로 묶기, 라벨 붙이기, 클러스터링, 요약 같은 주제에 주력하면 사용자가 자신의 텍스트에서 중요한 부분을 빠르고 쉽게 찾고 이해하게 돕는 실용적인 애플리케이션을 만들 수 있다.

텍스트를 길들이는 데 대한 모든 기대감을 망치는 건 정말 싫지만, 텍스트 작업을 하는 데 완벽한 접근 방식이 없다는 데 주의해야 한다. 여러 번, 두 사람이 같은 결과를 리뷰할 때 결과의 정확성에 대해 동의하지 않고, 그들을 만족시키기 위해 무엇을 고쳐야 할지조차도 명확하지 않다. 거기다 문제 하나를 고치면 다른 문제가 드러난다. 양질의 결과를 얻기 위해 테스트와 분석도 여전히 중요하다. 궁극적으로 최선의 시스템은 사람을 핵심으로 접근하고, 가능한 경우 똑똑한 사람이 자신과 동료의 실수에서 배우듯 사용자 피드백으로부터 학습한다. 사용자 피드백은 명시적일 필요가 없다. 클릭을 포착하고, 로그와 다른 사용자 행동을 분석하면 사용자가 어떻게 애플리케이션을 활용하는지에 대한 가치 있는 피드백을 얻을 수 있다. 이것을 염두에 두고 애플리케이션을 개선하고 정신을 차리는 데 도움이 되는 다음의 몇 가지 일반적인 팁을 읽어보자.

- 사용자에 대해 알아보라. 그들이 테이블이나 리스트와 같은 어떤 구조에 신경을 쓰거나, 문서의 모든 단어를 수집하기 충분한지에 대해 신경을 쓰는가? 그들이 더 나은 결과를 얻기 위해 더 많은 정보를 줄 의향이 있는가, 아니면 그냥 단순해야 하는가? 그들이 더 나은 결과를 위해 더 오래 기다릴 의향이 있는가, 아니면 그들에게 최선의 추측이 곧바로 필요한가?
- 콘텐츠에 대해 알아보라. 어떤 파일 형식(HTML, 마이크로소프트 워드, PDF, 텍스트)이 사용됐는가? 어떤 구조와 기능이 중요한가? 텍스트가 용어, 줄임말 같은 것을 가리키는 수많은 방법을 갖고 있는가? 콘텐츠가 단일 관심 영역에 집중했는가, 아니면 수많은 주제를 다루는가?
- 테스트하고, 테스트하고, 테스트를 좀 더 하라. 결과의 품질과 결과를 얻는 데 드는 비용을 측정하는 데 시간을 들여라(너무 많이는 내지 마라). 모든 사소하지 않은 텍스트 기반 애플리케이션은 품질과 확장성에 관해 트레이드오프를 해야 한다. 사용자와 콘텐츠에 대한 지식을 결합하면 보통 대부분의 사람을 대부분의 경우 만족시킬 수 있는 품질과 성능의 스위트 스폿(가장 효율적인 지점)을 찾을 수 있다.

- 때때로 최선의 짐작은 나아지지 않은 채로 늘 그대로다. 사용자에게 신뢰 수준을 제공할 수 있는 방법을 찾아 사용자가 응답에 대한 정보를 제공받아 결정을 할 수 있게 하라.

- 다른 모든 것이 같다면 가장 단순한 접근법을 선호하라. 적절하고 간단한 솔루션이 괜찮은 결과를 얻을 수 있는지에 매혹되기도 할 것이다.

또한 모국어가 아닌 언어에 대해 작업하는 것은 그 자체로 흥미로운 문제지만, 이 책에서는 영어만 다룬다. 대부분의 접근법은 적절한 리소스가 주어지면 다른 언어에도 적용할 수 있으니 안심하라.

또한 풀고 싶어 할 만한 문제의 종류와 난이도가 비교적 간단한 정도부터 아주 어려워서 동전을 던지는 게 나은 정도까지 있다는 점도 주목해야 한다. 예를 들어 영어와 다른 유럽권 언어는 토큰 분리와 품사 태그 부착 알고리즘은 잘 동작하지만, 외국어의 기계 번역, 정서 분석, 텍스트로부터의 추론과 같은 도구는 대개 제약되지 않은 환경에서는 잘 동작하지 않는다.

마지막으로 텍스트 프로세싱은 롤러코스터를 타는 것과 꽤 비슷하다. 애플리케이션이 완전히 바르게 동작하는 경우 황홀할 것이고, 애플리케이션이 완전히 틀리게 동작하면 힘들 것이다. 사실, 이 책에서 다뤘거나 더 넓은 NLP 분야의 어떤 접근법이든 문제에 대한 최종적인 해결책은 아니다. 그 안에 독자가 파고들고 이름을 더할 궁극적인 기회가 있다. 그러면 시동을 걸고 검색 너머 자연어 처리의 멋진 세계로 데려다 줄 맥락을 만들어서 이후의 장에 나올 아이디어에 대한 기초를 쌓아가자.

1.5 텍스트와 지능적인 앱: 검색과 그 너머

최근 수년간 검색은 왕좌에 있었다. 구글과 야후 같은 회사 없이는 지금과 가까운 인터넷은 어디에도 없었을 것이 틀림없다. 그러나 무수한 크롤러와 분산 처리 기법과 같이 아파치 솔라^{Solr}나 아파치 루씬^{Lucene} 같은 오픈소스 검색 도구가 대두하면서 적어도 거대한 데이터 센터가 요구되지 않는 작은 규모의 개인이나 기업 검색에 대해서는 검색이 상품이 됐다. 동시에 사람들이 검색 엔진에 기대하는 바도 증가한다. 사람들은 한두 가지의 키워드만 입력하면서도 더 빠른 시간에 더 좋은 결과를 얻고 싶어 한다. 또한 사람들은 자신이 가진 콘텐츠가 쉽게 검색되고 정리되기를 바란다.

게다가 기업들은 끊임없이 가치를 더해야 한다는 거대한 압력에 시달린다. 구글이나 아마존처럼 어떤 거대 참여자가 정보 접근을 개선하는 움직임을 보일 때마다 나머지에 대한 기준선도 높아졌다. 5년, 10년, 15년 전에는 데이터를 찾을 수 있는 검색 기능을 넣는 것만으로도 충분했다. 그런데 이제 검색은 전제 조건이고, 게임을 바꾸는 참여자들은 기계학습과 심화된 통계적 분석을 활용하는 복잡한 알고리즘을 사람이 수년이 걸려야 이해할 수 있을 만한 양의 데이터에 대해 작업하는 데 사용한다. 이것은 지능적 애플리케이션의 진화다. 점점 더 많은 기업이 자신의 애플리케이션을 더 지능적으로 만들기 위해 기계학습과 심화 텍스트 분석을 잘 정의된 영역에 적용한다.

기계학습과 NLP 기법 채택은 기계가 사람을 '이해하는' 개념이나 어떻게든 튜링 테스트(http://en.wikipedia.org/wiki/Turing_Test 참고)를 통과하는 개념과 같이 가치가 있기는 하지만, 거창하기만 한 것이 아니라 실질적인 애플리케이션이 거대한 양의 데이터를 다루는 현실에 기반을 둔다. 이런 기업들은 중요한 텍스트 특성을 찾고 추출하고, 사용자 클릭, 평점, 평가 같은 정보를 모으고, 비슷한 콘텐츠를 그룹핑하고 요약하는 데 주력하고, 최종적으로 이 모든 특성을 최종 사용자가 콘텐츠를 더 잘 찾고 사용할 수 있게 해줄 수 있는 방식, 궁극적으로는 더 많은 구매나 트래픽이 나오거나 목표인 다른 어떤 것으로 이어질 수 있는 방식으로 보여준다. 어쨌든 찾을 수 없다면 구매도 할 수 없으니까, 그렇지 않은가?

그래서 이 모든 굉장한 일을 어떻게 시작하겠는가? 검색으로 기준선을 설정하고 (3장에서 다룬다), 그러고 나서 일상에서 이용하는 개념을 사용해 자동으로 콘텐츠를 체계화하는 방법을 살펴보겠다. 수작업으로 하는 대신 (필요하다면 약간의 도움만 주는 것으로) 기계가 대신하게 할 수 있다. 이것을 염두에 두고, 다음 몇 개의 절은 검색과 콘텐츠 체계화와 관계된 아이디어를 3개의 별개 영역으로 나누고, 다음 장들에서 더 완전히 탐구하게 될 대부분의 개념을 함께 묶을 수 있는 사례를 제안한다.

1.5.1 검색과 일치

이 책에서 제시한 질의응답 시스템을 포함한 대부분 텍스트 길들이기 활동에 대해, 검색은 입력 데이터를 색인으로 만들고 사용자의 질문과 일치하는 패시지 후보를 찾기 위해 의존할 수 있는 출발 지점을 제공한다. 검색을 넘어서는 기법을 적용할 필요가 있는 경우조차 고급 기법을 적용하기 위한 텍스트나 문서 부분집합을 찾아내기 위해 검색을 사용할 가능성이 높다.

3장에서 문서를 검색하고 색인으로 만들 수 있는 방법과 질의에 기반을 두고 문서를 얻는 방법을 살펴본다. 또한 검색 엔진이 문서를 순위화하는 방법과 이 정보를 반환된 결과를 향상시키기 위해 사용하는 방법도 살펴본다. 마지막으로 검색을 미리 정의된 카테고리로 제한하는 식으로 개선할 수 있게 하는 패싯 검색을 살펴본다. 이 주제의 범위는 아파치 솔라와 아파치 루씬을 사용하는 사례를 사용해 설명한다.

검색 기법에 익숙해지고 나면 검색은 바로 검색을 지원하는 콘텐츠와 마찬가지임을 알게 될 것이다. 사용자가 찾는 단어와 구가 색인에 없다면 연관된 결과를 반환할 수 없을 것이다. 4장에서 질의 맞춤법 검사를 통해 콘텐츠에 기반을 둔 질의 추천을 가능하게 하기 위한 기법과, 어떻게 이 기법이 단순 데이터베이스 조인을 넘어서는 데이터베이스나 레코드 연결 작업에 적용 가능한지 살펴본다. 이런 기법은 보통 검색의 일부로만 사용되지 않고, 두 회사가 합병해서 고객 목록을 합쳐야 할 때 수행하는 두 개의 사용자 프로필이 같은 사람인지 확인하는 작업처럼 더 복잡한 일에도 사용된다.

1.5.2 정보 추출

검색이 필요한 정보가 있는 문서를 찾는 데 도움을 주겠지만, 종종 정보의 더 작은 단위를 확인하려 할 수 있다. 예를 들어 거대한 텍스트 컬렉션에서 고유명사를 확인하는 능력은 범죄 활동을 찾거나 만나지 않았던 사람 간의 관계를 찾는 데 대단히 도움이 될 수 있다. 이런 일을 하기 위해 일반적으로 단어 몇 개에 불과한 선택된 소규모 텍스트를 확인하고 분류하는 기법을 살펴본다.

2장에서 명사구와 같은 언어학적 단위를 이루는 단어를 확인하는 기법을 소개하겠다. 이 기법은 문장이나 질의에서 같이 묶일 수 있는 단어를 확인하는 데 사용할 수 있다. 5장에서는 고유명사와 숫자 구절을 찾고, 찾은 것들을 어법과 관계없이 사람, 장소, 날짜 같은 의미 카테고리로 분류하는지 살펴본다. 이 능력은 8장에서 질의응답 시스템을 만들 때 핵심적인 능력이 될 것이다. 이 두 가지 작업에 OpenNLP의 기능을 사용하면서 기존 모델을 사용하는 방법과 데이터에 더 잘 맞는 새 모델을 만드는 방법을 살펴본다. 검색과 일치 문제와 달리 이 모델은 손으로 주석을 달아둔 콘텐츠를 살펴본 다음, 모델을 만들기 위한 통계적 기계학습 접근법을 사용해서 모델을 개발한다.

1.5.3 정보 그룹화

텍스트에서 정보를 추출하는 일의 이면은 텍스트를 그룹으로 묶거나 텍스트에 라벨을 추가해 보조 정보를 더하는 것이다. 예를 들어 이메일에 자동으로 태그가 부착되거나 순위가 정해져서 유사한 메일을 모두 찾을 수 있다면 이메일을 처리하기 얼마나 쉬워질지 생각해보라. 이렇게 곧바로 주의를 기울여야 하는 이메일에만 집중할 수 있고, 보내는 이메일에 지원 콘텐츠를 찾을 수 있다.

일반적인 접근법은 텍스트를 카테고리 그룹으로 묶는 것이다. 밝혀진 바와 같이 정보를 추출하는 데 사용한 기법은 텍스트와 문서를 카테고리로 그룹핑하는 데도 적용될 수 있다. 이 그룹은 보통 검색용 색인의 패싯, 보조 키워드, 사용자가 정보를 탐색하기 위한 대안으로 사용될 수 있다. 사용자가 태그를 부착하는 방식으로 카테고리를 제공하는 경우에도 이 기법은 예전에 사용된 태그를 추천할 수 있다. 7장은 문서를 분류하기 위한 모델을 만드는 방법과 텍스트에 대한 사용자 경험을 향상시키기 위해 이 모델을 새 문서에 적용하는 방법을 보여준다.

텍스트를 길들였고 원하는 것을 찾을 수 있으며, 필요한 정보를 추출했을 때 어쩌면 괜찮은 것을 너무 많이 갖고 있다고 생각할 수 있다. 6장에서는 유사한 정보를 그룹으로 묶는 방법을 살펴본다. 이런 기법은 중복 정보를 찾고, 필요한 경우 감추는 데 사용할 수 있다. 또한 유사한 문서를 그룹으로 묶어 사용자가 한 번에 전체 주제를 일람하고, 각각의 문서를 읽을 필요 없이 여러 문서의 적합도를 볼 수 있게 하는 데 사용할 수 있다.

1.5.4 지능적인 애플리케이션

8장에서는 앞서 나온 장에서 설명한 다수의 접근법을 함께 사용해서 지능적 애플리케이션을 만든다. 구체적으로 텍스트의 사소한 정보 질문에 대한 답변을 찾게 설계된 사실 기반 질의응답 시스템을 만든다. 예를 들어 올바른 콘텐츠가 주어졌을 때 이런 질문에 대한 답을 찾을 수 있어야 한다. "Who is the President of the United States(누가 미국의 대통령인가)?" 이 시스템은 3장에 소개된 기법을 사용해서 질문에 대한 답이 있을 만한 텍스트를 확인한다. 5장에 출현한 접근법은 보통 사실 기반 질문에 대한 답이 되는 텍스트 조각을 찾는 데 사용될 것이다. 2장과 7장의 내용은 질문을 분석하고, 질문이 찾는 정보의 유형을 알아내는 데 사용된다. 마지막으로 응답을 순위화하는 데 3장에 기술된 문서 순위화 기법을 적용한다.

1.6 정리

텍스트 길들이기는 거대하고 가끔은 압도적인 작업이고, 더 나아가 다른 언어, 다른 방언, 다른 해석에 따라 복잡해지는 작업이다. 텍스트는 위대한 작가가 집필한 우아한 산문으로 나타날 수도 있고, 스타일이나 핵심도 없이 대충 쓰인 보기 싫은 에세이로 나타날 수도 있다. 그 모습이 어떻든 텍스트는 어디에나 있고 사람과 프로그램이 처리해야만 한다. 다행히도 텍스트를 이해하려 하는 데 도움을 주기 위한 많은 도구가 상업용이나 오픈소스로 존재한다. 완벽할 수는 없지만 항상 더 좋아지고 있다. 지금까지 텍스트가 얼마나 중요하고 처리하기 어려운지에 대한 이유 몇 가지를 살펴봤다. 또한 텍스트가 지능적인 웹에서 수행하는 역할이 무엇인지 살펴봤고, 앞으로 다룰 주제를 소개했고, 단순한 질의응답 시스템을 만드는 데 필요한 몇 가지 요소에 대한 개요를 간단히 설명했다. 2장에서는 텍스트 분석의 기초를 놓고 오늘날 야생에서 발견되는 많은 파일 형식에서 가공되지 않은 텍스트를 추출하는 데 대한 기본 사항을 설명하는 것으로 시작한다.

1.7 참고 자료

'Americans Spend Half of Their Spare Time Online.' 2007. Media-Screen LLC. http://www.media-screen.com/press050707.html.

Feldman, Susan. 2009. 'Hidden Costs of Information Work: A Progress Report.' International Data Corporation.

Gantz, John F. and Reinsel, David. 2011. 'Extracting Value from Chaos.' International Data Corporation. http://www.emc.com/collateral/analyst-reports/idc-extracting-value-from-chaos-ar.pdf.

Liddy, Elizabeth. 2001. 'Natural Language Processing.' Encyclopedia of Library and Information Science, 2nd Ed. NY. Marcel Decker, Inc.

'Trends in Consumers' Time Spent with Media.' 2010. eMarketer. http://www.emarketer.com/Article.aspx?R=1008138.

2

텍스트 길들이기 기초

2장에서 다루는 내용

- 토큰 분리tokenization, 청크화chunking, 구문 분석parsing, 품사 태그 부착part of speech tagging 같은 텍스트 처리를 구성하는 요소 이해하기
- 아파치 티카 오픈소스 프로젝트를 사용해 일반 파일 형식에서 텍스트 추출하기

본격적으로 텍스트를 길들이는 과정에 들어가기 전에 먼저 준비 운동을 반드시 해야 한다. 토큰 분리, 어간 추출, 품사, 구와 절 같이 고등학교 영어 과목에서 다루는 주제를 잠깐 복습하면서 기초를 다진 다음 시작하겠다. 텍스트를 활용하는 애플리케이션을 만들 때 각 단계에서 결과의 품질에 중요한 역할을 할 수 있음을 알게 될 것이다. 예를 들어 중국어 같은 언어에서는 특히 단어 단위로 나누는 것과 같은 단순해 보이는 동작도 어려울 수 있다. 영어에서조차 구두점을 적절하게 다루려면 토큰 분리가 어려워진다. 또한 언어에 내재된 모호성 때문에 텍스트에서 단어의

품사와 구문을 알아보는 것도 어렵다.

언어 기초에 대해 설명한 다음에는 다양한 파일 형식에서 텍스트를 추출하는 방법을 살펴본다. 많은 책과 논문에서 사용자는 이미 준비된 플레인 텍스트를 갖고 있다고 가정하고 콘텐츠 추출은 생략하지만, 다음에 설명할 몇 가지 이유 때문에 콘텐츠 추출 관련 문제에 대한 연구가 중요하다.

- 보통 독점 형식 파일로부터 텍스트를 추출하기는 어렵다. 상용 추출 도구를 사용해도 적절한 콘텐츠를 추출하는 데 곧잘 실패하곤 한다.
- 실제로 다양한 파일 형식과 추출 도구를 검토하고 어떤 것이 제대로 된 것인지 알아내는 데 상당한 시간이 걸린다. 실세계의 데이터는 대체로 단순한 문자열 패키지로 나오지 않는다. 괴상한 서식, 임의의 부적절한 위치에 있는 글자, 그 외의 머리를 쥐어뜯고 싶게 만드는 문제들이 데이터에 들어 있을 것이다.
- 데이터 다운스트림 처리 결과는 입력 데이터가 괜찮은 만큼만 괜찮을 것이다. "쓰레기가 들어오면 쓰레기가 나간다."는 옛말은 다른 어디서나 마찬가지로 여기서도 진리다.

영문법 지식과 추출된 콘텐츠를 복습한 다음, 2장의 마지막 부분에서 삶을 쉽게 만들어 줄 애플리케이션과 라이브러리에 대한 기초적인 지식을 몇 가지 살펴본다. 더 이상 말할 필요 없이 단어를 찾는 방법과, 단어를 문장, 명사구, 어쩌면 전체 구문 분석 트리같이 유용한 구조로 나누는 방법 같은 몇 가지 언어학의 기초 지식을 살펴보자.

2.1 언어의 기초

초등학생 시절이 그리운가? 어쩌면 고등학교 영어 수업과 문장 다이어그램화, 주어 –동사 관계 찾기, 현수 수식어dangling modifier 찾아내기 등이 그리울지도 모르겠다. 그렇다면 잘 됐는데, 텍스트 분석의 일부는 고등학교 영어의 기초와 그 너머를 상기시키기 때문이다. 농담은 그만두고, 다음 몇 개의 절에서는 텍스트를 분석하기 위해 다뤄야 하는 공통적인 문제를 살펴보면서 앞으로 논의할 애플리케이션을 위해 필요한 기초 지식을 구축한다. 명시적으로 기반을 구축하면 다음에 개념을 설명하기 쉽게 만들어 줄 공유 어휘집을 확립할 수 있을 뿐만 아니라 언어의 특성과 역할, 애플리케이션에서의 활용 방안을 생각할 수 있게 된다.

예를 들어 나중에 8장에서 QA 시스템을 만들 때 원시 문자열을 개별 단어로 나누는 기능이 있어야 하고, 각 단어가 문장에서 수행하는 역할(품사)과, 단어들이 구와 절 같은 것들을 통해 어떻게 서로 연관됐는지도 알아야 한다. 이런 종류의 정보가 주어지면 "Who is Bob's uncle(Bob의 삼촌은 누구인가)?"과 같은 질문을 이해하고, 질문을 분석해서 답이 고유명사(명사로 태그된 단어로 구성된)라는 것과 단어 Bob과 uncle이 출현한 문장에서 답을 찾아야 함을 알아내야 한다(대체로 문장에서 단어가 출현하는 순서는 질문에서의 순서와 같다). 사람에게는 이런 일이 당연하겠지만, 컴퓨터에게는 이런 속성을 찾게 지시해야 한다. 그리고 어떤 애플리케이션에서는 이런 구성 요소를 모두 요구하지만, 다른 많은 애플리케이션은 한두 가지만 있으면 된다. 어떤 애플리케이션은 명시적으로 어떤 구성 요소를 사용하는지 드러내겠지만, 그렇지 않을 애플리케이션도 있다. 결국 언어가 어떻게 작동하는지 알수록 텍스트 분석 시스템마다 고유한 트레이드오프를 가늠하기 쉬워진다.

첫 번째 절에서 단어와 단어 그룹핑에 대한 다양한 범주를 기술하고, 단어가 문장을 이루기 위해 결합하는 방법을 살펴본다. 언어학에서 통사론syntax으로 알려진 분야에 대한 간단한 소개는 이 책에서 나중에 참조할 주제에 초점을 맞춘다. 두 번째 절에서는 단어 자체의 내부를 들여다보는데, 이것을 형태론morphology이라고 한다. 이 책에서 형태론을 드러나게 사용하지는 않겠지만, 형태론에 대한 기본적인 내용은 앞으로 설명할 기법을 이해하는 데 도움이 된다. 마지막으로 통사론과 형태론에서는 모든 음성이나 자연언어에 적용할 수 있는 체계를 연구하지만, 여기서는 영어로만 논의의 초점과 사례를 제한한다.

2.1.1 단어와 범주

단어는 소수의 어휘 범주lexical category, 또는 품사로 나뉜다. 이 범주는 명사, 동사, 형용사, 한정사, 전치사, 접속사 등을 포함한다. 다양한 점에서 이런 범주를 접해 봤겠지만, 모든 범주를 동시에 접했거나 범주의 의미를 정확히 기억하지는 못할 것이다. 이 책의 나머지 부분이 어휘 범주를 직접 사용하거나, 적어도 영향을 받는 기법을 탐구할 것이기 때문에 이런 개념에 기본적으로 익숙해지면 이후의 내용을 읽을 때 유용하다. 표 2.1은 기본적 어휘 범주, 정의, 예제를 포함하고, 그 다음에는 이런 고수준 범주에 대한 세부적인 정보를 추가로 검토할 것이다.

표 2.1 일반적으로 나타나는 어휘 범주 정의와 예제

어휘 범주	정의	예제(이탤릭체)
형용사(Adjective)	명사를 수식하거나 서술하기 위해 명사에 추가되거나 문법적으로 연결돼 속성을 지정하는 어휘 혹은 구	The *quick red* fox jumped over the *lazy brown* dogs.
부사(Adverb)	어휘나 구/형용사, 동사, 다른 부사를 수식하거나 한정하는, 또는 장소, 시간, 상황, 양태, 원인, 정도 등을 나타내는 단어 그룹	The dogs *lazily* ran down the field after the fox.
접속사(Conjunction)	두 개의 단어나 구, 절을 연결하는 단어	The quick red fox *and* the silver coyote jumped over the lazy brown dogs.
한정사(Determiner)	명사나 명사 그룹의 참조 대상 종류를 한정하는 수식어로, a, the, every 등이 있다.	*The* quick red fox jumped over *the* lazy brown dogs.
명사(Noun)	인물, 장소, 사물의 종류를 알아보기 위해, 혹은 이런 것들 중 특정한 무엇에 이름을 붙이는 데 사용하는 단어	The quick red *fox* jumped over the lazy brown *dogs*.
전치사(Preposition)	보통 명사나 대명사 앞에 출현해서 다른 단어나 절의 다른 요소와의 관계를 표현하는 단어	The quick red fox jumped *over* the lazy brown dogs.
동사(Verb)	동작, 상태, 빈도를 설명하는 데 사용하며, 문장 술부의 주요 부분을 형성하는 단어로, hear, become, happen 등	The quick red fox *jumped* over the lazy brown dogs.

a. 모든 정의는 새로운 옥스포드 미국 영어 사전 2판을 참조했다.

이런 어휘 범주는 의미보다는 통어적^{syntactic} 용법에 기초하지만, 어떤 의미적 개념은 특정한 통어적 구조와 같이 설명되는 경향이 있기 때문에 대개 의미적 연합에

기초해서 정의한다. 예를 들어 명사는 보통 어떤 사람, 장소, 물건과 같이 정의하고, 동사는 행동으로 정의하지만, destruction^{파괴} 같은 명사나 문장 "Judy is 12 years old."에서 쓰인 동사 be 같이 명사와 동사에 연관된 전형적인 의미적 관계를 따르지 않는 단어도 사용한다.

이런 고수준 범주는 대개 더 특정한 부분 범주^{subcategory}를 갖는데, 그 중 일부는 책의 뒷부분에서 사용될 것이다. 명사는 일반명사, 고유명사, 대명사로 더 분류된다. 일반명사^{common noun}는 대개 마을, 대양, 사람 등과 같은 유형의 개체를 기술하며, 유일한 개체를 나타내고 전형적으로 대문자 표기되는 London, John, Eiffel Tower 같은 고유명사와는 구별된다. 대명사는 주로 앞에서 언급한 다른 개체를 가리키는 명사로, he, she, it 같은 단어를 포함한다. 다른 많은 어휘 범주 또한 부분 범주를 포함하고 명사에도 추가적인 부분 범주가 있지만, 여기서는 앞에 다룬 정도로도 주제에 대해서는 충분하다. 문법과 어휘에 대한 좋은 참고 자료에서 이런 주제에 대한 추가적인 정보를 찾을 수 있는데, 인터넷, 특히 위키피디아를 검색하거나 시카고 스타일 매뉴얼^{Chicago Manual of Style} 같은 참고 자료를 읽거나 그래머 걸^{Grammar Girl} 같은 팟캐스트를 들어서 얻을 수 있다.

2.1.2 구와 절

이전 절에서 나열된 단어에 대한 대부분의 어휘 범주는 거기 해당되는 여러 개의 단어로 구성될 수 있는 구에 대한 구조를 갖는다. 이 구는 적어도 한 개 이상의 특정 형태의 단어를 루트로 갖지만, 다른 형태의 단어와 구로 구성될 수도 있다. 예를 들어 명사구 'the happy girl'은 한정사(the)와 형용사(happy)로 이뤄지고, 일반명사 girl을 루트로 갖는다. 표 2.2는 이런 구 각각에 대한 예제다.

표 2.2 일반적으로 나타나는 구 범주 예제

구 형태	예제(이탤릭체)	설명
형용사	The *unusually* red fox jumped over the *exceptionally lazy* dogs.	부사 unusually와 exceptionally는 형용사red와 lazy를 각각 수식해서 형용사구를 만든다.

(이어짐)

구 형태	예제(이탤릭체)	설명
부사	The dogs *almost always* ran down the field after the fox.	부사 almost는 부사 always를 수식해서 부사구를 만든다.
접속사	The quick red fox as *well* as the silver coyote jumped over the lazy brown dogs.	이것이 좀 예외적인 경우이긴 하지만, 여러 단어로 구성된 구 as well as가 and와 같은 접속사 역할을 하는 것을 볼 수 있다.
명사	*The quick red fox* jumped over the *lazy brown dogs.*	명사 fox와 그 수식어 the, quick, red는 명사구를 만들고, 명사 dogs와 그 수식어 the, lazy, brown도 그렇다.
전치사	The quick red fox jumped *over the lazy brown dogs.*	전치사 over와 명사구 the lazy brown dogs는 동사 jumped를 수식하는 전치사구를 형성한다.
동사	The quick red fox *jumped over the lazy brown dogs.*	동사 jumped와 수식어인 전치사구 over the lazy brown dogs는 동사구를 형성한다.

구^{Phrase}는 문장을 구성하기 위한 최소 단위인 절^{Clause}을 만들기 위해 같이 결합될 수 있다. 절은 최소한 명사구(주어)와 동사구(술어)로 구성되는데, 이 구는 흔히 동사와 다른 명사구로 이뤄진다. 'The fox jumped the fence'는 명사구 The fox(주어)와 동사구 jumped the fence로 이루어진 절이고, 동사구는 명사구 the fence(목적어)와 동사 jumped로 구성돼 있다. 다른 종류의 구는 다른 관계를 표현하기 위해 선택적으로 문장에 추가될 수 있다. 이런 요소를 이용해서 어떤 문장이든 절의 집합으로 분해될 수 있고, 그 절들은 다시 구의 집합으로 분해될 수 있고, 구는 다시 특정 품사를 갖는 단어들로 분해될 수 있다. 품사, 구, 절과 그것들 사이의 관계를 밝히는 작업은 구문 분석^{parsing}이라고 불린다. 문장을 다이어그램으로 만들어봤다면 이런 구문 분석을 스스로 해본 적이 있을 것이다. 2장의 뒷부분에서 이런 작업을 수행하는 소프트웨어를 조사한다.

2.1.3 형태론

형태론^{Morphology}은 단어 내부 구조에 대한 연구다. 대부분의 언어에서 단어는 어휘소^{lexeme} 또는 원형$^{root\ form}$과 단어가 어떻게 사용되는가에 따라 단어의 특징을 정하는 다양한 접사(접두사, 접미사)로 구성된다. 영어에서 단어는 우선적으로 접미사에 의해 특징지어지고, 규칙은 단어의 어휘 범주에 기초한다. 영어의 일반명사와 고유명사는 숫자에 따라 굴절되고 단수형과 복수형이라는 두 가지 다른 형태를 갖는다. 단수 명사는 원형으로 구성되고, 복수형은 보통 끝에 s가 붙는다. 보통명사와 고유명사가 두 가지 형태로만 구성되지만, 대명사는 수, 사람, 격case, 성gender에 따라 달라진다. 그러나 대명사는 겨우 34개의 다른 형태를 갖는 닫힌 단어 클래스이기 때문에 일반적으로 대명사의 형태 구조를 모델링하기보다는 나열하기가 쉽다. 다른 어휘 범주에서 파생된 명사는 또한 이 변형을 표시하는 접미사를 포함한다. 동사나 형용사에 기초한 명사는 표 2.3과 2.4에서 설명하는 것과 같은 접미사를 포함한다.

표 2.3 명사가 동사 기반인 경우의 명사 형태 예제

접미사	예제	동사
−ation	nomination	nominate
−ee	appointee	appoint
−ure	closure	close
−al	refusal	refuse
−er	runner	run
−ment	advertisement	advertise

표 2.4 명사가 형용사 기반인 경우의 명사 형태 예제

접미사	예제	형용사
−dom	freedom	free
−hood	likelihood	likely
−ist	realist	real
−th	warmth	warm
−ness	happiness	happy

동사는 8가지의 가능한 굴절 형태로 구성된 더 복잡한 형태 체계를 갖는다. 그러나 모든 규칙 동사는 네 가지의 별개 형태만을 갖는다. 다수의 불규칙 동사는 과거 분사로 사용될 때 규칙 동사의 'ed' 형태 대신 'en' 접미사와 같이 사용될 수 있다. 이 형태는 표 2.5에서 보여준다. 나머지 세 가지 형태는 소수의 불규칙 동사에 대해서만 각각 다르게 어휘화되고 일반적인 접미사를 사용하지 않는다.

형용사와 부사는 비교를 위해 표시될 수 있고 비교급과 최상급 형태를 갖는다. 기본형 형용사 tall은 −er 접미사를 이용해서 비교급으로 어형 변화돼 taller가 되거나, −est 접미사를 이용해서 최상급으로 어형 변화돼 tallest가 될 수 있다. 비슷하게 near와 같은 부사는 −er 접미사를 이용해서 비교급으로 어형 변화돼 nearer를 생성하거나 −est 접미사를 이용해서 nearest를 생성할 수 있다.

단어와 단어 자체에 대한 구조와의 관계에 대해 기초적인 지식을 이해했다면 이런 구분을 이용하는 소프트웨어를 사용해서 바로 텍스트를 길들이는 작업을 할 수 있다.

표 2.5 규칙 동사 형태와 불규칙 동사의 일반적인 과거 분사 끝부분 예제

접미사	예제	표시된 형태
none	look	기본형
−ing	looking	동명사(Gerund)형
−s	looks	3인칭 단수형
−ed	looked	과거형
−en	taken	과거 분사형

2.2 텍스트 프로세싱을 위한 일반적인 도구

기본적인 언어의 통사론과 의미론을 이해했으니 디지털 텍스트에서 통사와 의미 및 다른 중요한 것들을 확인하는 데 도움이 되는 몇 가지 도구를 살펴보자. 어떤 도구는 항상 사용되고, 다른 것들은 가끔만 사용된다. 다음 절은 문자열 조작과 같은 기초에서 시작해서 문장 전체 분석과 같은 더 복잡한 항목까지 이어진다. 대

개 기초적인 도구들은 매일 사용되겠지만, 전체 언어 파서와 같은 더 복잡한 도구는 특정 애플리케이션에서만 쓰일 수 있다.

2.2.1 문자열 조작 도구

문자열, 문자 배열, 다른 텍스트 표현 형태에 대해 동작하는 라이브러리는 대부분의 텍스트 기반 프로그램의 기초다. 대부분의 프로그래밍 언어는 연결^{concatenation}, 분리^{splitting}, 부분 문자열 검색^{substring search}, 두 문자열을 비교하는 다양한 방식과 같은 기본 연산을 하는 라이브러리를 포함한다. 자바의 `java.util.regex` 패키지와 같은 정규 표현식^{regular expression} 라이브러리를 배우면 능력을 키울 수 있다(정규 표현식에 대한 자세한 설명은 Jeffrey Friedl의 Mastering Regular Expressions를 보라). 또한 `java.text` 패키지에 더해 `String`, `Character`, `StringBuilder` 클래스를 직접적으로 친밀하게 다룰 수 있다면 도움이 된다. 이런 도구를 써서 쉽게 단어가 대문자로 표시돼 있는지, 단어의 길이가 얼마인지, 단어에 숫자가 들어있는지, 혹은 숫자나 알파벳 외의 문자가 포함됐는지 같은 텍스트의 표면 수준 특성을 포착할 수 있다. 게다가 날짜와 숫자를 파싱하는 데 익숙하면 또한 유용하다. 4장에서 문자열에 대해 동작하게 설계된 알고리즘을 세밀하게 살펴본다. 지금은 더 언어학적인 이유로 생겨난 텍스트의 속성에 대해 생각해보자.

2.2.2 토큰과 토큰 분리

파일에서 내용을 추출한 다음의 첫 단계는 거의 항상 내용을 토큰이라는 작고 유용한 텍스트의 청크로 나누는 일이다. 토큰은 가끔 단일 단어를 나타내지만, 곧 살펴볼 것처럼 애플리케이션에 따라 다른 작고 쓸모 있는 청크를 구성하는 것이다. 영문을 토큰으로 분리하는 가장 일반적인 첫 번째 접근 방식은 `String[] result = input.split("\\s+");` 같이 단순한 토큰 분리기에서처럼 문자열을 스페이스나 줄 바꿈과 같은 공백에 기반을 두고 나누는 것이다. 이렇게 극히 단순화된 예제에서 입력 문자열은 공백을 만나면 나누는 정규 표현식 `\s+`를 통해 `String`의 배열로 나눠진다(자바는 백슬래시 이스케이핑이 필요하다). 이런 방식은 거의 동작하지만, 다음과 같은 예문에 대해 앞의 코드를 실행하면 표 2.6의 토큰을 만들어낸다.

I can't believe that the Carolina Hurricanes won the 2005-2006 Stanley Cup.

단어 Cup에 붙은 마침표에 문제가 있다고 생각한다면 제대로 짚은 것이다.

표 2.6 공백으로 분리된 문장

I	can't	believe	that	the	Carolina	Hurricanes	won	the	2005-2006	Stanley	Cup.

공백을 만나면 나누는 것이 일부 인스턴스에서는 동작하지만, 대부분의 애플리케이션은 유용성을 최대로 제공하기 위해 구두점, 약자, 이메일 주소, URL, 숫자를 다룰 필요가 있다. 게다가 서로 다른 애플리케이션은 보통 다른 토큰 분리 요구 사항을 갖는다. 예를 들어 아파치 솔라/루씬 검색 라이브러리(3장에서 다룬다)에서 StandardTokenizer는 마침표나 약자와 같이 흔히 발생하는 항목을 처리한다. 실제로 허리케인에 대한 앞의 문장을 StandardTokenizer를 통해 분석하면 마지막 마침표가 제외되고, 표 2.7에서 보여주는 것과 같은 토큰이 나온다.

표 2.7 솔라 StandardTokenizer로 분리된 문장

I	can't	believe	that	the	Carolina	Hurricanes	won	the	2005	2006	Stanley	Cup.

이제 어쩌면 "마침표를 제거하고 싶은 게 아니라 Cup에 붙어있지 않기를 원한다."는 식으로 생각할 수도 있다. 이것은 중요한 지적인데, 자신이 사용할 애플리케이션에 필요한 토큰 분리의 기준이 무엇인지 고려하는 일의 중요성을 강조한다. 루씬 같은 검색 애플리케이션은 대부분의 경우 문장 마침표가 필요 없기 때문에 이 경우 토큰 결과에서 마침표를 빼도 괜찮다.

서로 다른 유형의 애플리케이션에 대해서는 다른 토큰 분리 방식이 필요할 수 있다. OpenNLP의 english.Tokenizer를 사용한 같은 문장의 처리는 표 2.8을 만들어낸다.

표 2.8 OpenNLP english.Tokenizer로 분리된 문장

I	ca	n't	believe	that	the	Carolina	Hurricanes	won	the	2005	2006	Stanley	Cup	.

여기 구두점이 유지되고 축약형 can't가 나뉘었다는 데 주목하라. 이 경우 OpenNLP는 토큰 분리를 문법적 처리를 수행하기 위한 선도자precursor로 사용한다. 이런 유형의 애플리케이션에 대해 구두점은 절 경계와 can과 not이 별도의 문법적 역할을 갖는다는 것을 찾는 데 유용하다.

OpenNLP에서 제공하고 개체명 식별에 사용되는 다른 종류의 처리 방식을 고려한다면 다른 종류의 토큰 분리를 보라. 다음은 문자열을 알파벳, 숫자, 공백, 기타 토큰 부류로 나누려는 접근 방식이다. 같은 문장에 대한 SimpleTokenizer 출력을 표 2.9에 표시했다.

표 2.9 OpenNLP SimpleTokenizer로 분리된 문장

I	can	'	t	believe	that	the	Carolina	Hurricanes	won	the	2005	2006	Stanley	Cup	.

이 예제에서 보다시피 날짜 범위가 분리됐다. 이렇게 하면 개체명 식별 구성 요소가 애플리케이션의 요구대로 날짜 범위 안의 각 날짜를 식별할 수 있다.

앞에서 봤듯이 토큰 분리 결정은 어떤 작업을 수행하고 있는가에 영향을 받는다. 작업에 적절한 텍스트의 단위는 텍스트에 어떤 종류의 처리를 하고 있는가에 영향을 받는다. 다행히도 대부분의 라이브러리는 이후 처리에 필요한 것을 저장하는 토큰 분리 기능을 제공하거나, 직접 사용자의 토큰 분리기를 사용할 수 있는 수단을 제공한다.

토큰 수준에서 적용 가능한 다른 일반적인 기술에는 다음과 같은 것들이 있다.

- **대소문자 변경** 모든 토큰을 소문자화하면 검색에 유용할 수 있다.
- **불용어(stopword) 제거** the, and, a 같은 일반적인 단어를 걸러낸다. 이와 같이 흔하게 나타나는 단어는 대개 문장 구조에 의존하지 않는 애플리케이션에 가치가 별로 없다(전혀 없다고 하지 않은 데 주의하라).

- **확장(Expansion)** 토큰 스트림에 동의어를 더하거나 두문자어^{acronym}나 축약형 ^{abbreviation}을 확장하면 애플리케이션이 사용자가 입력하는 여러 가지 대안 형태를 처리할 수 있다.
- **품사 태그 부착(품사 배정)** 토큰에 품사를 배정한다. 다음 절에서 더 자세히 다룬다.
- **어간 추출** 단어를 원형이나 기본형으로 줄인다. dogs가 dog가 되는 식이다. 2.2.4절에서 더 자세히 다룬다.

불용어 제거, 확장, 대소문자 변경 같은 단순한 사례는 보통 Map의 단순 검색 혹은 String 객체의 기본 메소드 호출만 수반하는 기본적 연산이기 때문에 넘어가 겠다. 다음 두 절에서 단어를 넘어 문장 수준을 다루기 전에 품사 태그 부착과 어간 추출을 더 자세히 다룬다.

2.2.3 품사 배정

단어가 명사, 동사, 형용사인지와 같은 단어의 품사^{POS, part of speech} 확인은 주로 다운 스트림 처리 결과의 품질을 개선하는 데 사용된다. 예를 들어 품사를 사용하면 문 서에서 중요한 키워드가 무엇인지 알아보거나 단어의 특정한 쓰임 검색을 보조하 는 데(Will을 고유명사로 사용하거나 "you will regret that"과 같은 문장에서는 조동사로 사용하는 것과 같이) 도움이 된다. 오픈소스 커뮤니티에서 쉽게 이용할 수 있고 학습시킬 수 있는 품사 태그 부착기를 구할 수 있다. 그런 태그 부착기 중 하나가 http://opennlp. apache.org에서 다운로드해 사용할 수 있는 OpenNLP 최대 엔트로피 태그 부착기 ^{Maximum Entropy Tagger}다. 최대 엔트로피라는 문구를 보고 너무 걱정하지 말라. 그것은 어떤 품사가 단어에 가장 적절할지 정하는 데 통계를 사용한다고 알리는 것뿐이다. OpenNLP 영어 품사 태그 부착기는 문장의 단어에 품사를 붙이기 위해 펜 트리뱅크 프로젝트^{Penn Treebank Project}(http:// www.cis.upenn.edu/~treebank, 현재 동작 않음)의 품사 태그를 사용한다. 표 2.10은 펜 트리뱅크에서 더 일반적인 태그를 샘플링한 것이다. 이들 중 다수의 태그는 과거와 현재 시제나 단수와 복수 같이 단어의 여러 가지 다른 형태를 표시하기 위한 연관 태그가 있다. 완전한 목록을 보려면 http://repository. upenn. edu/cgi/viewcontent.cgi?article=1603&context=cis_reports를 참고하라.

표 2.10 일반적으로 나타나는 품사 정의와 예제

품사	펜 트리뱅크 태그 이름	예제
형용사, 최상급 형용사, 비교급 형용사	JJ, JJS, JJR	nice, nicest, nicer
부사, 최상급 부사, 비교급 부사	RB, RBS, RBR	early, earliest, earlier
한정사	DT	a/the
명사, 복수형 명사, 고유명사, 복수형 고유명사	NN, NNS, NNP, NNPS	house, houses, London, Teamsters
인칭 대명사, 소유 대명사	PRP, PRP$	he/she/it/himself, his/her/its
동사 원형, 동사 과거형, 과거 분사, 3인칭 단수 현재형, 3인칭 단수 아닌 현재형, 동명사 또는 현재 분사	VB, VBD, VBN, VBZ, VBP, VBG	be, was, been, is, am, being

앞으로 마주칠 품사POS 태그에 익숙해졌을 테니 OpenNLP POS 태그 부착기가 어떻게 동작하는지 살펴보자. POS 태그 부착기는 이미 POS 태그를 붙여 놓은 문서의 말뭉치, 혹은 컬렉션을 시험해서 만들어진 통계 모델을 사용해 동작한다. 이 모델은 단어가 특정 품사를 가질 가능성을 계산하기 위한 데이터를 포함한다. 다행히도 모델이 함께 제공되므로 모델을 직접 만들 필요는 없다(만들 수도 있지만). 다음 리스트는 모델과 연관 정보를 적재하고 POS 태그 부착기를 실행시키는 방법을 보여준다.

리스트 2.1 OpenNLP POS 태그 부착기 예제

```
File posModelFile = new File(                      // POS 모델의 경로를 준다.
    getModelDir(), "en-pos-maxent.bin");
FileInputStream posModelStream = new FileInputStream(posModelFile);
POSModel model = new POSModel(posModelStream);

POSTaggerME tagger = new POSTaggerME(model);
String[] words = SimpleTokenizer.INSTANCE.tokenize( // 문장을 단어로 토큰
                                                   // 분리한다.
```

```
"The quick, red fox jumped over the lazy, brown dogs.");
String[] result = tagger.tag(words);    // 토큰 분리된 문장을 넘겨 태그되게 한다.
for (int i=0 ; i < words.length; i++) {
    System.err.print(words[i] + "/" + result[i] + " ");
}
System.err.println("\n");
```

다음은 리스트 2.1을 실행시킨 출력이다.

```
The/DT quick/JJ ,/, red/JJ fox/NN jumped/VBD over/IN the/DT lazy/JJ ,/,
brown/JJ dogs/NNS ./.
```

예제에서 빠르게 문장의 태그를 검사하면 dogs와 fox는 명사, quick, red, lazy, brown은 형용사, jumped는 동사임을 출력하며, 그 결과는 꽤 괜찮은 편이다. 우선 이후의 절과 장에서 다시 논의하겠지만 이 정도가 품사 태그 부착에 대해 알아야 하는 전부다.

2.2.4 어간 추출

살고 있는 나라의 모든 신문을 읽고(커피를 받았길 바란다!) 은행에 대한 기사를 기다리는 일이 직업이라고 상상해보자. 그러면 검색 엔진을 받아 모든 신문을 집어넣고 bank, banks, banking, banker, banked 등의 단어를 검색하기 시작할 것이다. 시간이 모자라기 때문에 이렇게 생각하게 된다. "그냥 bank만 검색하면 모든 변형 형태를 다 찾아주면 좋겠어." 그리고 그와 같이 어간 추출(그리고 동의어지만 이것은 또 다른 주제다)의 힘을 깨달을 것이다. 어간 추출은 단어를 그것 자체가 단어일 필요는 없는 원형이나 더 단순한 형태로 줄이는 프로세스다. 어간 추출은 검색과 같은 텍스트 프로세싱 애플리케이션에서 자주 사용되는데, 사용자들이 단어 bank에 대해 검색하면서 은행업에 대한 문서를 찾기를 기대하기 때문이다. 대부분의 경우 사용자가 별도로 지정하지 않는 한 사용자가 입력한 키워드 그대로를 맞출 필요가 없다.

어간 추출에 대해 각각 고유한 설계 목적이 있는 수많은 다른 접근 방식이 있다.

어떤 방식은 단어를 가능한 최소 원형으로 줄이는 식으로 공격적인 작업을 선호하고, 다른 방식은 좀 더 가볍게 단어에서 s나 ing을 제거하는 등의 기본적인 작업을 선호한다. 예를 들어 검색에서의 트레이드오프는 거의 항상 고전적인 품질과 수량의 대결이다. 공격적인 어간 추출의 결과는 수량은 많지만 품질이 낮아지는 것이 보통이고, 가벼운 어간 추출은 유용한 결과 일부를 놓칠 위험 부담이 있지만 어느 정도의 품질을 보존한다. 또한 어간 추출은 연관된 단어는 같은 어간으로 줄어들지 않는데, 다른 의미의 단어들이 같은 어간을 깆게 되면서 의미를 잃는 경우 문제를 일으킬 수 있다(Krovertz[1993]을 보라).

어간 추출기를 어떻게 골라야 하며, 써야 할 때는 언제인가? 대부분의 NLP 애플리케이션처럼 경우에 따라 다르다. 테스트를 수행하고, 실증적인 판단을 하고, 시행착오를 하다 보면 결국 이런 질문에 대한 가장 나은 현실적인 답을 이끌어낼 것이다. 결국 최선의 충고는 인터페이스에 대한 코딩을 해서 어간 추출기를 바꾸기 쉽게 만드는 것이다. 그러니까 가벼운 어간 추출기로 시작해서 테스터와 사용자의 피드백을 모아보라. 사용자가 변형에 대해 놓치는 것이 있다고 여기면 더 공격적인 어간 추출을 할 수 있다.

어간 추출을 사용해야 하는 몇 가지 이유를 알았으니 Martin Porter 박사와 동료들이 개발한 스노볼Snowball 어간 추출기(http://snowballstem.org/) 사용법을 살펴보자. 친숙한 라이선스 개념 외에 스노볼 어간 추출기는 다음을 포함하지만 거기 국한되지 않는 다양한 접근 방식과 언어들을 지원한다.

- Porter and Porter2(EnglishStemmer라 명명된)
- Lovins
- Spanish스페인어
- French프랑스어
- Russian러시아어
- Swedish스웨덴어

다음 리스트는 (Porter2라고도 하는) 영어 어간 추출기를 생성하고 토큰 배열을 따라 반복한다.

리스트 2.2 스노볼(Snowball) 영어 어간 추출기 사용

```
EnglishStemmer english = new EnglishStemmer();

String[] test = {"bank", "banks", "banking", "banker", "banked",
    "bankers"};                        // 어간 추출할 토큰을 초기화한다.
String[] gold = {"bank", "bank", "bank", "banker", "bank",
    "banker"};                         // 예상 결과를 정의한다.
for (int i = 0; i < test.length; i++) {
    english.setCurrent(test[i]);       // english 어간 추출기에 어간 추출할
                                       // 대상을 알려준다.
    english.stem();                    // 어간 추출을 수행한다.
    System.out.println("English: " + english.getCurrent());
    assertTrue(english.getCurrent() + " is not equal to " + gold[i],
        english.getCurrent().equals(gold[i]) == true);
}
```

단위 테스트가 예상한 것처럼 어간 추출 결과는 'bank', 'bank', 'bank', 'banker', 'bank', 'banker'다. banker(와 bankers)가 영어 어간 추출기 규칙에 따라 bank로 줄어들지 않는다는 점을 주의하라. 영어 어간 추출기의 버그가 아니라 알고리즘이 어떻게 동작하는가에 대한 문제일 뿐이다. 우리의 신문 읽기 작업에는 별로 좋지 않지만, 여전히 검색 엔진에 모든 bank의 변형을 검색해야 하는 것보다는 낫다. 의심의 여지없이 어간 추출기를 사용하다 보면 사용자나 테스터에게 단어 x를 찾을 수 없다거나 어간 추출이 잘못됐다는 이야기를 듣게 될 것이다. 정말로 고쳐야 한다고 믿는다면 가장 확실한 방법은 어간 추출 알고리즘 자체를 고치려고 하는 것보다는 어간 추출되지 않게 보호할 단어 목록을 사용하는 것이다(코드를 직접 관리하지 않는 한).

2.2.5 문장 탐지

뉴스에서 "Super Bowl Champion Minnesota Vikings[1]"라는 문구가 나타나는 모든 위치를 찾으려고 한다고 가정하고, 다음 텍스트를 발견했다고 치자.

> Last week the National Football League crowned a new Super Bowl Champion. Minnesota Vikings fans will take little solace in the fact that they lost to the eventual champion in the playoffs.

이 문장을 2.2.2절에서 사용한 StandardTokenizer로 토큰 분리하면 다음 토큰이 생성된다.

```
..."a", "new", "Super", "Bowl", "Champion", "Minnesota", "Vikings", "fans",
"will", ...
```

토큰 Super, Bowl, Champion, Minnesota, Vikings가 서로 바로 붙어서 나타나는 경우를 찾는다면 구문 일치가 발생한다. 그렇지만 실제로는 Champion과 Minnesota 사이에 구두점이 나타나기 때문에 구문이 일치하지 않는다는 것을 알 수 있다.

문장 경계를 계산하면 잘못된 구문 일치 판단을 줄일 수 있고, 단어, 구, 문장과 다른 문장 사이의 구조적 관계를 찾는 방법을 제공할 수 있다. 이런 관계를 갖고 텍스트에서 의미 있는 정보 조각을 찾으려 할 수 있다. 자바는 문장을 식별하는 BreakIterator 클래스를 갖고 있지만, 자주 특정한 경우에 대응하기 위한 추가적인 프로그래밍을 해야 한다. 예를 들어 BreakIterator를 단순하게 적용해보면 다음과 같다.

```
BreakIterator sentIterator =
        BreakIterator.getSentenceInstance(Locale.US);
String testString =
        "This is a sentence.  It has fruits, vegetables, etc. " +
        "but does not have meat.  Mr. Smith went to Washington.";
```

---

1. 휴…… 꿈은 꿀 수 있다. 그렇지 않은가?

```
sentIterator.setText(testString);
int start = sentIterator.first();
int end = -1;
List<String> sentences = new ArrayList<String>();
while ((end = sentIterator.next()) != BreakIterator.DONE) {
    String sentence = testString.substring(start, end);
    start = end;
    sentences.add(sentence);
    System.out.println("Sentence: " + sentence);
}
```

BreakIterator 예제를 실행시킨 결과는 다음과 같다.

```
Sentence: This is a sentence.
Sentence: It has fruits, vegetables, etc. but does not have meat.
Sentence: Mr.
Sentence: Smith went to Washington.
```

BreakIterator가 인라인 etc.를 처리했지만 Mr.은 제대로 처리하지 못했다. 이것을 고치려면 약어, 인용, 여타 문장 종결 가능성과 같은 특수한 경우를 제대로 처리할 수 있는 프로그램을 추가해야 한다. 더 나은 방법은 다음에 보여줄 OpenNLP의 것과 같이 더 견고한 문장 감지 프로그램을 사용하는 것이다.

리스트 2.3   OpenNLP 문장 감지

```
// ... 모델을 초기화한다.
File modelFile = new File(modelDir, "en-sent.bin");
InputStream modelStream = new FileInputStream(modelFile);
SentenceModel model = new SentenceModel(modelStream);
SentenceDetector detector =
        new SentenceDetectorME(model);  // en-sent.bin 모델로
                                        // SentenceDetector를 생성한다.
String testString =
        "This is a sentence. It has fruits, vegetables," +
```

```
            " etc. but does not have meat. Mr. Smith went to Washington.";
String[] result = detector.sentDetect(testString);  // 감지 프로세스를
                                                    // 실행한다.

for (int i = 0; i < result.length; i++) {
    System.out.println("Sentence: " + result[i]);
}
```

리스트 2.3을 실행시키면 올바른 결과가 생성된다.

```
Sentence: This is a sentence.
Sentence: It has fruits, vegetables, etc. but does not have meat.
Sentence: Mr. Smith went to Washington.
```

2.2.6 구문 분석과 문법

문장을 의미 있고 구조적인 관계의 집합이나 트리로 해석하는 것은 도전적인 구성
요소이면서 또한 가장 유용한 것이기도 하다. 예를 들어 명사와 동사구 및 서로에
대한 관계를 식별하면 문장의 주어를 주어가 행동에 옮기는 연관된 동작과 함께
알아보는 데 도움이 된다. 문장을 유용한 구조로 해석하는 것은 자연어에 내재된
모호성 때문에 쉽지 않다. 구문 분석parsing 프로그램은 자주 서로 다른 가능한 많은
해석 사이에서 결정을 내려야 한다. 예를 들어 그림 2.1은 다음 문장에 대한 해석
을 보여준다.

The Minnesota Twins, the 1991 World Series Champions, are currently
in third place.

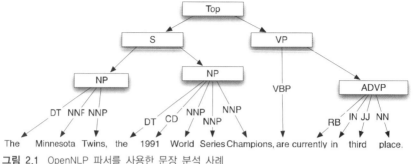

그림 2.1 OpenNLP 파서를 사용한 문장 분석 사례

이 트리는 OpenNLP 파서를 사용해서 생성한 구문 분석 트리다. 파서는 2.2.3절에서 언급한 펜 트리뱅크 프로젝트가 설계한 문법을 사용했다. 다음 코드가 구문 해석에 사용됐다.

```
File parserFile = new File(modelDir, "en-parser-chunking.bin");
FileInputStream parserStream = new FileInputStream(parserFile);
ParserModel model = new ParserModel(parserStream);
Parser parser = ParserFactory.create(
        model,
        20,              // beam 크기
        0.95);           // 진행 비율
Parse[] results = ParserTool.parseLine(
        "The Minnesota Twins , the 1991 World Series " +
        "Champions , are currently in third place .",
        parser, 3);
for (int i = 0; i < results.length; i++) {
    results[i].show();
}
```

이 코드 예제에서 주요 단계는 해석할 문장과 가능한 구문 해석의 최대 수를 받는 parseLine() 메소드 호출이다. 이 코드를 실행시키면 각각의 줄이 서로 다른 해석을 나타내는(보여주기 위해 끝을 잘라낸) 다음 출력을 생성한다.

```
(TOP (S (NP (NP (DT The) (NNP Minnesota) (NNS Twins)) (, ,) (NP (DT the)
```

```
...
(TOP (S (NP (NP (DT The) (NNP Minnesota) (NNPS Twins)) (, ,) (NP (DT the)
...
(TOP (S (NP (NP (DT The) (NNP Minnesota) (NNP Twins)) (, ,) (NP (DT the)
...
```

이 결과를 자세히 살펴보면 단어 Twins의 태그에서 구문 분석의 미묘함을 볼 수 있다. 첫 사례는 Twins를 복수 명사(NNS)로 태그하고, 두 번째에서는 복수 고유 명사로, 세 번째에서는 단수 고유명사로 태그한다. 이 해석에 따라 결과가 좋은 성과를 얻는지 아닌지의 차이가 날 수 있는데, 단어 Twins가 일반 명사로 취급된다 면(첫 번째 경우) 고유명사구(텍스트에서 보통 아주 중요한)를 추출하려는 도구는 the Minnesota Twins를 전부 놓칠 것이다. 스포츠에 대한 기사의 맥락에서는 그다지 중요하지 않게 보이더라도 범죄 집단의 주요 구성원을 다루는 기사를 조사해서 범 죄에 연루된 사람들을 찾아내야 하는 애플리케이션을 작성한다고 상상해보라.

여기서는 완전한 구문 분석을 보여줬지만, 완전한(혹은 깊은) 구문 분석이 늘 필요 하지는 않다. 많은 애플리케이션이 얕은 분석을 사용해도 잘 동작한다. 얕은 분석 은 명사와 동사구와 같이 문장의 중요한 조각을 식별하지만, 그들을 연관 짓거나 더 잘게 나눠진 구조를 정의할 필요는 없다. 예를 들어 Minnesota Twins에 대한 이전 예제에서 얕은 분석은 Minnesota Twins와 1991 World Series Champions만 을 반환하거나, 이와 비슷한 구절의 어떤 변형을 반환한다.

구문 분석은 이 분야에서 활발한 연구가 이뤄지는 다채롭고 복잡한 영역인데, 많은 부분은 이 책이 다루는 범위를 넘어선다. 이 책의 목적을 위해 구문 분석은 질의응답과 같은 부분에서 문장의 적절한 구조를 확인하는 일을 돕게 사용해서 응 답을 추출하는 식으로 사용할 수 있다. 대개 적절한 경우 구문 분석을 더 깊이 파헤치는 대신 적절한 때 사용되는 블랙박스로 취급할 것이다.

2.2.7 시퀀스 모델링
지금까지 제시된 구성물은 표면 수준의 특성과 텍스트의 언어학에서 생겨난 속성 을 찾아내는 수단을 제공했다. 이제 텍스트를 단어나 문자의 시퀀스로 보는 관점에 기반을 둔 텍스트 모델링을 생각해보자. 시퀀스를 모델링하는 일반적인 방법은 시퀀스의 각 구성 요소, 거기 더해 바로 앞서거나 뒤따르는 일부 구성 요소를 조사하는 것이다. 얼마나 많거나 적은 주변 맥락을 고려할지는 애플리케이션에 따라 다르지만, 일반적으로는 얼마나 맥락을 고려해야 하는지에 따라 윈도우의 크기가 결정되는 맥락의 윈도우로 생각할 수 있다. 예를 들어 문자 시퀀스의 사용은 OCR^{광학 문자인식} 과정을 거친 데이터 검색에서 일치하는 부분을 찾는 데 유용하다. 또한 구를 맞추려고 하거나 단어 사이에 공백을 두지 않는 언어에 대해 동작할 때에도 유용하다.

예를 들어 윈도우 크기 5는 중간 요소가 모델링될 때 시퀀스에서 앞서는 두 요소와 다음 두 요소를 검사한다. 중간 요소를 포함해서 시퀀스에서 한 번에 최대 다섯 개의 구성 요소를 고려하는데, 이것이 윈도우 크기다. 시퀀스의 각 구성 요소가 처리될 때 윈도우는 입력 시퀀스를 따라 미끄러져 가는 것으로 볼 수 있다.

표 2.11 문장 내의 위치 6에 있는 크기 5의 n그램 윈도우 예제

-2	-1	0	1	2	3	4	5	6	7	8	9	10	11	12	13	14	15
bos	bos	I	ca	n't	believe	that	the	Carolina	Hurricanes	won	the	2005-2006	Stanley	Cup	.	eos	eos
						<-	-	window	-	->							

이 유형의 모델링은 보통 n그램 모델링이라고 한다. 윈도우가 크기 n이면 윈도우 안에 위치하는 단어를 n그램이라고 부른다는 생각이다. 표 2.12는 예제 문장에 대한 몇 가지 다양한 크기의 n그램 사례를 보여준다.

표 2.12 다양한 크기의 n그램

유니그램(unigrams)	believe	Stanley	the	Carolina
바이그램(bigrams)	believe,that	Stanley,Cup	the,Carolina	
트라이그램(trigrams)	believe,that,the	2005-2006,Stanley,Cup		
4그램	can't,believe,that,the	2005-2006,Stanley,Cup,.		
5그램	that,the,Carolina,Hurricanes,won			

같은 발상을 문자 모델링에도 적용할 수 있는데, 각각의 문자가 n그램 윈도우의 구성 요소 역할을 하는 상황이다. 문자로 n그램을 사용하는 접근 방식을 4장에서 사용한다.

n그램은 쉽게 분해될 수도 있어 통계적 모델링과 추정에 적합하다. 예제에서 단어 Carolina 주변의 맥락을 모델링하는 데 5그램을 사용했다. 우리가 완전 일치하는 단어 시퀀스를 발견할 가능성은 별로 없고, 단어 시퀀스가 얼마나 그럴듯한지에 대해 어떤 추정도 하기 어렵다. 그러나 확률을 트라이그램(n=3) the Carolina Hurricanes에 기반을 두거나, 바이그램 the, Carolina와 Carolina, Hurricanes에 기반을 두고 추정할 수 있다. 이런 유형의 백오프 추정은 더 작고 추정하기 쉬운 맥락과 함께 커다란 맥락이 사용되는 상황에서 텍스트의 모호성을 모델링하는 데 통계적 방식을 사용하는 일반적인 텍스트 처리 방식이다.

대부분의 텍스트 처리 유형은 표면적인 문자열 특성, 언어학적 단위, 시퀀스나 n그램 모델링의 조합을 사용한다. 예를 들어 전형적인 품사 태그 부착기는 태그를 붙이는 요소가 무엇인지 알아내기 위해 문장과 토큰 분리 프로세싱을 사용하고, 문자열을 조작해서 접두사와 접미사를 모델링하고, 태그가 부착되는 단어 전후의 단어들을 포착하기 위해 시퀀스를 모델링한다. 이런 테크닉들이 쉽게 텍스트의 뜻이나 의미 구조를 포착하지 못하더라도 놀랍게 효과적이다. 이런 세 종류의 처리 방식을 조합하는 접근 방식을 5장에서 사용한다.

이제 문자열 조작, 언어적 처리, n그램 시퀀스 모델링을 포함한 텍스트 처리의 기초에 대한 기본적 지식을 갖고 텍스트와 작업하는 개발자들이 처음 맞닥뜨리며 이후에도 자주 받는 질문 한 가지를 살펴볼 수 있다. HTML과 어도비 PDF 같은 일반적 파일 형식에서 어떻게 텍스트를 추출할 수 있을까?

2.3 일반 파일 형식에서 콘텐츠 전처리와 추출

이번 절에서는 여러 가지 일반 파일 형식에서 텍스트를 추출해본다. 전처리의 중요성을 언급한 다음 HTML과 어도비 PDF 같은 일반 파일 형식에서 콘텐츠와 메타데이터를 추출하는 오픈소스 프레임워크를 소개한다.

2.3.1 전처리의 중요성

사용자가 자신의 컴퓨터에 있는 모든 파일을 검색하기 위해 키워드를 입력할 수 있게 하는 애플리케이션을 작성한다고 상상해보자. 이 애플리케이션을 만들려면 어떻게 파일을 검색 가능한 상태로 만들지 알아야 한다. 어떤 일을 해야 할지에 대해 더 좋은 아이디어를 얻기 위해 자신의 하드디스크 드라이브를 둘러보기 시작하고, 곧 수천 혹은 수백만 개의 파일이 있고 파일 유형이 다양하다는 사실을 깨닫게 된다. 일부는 마이크로소프트 워드, 일부는 어도비 PDF다. 다른 것들은 HTML이나 XML 같이 텍스트 기반 파일이고, 또 다른 것들은 단서가 없는 어떤 독점적인 형식이다. 똑똑한 프로그래머는 이 모든 파일 형식을 받아들이기 위해 파일들을 공통 형식으로 변환해서 내부적으로는 한 형식만 고려할 수 있음을 안다. 많은 다른 파일 형식을 공통 텍스트 기반 표현으로 표준화하는 이런 과정을 전처리라고 한다. 전처리는 또한 텍스트에 어떤 것을 더하거나 텍스트를 변경해서 라이브러리가 더 사용하기 좋게 만드는 것도 의미한다. 예를 들어 어떤 라이브러리는 입력이 이미 확인된 문장을 갖고 있다고 가정하기도 한다. 궁극적으로 전처리는 사용 목적을 위한 라이브러리나 애플리케이션에 데이터를 입력하기 전 수행해야 하는 모든 작업 단계를 포함한다. 전처리의 주요 예제로, 일반 파일 형식에서 콘텐츠를 추출하는 것을 살펴보자.

다양한 파일 형식으로부터 텍스트 추출에 대한 많은 오픈소스 도구를 사용할 수 있지만(곧 이 내용을 다룬다), 텍스트 추출은 애플리케이션에 연결할 파일 변환 라이브러리를 구매할 가치가 있는 영역이다. 상용 파일 변환기는 오픈소스 파일 변환기가 접근할 수 없는 문서와 프로그래밍 라이브러리 접근을 허용하는 마이크로소프트나 어도비 같은 회사에 라이선스 비용을 지불한다. 게다가 그들은 꽤 정기적으로 지원과 유지 보수를 제공한다. 공평하지 않지만 누구도 삶이 공평하다고 하지 않는다! 그렇지만 상용 도구에 돈을 내기 전에 반드시 평가판을 얻어 시험해보라. 어도비 PDF(텍스트를 추출하기가 보통 가장 어려운)에 대해 적어도 하나 이상의 잘 알려진 상업적 벤더를 오픈소스 라이브러리와 직접 비교 시험해봤고, 오픈소스 라이브러리가 상업적 벤더보다 더 좋지는 않더라도 비슷한 수준은 됐다. 상용 버전의 가격을 보면 이 경우에는 쉽게 오픈소스 라이브러리를 사용한다는 결정을 내릴 수 있었다. 콘텐츠에 따라 이득은 달라질 수 있다.

이 책이 오픈소스 텍스트 도구에 대한 책이기 때문에 전처리에 어떤 도구들을 사용할 수 있을지 살펴보지 않는다면 태만한 것이다. 표 2.13은 흔히 접할 만한 파일 형식 몇 가지와 그 형식에서 텍스트를 추출할 수 있는 한 개 이상의 내장 라이브러리나 오픈소스 라이브러리를 나열했다. 이런 종류의 책에서 모든 파일 형식을 다룰 수는 없기 때문에 애플리케이션에서 접할 가능성이 가장 높은 형식에 집중하겠다. 파일 형식이 무엇이든, 그리고 오픈소스 라이브러리나 상용 도구를 사용하든 말든 대부분의 애플리케이션은 내부적으로 사용할 수 있게 단순하면서도 텍스트 기반의 표현을 원할 것이다. 이렇게 하면 자바, 펄^{Perl}, 그리고 대다수의 현대 프로그래밍 언어에서 제공하는 기본 문자열 조작 라이브러리를 사용할 수 있다. 콘텐츠를 추출하기 위한 수많은 다른 라이브러리와 수많은 다른 접근 방식이 있기 때문에 파일 형식을 콘텐츠로 매핑하는 프레임워크를 개발하거나 기존 프레임워크를 사용하는 것도 최선이다.

표 2.13 일반적인 파일 형식

파일 형식	MIME 유형	오픈소스 라이브러리	비고
텍스트	plain/text	빌트인	
마이크로소프트 오피스(워드, 파워포인트, 엑셀)	application/msword, application/vnd.ms-excel 등	1. 아파치 POI 2. Open Office 3. textmining.org	textmining.org는 MS 워드만 지원한다.
어도비 PDF	application/pdf	PDFBox	먼저 OCR(광학 문자 인식)을 사용하지 않고는 이미지 기반 PDF에서 텍스트를 추출할 수 없다.
리치 텍스트 형식(RTF)	application/rtf	자바에 RTFEditorKit을 사용해 내장됐음	

(이어짐)

파일 형식	MIME 유형	오픈소스 라이브러리	비고
HTML	text/html	1. JTidy 2. CyberNeko 3. 그 외 많음	
XML	text/xml	많은 XML 라이브러리가 가용함(아파치 Xerces가 유명)	대다수의 애플리케이션은 DOM 기반 대신 SAX 기반 구문 분석을 사용해야 중복 데이터 구조 생성을 피할 수 있다.
Mail	N/A	자바 Mail API, 메일에서 파일로 내보내기, mstor	메일 서버나 클라이언트에 따라 어떤 것이 좋은지가 달라진다.
데이터베이스	N/A	JDBC, Hibernate, 그 외 데이터베이스 내보내기	

다행스럽게도 일부 프로젝트는 전처리 프레임워크를 제공한다. 이런 프로젝트는 표 2.13에 나온 라이브러리 중 상당수를 래핑한다. 이런 접근 방식을 취하면 모든 라이브러리에 대해 하나로 통일된 인터페이스를 사용한 애플리케이션을 작성할 수 있다. 앞으로 사용할 오픈소스 프로젝트는 아파치 티카^{Apache Tika}(http://tika.apache.org) 라고 하는데, 다음에 소개된다.

2.3.2 아파치 티카를 사용한 콘텐츠 추출

티카는 마이크로소프트 워드, 어도비 PDF, 텍스트, 기타 다양한 형식의 여러 가지 소스로부터 콘텐츠를 추출하기 위한 프레임워크다. 다양한 추출 라이브러리를 래핑하는 것뿐만 아니라, 티카는 콘텐츠의 형식을 자동으로 감지해서 적절한 라이브러리로 해석할 수 있게 해주는 MIME 감지 기능도 제공한다.

게다가 티카에서 원하는 형식을 찾지 못한다고 해도 걱정할 것 없다. 웹을 탐색하면 보통 원하는 형식과 동작하면서 티카와 연결할 수 있거나(그 프로젝트에 기부해주기 바란다!) 별도로 처리하는 라이브러리나 애플리케이션을 찾을 수 있다. 티카와 같은 프레임워크를 사용할 때도 프레임워크가 다루지 못하는 파일 형식을 나중에 추가할 가능성이 높고, 코드베이스로 그것을 가져올 깔끔한 방법이 필요하기 때문에 추출 프로세스를 감쌀 인터페이스를 만드는 것을 추천한다.

구조적 수준에서 티카는 XML을 처리하는 SAX^{Simple API for XML}(http://www.saxproject. org/ 참고) 파서가 동작하는 것과 비슷하게 동작한다. 티카는 하부 콘텐츠 형식(PDF, 워드 등)에서 정보를 추출하고, 그 다음 애플리케이션이 처리할 수 있는 콜백 이벤트를 제공한다. 이 콜백 메커니즘은 SAX ContentHandler와 똑같고, 다른 프로젝트에서 SAX를 다뤄 본 누구에게나 직관적이다. 티카와 상호 작용하는 방법은 단일 메소드를 제공하는 티카의 Parser 클래스 하나를 인스턴스화하는 정도로 단순하다.

```
void parse(InputStream stream, ContentHandler handler,
        Metadata metadata, ParseContext parseContext)
    throws IOException, SAXException, TikaException;
```

parse 메소드를 사용하면 콘텐츠를 InputStream으로 넘겨주기만 하면 되고, 콘텐츠 이벤트는 애플리케이션의 ContentHandler 구현에 의해 처리될 것이다. 콘텐츠에 대한 메타데이터는 내부적으로는 해시 테이블 구조인 Metadata 인스턴스에 채워질 것이다.

파서 수준에서 티카는 즉시 사용 가능한 몇 가지 구현, 티카가 지원하는 특정 MIME 유형 각각에 대한 구현과 MIME 유형을 자동적으로 식별하는 AutoDetect Parser 등을 같이 제공한다. 티카에는 또한 파일의 본문만 추출하는 것과 같은 일반적인 추출 시나리오에 기반을 둔 ContentHandler 몇 가지도 들어 있다.

이제 티카의 기본 철학을 알았고, 기본 인터페이스도 살펴봤으니 여러 가지 파일 형식에서 텍스트를 찾고 추출하는 데 어떻게 티카를 사용하는지 살펴보자. HTML을 추출하는 기본 사례에서 시작해서 PDF 파일 해석을 보여주기 위해 몇 가지 것을 바꿔보자.

먼저 다음과 같이 꽤 단순한 HTML을 해석하려 한다고 해보자.

```
<html>
    <head>
```

```
    <title>The Big Brown Shoe </title>
  </head>
  <body>
    <p>The best pizza place in the US is
    <a href="http://antoniospizzas.com/">Antonio's Pizza</a>.
    </p>
    <p>It is located in Amherst, MA.</p>
  </body>
</html>
```

이 예제를 살펴보면 제목, 바디, 그리고 어쩌면 링크를 추출하려고 할 가능성이 가장 높다. 티카는 다음 코드에서 볼 수 있듯이 모든 것을 단순하게 만든다.

리스트 2.4 아파치 티카를 사용해서 HTML에서 텍스트 추출하기

```
InputStream input = new ByteArrayInputStream(
      html.getBytes(Charset.forName("UTF-8")));
ContentHandler text = new BodyContentHandler();  // body 태그 사이를 추출할
                                                 // ContentHandler
LinkContentHandler links = new LinkContentHandler(); // HTML 링크에 대해 아는
                                                     // ContentHandler
ContentHandler handler = new TeeContentHandler(links, text);
                                     // ContentHandler를 하나로 묶는다.
Metadata metadata = new Metadata();      // 추출된 메타데이터가 저장되는 곳
Parser parser = new HtmlParser(); // 입력이 HTML이니 거기 대한 Parser를 생성한다.
ParseContext context = new ParseContext();
parser.parse(input, handler, metadata, context);      // 파싱을 수행한다.
System.out.println("Title: " + metadata.get(Metadata.TITLE));
System.out.println("Body: " + text.toString());
System.out.println("Links: " + links.getLinks());
```

주어진 HTML을 위의 코드를 통해 실행시킨 결과의 출력은 다음과 같다.

```
Title: The Big Brown Shoe[HY117]
Body: The best pizza place in the US is Antonio's Pizza.
It is located in Amherst, MA.

Links: [<a href="http://antoniospizzas.com/">Antonio's Pizza</a>]
```

    HTML을 해석하는 데 사용된 코드는 ContentHandler와 Metadata 스토리지 생성, 그리고 이름에서 알 수 있듯이 구문 분석을 수행하는 Parser의 생성과 실행이라는 두 조각으로 나눠진다. HTML 예제에서 콘텐츠를 해석하는 데 HTMLParser를 사용했으나, 대부분의 상황에서는 PDF 파일을 해석하는 다음 예제에서 보여주듯 티카의 AutoDetectParser를 사용하기 원할 공산이 크다.

리스트 2.5 콘텐츠를 식별하고 추출하는 데 AutoDetectParser 사용하기

```
InputStream input = new FileInputStream(
        new File("src/test/resources/pdfBox-sample.pdf"));  // 콘텐츠를 읽는
                                               // InputStream을 생성한다.

ContentHandler textHandler = new BodyContentHandler();

Metadata metadata = new Metadata();      // Metadata 객체는 콘텐츠에 대한 저자나
                                // 제목과 같은 메타데이터를 맵에 저장할 것이다.

Parser parser = new AutoDetectParser();     // AutoDetectParser는 parse가
                      // 호출될 때 자동으로 문서의 MIME 유형을 알아낼 것이다.
                      // 입력이 PDF 파일임을 알고 있기 때문에
                      // PDFParser를 대신 사용할 수도 있었다.

ParseContext context = new ParseContext();
parser.parse(input, textHandler, metadata, context); // 해석을 실행한다.

System.out.println("Title: " + metadata.get(Metadata.TITLE)); // Metadata
                                  // 인스턴스로부터 제목을 얻는다.
System.out.println("Body: " + textHandler.toString());
                                  // ContentHandler로부터 내용을 출력한다.
```

PDF 예제에서 PDF 파일을 InputStream으로 입력하고, 애플리케이션에 편하게 사용할 수 있는 위치에 티카에 포함된 ContentHandler 중 하나를 생성하고, 저자나 페이지 수 같이 문서에 대한 부수적인 정보를 저장할 Metadata 객체를 만들었다. 마지막으로 Parser를 만들고, 문서를 해석하고, 문서에 대한 어떤 정보를 출력했다. 살펴본 바와 같이 프로세스는 단순하다.

티카가 모든 다른 파일 형식과 쉽게 동작할 수 있다는 사실은 좋은 소식이지만, 더 좋은 소식도 있다. 티카는 솔라 콘텐츠 추출 라이브러리^{Solr Content Extraction} ^{Library}(Solr Cell이라고 알려진)라는 기여를 통해 이미 아파치 솔라에 통합됐다. 3장에서는 모든 형식의 문서를 솔라로 보내서 적은 노력으로 색인을 만들고 검색 가능하게 만드는 것이 얼마나 쉬운지 보여준다. 거기 더해 검색을 위해 솔라를 사용하지 않더라도 솔라가 추출된 형태의 문서를 색인하지 않고 돌려주는 선택 사항이 있기 때문에 이것을 추출 서버로 사용할 수 있다.

2.4 정리

2장에서는 형태, 문법, 통사, 의미 같은 언어 기초 몇 가지와 이에 대해 동작하는 몇 가지 도구를 살펴봤다. 그런 다음, 파일을 가공해서 유용한 콘텐츠를 추출하는 너무나도 일반적인 작업에 대해 살펴봤다. 이런 텍스트 퍼즐의 조각들은 결코 매력적이라고는 할 수 없지만, 거의 항상 필요하다. 예를 들어 많은 사람들은 텍스트 분석으로 넘어가기 위해 독점 형태로부터의 콘텐츠를 추출하는 작업의 중요성을 얼버무리고 넘어가지만, 콘텐츠를 사용 가능한 텍스트로 추출하는 작업은 시간이 오래 걸리는 반면 제대로 하기는 어렵다. 비슷하게 2장에서 소개한 것처럼 언어가 어떻게 기능하는지에 대한 기초를 이해하면 이 책의 나머지를 이해하고, 또한 이 분야의 다른 것들을 이해하는 데 많은 도움이 될 것이다. 이것을 염두에 두고 이제 보통 많은 텍스트 분석 시스템의 기초가 되는 무언가, 즉 검색을 들여다보는 것으로 콘텐츠를 찾고 조직화하는 첫 걸음을 뗄 때다.

2.5 참고 자료

Hull, David A. 1966. "Stemming Algorithms: A Case Study for Detailed Evaluation". Journal of the American Society of Information Science, volume 47, number 1.

Krovetz, R. 1993 "Viewing Morphology as an Inference Process." Proceedings of the Sixteenth Annual International(ACM)(SIGIR) Conference on Research and Development in Information Retrieval.

Levenshtein, Vladimir I. 1996. "Binary codes capable of correcting deletions, insertions, and reversals." Doklady Akademii Nauk SSSR, 163(4): 845–848, 1965 (Russian). English translation in Soviet Physics Doklady, 10(8): 707–710, 1966.

Mihalcea, Rada, Tarau, Paul. 2004, July. "TextRank: Bringing Order into Texts." In Proceedings of the Conference on Empirical Methods in Natural Language Processing(EMNLP 2004), Barcelona, Spain.

"Parsing." Wikipedia. http://en.wikipedia.org/wiki/Parsing.

Winkler, William E., Thibaudeau, Yves. 1991. "An Application of the Fellegi–Sunter Model of Record Linkage to the 1990 U.S. Decennial Census." Statistical Research Report Series RR91/09, U.S. Bureau of the Census, Washington, D.C.

3
검색

3장에서 다루는 내용

- 검색 이론과 벡터 공간 모델의 기본 이해
- 아파치 솔라 설치와 기본 설정
- 검색 가능한 형태로 콘텐츠 가공
- 솔라 질의 생성
- 검색 성능 이해

애플리케이션의 기능이나 최종 애플리케이션 자체로서의 검색에 대해 간단히 소개한다. 검색은 인터넷이나 데스크탑에서 정보를 검색하거나, 페이스북에서 친구를 찾거나, 텍스트 조각에서 주요 단어를 찾는 것 같이 삶을 이루는 구조의 일부다. 개발자에게 검색은 대다수 애플리케이션의 주요 기능이지만, 특히 사용자가 거대한 텍스트 덩어리를 살펴야 하는 데이터 주도 애플리케이션에서는 더 중요하다. 게다가 검색은 흔히 데스크탑의 애플 스팟라이트Apple Spotlight나 구글 검색 어플라이언스Google Search Appliance 같은 어플라이언스(곧바로 사용 가능한 도구)처럼 미리 패키지돼 있는 솔루션 형태로 나타난다.

어디에나 검색이 들어 있고 미리 패키지로 만든 솔루션을 사용할 수 있다는 사실을 고려했을 때 자연스럽게 나오는 질문은, "왜 오픈소스 솔루션을 사용해서 자기만의 검색 도구를 만들어야 하는가?"다. 다음은 최소한의 몇 가지 좋은 이유다.

- **유연성** 과정 전체를 제어하지는 못하더라도 대부분을 제어할 수 있다.
- **개발 비용** 상용 솔루션을 구매할 때조차 통합 과정을 거쳐야 하는데, 거기에도 많은 작업이 필요하다.
- **콘텐츠 소유자보다 누가 더 콘텐츠에 대해 잘 알겠는가?** 대부분의 포장돼 나온 솔루션은 콘텐츠에 대해 부적절할지도 모르는 추정을 한다.
- **가격** 라이선스 비용이 없다. 더 말할 필요가 없다.

이런 이유 이상으로 오픈소스 검색 도구의 품질은 믿기 어려울 정도로 높다. 이 책에서 다루는 어떤 다른 도구보다도 아파치 루씬Apache Lucene, 아파치 솔라Solr 등의 오픈소스 검색 도구는 엄청나게 많은 곳에서 사용됐기 때문에 안정적이고, 확장성 있고, 출시될 준비가 돼 있다. 이 책에서는 직접 제어할 수 있는 콘텐츠를 빠르게 검색할 수 있게 만들기 위해 아파치 솔라 검색 프로젝트 위에 검색 도구를 만든다. 먼저 루씬과 솔라를 포함하는 많은 검색 엔진 뒤의 검색 기본 개념 몇 가지를 배우는 것으로 시작한다. 그리고 솔라를 설치하고 설정하는 방법을 살펴보고, 그 다음 솔라에 추가한 콘텐츠를 색인으로 만들고 검색하는 작업으로 넘어간다. 그런 다음 일반적이면서 솔라에 적용할 수 있는 검색 성능 향상 팁과 기법을 몇 가지 소개하며 마무리한다.

먼저 아마존과 이베이 같은 온라인 상점의 표준 검색 기능으로 빠르게 자리 잡은 검색과 패싯facet에 대해 살펴본다. 이후의 절에서 이렇게 쉽게 이해할 수 있는 실세계의 예제로 기초를 잡아 두면 아마존 등의 기능을 자신의 애플리케이션에 활용하는 방법을 만들어볼 수 있다. 3장이 끝날 때는 검색의 기본 개념뿐만 아니라 실제 검색 엔진을 설정하고 실행하는 방법과 빠르게 만드는 방법에 대한 약간의 통찰력도 갖고 있어야 한다.

3.1 검색과 패싯 사례: 아마존

모든 사람이 한 번쯤 겪어본 적 있을 것이다. 어떤 쇼핑 사이트를 검색하고 있는데, 수백 개의 결과를 되는대로 끝까지 보지 않고서는 원하는 물건을 찾아내기 위한 정확한 주제어를 확실하게 정할 수 없다. 적어도 패싯 검색 기능이 없는 사이트는 쓸 수 없다. 예를 들어 새로 나왔으면서 에너지 스타 인증을 받았고, 평가를 잘 받았고, 50인치인 LCD TV를 아마존에서 찾고 있으며, LCD TV를 입력한 다음 그림 3.1에서 보여주는 것과 같은 결과를 반환 받았다고 가정해보자. 당연히 이렇게 일반적인 질의를 입력했기 때문에 첫 페이지의 결과는 원하는 것이 아니고, 그럴 거라고 기대하지도 않았을 것이다. 그래서 이제 검색 결과를 좁히기 시작한다.

　패싯 브라우징을 지원하지 않는 시스템에서는 질의에 주제어를 추가하는 식으로 이 작업을 수행할 것이다. 예를 들어 질의는 50 inch LCD TV 혹은 Sony 50 inch LCD TV 같이 될 수 있다. 그러나 무엇을 원하는지 정확히 알지 못하고, 생각만 있기 때문에 아마존이 제공하는 패싯을 살펴보기 시작한다. 패싯facet은 검색 결과에서 파생된 카테고리로, 검색 결과를 좁히는 데 유용하다. 그림 3.1에서 보여주는 아마존의 경우 좌측 제목 카테고리 아래 표시되고, 'Electronics (4,550)'과 'Baby(3)'과 같은 값을 갖는다. 패싯은 사용자가 흥미로울 만한 것을 알아보는 데 도움을 더 주기 위해 거의 항상 그 카테고리 안에 몇 개의 항목이 있는지에 대한 숫자와 함께 표시된다.

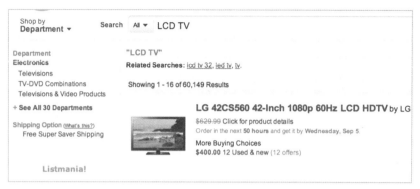

그림 3.1 아마존의 질의 'LCD TV'에 대한 검색 결과 조각. 2012/9/2 기준

이번 예제의 질의를 계속해보면 TV가 가전제품임을 알고 있기 때문에 'Electronics' 패싯을 클릭하고, 그림 3.2가 보여주는 패싯에 도달한다. 이 패싯이 어떻게 새 선택을 반영해서 변경되는지 주목하라. 또다시 나열된 카테고리는 검색어 및 이전에 선택된 패싯에 모두 관련이 있다. 더욱이 나열된 카테고리를 따라가면 결과를 얻는다는 점이 항상 보장되는데, 실제 데이터가 결과 안에 존재하기 때문이다.

그림 3.2 Electronics 패싯을 선택한 다음 검색어 'LCD TV'에 대한 패싯. 2012/9/2 기준

마지막으로 패싯을 더 클릭해서 휴대용 오디오 & 비디오, 별 4개 이상, 가격대 50~100달러를 더해서 그림 3.3에서 볼 수 있는 것처럼 쉽게 관리되는 결과를 갖는 페이지에 도착한다. 이 페이지부터는 구매 가능한 물건을 쉽게 고를 수 있다.

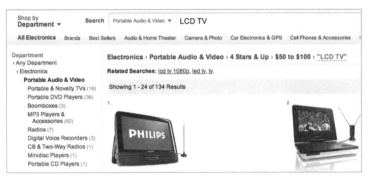

그림 3.3 몇 가지 패싯으로 좁힌 'LCD TV'에 대한 검색 결과. 2012/9/2 기준

아마존 예제는 패싯을 지원하는 검색이 전자상거래 사이트, 도서관, 과학 콘텐츠 같이 무엇보다도 구조적이면서(메타데이터) 비구조적인(미가공 텍스트) 데이터 조합을 갖는 사이트를 위한 강력한 장치임을 보여줬다. 패싯 계산은 검색 결과 집합에 연관된 메타데이터를 살펴보고, 이들을 그룹으로 묶고 세는 작업이 필요하다(다행히도 솔라는 이 모든 작업을 바로 사용 가능한 형태로 제공한다). 패싯 너머 사용자가 원하는 것을 찾을 수 없다면 구매하거나 고치거나 제공하는 기능도 당연히 사용할 수 없다. 그래서 검색 기능의 향상은 소수만 수행하는 프로그래밍 예제가 아니고, 최종 가격의 실제 부양책이 될 수 있다. 검색을 추가하고 향상시키는 방법을 이해하기 위해 먼저 한 걸음 물러서서 기본 검색 개념을 살펴본 다음, 검색을 추가하고 강화하는 작업에 들어가자.

3.2 검색 개념 개론

실제 검색 개념을 접하기 전에 과거를 잊고 웹 기반 검색에 대해 아는 것을 모두 잊어버리자(적어도 잠시 동안은). 구글에 대해 잊어라. 야후와 빙에 대해 잊어라. 페이지랭크(친숙하다면), 데이터 센터, 인터넷의 모든 구석을 뒤지면서 모든 수집 가능한 바이트를 어떤 온라인 검색 엔진에 포함시키는 수천 개의 CPU를 잊어라. 이런 모든 계층을 접으면 검색의 핵심 개념을 살펴볼 수 있다. 가장 기초적으로는 검색을 다음과 같은 네 부분으로 기술할 수 있다.

1. **색인 생성** 파일, 웹사이트, 데이터베이스 레코드를 검색 가능하게 만든다. 색인된 파일은 이 관점에서 앞으로 문서라고 불린다.

2. **사용자 입력** 사용자는 특정 형태의 사용자 인터페이스를 통해 정보를 입력한다.

3. **순위화** 검색 엔진은 질의를 색인의 문서와 비교하고 문서가 얼마나 질의와 가깝게 일치하는가에 따라 순위화한다.

4. **결과 보여주기** 사용자 인터페이스가 커맨드라인에 있든, 브라우저에 있든, 휴대전화에 있든 상관없이 사용자 인터페이스를 통해 나타나는 최종 결과가 사용자에게는 결정적인 요소다.

다음 네 개의 절은 색인 생성, 질의 입력, 순위화 프로세스 각각을 더 나눠본다.

3.2.1 콘텐츠로 색인 만들기

사용자 입력 방식이나 순위화 알고리즘에 관계없이 컬렉션의 콘텐츠 구조와 유형에 대해 잘 알지 못하면 어떤 고도의 수학으로도 문서의 중요한 부분을 이해하는 검색 엔진보다 더 나은 결과를 내지 못할 것이다. 예를 들어 모든 문서가 제목 속성을 갖고 제목 일치가 보통 가장 유익하다는 것을 알고 있으면 검색 엔진에 제목이 일치하는 문서에 가중치를 주게 함으로써 결과에서 그런 문서가 상위에 오게 만들 수 있다. 비슷하게 날짜와 숫자 혹은 사람과 구문을 많이 처리한다면 콘텐츠를 갖고 제대로 된 색인을 만들기 위한 추가 작업이 필요할 것이다. 부정적인 측면에서 온라인 뉴스 사이트에 나타난 모든 HTML 태그를 색인에 넣고 실제 콘텐츠와 태그를 구분할 수 없는 검색 엔진이 얼마나 형편없을까 상상해보라. 이런 것은 명백히 장난감 예제일 뿐이지만, 이를 통해 사용자 요구에 더 잘 대응하는 애플리케이션을 만들고 향상시키기 위해서는 반복적인 접근법을 개발해야 한다는 것을 강조할 수 있다. 검색을 구현하는 누구든 첫 작업은 색인으로 만들 콘텐츠에 대한 어떤 지식을 얻는 것이다. 이 연구는 일반적인 문서 구조와 실제 콘텐츠를 모두 포괄해야 한다.

콘텐츠에 대한 예비적인 지식을 얻은 다음, 콘텐츠를 검색 가능하게 만드는 색인 생성 과정을 시작할 수 있다. 색인 생성은 검색 엔진이 하나 이상의 문서를 검색 가능하게 만드는 과정이다. 문서를 검색 가능하게 만들기 위해 색인 생성 프로세스는 문서의 콘텐츠를 분석해야 한다. 문서 분석은 보통 문서를 토큰 단위로 나누고, 선택적으로 각 토큰을 색인어^{term}라고 하는 정규화된 토큰으로 만들기 위한 하나 이상의 변경 작업으로 구성된다. 색인어를 만들기 위해 토큰에 적용되는 변경은 어간 추출^{stemming}, 소문자화, 완전한 제거를 포함한다. 애플리케이션은 보통 어떤 변경을 가할지 결정하는 역할을 한다. 어떤 애플리케이션은 어떤 변경도 하지 않을 수 있는 반면 다른 애플리케이션은 대규모로 변경할 수도 있다. 어떤 경우 검색 엔진은 분석을 제어하는 방법을 많이 제공하지 않을 수 있다. 제어 방법이 부족하면 처음에 작업하기에는 쉬울 수 있지만, 대체로 나중에 결과가 표준에 못 미치면서 사용자를 괴롭히게 될 것이다. 표 3.1은 토큰을 색인 생성용 색인어로 변형하는 일반적인 접근 방식을 보여준다.

표 3.1 일반적인 분석 기법

기법	설명
토큰 분리	문자열을 색인에 들어갈 토큰으로 나누는 과정이다. 적절하고 일관적인 방식으로 구두점, 숫자, 기타 심볼을 처리하는 것이 중요하다. 예를 들어 microprocessor의 토큰 분리는 다양한 사용자 질의가 성공할 공산을 높이기 위해 몇 개의 토큰(micro, processor, microprocessor)을 출력하는 것을 의미할 수 있다.
소문자화(downcasing)	모든 단어를 소문자로 바꾸어 대소문자 구분 없는 검색을 쉽게 한다.
어간 추출(stemming)	접미사 등을 단어에서 떼어낸다. 1장에서 설명했다.
불용어(stopword) 제거	the, and, a 같이 대부분의 문서에서 일반적으로 나타나는 단어를 제거한다. 원래는 색인이 차지하는 공간을 절약하기 위해 수행됐지만, 이 단어들이 고급 질의에 도움이 되기 때문에 새 검색 엔진 일부는 더 이상 불용어 제거를 하지 않는다.

(이어짐)

기법	설명
동의어 확장	각각의 토큰에 대해 동의어 사전에서 동의어를 찾아 색인에 추가한다. 대개 색인어보다는 질의어(query terms)에 대해 수행하는데, 색인을 다시 생성하지 않고도 동의어 목록 업데이트를 질의 시점에 동적으로 처리할 수 있기 때문이다.

문서에서 추출된 이후 색인어는 보통 색인어를 포함하는 문서를 빠르게 찾는데 최적화된 역파일^{inverted index}이라는 데이터 구조에 저장된다. 사용자가 검색할단어를 입력하면 검색 엔진은 빠르게 그 단어를 포함한 모든 문서를 찾는다. 그림 3.4의 역파일 예제는 색인에 포함된 색인어(어휘^{vocabulary}라고도 한다)와 색인어가 출현하는 문서 간의 링크를 보여준다. 많은 검색 엔진은 단순한 색인어와 문서 색인보다 더 나아가 문서 내 색인어의 출현 위치도 저장한다. 이렇게 하면 두 개 이상의단어가 서로 가까이 있는지 계산하는 데 위치 정보가 필요한 구절이나 다른 더고급 질의를 처리하기 쉬워진다.

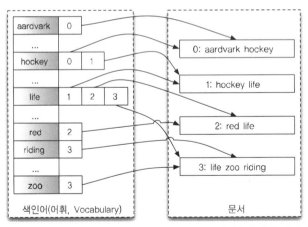

그림 3.4 역파일 데이터 구조는 색인어를 색인어가 출현한 문서에 매핑해서 검색 엔진이 질의어를 빠르게참조할 수 있게 만든다. 왼편은 문서의 어휘 샘플을 나타내고 오른편은 문서를 나타낸다. 역파일은 색인어가문서의 어디에 출현하는지 추적한다.

색인어와 단어 관계를 저장하는 데 더해 색인 생성 프로세스는 대개 문서의 다른 색인어에 대한 색인어의 가중치 정보를 계산하고 저장한다. 이 가중치 계산은 엔진이 단순 불리언^{boolean} 일치 모델(색인어가 문서에 있는가?)을 넘어 연관성이 높다고 여기는 문서를 낮다고 여기는 문서보다 앞에 반환하는 랭킹 모델로 도약 가능하게 하는데 필수적인 역할을 맡는다.

짐작할 수 있듯 문서를 연관도에 따라 순위화하는 능력은 대규모의 정보 처리에 관한 한 엄청난 진보다. 사용자가 연관도가 높은 콘텐츠에만 집중할 수 있게 해주기 때문이다. 게다가 가능한 한 이런 정보 계산을 색인 도중에 처리해서 검색 시점에 엔진이 검색과 순위화를 빠르게 할 수 있다.

3.2.2 사용자 입력

검색 시스템은 일반적으로 사용자의 정보 요구를 키워드, 문서 유형, 언어, 날짜 범위와 같이 하나 이상의 입력을 받는 사용자 인터페이스를 통해 포착해서 사용자 질의에 가장 연관돼 있다고 간주되는 순위화된 문서 목록을 반환한다. 많은 웹 기반 검색 엔진은 그림 3.5에서 보듯이 단순한 키워드 기반 접근 방식에 의존하지만, 또한 그 중 상당수는 그림 3.6과 같은 더 발전된 질의 입력 방식도 지원한다.

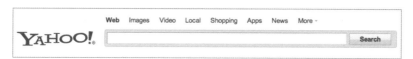

그림 3.5 http://search.yahoo.com은 검색 사용자에게 단순한 사용자 인터페이스를 보여준다.

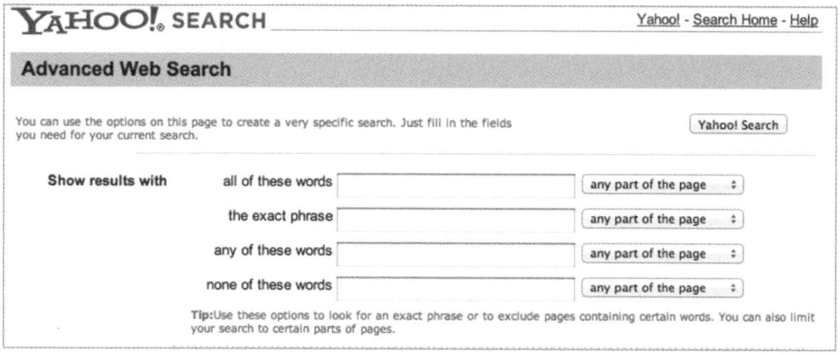

그림 3.6 http://search.yahoo.com은 사용자가 결과를 세밀하게 조정할 수 있는 고급 검색 입력 화면을 갖고 있다(More 링크 아래).

어떤 유형의 입력 방식을 사용할지 결정할 때 사용자가 어떤 사람이고 여러 가지 다른 입력 방법을 얼마나 편안하게 느끼는지 알아두는 것은 중요하다. 웹 검색을 하는 사람은 단순 키워드 기반 인터페이스에 익숙해져 있을 공산이 크고, 반면 수준 높은 고급 사용자는 더 나은 결과를 얻기 위해 정보 요구를 정교하게 정의할 수 있는 비교적 고급 도구를 기대할지도 모른다. 많은 경우에 단순 키워드 기반 인터페이스와 고급 사용자를 위한 고급 인터페이스를 모두 제공하는 편이 현명하다.

수년간 검색 엔진의 질의 능력은 사용자가 구phrase, 와일드카드, 정규 표현식, 그리고 자연어 입력까지 사용한 복잡한 질의를 입력할 수 있게 하는 데까지 지속적으로 향상됐다. 게다가 다수의 다용도 검색 엔진은 결과를 줄여주는 복잡한 질의를 생성하기 위해 AND, OR, NOT, 구에 대한 따옴표 등과 같은 연산자 집합을 활용했다. 더 나아가 상용 구현은 내부 데이터 구조, 파일 형식, 질의 요구를 직접 다루기 위해 설계된 특정한 연산자를 제공한다. 표 3.2는 검색 엔진이 사용하는 일반적인 질의 유형과 연산자의 목록이다.

표 3.2 검색의 일반적인 질의 유형과 연산자

질의 유형과 연산자	설명	예시
키워드	단어 각각을 색인에 따로따로 검색한다.	dog programming baseball
구	단어는 서로 붙어서 출현하거나, 어떤 사용자가 지정한 거리 안에 있어야 한다. 주로 큰따옴표를 사용해서 구의 시작과 끝을 나타낸다.	"President of the United States" "Manning Publications" "Minnesota Wild Hockey" "big, brown, shoe"

(이어짐)

질의 유형과 연산자	설명	예시
불리언 연산자	AND, OR, NOT은 보통 두 개 이상의 키워드를 연결하는 데 사용된다. AND는 문서에 단어들이 모두 출현해야 적합함을 나타낸다. OR은 적어도 단어 중 하나는 문서에 있어야 한다는 의미다. NOT은 그 다음 단어가 문서에 출현하지 않아야 적합하다는 의미다. 괄호는 대개 범위를 제어하고 내포 기능을 제공한다. 많은 검색 엔진은 암묵적으로 여러 단어 질의에 어떤 연산자도 특정되지 않았다면 AND와 OR을 사용한다.	franks AND beans boxers OR briefs (("Abraham Lincoln" AND "Civil War") NOT ("Gettysburg Address"))
와일드카드와 정규 표현식	검색 단어는 와일드카드 연산자(?와 *)나 완전한 정규 표현식을 포함할 수 있다. 이런 질의 유형은 단순 질의보다 보통 더 많은 CPU 자원을 소모한다.	bank? – bank로 시작하고 임의의 문자로 끝나는 모든 단어를 찾는다. banks bank*–bank로 시작하고 임의 개수의 문자로 끝나는 모든 단어를 찾는다. banks, banker aa.*k –aa로 시작하고 한 개의 k와의 사이에 어떤 문자를 포함하는 단어와 일치한다. aardvark
구조적	구조적 질의는 색인에 있는 검색될 문서의 구조에 의존한다. 문서의 일반적 구조는 제목, 출판 날짜, 저자, URL, 사용자 평점 등을 포함한다.	날짜 범위 – 두 개의 날짜 사이의 모든 문서를 찾아라. 특정 저자를 찾아라. 하나 이상의 인터넷 도메인으로 결과를 제한한다.
유사한 문서	하나 이상의 이미 찾아둔 문서가 주어지면 선택된 문서와 비슷한 다른 문서를 찾는다. 적합도 피드백이나 more like this라고 불린다.	구글은 대부분의 결과에 대해 유사한 페이지(Similar Pages) 링크를 제공한다. 클릭하면 선택된 문서로부터 자동으로 질의가 생성되고 새 질의로 색인에서 검색이 일어난다.

(이어짐)

질의 유형과 연산자	설명	예시
안내된 검색	안내된 검색, 또는 패싯 브라우징은 사용자 질의를 유효성이 보장된 카테고리를 통해 개선하게 사용자에게 제안하는 방식이다. 이 방식은 점점 인기를 끌고 있다.	아마존은 상품을 찾는 사용자가 가격 범위, 제조사, 그 외의 질의로 결과를 제한할 수 있게 만들어주는 데 패싯 브라우징을 사용한다. 패싯 카운트는 카테고리 각각에 몇 개의 항목이 있는지 나타낸다.

검색 엔진은 사용자가 그런 일이 있는지도 모르게 암시적으로 질의 유형 중 어떤 하나를 생성한다. 예를 들어 자연어 기반 검색 엔진(사용자가 완전한 문장, 심지어 문단을 질의로 입력하는)은 대개 자동으로 질의 처리 단계에서 구를 찾고 하부 엔진에 이 구문 질의를 제출한다. 비슷하게 구글 캐나다의 고급 검색 인터페이스는 그림 3.7에서 볼 수 있듯 어떤 따옴표나 특수 연산자도 입력하지 않으면서 사용자가 복잡한 구문과 불리언 질의를 생성할 수 있게 허용하는 단순한 텍스트 박스를 제공한다. 거기 더해 많은 검색 엔진은 또한 모든 사용자 질의에 대해 다수의 질의를 처리하고, 사용자에게 보여주기 위해 결과를 수집한다. 이 접근 방식을 택하면 최선의 결과를 찾기 위해 엔진이 여러 가지의 전략을 사용할 수 있다.

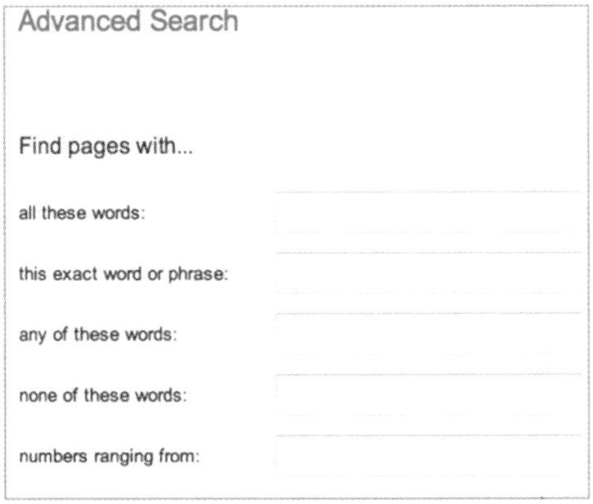

그림 3.7 구글 캐나다의 고급 검색 UI는 사용자가 AND, OR, NOT 같은 예약된 특정 단어를 알거나 구문에 따옴표를 달 필요 없이 자동으로 복잡한 구문과 불리언 질의를 생성한다.

일부 엔진은 거기서 사용된 질의의 유형을 분류하려고 질의 유형에 따라 다른 점수를 매기는 파라미터를 선택하려는 데까지 나간다. 예를 들어 전자상거래에서 일반적으로 검색은 알려진 아이템과 카테고리/키워드 둘 중 하나의 질의 유형에 속한다. 알려진 아이템 검색은 사용자가 아이템의 이름(혹은 그와 비슷한 이름)을 정확히 알고 아이템이 판매처의 어디에 있는지만 알려고 하는 경우다. 예를 들어 'Sony Bravia 53인치 LCD TV'에 대한 검색은 알려진 아이템 검색이고, 그 검색에는 하나나 둘 정도만 일치하는 결과가 있을 것이다. 카테고리 검색은 그보다 훨씬 더 일반적이고, 대개 텔레비전이나 피아노 음악 같이 몇 개의 키워드만 관여한다. 알려진 아이템 검색의 경우 최상단의 몇 가지 결과 속에 해당 특정 아이템을 반환하지 못하면 시스템의 실패로 간주된다. 카테고리 검색에 대해서는 무엇을 결과로 반환할지에 대해 좀 더 해석의 여지가 있는데, 주어진 단어가 대개 아주 일반적이기 때문이다.

일반적으로 검색 엔진에 제출된 질의 토큰은 색인 토큰과 비슷하게 토큰에서 단어로 변형하기 위해 색인 토큰이 거치는 것과 같은 분석 방식을 사용해서 처리된다. 예를 들어 색인에서 토큰으로부터 어간을 추출했다면 질의 토큰의 어간도 추출해야 한다. 또한 많은 검색 엔진은 질의 시점에 동의어 확장을 수행한다. 동의어 확장은 토큰마다 사용자 정의된 유의어 사전을 찾아보는 분석 기법이다. 일치하는 항목이 있으면 동의어를 나타내는 새 토큰이 토큰 리스트에 추가된다. 예를 들어 원본 질의 단어가 'bank'이면 분석 과정에서 사용자가 모르는 사이에 'financial institution'과 'credit union'이 질의에 추가될 수 있다. 동의어 확장은 색인 생성 시점에도 일어날 수 있지만, 대개 색인 크기가 크게 늘어나고 동의어 목록이 갱신되면 내용을 다시 색인해야 한다.

이제 검색에 관여된 기본적 사용자 이슈를 몇 가지 다뤘으니 벡터 공간 모델을 논의하고 검색 동작에 대한 기본을 배우자. 이것을 이해하면 어떤 접근 방식이 필요에 부합하는지에 대해 잘 알고 결정할 수 있어 다양한 검색 접근 방식 사이의 트레이드오프에 대해 더 나은 판단을 내리는 데 도움이 된다.

3.2.3 벡터 공간 모델로 문서 순위화

검색(또는 정보 검색)은 우리가 논의할 다른 어떤 주제들에 비해 비교적 성숙한 분야이긴 하지만, 이 분야가 정보를 찾는 하나의 완벽한 방법에 정착했다는 뜻은 아니다. 검색 작업을 모델링하는 수많은 다른 방법이 있고, 각각 고유한 장점이 있다. 벡터 공간 모델VSM, Vector Space Model이 우리가 고른 검색 라이브러리에 있고 사용자 질의에 대해 문서를 순위화하는 데 가장 잘 알려진 방법 중 하나이기 때문에 이 모델에 집중하자. 확률 모델을 포함한 다른 모델에 대해 더 읽고 싶다면 3.7.4절, Baeza-Yates와 Ribeiro-Neto의 『Modern Information Retrieval』(Baeza-Yates 2011)이나 Grossman과 Frieder의 『Information Retrieval: Algorithms and Heuristics (2nd Edition)』(Grossman 1998)을 보라.

한눈에 보는 벡터 공간 모델 내부

1975년에 처음 소개된(Salton 1975) 벡터 공간 모델은 문서에 출현한 단어를 n차원 선형 공간에 매핑하는 대수적 모델이다. 말이 아주 길고 복잡한데, 그러면 이 말이 의미하는 바는 무엇인가? 단어 hockey나 cycling만 다룰 수 있는 제한된 언어로 작성된 문서 집합을 갖고 있다고 해보자. 이제 이 문서를 hockey는 세로축으로, cycling은 가로축으로 하는 2차원 그래프에 그린다고 생각해보자. 그러면 두 단어를 갖는 문서는 그림 3.8과 같이 두 축 사이에 45도를 이루는 하나의 화살표(벡터, 또는 단어-벡터)로 표현된다.

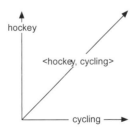

그림 3.8 단어 hockey, cycling을 갖는 문서에 대한 벡터 공간 모델 예제

2차원 공간을 시각화하기는 쉽지만, 이 개념을 다차원에서 추정하는 것도 그렇게

까지 어렵지는 않다. 이 방법으로 모든 문서를 n차원 선형 공간의 벡터로 나타낼 수 있다. 이 표현에서 문서 컬렉션의 각 단어는 하나의 차원을 나타낸다. 예를 들어 컬렉션에 다음 내용을 각각 갖는 문서를 갖고 있다고 가정하자.

- 문서 1: The Carolina Hurricanes won the Stanley Cup
- 문서 2: The Minnesota Twins won the World Series

그러면 각각 유일한 단어에 번호를 붙여 이 문서를 벡터 공간에 나타낼 수 있다. 예를 들어 단어 'the'가 1번, 'carolina'가 2번, 'hurricanes'가 3번 등 모든 문서에 있는 모든 단어에 대해 이렇게 하는 식이다. 이 번호는 벡터 공간의 차원에 해당한다. 두 문서가 같은 단어를 가지면 그 차원에서 겹쳐짐을 볼 수 있다. 그림 3.9는 문서에서 단어가 출현하면 벡터가 해당 차원의 값을 1로 갖는 10차원 벡터 공간에 두 예제 문서를 매핑해서 이 개념을 보여준다.

```
Index      1  2        3          4        5          6
Doc 1: The Carolina Hurricanes won the Stanley Cup

Index      1  7        8          4        19       10
Doc 2:     The Minnesota Twins won the World Series

Doc 1 Vector:    ⟨1, 1, 1, 1, 1, 1, 0, 0, 0, 0⟩

Doc 2 Vector:    ⟨1, 0, 0, 1, 0, 0, 1, 1, 1, 1⟩

범례: 벡터에 들어있는 숫자 1은 그 인덱스 위치에 해당하는 단어가
문서에 출현한다는 의미이고, 숫자 '0'은 그 단어가 문서에 출현하지
않는다는 의미다. 예를 들어 'The'는 두 문서 모두에 출현하지만,
'Carolina'는 첫 문서에만 출현한다.
```

그림 3.9 10차원 벡터 공간의 벡터로 표현된 두 개의 문서

실제로 검색 엔진은 아주 높은 차원(n은 백만 이상인 경우도 많음)을 다루고, 그래서 두 문서 예제로 설명한 단순한 모델은 저장 공간이나 품질을 위해 수정돼야 한다. 저장 공간에 대해서 검색 엔진은 단어의 출현만 기록하고, 출현하지 않는 상태는 저장하지 않는다. 그래서 역파일 데이터 구조도 그렇다. 이렇게 해서 대부분의 문서가 대부분의 단어를 다 포함하지 않고 있기 때문에 생기는 수많은 0을 저장하지

않을 수 있다. 품질을 위해 단순히 단어 출현을 나타내는 1을 저장하는 대신, 대부분의 엔진은 단어가 갖는 다른 단어에 대해 상대적인 중요도를 나타내는 어떤 종류의 가중치를 저장한다. 수학 용어로는 벡터 확장이다. 이런 방식으로 질의에 포함된 단어를 질의 단어를 포함한 문서에 있는 단어와 그 가중치에 대해 비교한다면 문서가 질의에 얼마나 적합한지에 대한 공식을 만들 수 있다는 것을 알 수 있다. 곧 이 공식으로 돌아갈 것이다.

여러 가지 다양한 가중치 부여 방법을 사용할 수 있지만, 가장 일반적인 방식은 대개 단어 빈도-역문서 빈도 모델, 또는 줄여서 TF-IDF 모델이라고 한다. TF-IDF 모델에 대한 본질적인 통찰은, 어떤 단어가 컬렉션 전체에 나타나는 횟수에 비해(IDF) 문서에 출현하는 빈도가 높으면(TF) 많은 수의 문서에 공통적으로 출현하는 단어보다 중요하다는 것이다. TF와 IDF를 서로 균형을 잡는 검색의 음과 양으로 여기기 바란다. 예를 들어 'the'는 대부분의 영어 텍스트에서 일반적으로 출현하는 단어라서 아주 높은 문서 출현 빈도(낮은 IDF)를 갖고, 문서에 점수를 매길 때 전반적인 가중치에 대해 출현에 대한 아주 작은 기여만 하게 된다. 이것은 'the'나 다른 일반적인 단어, 대개 불용어stopword라고 하는 단어가 검색에 유용하지 않다는 것은 아니다. 그런 단어도 구문 일치나 이 논의의 범위를 넘어서는 다른 고급 기능에 유용할 수 있기 때문이다. 스펙트럼의 반대 끝에서는 어떤 단어가 문서 하나에서 여러 번 출현(높은 TF 값)하고, 나머지 컬렉션에서는 거의 출현하지 않는다면 이 단어는 가치 있는 단어이고, 그 단어와 같이 주어진 질의인 질문에 대해 문서에 할당되는 가중치에 상당한 기여를 할 것이다. 두 문서 예제로 돌아가서 단어 'the'는 첫 문서에서 두 번, 두 번째 문서에서 두 번 출현했다. 문서 빈도 총합은 4이고, 첫 문서에서 단어 the의 가중치는 2/4 = 1/2 = 0.5이다. 비슷하게 Carolina는 첫 문서에서 한 번만 출현했고 전체 컬렉션에서 한 번만 출현했으며, 이것은 가중치 1/1 = 1을 갖는다. 이런 방법을 모든 단어에 적용하면 완전한 가중치 벡터 집합을 얻는다. 예제의 문서 1은 다음과 같이 보인다.

```
<0.5, 1, 1, 0.5, 1, 1, 0, 0, 0, 0>
```

벡터 공간에서의 문서 표현이 주어졌을 때 다음 논리적 질문은, VSM이 질의와 문서를 일치시키는 방법이 무엇인지에 대한 것이다. 먼저 질의는 문서처럼 같은 벡터 공간으로 매핑될 수 있다. 그런 다음, 질의 벡터의 끝을 문서 벡터의 끝과 맞춘다면 둘 사이의 각도가 생기는 데 주목하라. 고등학교 수준 삼각법을 떠올려서 이 각도의 코사인cosine 값을 취하면 −1에서 1 사이의 값이 나오고, 이것을 질의와 비교된 문서를 순위화하는 데 사용할 수 있다. 두 벡터 사이의 각도가 0도면 완전 일치다. 0도의 코사인 값은 1이므로, 순위화 계산은 이 사실을 확인한다. 그림 3.10은 Θ를 두 벡터 사이의 각도로, 하나를 문서 벡터(dⱼ)로, 다른 하나를 질의 벡터 (q)로 해서 이 개념을 시각화한다.

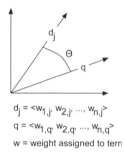

$d_j = <w_{1,j}, w_{2,j}, ..., w_{n,j}>$
$q = <w_{1,q}, w_{2,q}, ..., w_{n,q}>$
w = weight assigned to tern

그림 3.10 사용자 질의 q와 컬렉션의 j번째 문서의 벡터 공간 기반 비교

　그림의 아래 있는 각 벡터에 연관된 튜플은 앞에서 설명한 두 문서 예제에서처럼 각 벡터를 생성하는 데 사용된 가중치를 나타낸다. 마지막으로 컬렉션의 모든 문서에 대해 이렇게 하면 사용자에게 반환할 수 있는 순위화된 결과 목록이 만들어진다. 실제로 검색 엔진은 보통 모든 문서에 대해 점수를 계산하지 않고, 질의와 문서 간에 한 개 이상의 공통된 단어가 있는 문서에 집중한다. 게다가 대부분의 검색 엔진은 순수 VSM 점수 계산에 더해서 문서 길이, 컬렉션 전체 문서에 대한 평균 문서 길이, 그리고 어떤 문서에 다른 문서보다 더 높은 가중치를 준다거나 문서의 특정 섹션에 다른 섹션보다 더 높은 가중치를 주는 등 부가적인 기능을 제공한다.

　당연히 검색 엔진 작성자는 벡터 공간 모델을 사용해서 수백만(혹은 수십억) 개의 문서를 보통의 하드웨어에서 1초가 안 되는 시간 안에 검색할 수 있는 방식을 찾은 것처럼, 이 점수를 계산하는 효율적인 방식도 찾아냈다. 이 마술은 반환되는 문서가 사용자 검색에 적합한지 확실히 하기 위한 것이다. 검색 속도와 적합성은 3.6절의 주제다. 지금은 이것들이 주어졌다고 치고 검색 결과를 보여주는 데 대한 아이디어 몇 가지를 살펴보자.

3.2.4 결과 표시

우리와 같은 사람들에게 결과 표시는 보통 가장 나중에 신경 쓸 일이다. 어쨌든 상위 10개 일치 결과를 순서대로 던지고 다음 결과로 가는 방법을 제공하는 데 무슨 문제가 있는가? 솔직하게 말하자면 사용자가 그걸로 만족하면 이 접근 방식에는 잘못된 부분이 없다. 단순함은 숭고한 설계 목표이자 그 이상이고, 사용자들이 명심해야 하는 것이다. 그러나 결과를 보여주는 최선의 방법을 정하는 데 시간을 들이면 사용자 상호 작용의 품질을 크게 향상시킬 수 있다. 그러나 주의하라. 교묘하게 엔지니어링된 결과 표시는 아주 보기 좋더라도 항상 가장 유용한 정보를 제공하지는 않는다, 그러니 그런 인터페이스에 대한 사용성과 대상 사용자가 편안한 정도를 고려하는 데 시간을 좀 보내야 한다. 다음은 결과 표시를 생각할 때 염두에 둬야 할 질문들이다.

- 문서의 어떤 부분을 표시해야 하는가? 제목이 있다면 보통 제목을 표시하게 한다. 원본 콘텐츠에 대한 요약이나 접근 수단은 어떤가?
- 표시할 때 질의에서 나온 키워드를 강조 표시highlight해야 하는가?
- 중복이나 중복에 가깝게 비슷한 결과를 어떻게 다룰 것인가?
- 사용자 경험을 향상시키기 위해 어떤 내비게이션 링크나 메뉴를 제공할 수 있을까?
- 결과가 사용자의 마음에 들지 않거나 사용자가 그 검색에 대한 범위를 넓히거나 좁히려 한다면 어떨까?

이 질문은 스스로 대답해야만 하고, 그 답은 자신의 애플리케이션에 한정될 것이다. 충고하자면 대상 고객이 보통 가장 볼만한 곳에 초점을 맞추고, 적어도 그 표시 기능을 제공하는지 확실히 하라. 그 다음, 사용자의 반응을 보기 위해 그 중 일부를 골라 대안을 사용할 수 있는 기회를 제공하는 식으로 다른 표시 방식을 시험해 봐도 된다.

대부분의 일반적 질의와 사용자 행동 방식의 분석을 통해 순위화된 결과 목록을 표시하는 방법과 사용자 요구를 빠르게 만족시키기 위해 제공해야 하는 정보까지 결정할 수 있다. 이를 염두에 두고 결과를 조직화하는 데 도움이 될 몇 가지 기법을 분석해보자.

그림 3.11은 Apple에 대한 구글 검색 결과를 보여준다. 첫 결과에 구글이 Apple 검색어를 찾는 사람들이 대체로 목적하는 페이지에 대한 링크와 주식 시세, 점포 위치(지도까지), 관련자 등을 추가한 데 주목하라. 화면을 더 아래로 내리면(스크린샷에는 없음) 링크와 연관된 검색이 있다.

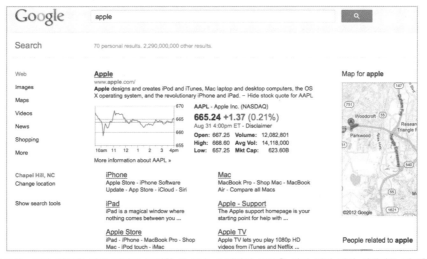

그림 3.11 구글 검색은 검색 결과를 표시할 때 단순 순위화된 목록을 넘어 여러 개의 선택지를 제공한다.

또한 그림 3.11에 실제로 그래니 스미스Granny Smith나 갈라Gala 같은 항목에서와 같이 과일인 사과apple에 대한 항목이 없는지도 주목하라(페이지의 하단에는 하나 있지만, 구글은 첫 화면의 공간 대부분을 애플 사에 할당했다). 분명히 애플 사는 그 인기를 고려할 때 최상위 사이트가 돼 마땅하지만, 검색 결과를 연관된 항목에 따라 그룹으로 묶는다면 어떨까? 이것이 패싯 브라우징과 가까운 관계인 클러스터링(6장에서 다룸) 개념의 인기가 상승한 이면의 이유다. 이런 각각의 기법을 사용하면 검색 결과는 문서 속성에 기반을 둔 버킷에 그룹으로 묶여 들어간다. 패싯 브라우징의 경우 문서에는 보통 카테고리가 미리 할당되지만, 반면 클러스터링은 반환된 결과에 따라 동적으로 문서의 유사성을 결정한다. 두 경우 모두 사용자는 결과 반환이 보장된 유효 카테고리를 사용해서 표시된 결과를 개선할 수 있다. 다시 말해 사용자는 하나의 버킷을 고르면 그 카테고리에 연관된 결과를 사용할 수 있다.

검색 결과 클러스터링은 또한 결과 화면도 향상시킬 수 있다. 예를 들어 Carrot Search(http://www.carrotsearch.com)는 다수의 여러 가지 검색 엔진의 결과를 클러스터링하는 방식을 제공한다(메인 페이지의 'Live Demo'를 보라). 그림 3.12는 그림 3.11과 같은 Apple 검색을 실행한 결과를 보여준다. Carrot Search 화면의 왼편에 결과들이 그룹화된 클러스터가 있다. 이런 유형의 화면을 사용하면 그림 3.12에서 볼 수 있듯이 Apple 사 대신 애플파이처럼 특정 클러스터로 검색을 좁히기 쉽다. 6장에서 결과를 클러스터링하는 데 Carrot을 사용하는 방법을 다시 살펴본다.

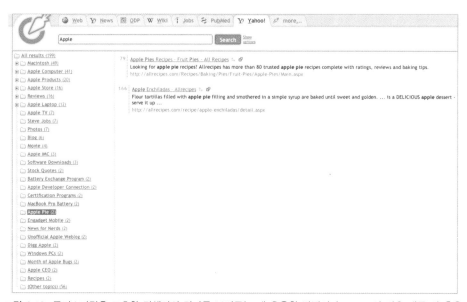

그림 3.12 클러스터링은 모호한 검색어의 결과를 보여주는 데 유용한 방법이다. Apple의 경우 애플 사 혹은 과일 사과를 뜻할 수 있다.

아파치 솔라로 넘어가기 전에 정보 검색에 대한 많은 훌륭한 책, 거기 더해 웹사이트와 특별 관심 그룹^{SIG}, 수많은 커뮤니티, 검색 방법에 대한 대량의 학술지가 있음을 짚고 가자. 따라서 어떤 특별한 유형의 검색 엔진을 찾거나 그저 더 알아보고 싶다면 선호하는 검색 엔진에 가서 정보 검색^{information retrieval}을 검색해보라. 또한 ACM에 SIGIR이라는 훌륭한 SIG가 있는데, SIGIR은 분야 최고의 사람들이 지식을 나누러 가는 컨퍼런스를 매년 개최한다.

고수준 개념은 이미 충분히 본 것 같으니 이제 아파치 솔라를 살펴보면서 애플리케이션에 실제 검색 엔진을 도입하는 방법을 살펴보자.

3.3 아파치 솔라 검색 서버 소개

아파치 솔라^{Apache Solr}(http://lucene.apache.org/solr)는 아파치 루씬에 기반을 둔 강력하고, 고성능이고, 스레드 안전한 검색 서버다. 솔라는 CNET에서 처음 만들어졌고 2006년 초에 아파치 소프트웨어 재단에 기부됐다. 그 이후 수많은 새 기능을 더하면서 성장했고, 크고 활동적인 커뮤니티가 솔라의 새로운 기능, 문제 수정, 성능 향상에 기여해 왔다. 솔라는 자신을 최고의 검색 서버로 만드는 다양한 주요 기능을 제공한다.

- 색인 생성과 검색을 위한 쉬운 HTTP 기반의 프로토콜이나 자바 및 PHP, Ruby, 기타 언어에 대한 클라이언트
- 성능 향상을 위한 고급 캐싱과 복제
- 쉬운 설정
- 패싯 브라우징
- 일치 강조^{highlighting}
- 솔라를 사용할 때 추측을 배제하기 위해 설계된 관리, 로깅, 디버깅 기능
- 분산 검색
- 맞춤법 검사
- 아파치 티카를 사용한 콘텐츠 추출

■ 고품질 문서

솔라는 특별히 아파치 루씬을 사용한다는 장점을 갖는다. 솔라와 같이 루씬은 활동적인 커뮤니티와 질 좋은 결과와 성능을 보여주는 단단한 검색 라이브러리(검색 서버인 솔라와 대조적으로)라는 평판을 갖고 있다. 더그 커팅Doug Cutting이 원 저작자인 아파치 루씬은 텍스트 기반 검색을 가능하게 하는 빠르고 강력한 라이브러리로 개발됐다. 루씬에 대한 더 자세한 내용을 찾고 싶다면 에릭 해쳐, 오티스 고스포드네티츠, 마이클 맥캔들리스의 책인 『Lucene In Action』(한국어판은 에이콘출판사에서 출간)을 알아보라. 이 책은 루씬 동작 내용 전반에 대한 최고의 자료이고, 많은 내용이 솔라에도 적용된다.

이제 솔라가 제공하는 멋진 기능 몇 가지를 알았으니 솔라 설치와 사용법을 살펴보자. 솔라는 루씬에서 프로그램으로 만들어야 했던 많은 부분을 설정 항목으로 바꾸어 제공하기 때문이다.

3.3.1 솔라 처음 실행

아파치 솔라의 전체 소스와 예제는 이 책의 소스 배포본에 포함돼 있다. 아니면 솔라 웹사이트(http://lucene.apache.org/solr)에서 첫 페이지의 Download 링크를 눌러 다운로드 안내를 따라 솔라를 다운로드할 수도 있다. 2018년 기준 최신 버전인 솔라 7.5는 자바 JDK 1.8 이상을 요구한다. 제티Jetty 서블릿 컨테이너가 딸려 있지만, 아파치 톰캣Tomcat 같은 대부분의 현대 서블릿 컨테이너와 동작한다. 이 책에서는 Taming Text 소스와 묶인 버전을 사용하지만 독자는 이후 출시된 버전을 사용할 수도 있는데, 그런 경우에는 이 책의 설명과 조금 다를 수 있다. 사용법에 대한 공식적인 설명은 솔라 웹사이트를 참고하라. Taming Text 소스 배포(tamingText-src 디렉터리)에서는 커맨드라인에서 다음 과정을 따라가는 예제 애플리케이션을 시도하고 있다.

1. `cd apache-solr/example`
2. `java -jar start.jar` 명령은 솔라를 웹 애플리케이션으로 배치한 제티를 8983번 포트에서 실행시킨다.

3. 브라우저로 http://localhost:8983/solr/에 접근하면 그림 3.13과 같은 윈도우가 보인다. 환영 화면이 나타나지 않는다면 솔라 웹사이트의 문제 해결 도움말을 참고하라.

그림 3.13 솔라 환영 화면은 솔라 애플리케이션이 올바르게 시작됐음을 나타낸다.

4. 별도의 커맨드라인 화면에서 1번과 같이 예제 디렉터리로 들어가라.

5. 4번의 새 커맨드라인 화면에서 `cd exampledocs`를 입력하라.

6. 디렉터리의 예제 문서를 post.jar 자바 애플리케이션을 실행해서 솔라로 전송하라. `java -jar post.jar *.xml`

7. 브라우저의 솔라 환영 화면으로 돌아가서 그림 3.14와 같은 솔라 관리 Administration 화면으로 클릭해 들어가라.

Solr Admin (example)

```
                    :8983
cwd=                                                        SolrHome=solr/
Solr                        [SCHEMA] [CONFIG] [ANALYSIS]
                            [STATISTICS] [INFO] [DISTRIBUTION] [PING] [LOGGING]
App server:                 [JAVA PROPERTIES] [THREAD DUMP]

Make a Query                [FULL INTERFACE]
Query String:               solr


                            [ Search ]


Assistance                  [DOCUMENTATION] [ISSUE TRACKER] [SEND EMAIL]
                            [LUCENE QUERY SYNTAX]
                            Current Time: Fri Aug 24 11:09:39 EDT 2007
                            Server Start At: Fri Aug 24 10:46:31 EDT 2007
```

그림 3.14 솔라 관리 화면

8. 질의 상자에 'Solr' 같은 질의를 입력하고 제출해서 결과를 보라.

이것이 솔라를 구동시켜 동작하게 하는 전부다. 그러나 특정 애플리케이션에 대해 솔라를 설정하고 싶다면 솔라 스키마[1](schema.xml)와 어쩌면 솔라 설정(solconfig.xml)까지 설정해야 한다. 이 책의 목적을 위해 이 파일의 일부분만 앞으로의 절과 장에서 강조되겠지만, 책의 예제 파일은 구 버전 기준이므로 최신 솔라와 사용해볼 수는 없다(현재 솔라 배포판 자체에도 예제가 포함돼 있다. 자세한 내용은 솔라 문서 중 'Getting Started' 장을 참고하라. - 옮긴이).

3.3.2 솔라 개념 이해

솔라는 웹 기반 검색 서비스이므로 대부분의 연산은 클라이언트 애플리케이션이 솔라 서버로 보내는 HTTP GET과 POST 요청으로 실행된다. 이렇게 유연하기 때문에 자바 기반 애플리케이션뿐만 아니라 다른 많은 애플리케이션을 솔라와 함께 동작시킬 수 있다. 사실 솔라는 자바, 루비, 파이썬, PHP에 대한 클라이언트 코드를 제공하는 데 더해 어떤 애플리케이션에서든 쉽게 처리할 수 있는 표준 XML 응답도 제공한다.

솔라가 클라이언트로부터 요청을 받으면 URL을 해석해서 요청을 적절한 Solr RequestHandler로 보낸다. SolrRequestHandler는 요청 파라미터를 처리하고, 필요한 계산을 수행하고, SolrQueryResponse를 조립하는 역할을 한다. 응답이 생성되고 나면 QueryResponseWriter 구현이 응답을 직렬화해서 클라이언트로 돌려보낸다. 솔라는 많은 다양한 응답 형식을 지원하는데, XML과 JSON, 거기 더해 루비나 PHP 같은 언어에서 쉽게 사용할 수 있는 형식을 포함한다. 마지막으로 다른 응답 형식이 필요할 때 제공하기 위해 사용자화된 QueryResponseWriter를 연결할 수 있다.

콘텐츠 처리에 관해 솔라는 색인과 검색에 대한 많은 용어와 기능을 루씬과 공유한다. 솔라(그리고 루씬)에서 색인은 하나 이상의 문서Document로 만들어진다. 문서는 하나 이상의 필드Field로 구성된다. 필드는 이름, 콘텐츠, 콘텐츠를 처리하는 방법을 솔라/루씬에 알려주는 메타데이터로 구성된다. 이 메타데이터 옵션은 표 3.3에서 설명했다.

---

1. 솔라 7.5는 schema API를 제공하며, solr가 관리하는 스키마를 managed-schema 파일을 통해 살펴볼 수 있다. 클라우드 모드로 사용하는 경우에는 schema API를 사용하거나 어드민 사이트를 통해 스키마를 살펴볼 수 있다. - 옮긴이

표 3.3 솔라 필드(Field) 옵션과 속성[2]

이름	설명
indexed	색인되는(indexed) 필드는 검색 가능하고 정렬 가능하다. 또한 솔라의 분석 프로세스를 색인에 들어가는 Field에 대해 실행시킬 수 있다. 분석 프로세스는 결과를 향상시키거나 변경하기 위해 콘텐츠를 변경할 수 있다.
stored	저장되는(stored) 필드의 콘텐츠는 색인에 저장된다. 화면에 내용을 보여주고 강조하는 데는 유용하지만 실제 검색에는 필요하지 않다.
boost	어떤 필드에 부스트(boost) 비율을 설정해서 다른 필드보다 가중치를 높여줄 수 있다. 예를 들어 보통 제목(title) 필드의 가중치를 보통 콘텐츠보다 높이는데, 제목 일치가 대개 더 나은 결과이기 때문이다.
multiValued	문서에 같은 필드가 여러 번 추가되게 허용한다.
omitNorms	사실상 필드 길이(토큰 개수)를 점수 구성 요소로 사용하지 못하게 한다. 어떤 필드가 검색의 점수 계산에 기여하지 않을 때 저장 공간을 절약하기 위해 사용한다.

솔라는 필드에 엄격한 형식을 부여하기 위해 Field 구조 위에 스키마 정의(XML 형식, schema.xml이라는 파일에 저장됨)를 필드타입(FieldType) 선언을 통해 강제한다는 점에서 루씬보다 좀 더 제한적이다. 이런 식으로 특정 필드가 날짜, 정수, 플레인 문자열인지, 그리고 그 필드가 갖는 속성이 무엇인지 선언할 수 있다. 예를 들어 dateFieldType은 다음과 같이 선언된다.

```
<fieldType name="date" class="solr_DateField"      ← org.apache.solr.schema.D
      sortMissingLast="true" omitNorms="true"/>       ateField의 단축 선언
```

솔라를 사용해서 강제로 문서마다 그 문서에 연관된 유일한 필드 값을 갖게 할 수 있다.

색인에 들어가는 필드라면 솔라는 필드의 콘텐츠를 변환하는 분석 절차를 적용할 수 있다. 이런 방식으로 솔라는 3.2.1절에서 설명한 것과 같이 단어의 어간을 추출하고, 불용어를 제거하고, 다른 식으로 토큰을 변경하는 수단을 제공한다. 이

---

2. 현재 최신 버전인 솔라 7.5 기준, 더 많은 속성을 지원한다. boost 속성은 솔라 버전 7부터 더 이상 지원하지 않는다. 속성에 대한 자세한 내용은 솔라 공식 레퍼런스에서 'Defining Fields' 절을 참고하라. - 옮긴이

과정은 루씬 Analyzer 클래스를 통해 제어된다. Analyzer는 선택적 CharFilter
와 필수 Tokenizer, 그리고 0개 이상의 TokenFilter로 구성된다. CharFilter
는 결과 강조와 같은 작업을 위해 올바른 오프셋 정보를 유지하면서 내용을 제거하
는 데 사용될 수 있다(HTML 태그 제거와 같이). 대부분의 경우 CharFilter가 필요하지
않은 데 주의하라. Tokenizer는 Token을 생성하는데, 대개 Token은 색인에 들어
갈 단어에 해당된다. 그런 다음 TokenFilter는 색인 생성을 위해 Token을 루씬에
전달하기 전에 Tokenizer로부터 Token을 가져다가 선택적으로 Token을 변경하
거나 제거한다. 예를 들어 솔라의 WhitespaceTokenizer는 공백 기반으로 단어
를 나누고, StopFilter는 검색 결과에서 일반적인 단어를 제거한다.

더 풍부한 필드타입(FieldType) 예제로, 예제 솔라 스키마(apache-solr/example/solr/conf/
schema.xml)는 다음의 textFieldType 선언을 포함한다(주의, 이것은 시간에 따라 진화하기
때문에 완전히 동일하지 않을 수도 있다).

```
<fieldType name="text" class="solr.TextField"
        positionIncrementGap="100">
    <analyzer type="index">   ◄─────
        <tokenizer
```

이 분석기(analyzer)는 type="index"
속성에서 나타내듯이 문서로 색인을
생성하는 시점에만 사용된다. 같은 접근
방식을 색인 생성과 질의 시점에 모두
사용한다면 하나의 분석기만 선언하면
되고 type 속성은 제외할 수 있다.

공백에 기반을 두고 토큰을 생성한다. 주의: 모든 Tokenizer와 TokenFilter 분석 클래스의 적절한
인스턴스를 생성하는 Factory 내부에 감싸여 있다.

```
        class="solr.WhitespaceTokenizerFactory"/>
    <filter class="solr.StopFilterFactory" ignoreCase="true"
            words="stopwords.txt" />   ◄─────
```

흔히 출현하는 불용어를 제거한다. 기본 목록을
보려면 솔라 설정(conf) 디렉터리의
stopwords.txt를 보라.

```
    <filter class="solr.WordDelimiterFilterFactory"
        generateWordParts="1" generateNumberParts="1"
            catenateWords="1"
            catenateNumbers="1" catenateAll="0"
        splitOnCaseChange="1"/>   ◄─────
```

대소문자, 숫자 등이 섞인 단어를 분리한다. 예를 들어
iPod는 iPod, i, Pod가 된다.

```
    <filter class="solr.LowerCaseFilterFactory"/>
```

```
        <filter class="solr.EnglishPorterFilterFactory"
                protected="protwords.txt"/>
        <filter class="solr.RemoveDuplicatesTokenFilterFactory" />
    </analyzer>

    <analyzer type="query">
        <tokenizer class="solr.WhitespaceTokenizerFactory"/>
        <filter class="solr.SynonymFilterFactory"
                synonyms="synonyms.txt" ignoreCase="true" expand="true"/>
        <filter class="solr.StopFilterFactory" ignoreCase="true"
                words="stopwords.txt"/>
        <filter class="solr.WordDelimiterFilterFactory"
                generateWordParts="1"
                generateNumberParts="1" catenateWords="0"
                    catenateNumbers="0" catenateAll="0"
                splitOnCaseChange="1"/>
        <filter class="solr.LowerCaseFilterFactory"/>
        <filter class="solr.EnglishPorterFilterFactory"
                protected="protwords.txt"/>
        <filter class="solr.RemoveDuplicatesTokenFilterFactory" />
    </analyzer>
</fieldType>
```

마틴 포터(Martin Porter) 박사의 어간 추출기를
사용해서 단어의 어간을 추출한다.
http://snowball.tartarus.org를 보라.

이 분석기는 type="query" 속성에서 나타내듯 질의에만 사용된다. 이 분석기는 동의어를 사용하기 때문에 색인 생성용 분석기와 조금 다르지만, 그렇지 않다면 토큰은 똑같이 보일 것이다. 이것은 일치에 중요하다.

synonyms.txt라는 동의어 파일에 나타나는 임의의 질의 단어를 확장한다(솔라 설정 디렉터리에 있다).

이 예제를 통해 애플리케이션이 사용할 Tokenizer와 TokenFilter의 종류와 순서를 간단히 선언해서 자기만의 분석 방식을 짜 맞출 수 있음이 분명해졌다. 이런 두 FieldType 선언과 함께 다음과 같은 Field 몇 가지를 선언할 수 있다.

```
<field name="date" type="date" indexed="true" stored="true"
        multiValued="true"/>
```

날짜 기준으로 문서를 검색하고 정렬하기 위해 색인에 들어가고 (indexed) 저장되는(stored) date Field를 사용할 수 있다.

```
<field name="title" type="text" indexed="true"
        stored="true"/>
```

title Field는 색인에 들어가고(indexed) 저장되는(stored) TextField다. 솔라 스키마에 선언돼 있는 연관된 Analyzer를 사용해서 TextField를 토큰으로 나누고 분석한다.

```
<field name="generator" type="string" indexed="true" stored="true"
```

```
                multiValued="true"/>  ◄────  generator Field는 솔라가 전달받은 필드 내용을 그대로 색인하고
                                              저장하는 StrField다.

<field name="pageCount" type="sint"          문서의 pageCount를 정렬 가능한 정수로
                                              저장한다. 이 값을 사람이 읽을 수는 없지만,
        indexed="true" stored="true"/>  ◄──   정렬에 최적화된다는 의미다.
```

솔라 스키마 설계

모든 텍스트 분석 시스템의 설계에서 그렇듯이 사용자가 검색할 수 있게 만드는 방법에 대해 세심하게 주의해야 한다. 솔라 스키마 문법은 토큰 분리와 어간 추출을 위한 고급 분석 도구부터 맞춤법 검사와 맞춤형 정렬에 이르는 풍부한 기능을 제공한다. 이 모든 기능은 솔라 스키마(schema.xml)와 솔라 설정에 명시된다. 일반적인 규칙으로 새 솔라 프로젝트를 시작할 때는 솔라의 예제 스키마와 설정부터 시작해서 무엇을 남겨두고 무엇을 제거할지 검토한다. 이 접근 방식은 예제 스키마의 문서화가 잘 돼 있고, 개념 각각을 주의 깊고 자세하게 설명하고 있기 때문에 잘 돌아간다.

솔라 스키마는 세 개의 구별되는 섹션으로 나눠진다.

■ 필드 형식(FieldType) 선언

■ 필드 선언

■ 기타 선언

필드 형식 선언은 솔라에게 필드의 내용을 해석하는 방법을 알려준다. 이 선언에 정의된 타입은 필드 선언 섹션에서 그 이후에도 사용될 수 있다. 그러나 타입을 선언했다고 해서 반드시 사용할 필요는 없다. 현재 솔라는 많은 타입을 갖고 있는데, 가장 중요한 타입은 IntField, FloatField, StrField, DateField, TextField다. 거기 더해 애플리케이션은 솔라의 타입 정의 기능을 확장해서 자신만의 FieldType을 쉽게 정의할 수 있다.

Field 선언 섹션은 진가가 발휘되는 부분이다. 스키마의 필드 선언 섹션에서 애플리케이션은 솔라가 색인 생성과 검색 요청을 어떻게 다룰지 알려주는 이름, 타입, 그 외의 메타데이터를 선언해서 솔라 내부에서 문서를 어떻게 색인하고 저장

하는지를 정확히 선언한다.

마지막으로 기타 섹션은 문서 각각에 대한 유일한 키로 사용될 Field의 이름이나 기본 검색 필드 같은 식별 항목의 선언을 섞어서 구성된다. 추가적인 선언은 솔라에게 어떤 Field의 내용을 다른 Field로 복사하라고 지시한다. 어떤 Field에서 다른 Field로 복사하는 것을 통해 솔라는 효율적으로 같은 내용을 여러 방법으로 분석할 수 있다. 이를 통해 검색 시점에 사용할 수 있는 더 많은 선택지를 준비한다. 예를 들어 사용자에게 대소문자 구분 검색을 제공하는 일은 대체로 유용하다. 어떤 Field의 내용을 대소문자를 보존하게 설정된 다른 Field로 복사하는 <copyField>를 생성하면 대소문자 구분 검색이 가능해진다.

스키마를 설계하다 보면 심지어 부엌 싱크대조차 들어간 모든 것을 포함시키고, 그렇게 다양한 필드 전부를 검색하는 거대한 질의를 생성하고 싶은 유혹을 받는다. 솔라에서 이렇게 할 수 있더라도 어떤 필드를 저장하고 색인해야 하고, 어떤 필드가 이미 다른 곳에 있는 정보를 사용할 수 있기 때문에 필요하지 않은지에 대해 고려하는 편이 낫다. 대개 아주 단순한 질의는 모든 검색 가능한 필드의 내용을 갖는 한 개의 'all' 필드를 생성해서 처리할 수 있다. 이런 전략을 사용하면 여러 필드에 걸친 질의를 생성할 필요 없이 내용을 빠르게 검색할 수 있다. 그런 다음, 더 한정된 검색을 해야 하면 개별 필드를 검색할 수 있다.

솔라를 사용하면 분석 프로세스를 쉽게 설정할 수 있고 보통 프로그래밍을 할 필요가 전혀 없다. 기존 루씬과 솔라의 CharFilter, Tokenizer, TokenFilter가 충분하지 않은 특별한 경우에만 새로운 분석 코드를 작성해야 한다(루씬과 솔라의 여러 가지 분석 모듈에 이미 다른 사람들이 기여했다).

이제 솔라를 위해 콘텐츠를 어떻게 구조화해야 하는지에 대해 기본적인 지식을 얻었으니 솔라에 콘텐츠를 추가해 검색 가능하게 하는 방법을 파헤쳐 보자. 다음 절에서는 문서를 형식화formulate하고 색인 생성을 위해 솔라에 보내는 방법을 다루고, 다시 거기서부터 콘텐츠 검색을 살펴본다.

3.4 아파치 솔라를 사용한 콘텐츠 색인

솔라에는 XML이나 JSON 메시지, CSV 파일과 일반적인 오피스 MIME 형식을 포스팅하는 방법부터 SQL 명령을 통해 데이터베이스로부터 혹은 RSS 피드로부터 데이터를 끌어가는 방법까지 콘텐츠를 색인으로 만드는 여러 가지 방법이 있다. 여기서는 XML 메시지와 일반적인 오피스 형식을 사용한 색인 생성의 기초적인 내용을 다루고, 나머지는 솔라 문서로 남겨두겠다. 구체적으로 CSV 파일 색인에 대한 정보를 더 얻으려면 http://wiki.apache.org/solr/UpdateCSV를 보라. 마지막으로 데이터베이스와 RSS 피드의 콘텐츠 색인에 대해 더 알고 싶다면 http://wiki.apache.org/solr/DataImportHandler에 있는 데이터 가져오기 처리기^{Data Import Handler} 페이지를 보라. XML 색인을 다루기 전에 솔라로 할 수 있는 네 가지 색인 변경 활동을 주목해야 한다.

- **추가/갱신** 솔라에 문서를 추가하거나 갱신 가능하게 해준다. 추가된 내용이나 갱신된 내용은 커밋이 일어나기 전까지는 검색되지 않는다.
- **커밋** 솔라에게 마지막 커밋 이후의 변경 사항들을 검색 가능하게 만들어야 한다고 알려준다.
- **삭제** 문서를 ID나 질의로 제거할 수 있게 해준다.
- **최적화** 검색 성능 향상을 위해 루씬의 내부 구조를 재구성한다. 최적화가 어쨌든 됐다면 색인 생성을 마친 시점에 가장 잘 돼 있다. 대부분의 경우 최적화를 우려하지 않아도 된다.

3.4.1 XML을 사용한 색인 생성

솔라의 색인 생성 방법 하나는 전처리된 콘텐츠로부터 XML 메시지를 생성하고 HTTP POST 메시지로 보내는 작업을 수반한다. 이 XML 메시지는 다음과 같이 보일 것이다.

```
<add>
  <doc>
```

```
    <field name="id">solr</field>
    <field name="name" boost="1.2">
        Solr, the Enterprise Search Server
    </field>
    <field name="mimeType">text/xml</field>
    <field name="creator">Apache Software Foundation</field>
    <field name="creator">Yonik Seeley</field>
    <field name="description">An enterprise-ready, Lucene-based search
        server.  Features include search, faceting, hit highlighting,
        replication and much, much more</field>
    </doc>
</add>
```

예제 XML에서 <add> 명령을 선언하고 하나 이상의 <doc> 항목을 그 안에 포함시키는 단순한 구조를 볼 수 있다. 각각의 문서는 연관된 Field와 선택적인 부스트 값을 명시한다. 이 메시지는 솔라에 아무 웹 브라우저나 HTTP 클라이언트 POST 방식으로 POST될 수 있다. 솔라의 XML 명령 사용법에 대한 더 많은 정보는 솔라 위키 http://wiki.apache.org/solr/UpdateXmlMessages를 보라.

다행히 솔라에는 Solr XML 메시지를 생성하는 데 수반되는 모든 작업을 처리하면서 사용하기 쉬운 클라이언트 라이브러리인 SolrJ가 있다. 다음 리스트는 SolrJ를 사용해서 솔라에 문서를 추가하는 방법을 보여준다.

리스트 3.1 SolrJ 클라이언트 라이브러리 사용 예제[3]

```
SolrServer solr = new CommonsHttpSolrServer(
    new URL("http://localhost:" + port + "/solr")); // HTTP 기반 솔라
                                        // 서버(SolrServer) 커넥션을 생성한다.
SolrInputDocument doc = new SolrInputDocument();
doc.addField("id", "http://tortoisehare5k.tamingtext.com"); // 이 Solr
                // 인스턴스에 사용된 스키마는 id라는 유일 필드를 요구한다.
```

---

3. SolrJ 클라이언트의 여러 클래스도 사용 방법이 달라졌다. 자세한 내용은 솔라 문서 중 'Using SolrJ' 장을 참고하라.
　－ 옮긴이

```
doc.addField("mimeType", "text/plain");
doc.addField("title",
        "Tortoise beats Hare!  Hare wants rematch.", 5); // 문서에 Title 필드를
                            // 추가하고 다른 필드보다 5배 중요한 부스트 값을 부여한다.
Date now = new Date();
doc.addField("date",
    DateUtil.getThreadLocalDateFormat().format(now)); // 날짜는 솔라를 위해
                            // 특정 방법으로 형식화돼야 한다.
doc.addField("description", description);
doc.addField("categories_t", "Fairy Tale, Sports"); // 동적(dynamic) 필드를
                    // 사용하면 솔라가 알지 못하는 필드를 추가할 수 있다.
                    // _t는 솔라에게 이 필드를 텍스트 필드로 취급하라고 지시한다.
solr.add(doc);      // 새로 생성된 문서를 솔라에 전송한다. SolrJ는 올바른 형식의 XML
                    // 메시지를 생성하고 아파치 자카르타 커먼즈(Jakarta Commons)
                    // HTTPClient 를 사용해서 솔라로 보낸다.
solr.commit();      // 모든 문서를 추가한 다음 검색 가능하게 만들고 싶을 때 커밋
                    // 메시지를 솔라에게 보낸다.
```

콘텐츠를 색인으로 만들기 위해 SolrInputDocument 각각에 대해 add 명령을 솔라에 전송해야 한다. 복수의 SolrInputDocument를 단일 add에 포함시킬 수 있다는 데 주목하라. 간단히 컬렉션^{Collection}을 받는 SolrServer의 add 메소드를 사용하면 된다. 성능을 위해서 이것이 권장할 만하기 때문이다. HTTP의 추가 비용 부담이 색인 생성 성능에 크게 영향을 줄 수 있다고 생각할지 모르지만, 실제로는 대개의 경우 색인 생성의 비용보다는 커넥션 유지에 필요한 작업량이 작다.

3.4.2 솔라와 아파치 티카를 사용한 콘텐츠 추출과 색인 생성

콘텐츠의 내용을 추출하고 솔라를 사용해서 색인으로 만들기 위해 3장과 1장에서 배운 사용자 인터페이스에 검색 상자를 놓는 것 너머의 여러 가지 개념을 활용해야 한다. 다른 무엇보다도 더, 검색 가능하게 만들 콘텐츠에서 추출한 정보를 반영해서 솔라 스키마를 설계해야 한다. 추출 기능을 위해 티카를 사용하기 때문에 애플리

케이션은 티카^{Tika}가 생성한 메타데이터와 콘텐츠를 스키마 필드에 매핑해야 한다.

전체 솔라 스키마를 보려면 solr/conf/schema.xml를 선호하는 에디터로 열어 보라.[4] 티카의 올바른 형식에서 적합한 솔라 필드 타입으로 매핑하고 있는지 확실히 하는 것 외에는 스키마의 설계 요소에 더할 것이 많지 않다. 예를 들어 페이지 수는 정수이고, 따라서 솔라 스키마에서도 정수가 돼야 한다. 이 필드와 다른 필드에 대해 반복적으로 문서와 문서에서 추출된 정보의 표본을 확인한다.

이를 위해 솔라 티카 통합으로 색인 생성 없이 콘텐츠 추출만 할 수 있다는 사실을 이용했다. curl(대부분의 *NIX 장비에서 사용할 수 있고, 윈도우 버전은 http://curl.haxx.se/download.html에서 구할 수 있다)이라는 도구를 사용해서 파일과 다른 HTTP 요청을 솔라에 보낼 수 있다. 솔라가 실행되고 있지 않다면 1장의 명령을 사용해서 시작시킨다. 한 번 솔라가 작동되면 어떤 콘텐츠든 색인으로 만들 수 있다. 이 경우 솔라에 다음 명령을 보내 표본 파일의 콘텐츠 추출을 요청한다.

```
curl "http://localhost:8983/solr/update/extract?&extractOnly=true" \
     -F "myfile=@src/test/resources/sample-word.doc"
```

이 명령에서 지정한 입력은 이 책의 소스코드에 있는 src/test/resources 디렉터리 아래 위치한 예제 Word 문서 파일이지만, 임의의 Word나 PDF 파일에 대해 시도해볼 수도 있다. curl이 예제 문서를 올바르게 찾게 하기 위해 이 책의 코드 디렉터리의 최상위 디렉터리에서 curl을 실행해야 한다. 출력은 추출된 콘텐츠와 함께 메타데이터를 포함하며 다음과 같이 보인다(간결함을 위해 일부 콘텐츠를 제거했다).

```
<?xml version="1.0" encoding="UTF-8"?>
<response>
    <lst name="responseHeader">
        <int name="status">0</int>
        <int name="QTime">8</int>
    </lst>
```

---

4. 앞서 붙인 바와 같이 솔라 7.5의 경우 schema API나 어드민에서 정보를 얻거나, managed-schema 파일이 있다면 이 파일에서 정보를 얻을 수 있다. - 옮긴이

```
<str name="sample-word.doc">&lt;?xml version="1.0"
    encoding="UTF-8"?&gt;
&lt;html xmlns="http://www.w3.org/1999/xhtml"&gt;
&lt;head&gt;
&lt;title&gt;This is a sample word document&lt;/title&gt;
&lt;/head&gt;
&lt;body&gt;
&lt;p&gt;This is a sample word document.&amp;#xd;
&lt;/p&gt;
&lt;/body&gt;
&lt;/html&gt;
</str>
<lst name="sample-word.doc_metadata">
    <arr name="Revision-Number">
        <str>1</str>
    </arr>
    <arr name="stream_source_info">
        <str>myfile</str>
    </arr>
    <arr name="Last-Author">
        <str>Grant Ingersoll</str>
    </arr><arr name="Page-Count">
        <str>1</str>
    </arr>
    <arr name="Application-Name">
        <str>Microsoft Word 11.3.5</str>
    </arr>
    <arr name="Author">
        <str>Grant Ingersoll</str>
    </arr>
    <arr name="Edit-Time">
        <str>600000000</str>
    </arr>
    <arr name="Creation-Date">
```

```
        <str>Mon Jul 02 21:50:00 EDT 2007</str>
      </arr>
      <arr name="title">
        <str>This is a sample word document</str>
      </arr>
      <arr name="Content-Type">
        <str>application/msword</str>
      </arr>
      <arr name="Last-Save-Date">
        <str>Mon Jul 02 21:51:00 EDT 2007</str>
      </arr>
    </lst>
</response>
```

출력을 보면 티카가 반환하는 정보의 종류를 알 수 있고, 이에 따라 스키마를 계획할 수 있다.

스키마를 정의한 다음, 색인 생성 프로세스는 티카를 활용해서 콘텐츠를 추출하기 위해 필요한 인프라스트럭처를 제공하는 솔라의 ExtractingRequestHandler에 문서를 전송하는 식으로 처리된다. ExtractingRequestHandler를 사용하기 위해서는 솔라 설정 파일에 설정해야 한다. 이 경우 solrconfig.xml은 다음 내용을 포함한다.

```
<requestHandler name="/update/extract"
      class="org.apache.solr.handler.extraction.ExtractingRequestHandler">
    <lst name="defaults">
      <str name="fmap.Last-Modified">last_modified</str>
      <str name="fmap.Page-Count">pageCount</str>
      <str name="fmap.Author">creator</str>
      <str name="fmap.Creation-Date">created</str>
      <str name="fmap.Last-Save-Date">last_modified</str>
      <str name="fmap.Word-Count">last_modified</str>
      <str name="fmap.Application-Name">generator</str>
      <str name="fmap.Content-Type">mimeType</str>
```

```
        <!-- 기타 모든 것을 ignored에 매핑한다 -->
        <bool name="uprefix">ignored_</bool>
    </lst>
</requestHandler>
```

이 내용은 이미 tamingText-src 솔라 설정에 들어 있기 때문에 콘텐츠를 색인으로 만들 준비가 다 됐다. 이 시점에서 해야 하는 일은 솔라에 몇 개의 문서를 보내는 것이 전부이다.

여기서의 목적을 위해 curl을 다시 사용하지만, 실제 애플리케이션에서는 크롤러나 저장소(CMS, DB 등)로부터 문서를 가져와 SolrJ 같은 솔라 클라이언트를 통해 가져온 문서를 솔라에 넣기 위한 코드 조각이 더 적합할 것이다.

curl을 통해 보여주기 위해 extract.only 파라미터를 제거하고 다른 몇 개를 추가하는 식으로 extract-only 명령을 다음과 같이 변경할 수 있다.

```
curl "http://localhost:8983/solr/update/extract?
    literal.id=sample-word.doc&defaultField=fullText&commit=true" \
    -F "myfile=@src/test/resources/sample-word.doc"
```

업로드할 파일 지정(-F 파라미터) 외에도 이 명령은 두 가지 중요한 사실을 포함한다.

- 파일을 그저 /update URL로 보내는 대신 /update/extract URL로 전송한다. 이 명령은 이전에 설정해둔 ExtractingRequestHandler를 사용하려 한다는 것을 솔라에 알려준다.
- 전달한 파라미터들(이번 경우)은 다음과 같다.
    - **literal.id=sample-word.doc** 솔라에게 문자열 값 sampleword.doc을 필드 이름이 id인 Field로 문서에 추가하라고 지시한다. 달리 말해 이것이 고유 ID다.
    - **defaultField=fullText** 가능한 경우 솔라는 추출된 콘텐츠 이름을 솔라 Field 이름에 자동으로 맞춘다. 이 경우 매핑되지 않고 일치하지 않은 콘텐츠는 모두 fullText 필드로 간다.

□ **commit=true** 솔라에게 새 문서를 곧바로 색인에 커밋해서 검색할 수 있게 만들라고 지시한다.

위의 명령은 ExtractingRequestHandler 사용의 기본을 다룬다. 이보다 고급 기능을 알고 싶다면 http://wiki.apache.org/solr/ExtractingRequestHandler를 보라. 갖고 있는 파일 집합에 대해 색인 생성 명령을 작동시키면 비슷한 결과가 생성돼야 한다. 당연히 이 결과는 자신이 갖고 있는 디렉터리에 위치한 파일 내용에 맞춰진 것이다. 이 간단한 색인이 생기면 솔라의 내장 관리자 도구를 사용해서 색인에 질의할 때 어떤 종류의 결과가 나올 수 있는지 살펴볼 수 있다.

> **팁** 루씬과 솔라 색인에 대해 작업할 때 Luke는 색인에 무엇이 있는지 알아보기 가장 좋은 친구다. Andrzej Bialecki가 작성한 Luke는 단어가 색인된 방법과 색인에 어떤 문서가 있는지, 거기에 더해 어떤 필드에 출현한 횟수 상위 50개 단어와 같은 메타데이터를 찾기에 유용하다. Luke는 현재 https://github.com/DmitryKey/luke에서 자유롭게 사용 가능하다.

이제 색인에 들어간 콘텐츠가 조금 있으니 솔라에서 검색이 동작하는 방법을 살펴보고 큰 이득을 얻어 보자. 다음 절에서 솔라에 검색 요청을 전송하고 그 결과를 살펴보기 위해 SolrJ를 사용하겠다.

3.5 아파치 솔라로 콘텐츠 검색

색인 생성과 같이 검색은 사용자의 정보 요구를 명시하는 HTTP 요청을 솔라에 보내서 이뤄진다. 솔라는 사용자가 단어, 구, 와일드카드, 그 외의 여러 가지 옵션을 쓸 수 있게 해주는 풍부한 질의 언어를 포함한다. 이 옵션은 매 출시마다 더 늘어나는 것처럼 보인다. 걱정할 것 없다. 솔라 웹사이트(http://lucene.apache.org/solr)는 어떤 새 기능에 대해서든 문서화를 잘 하기 때문에 최신의 가장 훌륭한 질의 기능에 대해 참고해야 하는 대상이다.

솔라에서 검색이 동작하는 방식을 이해하기 위해 한 걸음 물러나서 솔라가 요청을 처리하는 방법을 살펴보자. 3.3.2절부터 기억하고 있다면 솔라는 들어오는 메시지를 검토해서 요청을 SolrRequestHandler 인터페이스의 인스턴스로 보낸다. 다행히 솔라는 다수의 유용한 SolrRequestHandler를 포함해서 나오기 때문에 따로 구현하지 않아도 된다. 표 3.4는 비교적 일반적인 SolrRequestHandler와 그 기능을 나열한다.

표 3.4 일반적인 SolrRequestHandler

이름	설명	예제 질의
StandardRequestHandler	이름에서 짐작했듯이 Standard RequestHandler는 기본 Solr RequestHandler다. 질의 단어, 검색할 필드, 반환받을 결과의 수, 패싯, 강조, 적합도 피드백을 명시할 메커니즘을 제공한다.	&q= description%3Awin+OR+ description%3Aall &rows=10 descriptoin 필드를 단어 all이나 win을 갖는지 검색해서 최대 10개의 결과를 반환한다.
MoreLikeThisHandler	"More Like This", 즉 주어진 문서와 비슷한 문서를 반환한다.	&q=lazy&rows=10&qt=%2Fmlt& qf=title^3+des cription^10
LukeRequestHandler	LukeRequestHandler는 편리한 루씬/솔라 색인 탐색 도구 Luke와 관련돼 이름 붙여졌다. Luke는 기존 색인의 구조와 내용에 대한 통찰을 제공하는 단순하지만 강력한 GUI 도구다. LukeRequestHandler는 색인에 대한 메타데이터를 애플리케이션이 색인에 대한 정보를 표시하는 데 사용할 수 있는 질의응답 형태로 제공하는 것으로 Luke의 기능 대부분을 모방한다.	&show=schema 현재 색인에 대한 정보를 반환한다(필드 이름, 스토리지와 색인 상태 등)

RequestHandler가 임의의 요청을 일반적으로 처리할 수 있지만, 파생 클래스인 SearchHandler가 실제로 검색 요청을 처리하는 역할을 맡는다. Search Handler는 하나 이상의 SearchComponent로 이뤄진다. SearchComponent와 질의 파서는 검색에 대해 대부분의 힘든 일을 처리한다. 솔라는 SearchComponent

를 많이 갖고 있을 뿐만 아니라 사용 가능한 질의 파서도 많이 갖고 있다. 원한다면 직접 작성한 구성 요소나 질의 파서를 연결할 수도 있다. 이 주제와 다른 솔라 입력 파라미터를 더 잘 알아보기 위해 다음 기능을 더 자세히 살펴보자.

3.5.1 솔라 질의 입력 파라미터

솔라는 입력 파라미터와 출력 프로세싱을 표현하기 위한 풍부한 문법을 제공한다. 표 3.5는 7가지의 다른 입력 카테고리에 대해 설명을 제공하고, 일반적이거나 유용한 파라미터를 다룬다. 솔라는 거의 항상 개선되고 있기 때문에 신뢰할 만한 파라미터 목록은 솔라 웹사이트를 참고하라.

표 3.5 공통 솔라 입력 파라미터

키	설명	기본 값	지원하는 처리기	예제
q	실제 질의. 문법은 SolrRequestHandler에 의존적이다. StandardRequestHandler의 경우, 지원되는 문법은 http://wiki.apache.org/solr/SolrQuerySyntax에 설명이 있다.	없음	StandardRequestHandler, DisMaxRequestHandler, MoreLikeThisHandler, SpellCheckerRequestHandler	q=title:rabbit AND description:"Bugs Bunny" q=jobs:java OR programmer
sort	결과 정렬 기준으로 사용할 필드 명시	score	대부분의 SolrRequestHandler	q=ipod&sort=price desc q=ipod&sort=price desc,date asc
start	결과를 반환하기 시작할 결과 내 오프셋	0	대부분의 SolrRequestHandler	q=ipod&start=11 q=ipod&start=1001
rows	반환할 결과의 수	10	대부분의 SolrRequestHandler	q=ipod&rows=25

(이어짐)

키	설명	기본 값	지원하는 처리기	예제
fq	결과를 제한할 FilterQuery를 명시한다. FilterQuery는 유용한데, 예를 들어, 주어진 날짜 범위 안에 있는 혹은 제목에 A가 있는 모든 문서로 결과를 제한할 때다. 여러 개의 FilterQuery는 제한된 집합에 대해 반복적인 질의를 수행할 때만 유용하다.	없음	대부분의 SolrRequestHandler	q=title:ipod&fq= manufacturer:apple
facet	주어진 질의에 대한 패싯 정보를 요청한다.	없음	대부분의 SolrRequestHandler	q=ipod&facet=true
facet.field	패싯할 Field. 이 Field는 패싯 집합을 만들기 위해 검토된다.	없음	대부분의 SolrRequestHandler	q=ipod&facet= true&facet.field= price&facet.field= manufacturer

물론 표 3.5에 서술된 모든 옵션과 온라인에 설명된 더 많은 옵션을 갖고 애플리케이션에서 무엇을 사용할지 결정하는 어려운 일을 해야 한다. 비결은 사용자가 어떻게 검색하고 싶은지에 대해 알아내는 것이다. 일반적으로 검색어 강조와 'More Like This'는 멋진 기능이지만, 추가적인 처리 때문에 검색을 느리게 할 수 있다(특히 이들을 조합해서 사용한다면). 한편 검색어 강조는 일치 맥락에 빠르게 집중하고 싶을 때 유용하다. 다음으로 솔라에 프로그램적으로 접근하는 방법을 살펴보자. 이 방식이 애플리케이션에 솔라를 통합하는 주된 방식이 될 것이다.

참고 입력 파라미터에 대한 모든 논의는 이 모든 작업으로부터 얻을 보상에 대해 의심의 여지를 전혀 남겨두지 않는다. 즉, 결과가 어떻게 보이고 그 결과를 어떻게 처리할 것인가? 이를 위해 솔라는 질의응답 작성기 (QueryResponseWriter) 클래스의 파생 클래스에 기반을 둔 연결 가능한 결과 처리기를 제공한다. 다양한 솔라 질의 처리기(SolrRequestHandler) 구현과 비슷하게 몇 가지의 질의응답 작성기가 있는데, 그 중 하나는 사용자의 출력 요구 사항을 만족할 수 있을 것이다. 가장 일반적인(그리고 기본 값인) 응답기인

XML 응답 작성기(XMLResponseWriter)는 검색, 패싯, 강조 결과를 클라이언트가 처리할 수 있는 XML 응답으로 직렬화하는 역할을 한다. 다른 구현에는 JSONResponseWriter, PHPResponseWriter, PHPSerializedResponseWriter, PythonResponseWriter, RubyResponseWriter, XSLTResponseWriter가 있다. 다행히 이들의 이름은 상당히 자기 자신을 잘 설명하고 있지만, 그렇지 않다면 자세한 내용은 솔라 웹사이트를 살펴보라. 거기 더해 레거시 시스템과 인터페이스로 접속해야 하거나 자체 바이너리 형식 출력을 해야 한다면 솔라 소스코드에서 사용 가능한 많은 예제를 사용해서 질의응답 작성기를 비교적 간단히 구현할 수 있다.

솔라에 대한 프로그램적 접근

지금까지 솔라에 대한 많은 다른 입력을 보았지만, 실제 검색을 하는 코드는 어떤가? 솔라는 고급이지만 일반적인 질의 기능 몇 가지도 제공한다. 예를 들어 DismaxQParser 질의 파서는 LuceneQParser보다 단순한 질의 문법을 제공하고, 또한 구절이 별도의 필드에서 나타나는 경우에 우선권을 준다. 다음 리스트의 예제 코드는 질의 해석에 DismaxQParser를 사용하는 요청 처리기를 호출하는 방법을 보여준다.

리스트 3.2 솔라 질의 코드 예제[5]

```
queryParams.setQuery("lazy");
queryParams.setParam("defType", "dismax"); // 솔라에게 DisMax 질의 해석기를
                // 사용하라고 지시한다(solrconfig.xml에 dismax로 정의된).
queryParams.set("qf", "title^3 description^10"); // DisMax 질의 해석기는 qf
            // 파라미터로 주어진 필드에 걸쳐 검색하고 그에 따라 단어를 부스팅한다.
System.out.println("Query: " + queryParams);
response = solr.query(queryParams);
assertTrue("response is null and it shouldn't be", response != null);
documentList = response.getResults();
```

---

5. 자세한 내용은 솔라 문서 중 'Using SolrJ' 장에서 'Querying in SolrJ' 절을 참고하라. – 옮긴이

```
assertTrue("documentList Size: " + documentList.size() +
    " is not: " + 2, documentList.size() == 2);
```

다른 일반적인 검색 기법 한 가지는 사용자가 현재 검색 결과의 문서와 비슷한 문서를 빠르고 쉽게 찾을 수 있는 방법을 제공하는 것이다. 이 프로세스는 대개 'Find Similar' 또는 'More Like This'라고 한다. 솔라는 'More Like This' 기능을 내장해서 출시된다. 그저 설정하기만 하면 된다. 예를 들어 solrconfig.xml에서 /mlt 질의 처리기를 다음과 같이 지정할 수 있다.

```
<requestHandler name="/mlt" class="solr_MoreLikeThisHandler">
    <lst name="defaults">
        <str name="mlt.fl">title,name,description,fullText</str>
    </lst>
</requestHandler>
```

이런 단순한 설정에서 MoreLikeThisHandler가 제목, 이름, 설명, 풀 텍스트 필드를 새 질의를 생성하는 소스로 사용해야 한다고 지정할 수 있다. 사용자가 'More Like This' 질의를 요청하면 솔라는 입력 문서를 받아서 지정된 필드에 있는 단어를 찾아 어떤 단어가 가장 중요한지 알아낸 다음, 새 질의를 생성한다. 그 다음 새 질의가 색인에 제출되고 결과가 반환된다. 새 질의 처리기에 질의하려면 다음에 나오는 코드를 사용하면 된다.

리스트 3.3 More Like This 예제 코드

```
queryParams = new SolrQuery();
queryParams.setQueryType("/mlt");   // 유사한 문서를 찾기 위해 검색을 생성한다.
queryParams.setQuery("description:number");
queryParams.set("mlt.match.offset", "0"); // 유사한 결과를 찾을 문서를 지정한다.
queryParams.setRows(1);
queryParams.set("mlt.fl", "description, title");   // 질의를 만들 필드를
                                                   // 지정한다.
```

```
response = solr.query(queryParams);
assertTrue("response is null and it shouldn't be", response != null);
SolrDocumentList results =
        (SolrDocumentList) response.getResponse().get("match");
assertTrue("results Size: " + results.size() + " is not: " + 1,
        results.size() == 1);
```

물론 솔라의 가장 유명한 기능 중 하나는 내장된 패싯 기능 지원이고, 이것은 다음 절에서 다룬다.

3.5.2 추출된 콘텐츠에 대한 패싯

3.4.2절에서 솔라와 티카를 사용해서 예제 MS 워드 파일 몇 개를 색인으로 만들었다. 이 부분에서는 자체 콘텐츠를 조금 더했기 때문에 결과가 콘텐츠에 따라 달라질 수 있다. 그러나 지금은 SolrRequestHandler를 사용한 검색 동작 방법에 대해 더 깊이 알고 있으니 솔라의 단순한 관리자 질의 인터페이스를 사용해서 다양한 검색을 해볼 수 있다. 앞의 예제에서는 솔라를 지역 장비의 8983번 포트에서 동작하게 했다. 브라우저로 http://localhost:8983/solr/admin/form.jsp에 접속하면 그림 3.15와 비슷하게 보이는 웹 페이지가 나타나야 한다.

Solr/Lucene Statement	search
Start Row	0
Maximum Rows Returned	10
Fields to Return	*,score
Query Type	dismax
Output Type	standard
Debug: enable	☐ Note: you may need to "view source" in your browser to see explain() correctly indented.
Debug: explain others	Apply original query scoring to matches of this query to see how they compare.
Enable Highlighting	☐
Fields to Highlight	
	[Search]

그림 3.15 솔라 질의 인터페이스

이 예제에서는 다음과 같이 solrconfig.xml 설정 파일에 정의된 dismax SolrRequestHandler를 사용할 것이다.

```
<requestHandler name="dismax" class="solr_DisMaxRequestHandler" >
    <lst name="defaults">
        <str name="echoParams">explicit</str>
        <float name="tie">0.01</float>
        <str name="qf">
            name title^5.0 description keyword fullText all^0.1
        </str>
        <str name="fl">
            name,title,description,keyword,fullText
        </str>
        <!-- 패싯(Facets) -->
        <str name="facet">on</str>
        <str name="facet.mincount">1</str>
        <str name="facet.field">mimeType</str>
        <str name="f.categories.facet.sort">true</str>
        <str name="f.categories.facet.limit">20</str>
        <str name="facet.field">creator</str>
        <str name="q.alt">*:*</str>

        <!-- 하이라이터 설정 예제, 질의별로 hl=true이면 켜진다 -->
        <str name="hl.fl">name,title,fullText</str>
        <!-- 이 필드에 대해서는 파편화 없이 결과만 강조되게 한다-->
        <str name="f.name.hl.fragsize">0</str>
        <!-- 솔라에게 질의 단어를 발견하지 못하면 필드 자체를 반환하라고 지시한다. -->
        <str name="f.name.hl.alternateField">name</str>
        <str name="f.text.hl.fragmenter">regex</str> <!-- 아래 정의된다 -->
    </lst>
</requestHandler>
```

질의를 단순하게 만들기 위해 dismax 질의 처리기에 검색과 반환받을 필드 및 패싯과 하이라이트를 수행할 필드 지정에 대한 기본 값을 넣어뒀다. 예제 질의를 솔라에 제출하면 결과를 포함하는 XML 문서와 패싯 정보를 돌려받는다.

리스트 3.4 솔라 검색 결과 예제

```xml
<response>
    <lst name="responseHeader">                          응답 헤더(response header) 섹션은
        <int name="status">0</int>                       입력 파라미터와 검색에 대한
        <int name="QTime">4</int>                        메타데이터를 반환한다.
        <lst name="params">
            <str name="explainOther"/>
            <str name="fl">*,score</str>
            <str name="indent">on</str>
            <str name="start">0</str>
            <str name="q">search</str>
            <str name="hl.fl"/>
            <str name="wt">standard</str>
            <str name="qt">dismax</str>
            <str name="version">2.2</str>
            <str name="rows">10</str>
        </lst>
    </lst>
                                                         〈result〉 섹션은 질의, 설정,
    <result name="response" numFound="2" start="0"       입력 파라미터에 기반한 일치
            maxScore="0.12060823">                       문서에 대한 정보를 준다.
        <doc>
            <float name="score">0.12060823</float>
            <arr name="creator">...</arr>
            <arr name="creatorText">...</arr>
            <str name="description">An enterprise-ready, Lucene-based
                    search server. Features include search,
                    faceting, hit highlighting, replication and much,
                    much more</str>
            <str name="id">solr</str>
            <str name="mimeType">text/xml</str>
            <str name="name">Solr, the Enterprise Search Server</str>
        </doc>
```

```
        <doc>
            <float name="score">0.034772884</float>
            <arr name="creator">...</arr>
            <arr name="creatorText">...</arr>
            <str name="description">A Java-based search engine library
                    focused on high-performance, quality results.</str>
            <str name="id">lucene</str>
            <str name="mimeType">text/xml</str>
            <str name="name">Lucene</str>
        </doc>
    </result>
    <lst name="facet_counts">
        <lst name="facet_queries"/>
        <lst name="facet_fields">
            <lst name="mimeType">
                <int name="text/xml">2</int>
            </lst>
            <lst name="creator">
                <int name="Apache Software Foundation">2</int>
                <int name="Doug Cutting">1</int>
                <int name="Yonik Seeley">1</int>
            </lst>
        </lst>
        <lst name="facet_dates"/>
    </lst>
</response>
```

facet_fields 리스트 섹션은 검색 결과에서 발견된 패싯에 대한 상세 정보를 제공한다. 이 예제에서 mimeType 패싯은 9개 결과 중 4개가 image/tiff이고, 다른 4개가 text/plain이고, 나머지 하나가 image/png임을 나타낸다.

리스트 3.4는 예제 질의에 대한 축약된 결과 집합(일부 필드 정보는 의도적으로 표시하지 않았다)을 패싯 정보와 함께 보여준다. 예제는 dismax 설정에 지정된 기본 값에 의존했지만, 파라미터의 기본 값을 오버라이드해서 더 많은 결과나 하이라이트 정보를 반환받거나 다른 필드에 대해 질의하게 URL에 파라미터를 전달할 수도 있다.

지금까지 솔라 사용을 시작할 때 필요한 핵심 부분을 다뤘다. 솔라 웹사이트를 탐색하면 이 모든 주제와 캐싱, 복제, 관리와 같은 고급 주제에 대해 더 상세한 정보를 얻을 수 있다. 다음은 한 걸음 물러나서 솔라에 특정한 문제와 일반적인 성능 문제를 같이 살펴보고 이런 요소들이 어떻게 검색 구현에 영향을 미치는지 살펴본다.

3.6 검색 성능 요소 이해

검색 성능은 결과를 생산하는 데 검색 시스템이 얼마나 잘 동작하는지에 대한 높은 수준의 지표다. 더 나아가 검색 성능은 양과 질이라는 두 가지 주요 카테고리로 나뉜다. 양은 얼마나 빠르게 결과를 반환하는지(몇 개의 결과를 주어진 시간 안에 반환할 수 있는지)와 관계가 있고, 반면 질은 결과가 얼마나 검색에 적합한지와 관계가 있다. 대개 (늘 그렇지는 않지만) 이 둘은 반목하기 때문에 전문가들이 끊임없이 더 빠른 속도와 더 나은 결과 사이의 트레이드오프를 측정해야 한다. 이번 절에서 현대 검색 엔진이 양과 질을 모두 향상시키기 위해 채택한 팁과 기법 다수를 검토한다. 그 다음, 솔라의 성능을 더 높이기 위한 솔라에만 국한된 기법을 좀 살펴본다. 이들 주제를 다루기 전에 속도와 적합성에 대한 판단을 빠르게 훑어보자. 이들 중 하나만 없어도 성공을 보장할 수 없기 때문이다.

3.6.1 품질 판단

검색 엔진 사용자에게 가장 당황스러운 상황은 질의를 입력하고 연관성이 희박하게만(있거나 하다면) 있는 결과 목록을 얻는 일이다. 그 다음은 대개 상위 10개의 결과를 빠르게 훑어본 다음 키워드를 넣거나 빼는 식의 시행착오를 반복하는 식이다. 대체로 올바른 키워드 조합을 얻는다면 원하는 결과를 찾을 수 있는 것처럼 보인다. 그렇지 않을 때는 포기해야만 할 것 같다. 이 공식의 건너편에는 검색 엔진 작성자들이 끊임없이 결과의 품질, 사용 편의성, 속도 사이의 트레이드오프를 두고 고심하고 있다. 질의는 본질적으로 사용자의 정보 요구에 대한 불완전한 표현이기 때문에 검색 엔진은 보통 사용자의 불완전한 질의와 진정한 필요 사이의 틈새를 메우기 위해 복잡한 알고리즘을 채택한다.

검색 엔진의 사용자와 작성자 사이에는 적합도라는 애매한 것이 존재한다. 적합도는 사용자 질의에 대해 결과가 얼마나 적절한지에 대한 개념이다. 적합도가 애매한 까닭은 어떤 사용자 둘을 데려와도 무엇이 적절한지에 대해 완전히 동의하지 않을 것이기 때문이다. 적합도 판단이 주관적인 작업인데도, 많은 사람들은 적합도를 정하는 체계적인 접근 방법을 제시하려고 시도해 왔다. 그 중 일부는 표준 문서 컬렉션, 질의, 평가 도구가 완비된 컨퍼런스를 조직하는 데까지 이르렀다. 참가자들은 컬렉션에 대해 질의를 수행한 다음 그 결과를 컨퍼런스에 제출하고, 그러면 컨퍼런스가 결과를 모아 평가하고 제출한 그룹의 수행 정도에 따라 순위를 매긴다. 이런 식의 컨퍼런스의 조상격인 연례 컨퍼런스는 TREC[Text REtrieval Conference, 텍스트 검색 컨퍼런스]라고 하며, 미국 국립 표준기술연구소[NIST, US National Insti- tute of Standards and Technology]가 개최한다.

이런 종류의 컨퍼런스 다수는 두 가지 평가 기준에 따라 어떤 엔진이 최선의 결과를 내는지 결정한다. 첫 평가 기준, 정밀도[precision](precision은 검색 맥락에서 정확도라고 하기도 하지만 나중에 나오는 accuracy 개념 때문에 여기서는 정밀도로 표기한다. 관련 개념은 이진 분류나 검색의 precision, accuracy로 찾아보기 바란다. – 옮긴이)는 엔진이 답으로 낸 문서들 중 적합한 문서의 수를 측정한다. 개선된 방식에서는 반환된 결과 수의 맥락으로 정밀도를 검토한다. 예를 들어 10개 이내 정밀도(흔히 P@10으로 표기)는 상위 10개 결과 중 몇 개의 문서가 적합한지 측정한다. 대부분의 사용자가 첫 10개의 결과 혹은 첫 페이지의 결과만 보기 때문에 10개 이내 정밀도만 봐도 보통 유용하다. 두 번째 평가 기준인 재현율[recall]은 컬렉션에 존재하는 모든 적합 문서 중 검색된 적합 문서의 수를 측정한다.

모든 질의에 대해 컬렉션 전체 문서를 반환하는 것은 바보 같은 일이지만, 그렇게 하면 완전한 재현율을 얻을 수 있다는 데 주의하라. 정밀도와 재현율 사이에는 대체로 트레이드오프가 있다. 예를 들어 정밀도는 문서에 있는 단어를 질의에 많이 포함시킬수록 대개 증가할 것이다. 그러나 작은 컬렉션의 경우에는 이렇게 하면 어떤 질의의 결과가 없을 수도 있다는 의미다. 비슷하게 재현율은 질의를 구성하는 모든 단어에 대한 유사어를 모두 추가해서 증가될 수 있다. 불행히도 많은 단어가 갖는 모호성 때문에 단어를 다른 의미로 사용한 문서가 전부 최종 결과에 들어가고,

그에 따라 정밀도가 낮아진다.

그러면 시스템의 품질을 어떻게 평가해야 할까? 제일 먼저 모든 기법은 각자의 강점과 약점이 있다는 데 주의해야 한다. 대개 한 개 이상의 기법을 적용해야 한다. 표 3.6은 평가 기법의 목록이다. 여기 없는 기법도 특정한 시스템에서는 유용할 수 있다는 데는 의심의 여지가 없다.

표 3.6 공통 평가 기법 목록

기법	설명	비용	트레이드오프
애드혹	개발자, 품질 보증 부서, 다른 이해관계자가 비공식적으로 시스템을 평가하고, 무엇이 동작하는지 하지 않는지에 대해 피드백을 제공한다.	처음에는 적지만, 길게 봤을 때는 굉장히 커질 것이다.	기록을 보존하지 않는 한 정식으로 반복할 수 없다. 시스템의 다른 부분에 어떤 영향을 미칠지 알 수 없다. 효과를 보기에는 초점이 너무 좁게 맞춰졌을 수 있다. 특정 질의 집합에만 최적화됐을 수도 있는 위험이 있다. 최소한 모든 테스터는 같은 테스트 컬렉션을 사용해야 한다.
포커스 그룹	사용자 그룹을 초대해서 시스템을 사용하게 한다. 질의, 선택된 문서 등에 대한 기록을 남긴다. 또한 사용자에게 직접 적합 문서와 부적합 문서를 확인하게 요청할 수 있다. 그 다음 검색 품질에 대해 결정할 때 통계를 사용할 수 있다.	참가자 수, 평가 시스템 준비 비용에 따라 다르다.	참가자 수에 따라서는 유용할 수 있다. 사용성에 대한 피드백도 제공할 수 있다. 기록을 저장해서 반복 가능한 테스트를 만드는 데 사용할 수 있다.
TREC 및 다른 평가 컨퍼런스	TREC은 정보 검색 시스템을 평가하기 위해 웹, 블로그, 법률 문서를 포함한 몇 가지 트랙을 제공한다.	데이터를 얻기 위해 수수료를 지불해야 한다. TREC 공식 참가(결과 제출)는 시간이 오래 걸리고 비싼 일일 수도 있다. 비용 없이 질문과 판정을 할 수 있고, 데이터가 있으면 필요한 만큼 오프라인에서 실행할 수 있다.	다른 시스템과 비교하고 품질에 대한 일반적인 감을 잡기에는 좋지만, 데이터가 갖고 있는 컬렉션을 대표하기 적합하지 않을 수도 있고, 따라서 결과가 시스템에 대해 그다지 유용하지 않을 수 있다.

(이어짐)

기법	설명	비용	트레이드오프
질의 로그 분석	실제 서비스되는 시스템에서 로그를 수집해서 질의 횟수 상위 50개 질의를 추출하고, 거기 더해 10~20개의 표본을 임의로 추출한다. 그 다음 분석가들은 각각의 질의에 대한 상위 5개 혹은 10개의 결과를 적합, 다소 적합, 부적합, 당황스러움으로 판정한다. 질의 결과가 부적합한 질의에 대한 결과를 연관성을 찾고 분석한다. 작업 진행에 따라 목적은 적합한 문서를 최대화하고 부적합 문서를 최소화하고 당황스러운 문서를 제거하는 것이다. 거기 더해 가능한 개선 방법을 찾기 위해 결과가 없는 검색을 분석한다. 여기서 더 나아간 분석에는 사용자가 어떤 결과를 선택했는지(사용자 클릭 분석), 그리고 각 페이지에 사용자가 얼마나 머물렀는지 조사하는 것을 수반한다. 이 방법은 어떤 결과에 사용자가 더 많은 시간을 썼다면 그 문서가 사용자 요구에 더 적합하다고 가정한다.	로그의 크기와 사용된 질의 숫자에 따라 다르다.	갖고 있는 데이터를 시스템 사용자에 대해 테스트하기에 가장 적합하다. 무엇을 기록하고 언제 어떻게 수집할지에 대해 효율적으로 계획해야 한다. 베타 테스트 과정과 서비스 중인 시스템의 진행 중 과제로 수행하는 것이 가장 좋다. 프로세스 초반에는 결과의 품질이 낮을 위험성이 있다.

(이어짐)

기법	설명	비용	트레이드오프
A/B 테스팅	질의 로그 분석과 포커스 그룹 테스트와 비슷하게 실제 시스템이 사용되지만, 서로 다른 사용자가 각기 다른 결과를 받게 된다. 예를 들어 사용자의 80%는 어떤 접근 방식에 따른 결과를 받고, 그와 달리 사용자 중 나머지 20%는 다른 접근 방식의 결과를 받게 된다. 그 다음 로그를 분석하고, 공통적인 질의에 대해 사용자가 어떤 그룹의 결과를 선호했는지 비교한다. 색인 생성 방법부터 결과 표시 방법까지 시스템의 어떤 부분에 대해서도 이런 방법을 적용해볼 수 있다. A 그룹과 B 그룹 사이의 차이에 대해 확실히 문서화해야 한다.	서비스에 두 개의 시스템을 적용하고 지원해야 한다. 질의 숫자와 로그의 크기에도 좌우된다.	실제 사용자에 대해 테스트하는 데 최적화됐다. 최대 요청 시간을 피해 제한된 시간 동안 수행하는 것이 가장 좋다. 다시 말해 쇼핑 사이트를 운영한다면 이런 테스트를 크리스마스 3주 전에 하지 마라!

애드혹, 포커스 그룹, TREC, 그리고 좀 더 적게는 로그 분석과 A/B 테스팅은 모두 실제 상황에서 좋은 성능을 내기보다는 평가에 최적화된 시스템을 만들 위험이 있다. 예를 들어 TREC 문서, 질의, 평가(적합도 판정이라고 하는)를 사용하면 시스템이 TREC 방식 질의(특정한 성질을 갖는)에 좋은 결과를 내지만, 사용자가 실제로 입력할 가능성이 높은 질의에 대해서는 그렇지 않을 수도 있다는 의미다.

현실적인 관점에서 상당수의 사용자를 대상으로 하는 대부분의 애플리케이션은 최소한 애드혹 테스트와 질의 로그 분석을 하게 될 것이다. 충분한 비용이 있다면 포커스 그룹과 TREC 방식 평가를 통해 시스템을 평가하기 위한 데이터 포인트를 얻을 수 있다. 로그 분석과 A/B 테스팅은 비교적 더 실용적이고 쓸 만한 결과를 생성하고, 평가를 계획하는 사람들이 상당히 선호하는 방식이다.

당연하게도 적합도 튜닝은 절대로 '한번 하고 잊어버리는' 종류의 작업이 아니다. 비슷하게 최다 빈도 질의에 대한 결과가 아니라면 어떤 결과 하나의 품질에 대해 집착하지 말아야 한다. 어떤 결과가 4등이고 또 다른 결과가 5등인 이유에 대해 걱정할 것 없다. 그렇게 해야만 하는 유일한 시점은 어쩌면 어떤 문서가 특정 위치에 있어야 한다는 편집상 결정(누군가 위치에 따라 돈을 낸다면)을 내리는 경우다. 결국 모종의 결과가 질의에 대해 1위의 결과가 돼야 한다면 질의에 대해 그 문서가 1등이 되게 하드 코딩해 넣는다. 시스템의 다양한 설정 파라미터를 조작해서 일반 검색 과정을 통해 그 결과가 첫 번째 결과가 되게 하려면 두통이 나기 좋고 다른 검색을 이상하게 만들 가능성이 높다. 언제 망치를 쓰고 언제 스크루드라이버를 쓸지 알고 있다면 고객 만족을 절반은 이룬 것이나 다름없다.

3.6.2 수량 판단

검색 시스템이 분량 관점에서 얼마나 결과를 잘 내는지를 판단하는 수많은 기준이 있다. 비교적 유용한 기준 몇 가지는 다음과 같다.

- **질의 처리량(query throughput)** 주어진 시간 단위 안에 시스템이 처리할 수 있는 질의의 수다. 대개 초당 질의^{QPS}로 측정한다. 높을수록 좋다.

- **시간 대비 인기도** 평균적으로 각 질의에 걸리는 시간을 질의의 빈도에 따라 도표화한다. 시스템을 개선할 때 어디에 시간을 쓸지를 보여주는 데 특히 유용하다. 예를 들어 인기가 가장 좋은 질의가 가장 느리게 실행되는 질의이기도 하다면 시스템에 문제가 생기겠지만, 그다지 자주 유입되지 않는 질의만 느리다면 탐색하지 않는 편이 나을 수도 있다.

- **평균 질의 수행 시간** 질의가 처리되는 데 걸리는 평균 시간이 얼마인가? 관련된 통계는 시간에 따른 질의 분포를 보여준다. 작을수록 좋다.

- **캐시 통계** 많은 시스템은 질의 결과와 문서를 캐시하기 때문에 캐시가 얼마나 적중하고 그렇지 못한지 알면 유용하다. 거의 적중하지 않는다면 캐시하지 않는 편이 더 빠를 수 있다.

- **색인 크기** 색인을 압축하는 데 색인 생성 알고리즘이 얼마나 효율적인지 측정한다. 어떤 색인 크기는 원본 크기의 20%밖에 되지 않는다. 색인 크기는 작을수록 좋지만, 디스크 가격은 비싸지 않으니까 너무 집착하지 않아도 된다.

- **문서 처리량** 시간 단위마다 색인에 추가되는 문서의 수다. 주로 초당 문서 수로 측정된다. 높을수록 좋다.

- **색인에 있는 문서 수** 색인 크기가 너무 커지면 분산시켜야 할 수도 있다.

- **유일 단어(unique term) 수** 색인 크기에 대한 기본 관념을 제공하는 아주 고수준의 평가 기준이다.

거기 더해 CPU, RAM, 디스크 공간, I/O 같은 유력 용의자들도 시스템의 성능을 판정하는 데 한몫을 해야 한다. 이런 평가 기준은 시간에 따라 관찰해야 한다는 점이 핵심이다. (솔라를 포함한) 많은 시스템들은 관리자가 시스템 상황이 어떤지 지켜보기 쉽게 만든 관리 도구를 제공한다.

시스템이 실제로 돌아가는 방식에 대한 기초 지식을 얻었으니 다음 절에서는 실제로 성능을 향상시키는 다양한 비결과 기법을 검토한다. 이번 절은 하드웨어 고려 사항부터 다양한 검색과 색인 생성 옵션 사이의 트레이드오프까지에 이르는 폭넓은 기법을 살펴본다.

3.7 검색 성능 개선

검색 엔진 초기부터 연구자들과 현업 종사자들은 여러 가지의 다른 목적을 갖고 시스템을 조정해 왔다. 일부는 높은 적합도를 바라고, 다른 이들은 더 나은 압축률을 원하고, 여전히 다른 이들은 더 많은 질의 처리량을 바란다. 오늘날 우리는 이 모든 것을 바라고 그 밖에도 많은 것을 원하지만, 어떻게 이것들을 이룰 수 있을까? 이후의 절에서 고려하고 시도해볼 만한 선택지 한 무더기를 제공할 것이다.

시작하기 전에 경고한다. 검색 엔진 튜닝은 시간을 크게 차지하지만 개선 여부를 측정할 수는 없을지도 모른다. 튜닝에 착수하기 전에 시스템의 품질과 수량 측면을 모두 관찰해서 개선이 필요한지 다시 확인하는 편이 좋다. 또한 여기서 다루는 조언은 모든 상황에 적절한 것이 아니다. 검색 엔진에 따라 여기 있는 조언의 일부 혹은 전체가 적용되지 않거나 엔진에 대해 아주 잘 알아야만 구현할 수 있을지도 모른다. 마지막으로 튜닝에 시간을 지나치게 많이 쓰기 전에 문제가 정말로 애플리케이션의 문제가 아니라 검색 엔진의 문제인지 확인하라.

경고는 제쳐두고 측정 기준을 준비해 놓고 어떻게 검색 성능을 향상시킬 수 있을지 알아보자. 일부 성능 문제는 색인 생성 시점의 문제이고, 그 외의 문제는 검색 시점의 문제다. 일부 문제는 결과의 수량이나 품질에만 연관돼 있지만, 다른 문제는 두 가지 모두에 영향을 줄 수 있다. 하드웨어 고려 사항을 살펴보는 것으로 시작해서 분석 개선과 더 나은 질의 작성 같은 소프트웨어 해결책으로 가보자.

3.7.1 하드웨어 개선

가장 쉽고 비용 효과가 높으며 모든 검색 엔진에 적용할 수 있는 튜닝 옵션은 하드웨어 업그레이드다. 검색 엔진은 대개 많은 메모리 용량을 선호하고, CPU를 모두 혼자 쓰는 것을 선호한다. 게다가 메모리에 다 들어가지 않는 거대한 시스템의 경우 I/O 시스템의 개선도 도움이 된다. 질의 측면에 관련된 특히 흥미로운 부분은 SSD다. SSD는 데이터 탐색 시간을 엄청나게 줄여주지만 데이터 쓰기는 더 느릴 수도 있다.

단일 장비의 성능 향상으로는 한계가 있다. 어느 시점에는 데이터 크기와 장비, 사용자 수에 따라 부하를 두 개 이상의 장비로 분산시켜야만 한다. 보통 다음의 두 가지 방식 중 하나로 처리한다.

1. **복제(replication)** 한 장비에 맞는 단일 색인을 하나 이상의 장비로 복사해서 부하를 분산한다. 이런 방식은 특별히 크지 않은 색인을 사용하면서 꽤장히 높은 질의를 받는 온라인 상점에 주로 사용된다.

2. **분산/샤딩(distribution/sharding)** 단일 색인을 해시 코드나 다른 방식에 기반을 두고 여러 개의 노드나 샤드에 분산시킨다. 마스터 노드는 들어오는 질의를 각각의 분할에 보내고 결과를 수집한다.

해시 코드에 기반을 두고 색인을 나누는 대신 색인을 논리적으로 나누고 질의를 분리된 노드에 보내는 것도 대개 가능하다. 예를 들어 다국어 검색에서 한 노드는 영어 질의와 문서를 처리하고, 다른 노드는 스페인어 질의와 문서를 처리하는 식으로 색인을 언어별로 나누면 유용할 수 있다.

물론 하드웨어 성능 향상은 일부 좋은 점이 있지만, 속도 개선 측면에서만 기여하고 적합도에 대해서는 어떤 개선도 하지 않는다. 이득을 보기 더 힘들더라도 오

랜 시간에 걸쳐 입증된 검색 품질 향상과 속도 증가를 위한 조언과 기법은 알아둘
만하다.

3.7.2 분석 개선

검색 엔진이 오픈소스든 아니든 간에 모든 검색 엔진은 입력 텍스트를 색인에 들어
갈 수 있는 토큰으로 바꾸는 메커니즘을 정의해야 한다. 예를 들어 솔라는
InputStream을 이후 (선택적으로) 변경할 수 있는 초기 토큰으로 쪼개는 Analyzer
프로세스를 통해 이 작업을 수행한다. 속도와 적합도 관점에서 색인 생성이 얼마나
잘 수행될지에 대한 준비가 이 분석 프로세스 중에 일어난다. 표 3.7은 3장의 앞부
분에서 보여줬던 일반적인 분석 기법의 일부를 반복하고 새로운 것을 조금 더하고,
이 기법들이 성능에 기여하는, 가끔은 성능을 저해하는 방식에 대한 메모를 더했다.

표 3.7 성능에 기여하는 일반적인 분석 기법

이름	설명	장점	단점
불용어 제거	the, a, an과 같이 흔히 출현하는 단어를 색인에 넣기 전에 제거해서 색인 크기를 절약한다.	빠른 색인 생성 작업, 작은 색인 크기	손실 프로세스다. 불용어를 색인에 두고 질의 시점에 처리하는 편이 낫다. 불용어는 더 나은 구문 검색에 유용하다.
어간 추출	어간 추출기가 토큰을 분석하고 가능한 한 원형으로 변형시킨다. 예를 들어 banks는 bank가 된다.	재현율을 향상시킨다.	완전 일치 검색 기능이 제한될 수 있는 손실 프로세스다. 해결 방법: 하나는 어간 추출을 시행하고 하나는 하지 않은 두 개의 필드를 별도로 유지한다.
동의어 확장	각각의 토큰에 대해 0개 이상의 동의어가 추가된다. 주로 질의 시점에 수행된다.	질의 키워드를 포함하고 있지는 않지만 질의와 관련된 문서를 찾아서 재현율을 향상시킨다.	애매모호한 동의어는 관계없는 문서를 찾을 수도 있다.

(이어짐)

이름	설명	장점	단점
토큰 소문자화	모든 토큰을 소문자로 바꾼다.	사용자는 대개 적절한 대소문자를 사용한 질의를 하지 않는다. 질의와 색인 생성 시점에 소문자화를 하면 더 많은 결과를 얻을 수 있다.	대소문자 구분 검색이 불가능해진다. 많은 시스템은 완전 일치를 위한 필드와 대소문자 관계없는 검색을 위한 필드 두 가지를 유지한다.
페이로드로서의 외부 지식	토큰의 중요도에 대해 추가적인 정보를 주는 어떤 외부 소스를 참고해서 토큰에 대한 색인의 페이로드로 인코딩돼 들어간다. 폰트 두께나 링크 분석, 품사 등이 포함된다.	검색을 강화할 수 있는 특정 토큰에 대한 더 많은 의미를 저장하기 위해 고려한다. 예를 들어 구글의 PageRank 알고리즘(Brin 1998)의 핵심에는 링크 분석이 있다.	분석 프로세스의 속도를 상당히 저하시키고 색인의 크기를 증가시킬 수 있다.

어려운 상황에서 결과를 만드는 데 유용하지만 비교적 일반적이지 않은 다른 기법은 책의 앞부분에서 시퀀스 모델링의 형태로 다뤘던 n그램 분석이라고 한다. n그램은 하나 이상의 문자나 토큰의 부분 시퀀스다. 예를 들어 example의 문자 기반 1그램unigram은 e, x, a, m, p, l, e이고, 바이그램은 ex, xa, am, mp, pl, le다. 비슷하게 토큰 기반 n그램은 유사 구절을 만들어낸다. 예를 들어 'President of the United States'의 바이그램은 President of, of the, the United, United States다. n그램이 유용한 이유가 무엇일까? 형태가 유사한 단어 일치 여부를 검사하는 상황이나, OCR된 데이터처럼 깔끔하지 않은 경우에 특히 유용하다. 루씬에서 철자 검사 구성 요소는 n그램을 사용해서 제안 후보를 만들고, 그 다음 점수를 매긴다. 보통 검색 언어가 중국어와 같이 알고리즘이 토큰을 결정하기 어려운 언어일 때 복수의 토큰을 생성하는 데 n그램을 사용한다. 이렇게 문제에 접근하는 데는 언어에 대한 특별한 지식이 필요 없다(Nie 2000). 단어 기반 n그램은 불용어를 포함해서 검색할 때 유용하다. 예를 들어 어떤 문서가 다음 두 문장을 포함한다고 치자.

- John Doe is the new Elbonian president.
- The United States has sent an ambassador to the country.

이 문서는 불용어를 사용한 분석 이후 (가능한 경우) 다음 토큰으로 변형된다. john, doe, new, elbonian, president, united, states, sent, ambassador, country. 입력 질의가 President of the United States라면 분석한 다음에 질의는 president united states로 변형돼 분석된 문서와 세 개의 토큰이 같기 때문에 Elbonian 예문과 일치된다. 그러나 불용어가 색인 생성 과정에서 보존됐고 질의 측에서의 구문 비슷한 n그램을 만드는 데만 사용됐다면 'President of the'나 'the United States'나 n그램 유형에 따라 다른 형태로 질의를 만들어서 잘못된 일치 판단 가능성을 줄일 수 있다. 경우에 따라 몇 가지 n그램 유형을 만들면 유용하다. 다시 예제를 사용해서 바이그램부터 5그램까지 만들어 'President of the United States'와 완전 일치시킬 가능성을 높일 수 있다. 물론 이 기법은 완벽하지 않고 여전히 문제를 일으키지만, 이렇게 하지 않으면 잃어버릴 수도 있는 불용어가 주는 정보를 이용하는 데 도움이 된다.

표 3.7의 기법과 n그램에 더해 각각의 애플리케이션은 고유의 요구 사항이 있을 것이다. 이것은 오픈소스 접근 방식의 주된 이점 중 하나를 강조한다. 소스를 확장할 수 있다. 분석을 더 많이 연관시킬수록 색인 생성 작업이 느려지는 것을 생각해보라. 색인 생성 작업은 보통 오프라인 작업이기 때문에 측정 가능한 이점이 있다면 복잡한 분석을 더할 만한 가치가 있다. 그러나 일반적인 규칙은 단순하게 시작해서 문제를 해결하는 기능을 추가하는 것이다.

분석을 끝내고 이제 질의 성능 개선에 대해 살펴보자.

3.7.3 질의 성능 개선

질의 측면에서 검색의 속도와 정밀도를 향상시키는 데 대한 많은 기법이 있다. 대부분의 상황에서 제대로 된 결과를 제공하기 어려운 이유는 사용자의 정보 요구를 제대로 명시하지 못하기 때문이다. 이것은 텍스트라는 야수의 본성이다. 그리고 단어 한두 개로 구성된 키워드 질의를 유도하는 구글의 단순한 인터페이스는 다른 웹 규모의 검색 엔진에 대해서만이 아니라 작은 엔진에 대해서도 기대치를 상당히 높였다. 거대 인터넷 엔진은 구글과 같은 접근법을 사용할 수 있지만, 작은 시스템은 보통 대규모 질의 로그나 HTML 링크와 같은 문서 구조, 사용자에게 무엇이 중요한지에 대한 가치 있는 정보를 제공할 수 있는 사용자 피드백 메커니즘에 접근할 수 없다. 어떤 복잡한 것을 만드는 데 시간을 들이기 전에 결과를 개선하는 데 도움이 되는 다음의 중요한 사항 두 가지를 고려해보라.

1. **사용자 훈련** 가끔 사용자에게 구문 등의 몇 가지 문법 팁 같은 걸 알면 결과가 얼마나 더 좋아지는지 보여줘야 한다.

2. **외부 지식** 하나 이상의 문서가 다른 문서보다 더 중요하다고 판단하게 하는 어떤 것이 있는가? 예를 들어 CEO가 썼다거나, 100명 중 99명이 유용하다고 평가했다거나, 이윤이 다른 비교 대상보다 5배 많다거나 하는 등의 것이다. 무엇이 됐든 이 지식을 시스템에 넣을 방법을 찾아서 검색 과정의 요소로 만들어라. 검색 시스템이 이런 일을 허용하지 않는다면 시스템을 바꿀 시기일지도 모른다!

사용자 훈련이나 색인에 대한 선험적 지식 활용을 넘어 질의에 대한 속도나 정밀도를 개선하기 위한 많은 일을 할 수 있다. 제일 먼저 대부분의 상황에서 질의 단어는 OR가 아닌 AND로 처리해야 한다. 예를 들어 사용자 입력이 Jumping Jack Flash라면 질의는 구문을 탐지하지 않는다고 가정하면 Jumping AND Jack AND Flash와 동치로 해석돼야 하고 Jumping OR Jack OR Flash로 해석되면 안 된다. AND를 사용하면 모든 질의 단어가 일치해야 한다. 이렇게 하면 거의 확실히 정밀도를 높이지만, 재현율은 낮아질 수 있다. 이렇게 하면 점수를 매길 문서가 적어질 것이기 때문에 확실히 검색이 빨라진다. AND를 사용하면 질의의 결과가 없을 수 있지만, 원한다면 그 다음 OR 질의로 넘어갈 수 있다. 컬렉션 크기가 아주 작을 때만 단순한 질의에 대해 AND를 사용해서 충분히 유용한 결과를 얻지 못한다(대략적으로 문서가 20만 개 미만인 경우).

> **참고** 여기서 AND를 사용했다고 해서 모든 검색 엔진이 이 문법을 지원해야 한다는 의미는 아니지만, 솔라가 이 문법을 지원하기 때문에 단순히 설명하기 위해 그대로 사용한다.

정밀도에 크게 기여하는 유용한 질의 기법 또 하나는 구문을 탐지하거나 자동으로 토큰 n그램을 사용해서 질의를 유도하는 방법이다. 전자의 경우 질의 분석은 질의가 구문을 포함하는지 결정하고, 시스템 내부의 구문 질의 표현으로 해석된다. 예를 들어 사용자 입력이 Wayne Gretzky career stats일 때 좋은 구문 탐지기는 Wayne Gretzky를 구문으로 인식하고 "Wayne Grezky" career stat을 생성하거나, 더 나아가 "Wayne Gretzky career stats"를 생성할 것이다. 많은 검색 시스템은 구문을 명시하는 경우 위치 기반 슬롭 인자slop factor도 제공한다. 슬롭 인자는 두 개 이상의 단어가 얼마나 위치적으로 떨어져 있으면서도 구문으로 간주될 수 있는 지를 나타낸다. 대개 단어 간의 거리가 가까울수록 점수가 높아진다.

질의 속도 개선에 대해 말하자면 질의 단어가 적을수록 보통 검색이 빨라진다. 비슷하게 자주 출현하는 단어는 그 단어에 적합한 문서를 찾기 위해 수많은 문서에 점수를 매겨야 하기 때문에 질의를 느리게 만든다. 따라서 질의 시점에 불용어를 제거하는 편이 나을 수 있다. 사용자에게 애매모호하거나 흔히 출현하는 단어를 피하게 만드는 것도 당연히 좋지만, 대개의 사용자가 전문적인 사람이 아니라면 현실성이 별로 없다.

마지막으로 사용자 입력 하나당 적어도 두 개의 질의 제출을 수반하기 때문에 속도는 개선하지 못하지만 품질은 개선하는, 널리 사용되는 기법을 적합도 피드백 이라고 한다. 적합도 피드백은 하나 이상의 결과의 적합성을 자동이나 수동으로 표시하고, 중요한 단어를 새 질의를 만드는 데 사용하는 기법이다. 적합도 피드백 의 수동적인 형태에서 사용자는 체크박스나 링크 클릭을 통해 의사를 표시하고, 적합 문서에 있는 중요 단어로 새 질의가 만들어져 시스템에 자동으로 제출된 다음 새 결과를 사용자에게 반환한다. 자동의 경우 상위 5개 또는 10개의 문서가 자동으로 적합 문서로 선택되고, 새 질의가 이 문서를 기반으로 형성된다. 두 경우 모두 부적합 문서를 찾아서 질의에서 해당 문서의 단어를 제외하거나 가중치를 낮출 수 있다. 많은 경우 새 질의 단어에는 원본 질의와 다르게 가중치를 부여해야 하고 입력 파라미터를 사용해서 원본이나 새 질의 단어에 줄 가중치를 정할 수 있다. 예를 들어 새 단어가 원본 단어보다 두 배 중요하다고 결정해서 새 질의의 가중치 를 2배로 늘릴 수 있다. 이 피드백 프로세스가 어떻게 보일지에 대한 단순한 예제 를 살펴보자. 표 3.8에 설명한 것과 같이 컬렉션에 4개의 문서가 있다고 가정하자.

표 3.8 예제 문서 컬렉션

문서 아이디	단어
0	minnesota, vikings, dome, football, sports, minneapolis, st. paul
1	dome, twins, baseball, sports
2	gophers, football, university
3	wild, st. paul, hockey, sports

이제 사용자는 미네소타에서 어떤 스포츠 경기가 있는지 관심이 있어서 minnesota AND sport라는 질의를 했다고 가정하자. 누구나 자명하게 여길 예제에 대해 적합도 피드백 없는 완벽하게 합리적인 질의의 결과는 0개의 문서 반환이다. 그렇지만 자동 적합도 피드백을 채택하고 질의 확장에 상위 결과를 사용한다면 시스템은 (minnesota AND sports) OR (vikings OR dome OR football OR minneapolis OR st. paul)과 같은 새 질의를 생성할 것이다. 이 새로운 피드백 질의는 모든 문서를 돌려줄 것이다(얼마나 편한가!). 적합도 피드백이 이렇게 잘 동작하는 경우는 드물다는 건 거의 말할 필요도 없겠지만, 대개 상당히 도움이 된다. 특히 사용자가 판단을 제공하고자 할 때 그렇다. 적합도 피드백에 대해 더 알아보려면 『Modern Information Retrieval』(Baeza-Yates 2011)이나 『Information Retrieval: Algorithms and Heuristics』(Grossman 1998)를 보라. 검색의 몇 가지 접근방법에 대한 아이디어를 얻기 위해 대안적인 채점 모델 몇 가지를 빠르게 살펴보자.

3.7.4 대안적인 채점 모델

앞에서 채점에 대해서는 벡터 공간 모델VSM, 특히 루씬의 모델에 초점을 맞췄으나 VSM으로 점수를 매기는 많은 다양한 방법뿐만 아니라 VSM 너머의 다른 수많은 채점 모델(일부는 표 3.9에 나열했다)이 있다고 알려주지 않으면 태만한 일이 될 것이다. 대부분의 이런 대안은 연구지향 시스템에 구현됐거나 특허에 포함돼 있기 때문에 생산 시스템에서 오픈소스를 사용하는 사용자는 거기에 접근할 수 없거나 실용적으로 사용할 수 없다. 그러나 몇 가지는 이제 루씬 아래에 구현됐고 솔라로 설정 가능한 옵션이다. 사실 대부분의 루씬 채점 기능은 루씬과 솔라 4.0의 형태(출판하려고 하는 시기에 따라 그 이후의 버전)에서 연결 가능하다. 이전 버전을 사용하기 때문에 이 모델의 사용을 여기서 다루지는 않는다. 질의 성능을 개선하는 한 가지 방법은 하부 채점 모델을 바꾸는 것이다.

표 3.9 대안적인 채점 방법과 모델

이름	설명
언어 모델	정보 검색 문제를 TV 쇼 제퍼디처럼 답이 주어지고 참가자가 문제를 찾아내는 것과 같은 것으로 바꾸는 대안적 확률 모델이다. 문서가 질의에 일치하는지를 평가하는 대신 문서가 질의를 생성해낼 가능성을 평가한다.
잠재 의미 색인 생성 (Latent semantic indexing)	문서를 특이치 분해(singular value decomposition)해서 개념적 수준에서 모델링하려고 시도하는 행렬 기반 접근 방식이다. 특허 방식이라 오픈소스 사용자에게는 소용이 없다.
신경망 및 기타 기계학습 접근 방식	이런 접근 방식을 사용하는 경우 시간에 따라 학습 세트와 사용자 피드백을 통해 검색 기능이 학습된다.
가중치 방식 대체	많은 연구자들이 다수의 모델에서 사용되는 가중치 부여 방식을 수정하는 제안을 내놓았다. 일부는 문서 길이와 평균 문서 길이를 점수 평가 요소(특히 Okapi BM25, 피벗 문서 길이 정규화)에 중점을 두었다. 기본 전제는, 긴 문서는 짧은 문서보다 키워드에 대해 더 높은 TF 값을 가질 가능성이 높지만 이 단어 반복의 장점은 문서가 길어질수록 줄어든다는 것이다. 길이 정규화 인자는 보통 선형적이지 않다는 데 주의하라.
확률 모델과 연관된 기법	주어진 문서가 질의에 일치할 확률을 결정하는 데 통계 분석을 이용한다. 연관된 기법에는 추론망(inference network)과 언어 모델이 있다.

마지막으로 질의 성능 개선에 대한 많은 연구는 다양한 모델과 질의 표현을 통해 일어난다. ACM SIGIR 연례 컨퍼런스에서 많은 흥미롭고 잘된 연구가 발표된다. 어쨌든 여기 있는 지식으로 시작하는 데는 충분하다. 이제 시스템에 적용해 구체적으로 개선할 수 있는 솔라 성능 기법을 살펴보자.

3.7.5 솔라의 성능 개선을 위한 기법

솔라는 설치되자마자 잘 동작할 수 있지만, 솔라가 성능에 대해 어떻게 활용되는지

정말로 보여주기 위해 따라야 하는 모범 사례들이 많다. 제대로 성능을 다루기 위해 이 문제를 첫 번째는 색인 생성 성능을 다루고, 두 번째는 검색 성능을 다루는 두 개의 세부 항목으로 나눈다. 시작하기 전에 간단히 성능을 높이려면 대개 최신 출시 버전으로 업그레이드하면 된다. 커뮤니티는 활동적이고 새로운 개선 사항은 항상 나온다.

색인 생성 성능 개선

색인 생성 성능 고려 사항은 다음 세 가지 부분으로 나눠진다.

- 스키마 설계
- 설정
- 제출 방식

적절한 스키마 설계는 앞서 다뤘듯 어떤 필드가 필요하고, 어떻게 그 필드를 분석하고 저장할지 말지를 정하는 것이다. 여러 개의 Field에 대한 검색은 하나의 Field 검색보다 느려질 것이다. 비슷하게 저장된 Field를 많이 포함한 문서를 검색 결과로 받는 속도는 저장된 Field가 별로 없는 문서를 받는 것보다 느릴 것이다. 거기다 복잡한 분석 프로세스는 복잡한 토큰 분리 및 토큰 필터 프로시저를 수행하는 데 걸리는 시간 때문에 색인 생성의 성능에 불리한 영향을 미칠 것이다. 보통은 사용자에 따라 성능을 개선하기 위해 일부 품질을 희생시킬 수 있다.

솔라 설정은 성능을 제어하기 위한 많은 수단을 제공한다. 그 수단 중 몇 가지는 루씬(검색을 작동시키는 하부 라이브러리)에 색인 생성 방법과 색인에 파일을 저장하는 방법을 지시하는 것이다. 이런 요소는 solrconfig.xml의 <indexDefaults> 섹션에 명시된다. 다음은 그 예다.

```
<useCompoundFile>false</useCompoundFile>
```
◀── 루씬의 복합 파일 형식을 사용하면 파일 기술자 저장 비용이 줄어들지만 느린 검색과 색인 생성이라는 비용이 든다.

```
<mergeFactor>10</mergeFactor>
```
◀── mergeFactor는 루씬이 내부 파일을 병합하는 빈도를 제어한다. 작은 숫자(<10)는 기본 값보다 메모리를 적게 사용하지만, 색인 생성 속도가 느려진다. 대부분의 경우 기본 값으로 충분하지만, 실험해볼 수 있다.

```
<maxBufferedDocs>1000</maxBufferedDocs>
```
maxBufferedDocs는 디스크에 쓰기 전에 몇 개의 문서가 내부적으로 버퍼링되는지 제어한다. 큰 숫자는 더 많은 메모리를 사용하며 색인 생성 속도를 높이고, 반면 작은 숫자는 더 적은 메모리를 사용한다.

```
<maxMergeDocs>2147483647</maxMergeDocs>
```
maxMergeDocs는 루씬이 병합하는 최대 문서 갯수를 지정한다. 작은 숫자(<10,000)은 자주 갱신되는 시스템에 적절하고, 큰 숫자는 배치 색인 생성 작업과 검색 속도를 높이는 데 적절하다.

```
<maxFieldLength>10000</maxFieldLength>
```
maxFieldLength는 단일 Field에서 색인에 들어갈 최대 Token 개수를 지정한다. 토큰이 아주 많은 큰 문서를 처리해야 한다면 이 숫자를(그리고 Java 힙 크기를) 증가시켜라.

마지막으로 애플리케이션이 솔라에 문서를 보내는 방법도 색인 생성 성능에 큰 영향을 미칠 수 있다. 모범 사례에 따르면 HTTP POST 방식을 사용하는 경우 여러 문서를 한 번에 전송하는 편이 좋다. 성능을 더 높이려면 여러 개의 스레드를 사용해서 여러 문서 요청을 보낼 수 있다. 솔라가 모든 동기화 문제를 처리할 것이고, 따라서 데이터는 올바르게 색인에 들어간다고 확신할 수 있다. 다음 절에서는 이 카테고리를 나열하고 솔라 성능과 연관된 주제를 설명한다.

검색 성능

검색 성능을 서로 다른 여러 가지 카테고리로 나눌 수 있다. 카테고리 각각은 서로 다른 수준의 성능을 제공한다(표 3.10 참고).

표 3.10 검색 성능 카테고리

카테고리	설명
질의 유형	솔라는 단순 단어 질의부터 와일드카드와 범위 질의까지 모두 다 허용하는 풍부한 질의 언어를 지원한다. 와일드카드와 검색 범위를 지정하는 복잡한 질의는 단순한 질의보다 느리게 수행된다.
크기	질의의 크기(절의 숫자)와 색인의 크기는 모두 성능을 정하는 데 중요한 역할을 한다. 색인의 크기가 커질수록 검색해야 할 단어가 많아진다(보통 문서 수에 대한 아선형(sublinear)). 질의 단어가 많으면 보통 더 많은 문서와 필드를 검사해야 한다. 필드가 더 많으면 또한 질의가 이 모든 필드에 출현하는지 더 많은 콘텐츠를 검사해야 한다.

(이어짐)

카테고리	설명
분석	색인 생성에서처럼 복잡한 분석 프로세스는 단순한 프로세스보다 느리겠지만, 아주 긴 질의나 대규모 동의어 또는 질의 확장이 아니라면 대개 분석 속도는 무시해도 될 정도다.
캐싱과 준비 전략	솔라에는 질의, 문서, 다른 중요 구조를 캐싱하는 고급 메커니즘이 있다. 거기 더해 솔라는 새로운 색인 변경 사항을 검색 가능하게 만들기 전에 이 구조 일부를 자동적으로 채운다. 캐싱에 대한 정보는 solrconfig.xml을 보라. 질의 로그 분석과 솔라 관리 인터페이스는 캐싱이 검색에 도움이 될지 정하는 데 도움을 준다. 도움이 되지 않는다면 (높은 캐시 부적중), 캐시를 끄는 편이 낫다.
복제	질의 빈도가 높은 볼륨은 솔라 색인을 여러 개의 부하 분산 서버에 복제시켜 질의를 여러 장비로 퍼뜨려 처리할 수 있다. 솔라는 서버 간에 색인을 동기화하는 도구 모음을 제공한다.
분산 검색	큰 색인은 여러 대의 장비에 나눠질(분할될) 수 있다. 마스터 노드는 유입 질의를 모든 샤드로 보내고 결과를 수집한다. 복제와의 조합으로, 대규모 내고장성 시스템을 구축할 수 있다.

마지막으로 대부분의 최적화 전략에서와 같이 어떤 애플리케이션에 적합한 전략이 다른 애플리케이션에는 맞지 않을 수 있다. 앞의 지침은 솔라를 사용하는 데 대한 일반적인 경험 법칙을 제공하지만, 자신이 처한 상황에 가장 적합한 전략을 알아보려면 자신의 데이터와 서버에 대한 실용적인 테스트와 프로파일링을 해야만 한다. 다음으로 솔라의 대안을 자바와 다른 언어에 대해 살펴보자.

3.8 검색 대안

오픈소스의 굉장한 장점 중 하나는 누구나 프로젝트를 만들어 다른 사람에게 제공할 수 있다는 점이다(당연히 이 특징은 단점이기도 한데, 무엇이 좋고 나쁜지 알아보기 어렵기 때문이다). 다수의 오픈소스 검색 라이브러리를 제품에 사용할 수 있는데, 그들 중 다수는 서로 다른 설계 목표를 갖는다. 일부는 속도를 위해 노력하고, 반면 다른 일부는 새로운 검색 이론을 시험하기 좋고 더 학문 지향적이다.

모든 저자가 솔라와 루씬을 광범위하게 사용했고 이 솔루션에 기울어져 있지만, 표 3.11은 대안적 접근 방법과 언어 구현을 제공한다.

표 3.11 대안 검색 엔진

이름	URL	특징	라이선스
아파치 루씬과 그 변종	http://lucene.apache.org	저수준 검색 라이브러리, 추가적인 기술 작업이 필요하지만, 풋프린트, 메모리 등에 대한 제어를 더 유연하게 할 수 있다. 비슷하게 루씬의 API에 대한 닷넷, 파이썬(PyLucene), 루비(Ferret) 등의 다른 구현이 있다. 각각은 루씬 자바와 일정 수준의 호환성을 제공한다.	아파치 소프트웨어 라이선스 (ASL)
아파치 너치 (Apache Nutch)	http://lucene.apache.org /nutch	아파치 하둡과 루씬 자바 기반으로 만들어진 포괄적 크롤러, 색인 생성기, 검색 엔진이다.	아파치 소프트웨어 라이선스 (ASL)
일래스틱서치 (ElasticSearch)	http://elasticsearch.com	루씬 기반 검색 서버다.	아파치 소프트웨어 라이선스 (ASL)
미니언(Minion)	https://github.com/ SunLabsAST/Minion	썬 마이크로시스템(Sun Microsystem)의 오픈소스 검색 엔진이다.	GPL v2.0
스핑크스 (Sphinx)	http://www.sphinxsearch .com	SQL 데이터베이스에 저장된 콘텐츠로 색인을 생성하는 데 초점을 둔 검색 엔진이다.	GNU Public License v2(GPL)
Lemur	http://www.lemurproject. org	벡터 공간 모델 대신 언어 모델을 사용해서 순위를 계산한다.	BSD
MG4J (Managing Gigabytes for Java)	http://mg4j.dsi.unimi.it	Managing Gigabytes(Witten 1999)라는 훌륭한 책에 기반을 둔 검색 엔진으로, 확장성과 속도에 집중했다. 추가적인 순위화 알고리즘도 제공한다.	GPL
Zettair	http://www.seg.rmit.edu. au/zettair/	HTML과 TREC 컬렉션으로 색인을 생성하고 검색할 수 있으며, 간편하고 빠르게 디자인됐다.	BSD

사용 가능한 다른 검색 엔진도 많지만, 표 3.11의 목록은 다양한 언어와 다양한 라이선스를 아우르는 좋은 표본 도구 목록을 제공한다.

3.9 정리

콘텐츠 검색은 풍부하고 복잡한 세계다. 사용자가 콘텐츠에 더 잘 접근하게 만들려면 먼저 생활에 넘쳐나는 데이터를 모두 장악해야 한다. 게다가 검색은 이제 거의 모든 고객 응대 애플리케이션이 제공해야만 하는 기능이다. 아마존, 구글, 야후, 여타 기업은 적절한 검색 기능이 사용자와 기업에 제공하는 기회를 성공적으로 보여줬다. 이제 직접 만드는 애플리케이션의 기능을 더 풍부하게 하기 위해 3장에서 살펴본 개념을 활용하는 것은 독자의 몫이다. 특히 콘텐츠로부터 색인을 생성하고 검색하는 기본적인 내용, 아파치 솔라를 설치하고 사용하는 방법과 실제 애플리케이션에서 검색이 동작하게 하는(특히 솔라) 데 관련된 주제 일부에 대해 알고 있어야 한다. 다음은 결과가 항상 확정되지 않은 상황에서 텍스트를 다루는 기법, 유사 문자열 일치fuzzy string matching를 살펴본다.

3.10 참고 자료

Baeza-Yates, Ricardo and Ribiero-Neto, Berthier. 2011 『Modern Information Retrieval: The Concepts and Technology Behind Search, Second Edition』, Addison-Wesley(1판의 한국어판은 『최신 정보 검색론』, 김명철 외 역, 홍릉과학출판사)

Brin, Sergey, Lawrence Page. 1998. "The Anatomy of a Large-Scale Hypertextual Web Search Engine." http://infolab.stanford.edu/~backrub/google.html.

Grossman, David A. Frieder, Ophir. 1998. 『Information Retrieval: Algorithms and Heuristics』, Springer.

Nie, Jian-yun; Gao, Jiangfeng; Zhang, Jian; Zhou, Ming. 2000. "On the Use of

Words and N-grams for Chinese Information Retrieval." Fifth International Workshop on Information Retrieval with Asian Languages, IRAL2000, Hong Kong, pp 141- 148.

Salton, G; Wong, A; Yang, C. S. 1975. "A Vector Space Model for Automatic Index- ing." Communications of the ACM, Vol 18, Number 11. Cornell University. http:// www.cs.uiuc.edu/class/fa05/cs511/Spring05/other_papers/p613 -salton.pdf.

"Vector space model." Wikipedia. http://en.wikipedia.org/wiki/ Vector_space_ model.

Witten, Ian; Moffatt, Alistair; Bell, Timothy. 1999. 『Managing Gigabytes: Compressing and Indexing Documents and Images』, Morgan Kaufmann, New York.

4

유사 문자열 일치

4장에서 다루는 내용

- 접두사와 n그램으로 유사 문자열 일치 찾기
- 질의 사전 입력^{query type-ahead}을 수행하기 위한 접두사 일치
- 질의 철자 검사에 적용된 n그램 일치와 문자열 일치
- 레코드 일치 확인^{record matching} 작업에 적용된 문자열 일치 기법

텍스트를 다루는 작업 대부분은 본질적으로 어림짐작이기 때문에 텍스트를 다루기는 어렵다.

우리는 "이것을 찾으시나요(Did You Mean)?" 기능이 구글 검색에 나타난 때를 똑똑히 기억한다(그림 4.1을 보라. 구글이 입력된 내용이 높은 확률로 오타라고 간주하는 경우에 대해 '수정된 검색어에 대한 결과(Showing Results For)'로 대체하면서 없어졌음). 이 기능은 질의에 오타를

입력했을 공산이 큰 사람이나 철자법 때문에 어려움을 겪는 사람이 대상이지만, 생산성 향상에도 큰 도움을 준다. 그저 검색 생산성만 개선한 것이 아니라, 사전에 없거나 주어진 철자로 적절한 검색어 제안을 할 수 없는 단어를 찾는 방법도 제공한다. 오늘날 우리는 그저 "coding is something to do(코딩은 해야 하는 무언가다)"라고 말하는 대신 "joie de vivre of coding late into the evening(늦은 저녁에 코딩하는 삶의 기쁨)"에 대해 빠르게 쓸 수 있다. 프랑스어에서 유래한 문구의 올바른 철자를 찾아보는 데 사소한 노력만 들이면 되기 때문이다.

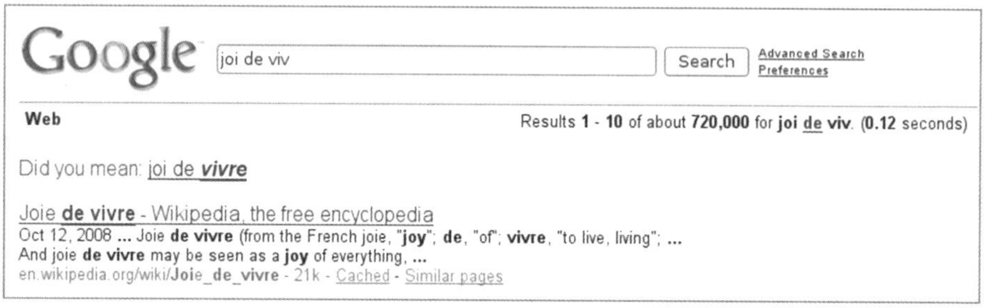

그림 4.1 구글 검색의 "이것을 찾으시나요(Did You Mean)?"의 예(2009/2/1 캡처)

가끔 질의 철자 검사query spell-checking라고도 하는 "이것을 찾으시나요?"와 같은 기능은 유사 일치를 사용한다. 구체적으로 입력된 질의에 대한 여러 개의 제안 후보를 만들고, 이들의 순위를 매겨서 사용자에게 노출 여부를 결정해야 한다. 유사 문자열 일치(일반 문자열 일치와 비슷하지만 조금 다른), 혹은 그저 유사 일치는 유사하지만 완전히 똑같을 필요는 없는 문자열을 찾는 프로세스다. 그런 반면 문자열 일치는 완전 일치와 관련이 있다. 유사도는 보통 거리, 점수 또는 유사 가능성likelihood similarity으로 정의된다. 예를 들어 나중에 다룰 편집 거리edit distance(레벤시타인 거리)를 사용하면 단어 'there'와 'here'는 1의 편집 거리를 갖는다. 이 특정 점수의 의미를 짐작할 수 있겠지만, 일단 4장의 내용에 더 들어가면 다시 살펴본다는 점만 알아두고 지금은 넘어가겠다.

철자 검사는 유사 문자열 일치를 사용하는 사례 중 하나일 뿐이다. 일반적으로 대개 기업 합병이 일어나 고객 목록을 합쳐야 하는 경우나 정부와 항공사가 범죄 가능성에 탑승자 명부를 검사하는 경우에도 사용한다. 이런 것을 보통 레코드 연결record linkage이나 개체 결정entity resolution이라고도 하는데, 하나의 이름 목록을 다른 목록과 비교해서 비슷하게 표기된 이름이 정말로 같은 사람을 가리키는지 확인하는 작업이다. 단순한 이름 일치 검사는 이 문제를 완전히 해결하지는 못하지만, 도움은 크게 된다. 이런 사용 사례를 살펴보기 위해 4장에서는 유사 문자열 일치에 대한 다양한 접근 방식을 설명하고, 이런 접근 방식의 오픈소스 구현도 다룬다.

앞으로 다른 단어나 구절이 얼마나 가깝게 일치하는지 알아보고 유사한 정도에 따라 일치 결과를 순위화하는 기법과 같이 단어, 짧은 구절, 이름을 갖고 서로 비교하는 방법을 배울 것이다. 또한 이런 기법을 특정 애플리케이션에 적용하는 방법과 솔라를 활용해서 비교적 적은 양의 맞춤형 자바 코드만으로 이런 애플리케이션을 만드는 방법을 살펴본다. 마지막으로 여기서 배운 기법을 조합해서 일반적인 유사 문자열 일치 애플리케이션을 만든다.

4.1 유사 문자열 일치에 대한 접근 방식

프로그래머는 문자열을 비교하는 방법을 고민할 필요가 거의 없다. 대부분의 프로그래밍 언어가 문자열을 비교하는 수단을 제공한다. 이 문제를 직접 해결하는 상황에서도 비교적 단순하게 문자열 비교 함수가 두 문자열의 글자 각각을 비교해서 일치하는 경우에만 참을 반환하게 구현할 수 있다.

유사 문자열 일치 여부를 판단하려고 하면 답이 그렇게 확실하지 않은 여러 가지 문제를 바로 만나게 된다. 예를 들면 다음과 같다.

- 문자 몇 개가 일치해야 하는가?
- 문자가 같은데 같은 순서로 배열되지 않았다면 어떤가?
- 추가적인 문자가 있다면 어떻게 해야 할까?
- 어떤 문자를 다른 문자보다 더 중요하게 취급해야 하는가?

유사 문자열 일치 확인에 대한 여러 가지 접근법은 각자 다른 방식으로 앞서의 문제를 해결한다. 어떤 접근법은 문자 겹침을 주요 수단으로 사용해서 문자열 유사도를 판단한다. 이와 달리 어떤 접근법은 문자가 출현하는 순서를 더 직접적으로 모델에 반영하는 반면, 나머지는 여러 개의 문자를 동시에 보고 있다. 이런 접근법을 3개의 절로 나눠보자. 첫 절인 '문자 겹침 척도'에서 자카드 척도^{Jaccard measure}와 그 변형 몇 가지, 그리고 자로 윙클러 거리^{Jaro-Winkler distance}를 문자 겹침 접근 방식을 다루는 방법으로 살펴본다. 그 다음 '편집 거리 척도' 절에서는 문자 순서 접근법과 그 변형을 살펴본다. 마지막으로 동시적 접근법을 'n그램 편집 거리' 절에서 자세히 살펴본다.

이들 접근법 간의 차이를 고려하기 전에 먼저 유사 문자열 일치 알고리즘의 결과 값은 일반적인 문자열 일치와는 다르게 거의 항상 불리언 값이 아니라는 개념을 이해해야 한다. 유사 문자열 일치 알고리즘은 불리언 값 대신, 문자열이 일치하는 정도를 나타내는 값을 반환한다. 일반적인 관습은 0과 1 사이의 실수 값을 반환하는 것이다. 1은 문자열 완전 일치를 뜻하며, 전통적인 문자열 일치의 '같음^{equal}'이다. 1보다 작은 값은 유사 일치의 수준을 나타낸다. 이제 먼저 앞에서 언급한 문자 겹침 접근법을 살펴보면서 그런 값을 계산하는 방법을 생각해보자.

4.1.1 문자 겹침 척도

유사 문자열 일치를 판단하는 방법 중 하나는 문자 겹침에 따라 판단하는 것이다. 직관적으로 같은 문자를 더 많이 공유하는 문자열은 적은 수의 문자를 공유하거나 전혀 공유하지 않는 문자열보다 더 비슷하다. 이번 절에서는 문자 겹침에 의존하는 두 가지 접근법을 주로 살펴본다. 첫 번째는 자카드 척도. 자카드 척도와 그 변종을 먼저 살펴보고 그 다음 자로 윙클러 거리를 살펴본다.

자카드 척도

자카드 척도^{Jaccard measure} 혹은 유사도 계수^{similarity coefficient}는 문자열이 더 많은 문자를 공유할수록 더 비슷하다는 직관을 담아내는 접근법이다. 이 계수는 문자열을 비교할 경우 문자를 셀 때 겹치는 문자는 한 번만 세는 식으로 계산한 문자열 각각의 문자 개수의 총합에 대해 앞서와 같은 방식으로 센 두 문자열이 공유하는 문자의 수를 %로 계산한 값이다. 형식을 더 갖추면 A가 첫 문자열의 문자 집합이고,

B가 두 번째 문자열의 문자 집합이면 앞의 내용은 다음과 같이 표현할 수 있다.

$$\frac{|A \cap B|}{|A \cup B|}$$

자카드 척도는 모든 문자를 똑같이 취급하며, 일치하는 문자가 흔하거나 그렇지 않거나에 따라 점수를 가감하지 않는다. 다음은 자카드 척도를 계산하는 코드다.

리스트 4.1 자카드 척도의 계산

```java
public float jaccard(char[] s, char[] t) {
    int intersection = 0;
    int union = s.length+t.length;
    boolean[] sdup = new boolean[s.length];
    union -= findDuplicates(s,sdup);          ◄── 중복을 찾아서 합집합에서 제거한다.
    boolean[] tdup = new boolean[t.length];
    union -= findDuplicates(t,tdup);
    for (int si=0;si<s.length;si++) {
        if (!sdup[si]) {                       ◄── 중복을 건너뛴다.
            for (int ti=0;ti<t.length;ti++) {
                if (!tdup[ti]) {               ◄── 교집합을 찾는다.
                    if (s[si] == t[ti]) {
                        intersection++;
                        break;
                    }
                }
            }
        }
    }
    union-=intersection;
    return (float) intersection/union;         ◄── 자카드 거리를 반환한다.
}
private int findDuplicates(char[] s, boolean[] sdup) {
    int ndup =0;
```

```
for (int si=0;si<s.length;si++) {
    if (sdup[si]) {
        ndup++;
    } else {
        for (int si2=si+1;si2<s.length;si2++) {
            if (!sdup[si2]) {
                sdup[si2] = s[si] == s[si2];
            }
        }
    }
}
return ndup;
}
```

리스트 4.1의 구현 코드는 먼저 합집합 크기를 저장하는 카운터에서 두 문자열이 중복으로 갖는 문자의 개수를 빼서 수식의 합집합 부분(분모)을 계산한다. 그런 다음, 두 문자가 공통적으로 갖는 문자의 수를 계산한다. 마지막으로 계산된 점수를 반환하면서 마친다.

자카드 척도를 확장하는 데는 3장에서 봤던 TF-IDF 척도와 같이 출현 빈도에 기반을 두고 문자 가중치를 부여하는 방식을 일반적으로 사용한다. 이런 가중치 부여 접근법을 사용할 때 코사인 유사도 척도는 계산 방식이 검색과 비슷하기 때문에 두 문자열 간의 유사도를 계산하는 데 적합한 방식이지만, −1에서 1 사이의 값을 반환하는 문제가 있다. 0에서 1 사이의 값을 반환하게 정규화하기 위해 이 척도를 다음에 나타낸 것과 같이 조금 변경한다.

$$\frac{A \cdot B}{\|A\|^2 + \|B\|^2 - A \cdot B}$$

타니모토 계수$^{Tanimoto\ coefficient}$로 알려진 이 척도는 모든 문자가 같은 가중치를 갖는 자카드 계수와 같다.

솔라가 검색에 대해 타니모토와 비슷한 점수 계산 결과를 제공하는 코사인 기반 점수 계산 방법을 사용하기 때문에 이런 점수 계산 방식을 가장 쉽게 구현하려면 갖고 있는 사전이나 다른 단어 집합을 이용해 단어 각각은 문서로, 문자는 솔라의 토큰으로 취급하는 색인을 생성하면 된다. 다음과 같이 패턴 토큰 분리기를 지정해서 이 작업을 수행할 수 있다.

```
<fieldType name="characterDelimited" class="solr.TextField">
    <analyzer>
        <tokenizer class="solr.PatternTokenizerFactory" pattern="."
                                                        group="0" />
    </analyzer>
</fieldType>
```

그 다음 이 필드에 검색어로 질의하면 솔라는 사전의 단어에 문자가 출현하는 빈도에 따라 코사인 기반 단어 순위를 제공할 것이다. 이런 식으로 빠르게 단어를 색인에 넣는 버전을 사용해보고 싶다면 com.tamingtext.fuzzy.OverlapMeasures와 그 cosine 메소드를 보라. 실제로 이 방식을 사용하면 합리적인 결과를 얻을 수 있지만, 비슷한 점수의 결과를 고르기는 어려워진다. 이런 방식은 점수를 매길 때 선택에 도움이 될 만한 문자 위치도 무시한다. 위치를 처리하기 위해 다른 척도를 살펴보자.

자로 윙클러 거리

문자 겹침 접근법은 문자 순서를 모델에 반영하지 않는다는 단점이 있다. 예를 들어 먼저 설명했던 척도는 문자열 시작의 문자가 문자열 끝의 문자와 일치하는 경우와 비슷한 위치의 문자끼리 일치하는 경우를 별개로 취급하지 않는다. 이런 시나리오의 극단적인 상황은 단어의 문자 순서가 역전되는 때도 완전히 일치하는 경우와 같은 점수를 얻게 되는 상황이다.

자로 윙클러^{Jaro-Winkler} 거리는 이런 문제를 별개의 세 가지 방식을 사용해서 경험적으로 다룬다. 첫 번째 방식은 일치 대상을 더 긴 문자열의 길이에 따른 문자열 윈도우 크기로 제한하는 방식이다. 두 번째는 전위^{transposition}(순서 맞바꾸기) 횟수나 같은 순서로 출현하지 않는 일치 문자 개수를 고려하는 방식이다. 마지막으로 두 단어의 최장 일치 접두사에 따라 추가 점수를 더하는 방식이다. 관심이 있다면 이런 접근법에 대한 논의를 인터넷에서 많이 찾아볼 수 있고, 루씬의 org.apache. lucene.search.spell.JaroWinklerDistance 클래스가 이것을 효율적으로 구현해 두었으니 이 거리 척도를 사용하는 데 흥미 있는 사람은 참고하기 바란다.

문자 일치 접근법은 문자 순서를 모델에 적절히 반영하지 않는다는 두드러진 단점이 있다. 다음 절에서는 문자 순서를 더 공식적으로 모델에 반영하는 편집 거리라는 접근법을 살펴본다. 문자의 순서를 사용하는 모델을 계산하는 데는 문자 겹침만 사용하는 전형적인 척도를 계산하는 것보다 더 큰 비용이 든다. 이런 척도를 효율적으로 계산하는 방법에 대해서도 살펴본다.

4.1.2 편집 거리 척도

어떤 문자열이 다른 문자열과 얼마나 비슷한지는 편집 거리를 사용해서 알아볼 수 있다. 두 문자열 사이의 편집 거리는 하나의 문자열을 다른 문자열로 바꾸기 위해 필요한 편집 횟수다. 편집 거리 측정 방식은 다양하지만, 보통 삽입, 삭제, 치환 연산을 포함한다.

- 삽입insertion은 원본 문자열에 문자 한 개를 추가해서 대상 문자열과 더 비슷하게 만드는 작업이다.
- 삭제deletion는 문자 한 개를 삭제한다.
- 치환substitution은 원본 문자열의 문자 한 개를 대상 문자열의 문자 한 개와 치환한다.

편집 거리는 하나의 문자열을 다른 문자열로 바꾸는 데 필요한 삽입, 삭제, 치환 연산 횟수의 합계다. 예를 들어 문자열 tamming test를 taming text로 바꾸는 데는 m 하나의 삭제와 s를 x로 바꾸는 치환 연산이 필요하고, 이것은 편집 거리 2로 나타난다. 삽입, 삭제, 치환의 편집 연산이 허용돼 있고 각각이 모두 1의 가중치를 갖는 가장 단순한 형태의 편집 거리는 레벤시타인Levenshtein 거리라고 한다.

편집 거리 계산

여러 시퀀스의 연산을 통해 문자열을 다른 문자열로 변환할 수 있지만, 일반적으로 두 문자열에 대한 편집 거리는 필요한 최소 연산 횟수로 계산할 것이다. 문자열을 다른 문자열로 변환하는 데 필요한 최소 연산 시퀀스를 계산하는 비용은 처음에 비싸게 보일 수 있지만, 비교되는 두 문자열의 길이를 n, m이라고 할 때 n×m번의 비교를 수행해서 이 계산을 수행할 수 있다. 이 작업을 수행하는 알고리즘은 비교 대상 문자열 각각에 대한 오프셋 두 개가 주어졌을 때 문제가 최적의 편집 동작을 결정하는 것으로 나눠지는 동적 프로그래밍의 고전적인 예다. 리스트 4.2의 코드는 이 과정을 자바로 만든 것이다. 이 코드는 레벤시타인 거리를 구현하는 간단한 접근법을 보여주려고 만들었을 뿐이다. 더 적은 메모리를 사용하는 효율적인 구현도 많이 있다. 이를 찾아보는 일은 과제로 남겨둔다.

리스트 4.2 편집 거리 계산

```java
public int levenshteinDistance(char s[], char t[]) {
    int m = s.length;
    int n = t.length;
    int d[][] = new int[m+1][n+1];          // 거리 행렬을 할당한다.

    for (int i=0;i<=m;i++)                    // 거리에 대한 상한 값(upper bound)을
        d[i][0] = i;                         // 초기화한다.
    for (int j=0;j<=n;j++)
        d[0][j] = j;
    for (int j=1;j<=n;j++) {
        for (int i=1;i<=m;i++) {
            if (s[i-1] == t[j-1]) {
                d[i][j] = d[i-1][j-1];       // 비용은 이전 일치와 같다.
            } else {
                d[i][j] = Math.min(Math.min(
                    d[i-1][j] + 1,           // 삽입, 삭제, 치환에 대한
                    d[i][j-1] + 1),          // 비용은 1이다.
                    d[i-1][j-1] + 1);
```

```
            }
        }
    }
    return d[m][n];
}
```

표 4.1은 예제 문자열 taming text와 tamming test에 대한 거리 행렬을 보여준다. 각각의 셀은 하나의 문자열을 다른 문자열로 바꾸는 데 드는 최소 비용을 표시한다. 예를 들어 3행 4열에 m을 삭제하는 비용이 표시되고, 10행 11열에는 치환 비용이 표시됐다. 최소 편집 거리는 항상 편집 거리 행렬의 우측 하단에 있다.

표 4.1 편집 거리 계산을 위한 행렬

		t	a	m	m	i	n	g		t	e	s	t
	0	1	2	3	4	5	6	7	8	9	10	11	12
t	1	0	1	2	3	4	5	6	7	8	9	10	11
a	2	1	0	1	2	3	4	5	6	7	8	9	10
m	3	2	1	0	1	2	3	4	5	6	7	8	9
i	4	3	2	1	1	1	2	3	4	5	6	7	8
n	5	4	3	2	2	2	1	2	3	4	5	6	7
g	6	5	4	3	3	3	2	1	2	3	4	5	6
	7	6	5	4	4	4	3	2	1	2	3	4	5
t	8	7	6	5	5	5	4	3	2	1	2	3	4
e	9	8	7	6	6	6	5	4	3	2	1	2	3
x	10	9	8	7	7	7	6	5	4	3	2	2	3
t	11	10	9	8	8	8	7	6	5	4	3	3	2

이제 편집 거리를 계산할 수 있으니, 사용하는 방법을 알아보자.

편집 거리 정규화

편집 거리를 사용하는 대부분의 애플리케이션은 원본과 차이가 지나치게 큰 수정 결과, 달리 말하면 너무 많은 편집이 따르는 결과를 제외하는 제한을 두려고 할 것이다. 그러나 그렇게 계산하려고 하면 바로 다음 문제와 마주칠 것이다. 직관적으로 길이 4인 문자열에 대한 편집 거리 2는 길이 10인 문자열에 대한 같은 편집 거리보다 훨씬 큰 것이다. 게다가 문자열에 대해 편집 거리에 기반을 두고 출현할 수 있는 수정 문자열에 순위를 매길 필요도 있다. 이런 수정 문자열은 다양한 길이를 가질 수 있으니 주의하라. 다양한 길이의 문자열에 대해 편집 거리를 비교하기 위해 문자열의 길이에 따라 편집 거리를 정규화하면 도움이 된다.

이 거리를 0과 1 사이의 숫자로 정규화하기 위해 비교 대상 중 더 긴 문자열의 길이에서 편집 거리를 빼고, 그 결과를 다시 더 긴 문자열의 길이로 나눈다. 앞선 예제의 경우 이 길이는 tamming test의 길이 12에서 편집 거리 2를 빼서 다시 12로 나눈 값, 0.833이다. tammin과 같이 짧은 문자열을 수정해서 taming으로 만든다면 결과는 6에서 2를 빼서 다시 6으로 나눈 값, 0.666이다. 이런 정규화는 두 번째 예제의 편집 거리 2가 첫 번째 예제의 편집 거리 2보다 큰 변화를 가져온다는 직관을 포착하는 데 도움을 준다. 정규화 절차를 수행하면 길이가 다른 여러 문자열 사이의 편집 거리를 비교할 수 있기 때문에 편집 거리에 대한 한계치를 두기도 쉬워진다.

편집 가중치 부여

여러 가지 애플리케이션에서 편집 거리를 결정하기 위한 연산에 가중치를 부여할 수 있다. 그 경우 편집 거리는 문자열을 다른 문자열로 변환하려고 사용한 연산 각각에 대한 가중치의 총합이다. 앞에서 레벤시타인 거리로 보았듯이 가장 단순하게는 각각의 연산에 대해 1의 가중치를 부여한다. 각기 다른 연산에 대한 다른 가중치 부여는 서로 다른 유형의 연산이 동등하지 않은 경우에 유용하다. 예를 들어 철자 교정에서 모음을 다른 모음으로 대치할 가능성이 자음을 다른 자음으로 교체할 가능성보다 높다. 서로 다른 연산이나 피연산자에 기반을 둔 연산 가중치 부여는 이런 차이를 포착하는 데 더 도움이 된다.

레벤시타인 거리에 대한 일반적인 변형은 다메로 레벤시타인Damerau-Levenshtein 거리이다. 이 척도는 인접 문자의 치환에 대한 추가적인 연산을 허용한다. 이 방식을 인접 문자의 순서를 바꾸는(전위transposition) 연산이 없다면 동일한 결과를 얻는 데 필요한 삭제와 삽입에 표준적인 편집 가중치 2를 부여하는 대신 가중치 1을 부여하는 대안적 가중치 부여 방식으로 간주할 수 있다.

앞에서 설명된 알고리즘에 대해 더 많은 형식적 분석과 정확성에 대한 검증을 포함한 레벤시타인 거리에 대한 논의는 인터넷에서 많이 찾아볼 수 있다. 이 거리 척도를 사용하는 데 관심이 있다면 루씬의 `org.apache.lucene.search.spell.LevenshteinDistance` 클래스에 들어가 있는 최적화된 구현도 있다. 이 코드는 2행의 거리 행렬만 할당하는데, 한 행의 값을 계산할 때는 바로 직전의 행만 필요함을 드러낸다. 또한 앞에서 설명한 길이 정규화도 수행한다.

4.1.3 n그램 편집 거리

지금까지 살펴본 편집 거리의 계산 방식에서 모든 연산은 단일 문자만 다뤘다. 편집 거리 개념을 확장하는 다른 방법에는 한 번에 여러 문자를 처리하게 허용하는 n그램 편집 거리라고도 알려진 방법이 있다. n그램 편집 거리는 레벤시타인 거리의 발상을 채택하는데, n그램 각각을 문자로 취급한다. 크기 2의 n그램(바이그램)을 사용해서 앞에서 다룬 예제를 살펴보면 거리 행렬은 표 4.2처럼 계산된다.

표 4.2 n그램 편집 거리를 계산하기 위한 행렬

		ta	am	mm	mi	in	ng	g_	_t	te	es	st
	0	1	2	3	4	5	6	7	8	9	10	11
ta	1	0	1	2	3	4	5	6	7	8	9	9
am	2	1	0	1	2	3	4	5	6	7	8	9
mi	3	2	1	1	1	2	3	4	5	6	7	8
in	4	3	2	2	2	1	2	3	4	5	6	7
ng	5	4	3	3	3	2	1	2	3	4	5	6
g_	6	5	4	4	4	3	2	1	2	3	4	5
_t	7	6	5	5	5	4	3	2	1	2	3	4
te	8	7	6	6	6	5	4	3	2	1	2	3
ex	9	8	7	7	7	6	5	4	3	2	2	2
xt	10	9	8	8	8	7	6	5	4	3	2	3

n그램 접근법의 효과는, 유니그램 방식을 사용할 때보다 n그램 방식을 사용할 때 두 개의 문자를 다루지 않는 삽입과 삭제는 더 많은 불이익을 받지만, 치환은 동일한 불이익을 받는다는 것이다.

n그램 편집 거리 개선

n그램 접근법에 일반적으로 적용하는 몇 가지 개선 방식을 소개하겠다. 제일 먼저 첫 문자는 하나의 n그램에만 참여하지만 중간의 단어는 대체로 모든 n그램에 참여한다는 데 주목한 결과다. 대부분의 애플리케이션에서 첫 문자의 일치가 중간 문자가 일치하는 것보다 더 중요하다. 이 특성을 이용하는 접근법을 접사 부착affixing이라고 한다. 접사 부착은 문자열의 시작에 n−1개의 문자를 접사로 붙이는 작업이다. 그 결과 첫 문자가 중간 문자와 같은 횟수만큼 n그램에 포함된다. 또한 단어의 시작이 n−1개의 동일한 문자로 구성되지 않은 단어는 접두사 불일치에 대한 불이익을 받는다. 문자열 끝부분에 대한 일치가 중요하게 여겨지는 경우 같은 방식을 문자열의 끝에도 적용할 수 있다.

두 번째 개선법은 공통 문자를 갖는 n그램에 대해 일정 수준의 부분 점수를 허용하는 방식이다. 레벤시타인 거리를 사용해서 두 n그램 사이의 거리를 계산하고 n그램의 크기로 이 계산 결과를 나눠 부분 점수가 0과 1 사이 값이 되게 만들 수 있다. 레벤시타인 대신 단순한 위치 일치 접근법을 사용해도 잘 동작한다. 이 접근법은, 두 n그램에 대해 값과 위치가 일치하는 문자의 수를 세는 방식이다. n이 2보다 큰 n그램에 대한 계산에 대해서는 이 방식이 더 빠르다. 바이그램의 경우 이것은 레벤시타인 거리와 같다. 표 4.3에 접사 부착과 부분 일치에 대한 부분 점수를 포함한 거리 행렬을 표시했다.

표 4.3 개선 방법을 적용한 n그램 편집 거리 계산 행렬

		0t	ta	am	mm	mi	in	ng	g_	_t	te	es	st
	0	1	2	3	4	5	6	7	8	9	10	11	12
0t	1	0	1	2	3	4	5	6	7	8	9	10	11
ta	2	1	0	1	2	4	5	6	7	8	8.5	9.5	10.5
am	3	2	1	0	1.5	3	4	5	6	7	8	9	10
mi	4	3	2	1	0.5	1.5	2.5	3.5	4.5	5.5	6.5	7.5	8
in	5	4	3	2	1.5	1.5	1.5	2.5	3.5	4.5	5.5	6.5	7
ng	6	5	4	3	2.5	2.5	2.5	1.5	2.5	3.5	4.5	5.5	6
g_	7	6	5	4	3.5	3.5	3.5	2.5	1.5	2.5	3.5	4.5	5
_t	8	6.5	6	5	4.5	4.5	4.5	3.5	2.5	1.5	2.5	3.5	4
te	9	7.5	6.5	6	5.5	5.5	5.5	4.5	3.5	2.5	1.5	2.5	3

(이어짐)

		0t	ta	am	mm	mi	in	ng	g_	_t	te	es	st
ex	10	8.5	7.5	7	6.5	6.5	6.5	5.5	4.5	3.5	2.5	2	3
xt	11	9.0	8.5	8	7.5	7.5	7.5	6.5	5.5	4.5	3.5	3	2.5

루씬은 접사 부착과 길이 정규화를 사용하는 n그램 편집 거리 구현을 포함한다. `org.apache.lucene.search.spell.NgramDistance` 클래스에 구현돼 있다.

이번 절에서 두 문자열 사이의 거리 척도에 따라 문자열 간의 유사도를 결정하는 다양한 접근법을 살펴봤다. 자카드 척도 및 출현 빈도를 사용해 문자에 가중치를 주는 자카드 척도의 확장 방식과 같은 문자열 겹침 척도를 검토했다. 그 다음 편집 거리와 이 척도를 단순하게 구현한 레벤시타인 거리를 살펴봤다. 길이 정규화와 다양한 편집 연산에 대한 가중치 맞춤 조정과 같은 개선법을 다뤘고, 마지막으로 복수의 문자를 살펴보는 데까지 이 척도를 확장했다. 지금까지는 비교 대상인 두 문자열이 있다고 가정하고 비교를 수행하는 방법에 초점을 맞췄다. 다음 절에서는 입력 문자열을 모든 가능한 후보에 대해 비교할 필요 없이 주어진 입력 문자열에 대한 적절한 일치 후보 문자열을 찾는 방법을 살펴본다.

4.2 유사 일치 문자열 검색

두 문자열 간의 어떤 유사도 척도를 계산할 수 있으면 유용하지만, 미리 문자열을 모두 갖고 있어야만 유사도를 계산할 수 있다. 문자열 일치를 사용하는 많은 애플리케이션에서는 앞서의 절에서 서술한 문자열 유사도 계산 함수의 입력이 될 한 개의 문자열만 갖고 있다. 예를 들어 철자 교정에서는 전형적으로 사전에 없고 철자가 잘못됐다고 추정되는 단어가 있다. 제안 단어 목록이 있다면 이 목록을 순위화할 이전의 함수를 사용해서 상위 제안 몇 개를 보여준다. 이론적으로는 대체어 제안을 만들려고 하는 단어와 사전에 있는 모든 단어 사이의 유사도를 계산할 수 있다. 불행히도 이런 작업에는 계산 비용이 많이 들고(느리고) 대부분의 비교 대상 문자열은 유사도가 낮고 공유하는 문자 수도 적다. 유사할 공산이 큰 적은 수의 후보(더 큰 비용이 드는 비교를 실제로 수행할)를 빠르게 결정할 방법이 필요하다. 이번 절에서는 이런 목록을 결정하는 접근법인 접두사 일치와 n그램 일치를 접근법 각각에 대한 효율적 구현과 함께 설명한다.

4.2.1 접두사를 사용한 일치 확인을 솔라로 수행

접두사 일치는 문자열과 유사한 문자열 집합을 빠르게 결정하는 접근법의 일종이다. 접두사 일치는 찾는 문자열과 공통 접두사를 공유하는 문자열 집합을 반환한다. 예를 들어 단어 tamming을 교정하고 싶다면 접두사 tam을 갖는 단어를 고려하면 10만여 단어의 사전을 35개 항목으로 줄일 수 있고, 이 항목은 모두 일곱 단어 tam, tamale, tamarind, tambourine, tame, tamp, tampon의 변형이다. 계산 관점에서 이 정도면 상당히 줄인 셈이고, 남은 단어들은 공통 접두사를 갖기 때문에 그만큼은 공통적으로 갖는 것이 보장된다.

접두사 일치를 수행하는 방법 한 가지는 솔라를 사용하는 것이다. 문서가 솔라 색인에 들어갈 때 주어진 길이의 모든 접두사를 계산해서 이것을 솔라가 일치시킬 단어로 저장할 수 있다. 질의 시점에 같은 연산을 질의에 대해 수행할 수 있고, 일정 수준의 접두사 일치를 갖는 단어 목록이 반환된다. 이것은 상당히 일반적인 작업이기 때문에 솔라는 EdgeNGramTokenFilter(완전한 클래스 이름은 org.apache.lucene.analysis.ngram.EdgeNGramTokenFilter다)라는 구현체를 포함한다. taming과 같은 단어가 색인에 들어갈 때의 결과는 단어 ta, tam, tami, tamin이 함께 색인에 포함되는 것이다. 3장에서 보았듯이 색인 생성 시점과 질의 시점에 문서 필드에 적용될 필드 유형을 schema.xml 파일에 지정해서 이런 작업을 수행할 수 있다. 리스트 4.3에서 볼 수 있다.

리스트 4.3 솔라에서 접두사 일치를 위한 필드 타입 지정하기

```
<fieldtype name="qprefix" stored="false" indexed="true"
        class="solr.TextField">
   <analyzer>
      <tokenizer class="solr.WhitespaceTokenizerFactory"/>
      <filter class="solr.LowerCaseFilterFactory"/>
```

```
<filter class="solr.EdgeNGramFilterFactory"
        side="front" minGramSize="2" maxGramSize="3"/>
    </analyzer>
</fieldtype>
```

이 예제에서 솔라의 내장 클래스인 `EdgeNGramFilterFactory`를 공백 기반 토큰 분리기나 소문자 토큰 필터와 같이 사용해서 접두사를 생성했다. 이 필터는 색인 생성과 질의 시점에 모두 사용된다. 질의 시점에 필터는 색인 생성 시점에 만들어진 접두사와 일치시킬 접두사를 만든다. 이 기능의 일반적인 사용 예로는 자동 추천auto-suggest으로도 알려진 질의 사전 입력query type-ahread의 구현이 있다. 접두사 일치는 그런 경우에 유용한데, 질의 사전 입력의 동작은 잘 알려져 있어서 입력 도중의 질의와 접두사가 일치하는 단어를 봤을 때 그 단어가 왜 추천 목록에 있는지와 왜 다른 문자를 입력하면 목록의 내용이 바뀌는지 사용자가 이해하기 때문이다. 사전 입력 일치를 4장에 뒷부분에서 다룬다. 그리고 다음 절에서는 일부 애플리케이션이 필요로 하는 메모리에 접두사를 효율적으로 저장하기 위한 데이터 구조를 검토한다.

4.2.2 접두사 일치를 위한 트라이 사용

접두사 일치를 수행하는 데 솔라를 활용할 수 있지만, 어떤 경우에는 찾아보려는 모든 접두사마다 솔라 인스턴스에 대한 커넥션을 맺는 것이 타당하지 않을 수 있다. 그런 경우 메모리상의 데이터 구조에 대해 접두어 질의를 수행하는 편이 바람직할 수 있다. 이 작업에 잘 맞는 데이터 구조를 트라이trie('트라이'나 '트리'라고 읽는다)라고 한다.

트라이란 무엇인가?

트라이, 또는 접두사 트리는 문자열을 문자로 나눠 저장하는 데이터 구조다. 트리를 따라 자식 노드까지 도달하는 경로를 이루는 문자들은 유일한 문자열을 표현하거나 문자열에 사용된 모든 문자를 나타낸다. 그림 4.2의 트라이에서 대부분의 단어가 문자열의 일부만 나타내는 노드로 표현되는 것을 볼 수 있는데, 그 단어가 트라이에서 해당 접두사를 갖는 유일한 단어이기 때문이다. 그러나 단어 tamp는 트라이에 있는 또 다른 단어인 tampon에 대한 접두사이고, 따라서 문자마다 트라이의 노드를 갖는다.

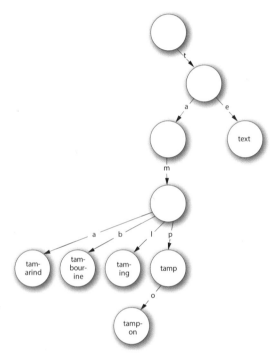

그림 4.2 단어 tamarind, tambourine, taming, tamp, tampon, text에 대한 트라이

트라이 구현

트라이를 단순하게 구현하는 방식은 다른 트리 구조의 구현과도 비슷하다. 트라이에서 각 노드의 자식 수는 보통 트라이로 표현되는 알파벳 크기와 같다. 리스트 4.4에서 소문자(a-z)로만 구성된 문자열에 대한 구현을 볼 수 있다.

리스트 4.4 트라이의 노드 생성하기

```
private boolean isWord;  ◀─────────── 접두사가 단어인가?
```

```
private TrieNode[] children;  ←————————— 접두사가 유일한 경우 단어의 나머지 부분
private String suffix;

public TrieNode(boolean word, String suffix) {
    this.isWord = word;
    if (suffix == null) children = new TrieNode[26];  ←——  각 문자에 대해 자식
    this.suffix = suffix;                                    노드를 초기화한다.
}
```

트라이는 공통 접두사에 기반을 두고 단어를 추가하고 검색하는 기능을 지원해야 한다. 트라이가 트리 구조이기 때문에 보통 첫 문자를 제거하고 나머지 문자를 사용해 트라이 구조를 따라 내려가는 재귀적 방식을 사용한다. 성능 때문에 실제로 문자열을 나누지는 않고, 나누는 지점을 숫자로 표현한다. 여러 가지 경우를 고려해야 하지만, 코드의 재귀적 성격 덕분에 비교적 코드가 짧아진다. 리스트 4.5를 보라.

리스트 4.5 트라이에 단어 추가하기

```
public boolean addWord(String word) {
    return addWord(word.toLowerCase(),0);
}

private boolean addWord(String word, int index) {
    if (index == word.length()) {                    ←——|  단어의 끝인지 검사한다.
        if (isWord) {
            return false;            ←——————————  이미 있는 단어; 거짓을 반환한다.
        } else {
            isWord = true;           ←——|  접두사를 단어로 표시한다.
            return true;
        }
    }                                                    이 노드가 접미사를 갖는지
    if (suffix != null) {            ←——|            검사한다.
```

```
            if (suffix.equals(word.substring(index))) {
                return false;          ◄──────────  이미 있는 단어; 거짓을
            }                                        반환한다.
            String tmp = suffix;
            this.suffix = null;
            children = new TrieNode[26];
            addWord(tmp,0);   ◄────────── 접미사를 나눈다.
        }
        int ci = word.charAt(index)-(int)'a';
        TrieNode child = children[ci];
        if (child == null) {
            if (word.length() == index -1) {
            children[ci] = new TrieNode(true,null); ◄──┐ 접두사가 새 단어를
            } else {                                      생성한다.
                children[ci] = new TrieNode(false,word.substring(index+1)); ◄──┐
            }                                                        접두사와 접미사가
            return true;                                             새 단어를 생성한다.
        }
        return child.addWord(word, index+1); ◄──┐ 다음 문자에 대해
    }                                            재귀한다.
}
```

    질의 대상 접두사를 나타내는 노드까지 트리 구조를 순회하는 식으로 단어를
검색한다. 접두사의 각 문자를 보고 문자에 대한 자식 노드에 접근하는 식으로 작
업을 수행한다. 접두사 노드가 발견되면 공통 접두사를 갖는 모든 단어를 모으기
위해 깊이 우선 탐색이 수행된다. 접두사 노드가 없으면 그 노드가 표현하는 단어
와 질의되는 접두사가 일치하는지에 따라 많아봐야 하나의 단어가 반환된다. 리스
트 4.6에 이 접근법을 구현했다.

리스트 4.6 트라이에서 단어 얻기

```
public String[] getWords(String prefix, int numWords) { ◄──┐ 접두사를 소모하는
    List<String> words = new ArrayList<String>(numWords);   동안 트리를 순회한다.
```

```
    TrieNode prefixRoot = this;
    for (int i=0;i<prefix.length();i++) {
        if (prefixRoot.suffix == null) {
            int ci = prefix.charAt(i)-(int)'a';
            prefixRoot = prefixRoot.children[ci];
            if (prefixRoot == null) {
                break;
            }
        }
        else {
            if (prefixRoot.suffix.startsWith(prefix.substring(i))) {
                words.add(prefix.substring(0,i)+prefixRoot.suffix);
            }
            prefixRoot = null;
            break;
        }
    }
    if (prefixRoot != null) {
        prefixRoot.collectWords(words,numWords,prefix);
    }
    return words.toArray(new String[words.size()]);
}

private void collectWords(List<String> words,
                          int numWords, String prefix) {
    if (this.isWord()) {
        words.add(prefix);
        if (words.size() == numWords) return;
    }
    if (suffix != null) {
        words.add(prefix+suffix);
        return;
    }
    for (int ci=0;ci<children.length;ci++) {
```

접두사를 나눈 적이 없는
경우를 처리한다.

접두사 노드의 자식인
모든 단어를 모은다.

```
String nextPrefix = prefix+(char) (ci+(int)'a');
if (children[ci] != null) {
    children[ci].collectWords(words, numWords, nextPrefix);
    if (words.size() == numWords) return;
}
    }
}
```

여기서 구현한 트라이는 단어를 추가하고 얻는 데는 효율적이지만, 이를 표현하기 위해 사용한 알파벳 수 크기의 배열이 필요하다. 접미사를 포함하지 않는 모든 노드마다 이 배열을 만들어야 한다. 이렇게 하면 문자 찾기에는 효율적이지만, 대개 다음에 나올 수 있는 문자 중 아주 일부만이 실제로 출현한다. 트라이의 다른 구현, 이를테면 이중 배열double-array 트라이는 전이transition를 저장하는 데 쓰는 메모리를 절감했지만 삽입에 추가적인 비용을 발생시켰다. 사전 탐색과 같이 트라이를 이용하는 상당수의 방식은 비교적 정적인 콘텐츠에 대한 계산을 수행하는데, 트라이에 단어를 추가하는 데 필요한 추가적인 작업은 일회성 비용이기 때문에 이 접근법에는 이점이 있다. 이 접근법에 대한 논의는 다음 문헌에서 찾아볼 수 있다. 『An efficient digital search algorithm by using a double-array structure(이중 배열 구조를 사용한 효율적 디지털 검색 알고리즘)』(Aoe 1989)

솔라의 트라이

솔라 3.4는 숫자형 필드에 대한 범위 질의 성능을 크게 향상시키는 트라이 구현을 제공한다. 이 구현을 사용하려면 다음 리스트에 나타난 것과 같이 필드 타입을 트라이 필드로 구현되게 지정하면 된다.

리스트 4.7 솔라의 TrieField 타입 사용

```
<fieldType name="tint" class="solr.TrieField" type="integer"
    omitNorms="true" positionIncrementGap="0" indexed="true"
        stored="false" />
```

앞에서 보여준 트라이 구현과 달리 솔라 버전은 이전에 채택한 접두사 토큰 접근법과 비슷한 방식으로 구현됐다. 솔라는 숫자형 타입에 대해 트라이 필드를 사용했지만, 이 필드의 동작 방식을 이해하기 위해 먼저 문자열을 사용한 예제를 생각해보자. 문자열 tami부터 tamp에 이르는 문자열 확장에 대한 범위 질의를 하려면 공통 접두사인 tam을 사용해서 검색 범위를 제한할 수 있고, 그 다음 각각의 반환되는 문서 필드를 검사해서 범위 안에 들어가는지 볼 수 있다. 앞에서 살펴본 접두사 이용의 사례처럼 이렇게 하면 범위 질의에 대한 잠재적 일치 후보로 고려해야 할 문서의 수가 상당히 줄어든다. tamj, tamk, taml, ...tamp처럼 접두사에 대한 증가 개념을 도입하고 이 접두사와 일치하는 문서를 검색하는 방식으로 검색을 더 정제할 수 있다. tamp보다 앞선 순서의 증가된 접두사와 일치하는 모든 문서는 범위 질의에 일치한다.

어떤 문서가 일치하는지 결정하기 위해서는 그래프의 선이 나타내는 접두사와 일치하는 문서만 고려해서 실제 범위 단어에 대해 비교하면 된다. 접두사와 일치하는 문서 수와 관계된 증가분의 크기는 범위 질의에 일치하는 문서를 계산하는 데 필요한 비교 연산 횟수를 결정한다. 여기서는 문자열의 앞 네 글자에 적용되는 글자 하나만큼의 증가분을 사용했지만 다양한 증가분 크기를 사용할 수 있다. 접두사 31, 32, 33, 34로 시작하는 숫자를 검색해서 [314 TO 345]와 같은 정수 범위 검색을 수행하는 것을 생각해볼 수 있다. solr.TrieField는 정수와 실수에 대한 숫자 범위를 계산할 때 예제에서 사용한 10진법 표현이 아닌 이진binary 표현에 대해 이와 유사한 방식을 사용한다.

이번 절에서 접두사를 삽입하고 탐색하기에 효율적인 방법인 트라이 표현 방식을 살펴봤다. 또한 트라이에 대한 단순한 구현을 제공하고 솔라가 범위 질의에 대한 성능을 향상시키기 위해 사용하는 유사한 접근 방식을 설명했다. 다음 절에서 우리는 접두사 일치 너머로 옮겨가서 단어의 시작이 아닌 문자를 포함하는 견고한 일치 접근법을 더 살펴본다.

4.2.3 일치 확인을 위한 n그램 사용

접두사 일치는 강력하지만, 제약도 있다. 그중 하나는 접두사 일치로 제안한 유사 단어에는 반드시 공통 접두사가 포함된다는 점이다. 접두사 일치를 사용해서는 첫 문자가 잘못된 단어 유형에 대한 교정 후보를 제안할 수 없다. 이런 경우가 드물겠지만, 전례가 없는 것도 아니다. 이런 경우에 대해 더 견고한 기법을 살펴보자.

앞의 절에서 접두사를 사용자가 제공한 문자열의 일치 후보 문자열의 수를 제한하는 데 사용할 수 있음을 보았다. 또한 접두사의 크기가 클수록 고려 대상 제안을 크게 줄여주지만, 가장 적합한 단어가 접두사와 맞지 않아 제외시킬 위험이 있다는 사실도 알았다.

접두사를 사용하는 아이디어를 확장해서 크기 n의 접두사를 문자열의 첫 n그램으로 보는 아이디어가 제안됐다. 두 번째, 세 번째, 그 외의 n그램도 고려하는 식으로, 접두사의 개념을 문자열의 모든 위치에 대해 적용하는 식으로 일반화할 수 있다.

n그램 일치는 일치 후보를 질의 문자열과 하나 이상의 n그램을 공유하는 것으로 제한하는 방식이다. 앞서의 예제 tamming의 경우 접두사 tam과 다른 트라이그램_{trigram, 3-gram}인 amm, mmi, min, ing를 포함하는 문자열을 고려할 수 있다. 우리의 10만 단어 사전에 적용하면 약 10분의 1 정도의 단어만 이 트라이그램에 일치한다. 접두사만 사용하는 경우만큼 상당히 단어 수를 줄였지만, 원본 텍스트와 비교해 첫 글자가 잘못 입력된 경우 등 더 넓은 오류 범위를 다룰 수 있다. n그램 접근법은 또한 다양한 일치를 순위화하는 직접적인 도구를 제공하는데, 어떤 단어가 여러 개의 n그램과 일치하고, 더 많이 일치할수록 보통 더 나은 제안이 되는 식이다. 앞서의 경우에서 19개의 단어가 5개 중 4개의 n그램과 일치하고, 74개 단어(19개를 포함하는)가 4개 중 3개의 n그램과 일치한다. n그램 일치를 순위화하면 상위 일치 단어 중 가장 작은 편집 거리를 갖는 단어가 있는 것이 어느 정도 확실한, 고정 크기의 제안만 고려하는 접근법을 검토할 수 있다.

솔라의 n그램 일치

접두사 일치처럼 솔라는 n그램 분석 기능을 `org.apache.lucene.analysis.ngram.NGramTokenFilter` 및 그와 연관된 팩토리 클래스 `org.apache.solr.analysis.NGramFilterFactory`를 제공하는 방식으로 탑재하고 있다.

n그램 일치는 위치 정보를 활용하지 못한다. n그램은 문자열의 시작이 다른 문자열의 끝과 일치해도 그렇지 않은 경우와 다르지 않게 취급한다. 이 제한을 극복하는 방법으로는 문자열의 앞과 뒤에 접사를 붙여서 위치 정보를 반영하게 만드는 방법이 있다. 앞서 4.1.3절에서 이 기법을 살펴봤다.

이번 절에서는 빠르게 유사 문자열 일치를 찾기 위한 기법을 다뤘다. 이런 도구와 더 앞서 소개한 편집 거리 계산 기법을 조합하면 유사 문자열 일치를 찾고 순위화할 수 있다. 이제 이런 도구를 조합해서 애플리케이션을 만드는 방법을 살펴보자. 다음 절에서 이런 기법을 사용하는 세 가지 애플리케이션을 자세히 알아본다.

4.3 유사 문자열 일치 애플리케이션 작성

앞서 설명한 도구를 기반으로 유사 문자열 일치를 사용하는 3가지 실제 애플리케이션을 살펴보자. 구체적으로 검색 사전 입력type-ahead 기능, 질의 철자 검사, 레코드 일치 확인에 대해 알아본다. 자동 완성이나 자동 추천으로도 알려져 있는 사전 입력 기능은 끝까지 입력하는 대신 단어를 고르는 식으로 사용자의 키 입력을 줄이기 위해 사용자에게 색인에 출현하는 단어를 보여준다. 또한 이렇게 하면 사용자가 입력 질의가 올바른 철자임을 알기 때문에 더 나은 검색 경험을 얻는다는 장점이 있다. 흔히 구글과 같은 사이트에서 페이지의 "이것을 찾으시나요?" 절에 나타나는 질의 철자 검사는 더 나은 결과가 나올 만한 단어 표기 대안을 사용자에게 제공하는 간단한 방법이다. 여기서 제시하는 대안은 반드시 단어의 올바른 표기일 필요는 없다는 데 주의하라. 어떤 경우 색인의 출현 빈도가 높은 표기가 잘못된 경우가 있고(예를 들어 온라인 포럼), 그래서 잘못된 맞춤법 표기를 보여주면 사용자가 더 나은 결과를 얻을 수도 있다. 마지막으로 때로는 레코드 연결이나 개체 결정이라고도 하는 레코드 일치 확인은 두 개의 별도 기록이 실제로 같은 것인지 결정하는 프로세스다. 예를 들어 두 개의 사용자 데이터베이스를 병합할 때 레코드 일치 확인은 어떤 기록의 'Bob Smith'가 다른 기록의 'Bob Smith'와 동일한지 알아보는 것이다. 이 세 가지가 오늘날 텍스트 기반의 애플리케이션 다수에서 사용하는 일반적인 유사 문자열 일치의 용례이기 때문에 여기서는 이 사례에 집중한다.

4.3.1 검색에 사전 입력 추가

텍스트 개체에 대한 자동 완성은 대부분의 애플리케이션이 일반적으로 제공하는 기능이다. 예를 들어 많은 통합 개발 환경IDE은 프로그래밍 도중 사용하는 변수 이름을 자동 완성할 것이다. 검색 애플리케이션에서 사전 입력은 대개 사용자가 검색 상자에 질의를 입력하기 시작하면 완성된 질의일 공산이 큰 단어를 사용자가 입력하는 데 따라 제시하는 식으로 사용된다. 이런 기능이 사용자가 전체 질의를 입력하는 시간을 줄여주지만, 또한 검색 대상인 색인에 있는 문서와 일치하는 질의만 제안해서 검색 과정의 개선을 이끈다. 사전 입력을 제공하면 사용자가 검색 대상인 색인에서 좋은 결과를 얻을 만한 구절로 자신의 검색 질의를 빠르게 개선할 수 있고, 이는 사용자의 전체 경험을 향상시킨다. 사용자 입력에 기반을 둔 추천 제공은 접두사 질의로 간주할 수 있다. 구체적으로 사용자가 입력하는 질의와 동일한 접두사를 갖는 결과를 반환하려 한다. 이전의 예제에서처럼 솔라를 사용해서 이런 질의의 결과를 반환하게 할 수 있다.

솔라로 접두사 색인 생성

첫 단계는 솔라가 접두어 질의를 생성할 수 있게 만드는 것이다. 완결되지 않은 부분 질의에 대해 다시 한 번 EdgeNGramFilterFactory를 사용해서 접두사를 계산하고 생성된 토큰 집합에 추가할 수 있다.

이 필터를 사용하는 필드 타입을 전과 비슷한 식으로 schema.xml 파일에 지정할 수 있고, 리스트 4.8과 같이 접두사를 저장하는 필드에 이 필드 타입을 지정할 수 있다. 이 경우 사용자 입력에 따라 더 많은 변형을 처리하기 위한 최대 n그램 크기가 있는 데 주의하라. 이렇게 하면 하부 데이터 구조의 크기는 증가하겠지만 관리할 수 있다.

리스트 4.8 솔라의 사전 입력 일치를 위한 필드 타입 지정하기

```
<fieldtype name="prefix" stored="false" indexed="true"
        class="solr.TextField">
    <analyzer type="index">          ← 색인 생성에 대한 분석기를
                                        지정한다.
```

```
        <tokenizer class="solr.WhitespaceTokenizerFactory"/>
        <filter class="solr.LowerCaseFilterFactory"/>
        <filter class="solr.EdgeNGramFilterFactory"        ◄──   가장자리 경계
        minGramSize="2" maxGramSize="10"/>                       n그램(접두사)을 사용한다.
    </analyzer>
    <analyzer type="query">
        <tokenizer class="solr.WhitespaceTokenizerFactory"/>   ◄──
        <filter class="solr.LowerCaseFilterFactory"/>
                                                               가장자리 n그램 필터를
    </analyzer>                                                 제거한다. 질의 자체로
</fieldtype>                                                    이미 접두사다.
```

이런 필드 타입으로 복수 단어 질의를 처리하고 단어 경계에서 시작하는 일치를
다룰 수 있다. 질의는 이미 접두사이기 때문에 `EdgeNGramFilterFactory`를 적용
할 필요가 없다는 데 주의하라. 이 필드 타입을 적용하기 위해 이 타입을 사용하는
필드를 명시하고, 이 필드를 생성하는 문서를 색인으로 만들어야 한다. 이번 예제
에서는 word 필드에 있는 사전 항목을 색인으로 만든다고 가정하자. 그러면 다음
예처럼 이 필드 타입을 사용하는 새 필드를 schema.xml 파일에 추가할 것이다.

```
<fields>
    <!-- other fields -->
    <field name="wordPrefix" type="prefix" />
</fields>
<!-- other schema attributes -->
<copyField source="word" dest="wordPrefix"/>
```

word 필드가 있는 문서는 색인 생성 과정 중에 `wordPrefix` 필드에 접두사를
저장하게 될 것이다. 이런 접두사가 색인에 있으면 이제 그 접두어 질의를 시작할
수 있다.

솔라에서 접두사 일치 결과 얻기
이 필드와 필드 타입을 사용해서 이제 솔라에 접두어 질의를 할 수 있고 단어 목록

을 반환할 수 있다. 다음과 같은 질의가 그 작업을 수행한다.

http://localhost:8983/solr/select?q=wordPrefix:tam&fl=word

브라우저의 검색 입력 필드로 같은 일을 하기 위해서는 사용자가 입력한 질의를 수행하고 상위 결과를 보여주는 자바스크립트 코드도 작성해야 한다. 이 자바스크립트 코드에는 검색 필드에 입력되는 키보드 입력 이벤트를 처리하고, 주기적으로 서버에 요청을 보내서 질의 확장 목록 응답을 받고, 이 결과를 표시하는 작업을 수반한다. 다행히 이 작업은 아주 일반적인 작업이기 때문에 이 동작을 수행하는 자바스크립트 라이브러리는 많다. 유명한 라이브러리 중 하나로는 script.aculo.us가 있다(JQuery 또한 이 기능을 지원한다). 이 라이브러리는 사용자에게 접두어 질의 명시를 요구하고, 확장된 질의를 정렬되지 않은 HTML 목록 형태로 반환한다. 솔라와 상호 작용해서 결과를 적절한 형식으로 만드는 서블릿을 쉽게 작성할 수 있지만, 이 특징을 솔라의 질의 요청 형식과 응답 출력형식을 사용자에 맞추는 솔라의 기능을 보여주는 기회로 삼을 수 있다.

응답 형식을 사용자에 특화시키려면 질의응답 작성기[1](QueryResponseWriter)를 작성하고, 작성한 질의응답 작성기를 사용해서 사전 입력 질의에 대한 응답을 표시하게 명시해야 한다. 맞춤형 응답 작성기는 간단히 작성할 수 있고, 솔라에 이미 몇 가지가 포함돼 있기 때문에 이것을 본떠서 만들 수 있다. 다음은 우리의 예제처럼 단순한 경우에 대한 코드다.

리스트 4.9 사전 입력 결과를 형식화하는 솔라 응답 작성기

```
public class TypeAheadResponseWriter implements QueryResponseWriter {

    private Set<String> fields;

    @Override
    public String getContentType(SolrQueryRequest req,
                                 SolrQueryResponse solrQueryResponse) {
```

---

1. 이에 대해서는 솔라 문서 중 Response Writers 를 참고하라. – 옮긴이

```java
        return "text/html;charset=UTF-8";
    }

    public void init(NamedList n) {
        fields = new HashSet<String>();
        fields.add("word");                    ◄─── 응답 작성기가 표시할
    }                                               필드를 지정한다.

    @Override
    public void write(Writer w, SolrQueryRequest req,
                        SolrQueryResponse rsp) throws IOException {
        SolrIndexSearcher searcher = req.getSearcher();
        NamedList nl = rsp.getValues();
        int sz = nl.size();
        for (int li = 0; li < sz; li++) {
            Object val = nl.getVal(li);
            if (val instanceof DocList) {   ◄─── 문서 목록을 찾는다.
                DocList dl = (DocList) val;
                DocIterator iterator = dl.iterator();
                w.append("<ul>\n");
                while (iterator.hasNext()) {
                    int id = iterator.nextDoc();
                    Document doc = searcher.doc(id, fields);  ◄─── 지정된 필드가 있는
                    String name = doc.get("word");                  문서를 얻는다.
                    w.append("<li>" + name + "</li>\n");
                }
                w.append("</ul>\n");
            }
        }
    }
}
```

이 클래스를 포함하는 JAR 파일의 위치는 솔라의 라이브러리 디렉터리이기 때

문에(보통 solr/lib) 솔라가 이 클래스를 찾을 수 있다. 또한 맞춤형 응답 작성기에 대한 정보를 솔라에게 줘야 하고, 이 응답 작성기를 기본 설정으로 사용할 종단점[endpoint]을 만들어야 한다. 다음에 표시한 solrconfig.xml이 이런 일을 한다.

리스트 4.10 솔라에서 응답 작성기와 요청 처리기 지정하기

```
<queryResponseWriter name="tah"      ◀─────  맞춤형 응답 작성기를 지정한다.
    class="com.tamingtext.fuzzy.TypeAheadResponseWriter"/>
<requestHandler name="/type-
        ahead" class="solr.SearchHandler">  ◀─────  요청 처리기를 URL 경로로 지정한다.
    <lst name="defaults">
        <str name="wt">tah</str>    ◀─────  기본 응답 작성기를 지정한다.

        <str name="defType">dismax</str>
        <str name="qf"> wordPrefix^1.0 </str> ◀─────  검색 필드를 지정한다.

    </lst>
</requestHandler>
```

이 새 요청 처리기를 사용하면 접두사에 대한 질의를 수행하고 결과를 script.aculo.us에 적절하게 형식화할 수 있다. 구체적으로 다음과 같은 Solr 질의를 사용할 수 있고, 더 이상 응답 형식이나 검색 필드를 질의 파라미터로 지정하지 않아도 된다.

리스트 4.11 질의응답 처리기를 사용해 접두사를 얻는 Solr URL

```
http://localhost:8983/solr/type-ahead?q=tam
```

동적으로 검색 상자 채우기

이제 다음과 같은 사전 입력 검색 상자를 생성할 수 있다.

```html
<html>
   <head>
      <script src="./prototype.js" type="text/javascript">
      </script>
      <script src="./scriptaculous.js?load=effects,controls"
         type="text/javascript">
      </script>              ◀─────── script.aculo.us 패키지를 가져온다.

      <link rel="stylesheet" type="text/css"
         href="autocomplete.css" />
   </head>
   <body>
      <input type="text" id="search"  ◀──── 입력 필드를 지정한다.

         name="autocomplete_parameter"/>
      <div id="update" class="autocomplete"/> ◀─┐ 사전 입력 결과에 대한
                                                 └ div를 지정한다.
      <script type="text/javascript">
         new Ajax.Autocompleter('search','update', ◀─┐ 사전 입력 객체를
                     '/solr/type-ahead',               └ 생성한다.
                     {paramName: "q",method:"get"});
      </script>
   </body>
</html>
```

자바스크립트 코드의 실행 결과를 표시한 브라우저 화면을 그림 4.3에서 볼 수
있다.

이 예제를 통해 검색 애플리케이션에 사전 입력 기능을 추가하기 위해 접두사
일치를 사용하는 방법을 알아봤다. 접두사를 저장하고 특정 길이의 접두사를 생성
하는 데 토큰 필터를 사용하는 필드와 필드 타입을 솔라에 추가할 수 있었다. 솔라
는 유연하기 때문에 script.aculo.us 같은 널리 쓰이는 자바스크립트 라이브러

리와 통합할 수 있게 응답을 특화시켰던 것과 같이 요청 프로세스도 특화시킬 수 있다. 다음 예제에서 부가 애플리케이션을 만들기 위해 이전 절에서 소개한 유사 문자열 일치 도구를 사용해서 진행한다.

그림 4.3 접두사 tami에 대해 제안된 사전 입력

4.3.2 검색을 위한 질의 철자 검사

웹사이트에 질의 철자 검사 또는 "이것을 찾으시나요?" 기능을 추가하면 사용자가 잘못 입력한 질의와 결과를 전혀 반환하지 않을 질의 간의 차이를 알아보는 데 도움이 된다. 이렇게 하면 사용자가 질의 정제를 더 생산적이고 만족스럽게 경험할 수 있다. 이번 절에서는 철자와 철자 교정을 확률 관점에서 순위화하는 방법을 살펴보고, 그런 다음 4장의 앞에서 설명한 도구와 기법을 사용해서 이 확률의 추정을 구현하는 방법을 보여준다. 솔라, SolrJ, 루씬에 제공되는 라이브러리를 사용해서 쉽게 해볼 수 있다. 이렇게 만들어진 철자 검사기가 사용자가 많은 시간대에 쓸 만한 정도는 아니지만, 이것을 기반으로 여기 나온 검사기나 루씬이 제공하는 철자 검사기를 개선해서 사용자화할 수 있다.

접근법 개요

잘못 표기된 단어에 대한 가장 적합한 교정 표현을 고르는 작업은 통상적으로 철자

와 교정의 확률을 최대화하는 작업으로 형식화된다. 이 작업은 두 개의 확률의 곱, $p(s|w) \times p(w)$에 기반을 두는데, s는 철자[spelling]이고 w는 단어[word]다. 첫 확률은 단어가 주어졌을 때 해당 단어가 특정 방식의 철자로 표기됐을 확률이고, 둘째는 단어 자체에 대한 확률이다. 사람이 검사한 수많은 교정 데이터 없이 $p(s|w)$를 추정하기는 어렵기 때문에 합리적인 추정은 편집 거리를 사용하는 것이다. 철자 s와 단어 w에 대한 정규화된 편집 거리는 $p(s|w)$에 대한 추정으로 간주할 수 있다. 제안되는 단어의 확률($p(w)$)은 보통 특정 철자의 확률보다는 추정하기 쉽다. 많은 경우 이 확률을 대충 추정하거나 완전히 무시하는 식으로도 합리적인 결과를 얻을 수 있다. 대부분의 철자 검사기가 이렇게 하고, 사용자가 목록에서 선택하게 한다. 이를 뒷받침하는 근거는 맞춤법 오류의 압도적 다수가 80~95%는 한 글자의 실수라는 점이다. 편집 거리를 이용해서 제안을 합리적으로 순위화할 수 있다.

교정해야 하는 철자 자체가 또 다른 단어이거나, 타당한 제안 후보가 아주 많으면서 단 한 개의 제안만 가능한 상황에서는 위와 같은 방식이 적절하지 않다. 이런 경우에는 제안 후보의 우도[likelihood]에 기반을 두고 순위화에 반영하면 성능을 크게 향상시킬 수 있다. 단어 출현 빈도의 기본 개념을 사용해 질의 로그나 색인으로 만들어진 텍스트에 기반을 두고 우도에 따른 순위화를 할 수 있다. 다단어 구문에 대해 n그램 모델을 사용해서 단어 시퀀스를 추정할 수 있지만, n그램 모델에 대한 설명은 이 책에서 다루는 범위를 넘어선다.

이제 철자 교정 접근 방법에 대한 이론적 기반을 다졌으니 철자 교정 구현 방법을 살펴보자. 철자 교정에 대한 우리의 유사 일치 접근법은 다음과 같다.

- 교정 후보 집합을 생성한다.
- 각 후보에 대한 점수를 계산한다.
- 제안을 표시하는 데 대한 한계치를 적용한다.

앞에서 보았듯 n그램 일치는 일치 후보 집합을 만들기 좋은 방법이다. 교정하려는 철자에 대해 n그램 일치를 대부분 포함하는 단어는 좋은 후보 목록이 된다. 그 다음 각 단어에 대해 편집 거리 척도를 적용하고 여기 기반을 두고 재정렬할 수 있다. 마지막으로 적절한 제안이 없다면 하지 않기 위해 편집 거리 척도에 대한 한계치를 적용해야 한다. 여기 사용하는 정확한 한계 값을 구하는 데는 보통 상당한 실험이 필요하다.

"이것을 찾으시나요?" 기능을 솔라로 구현[2]

솔라와 SolrJ로 앞서의 접근 방식을 구현할 수 있다. 먼저 다음 예제에서처럼 n그램을 저장하기 위한 필드 형식과 필드 및 데이터 소스를 schema.xml 파일에 정의해야 한다.

리스트 4.13 솔라에서 n그램 일치를 지원하기 위한 스키마 변경

```
<fieldtype name="ngram" stored="false" indexed="true"
    class="solr.TextField">
  <analyzer>
    <tokenizer class="solr.KeywordTokenizerFactory"/>
    <filter class="solr.LowerCaseFilterFactory"/>
    <filter class="solr.NGramFilterFactory"
        minGramSize="2" maxGramSize="10"/>
  </analyzer>
</fieldtype>
<!-- 다른 타입 -->
<field name="wordNGram" type="ngram" />
<!-- 다른 필드 -->
<copyField source="word" dest="wordNGram"/>
```

그런 다음, 리스트 4.14에서처럼 이 필드에 대한 질의를 수행하고 그 결과와 특정 철자 간의 편집 거리를 계산해야 한다.

---

2. 솔라에 내포된 구현에 대해서는 솔라 문서 중 Spell Checking을 참고하라. - 옮긴이

```java
public class SpellCorrector {

    private SolrServer solr;
    private SolrQuery query;
    private StringDistance sd;
    private float threshold;

    public SpellCorrector(StringDistance sd, float threshold)
        throws MalformedURLException {
        solr = new CommonsHttpSolrServer(
            new URL("http://localhost:8983/solr"));
        query = new SolrQuery();
        query.setFields("word");
        query.setRows(50);                        ← 고려할 n그램 일치 후보 수
        this.sd = sd;
        this.threshold = threshold;
    }

    public String topSuggestion(String spelling)
            throws SolrServerException {
        query.setQuery("wordNGram:"+spelling);    ← n그램을 포함하는
                                                     필드를 질의한다.
        QueryResponse response = solr.query(query);
        SolrDocumentList dl = response.getResults();
        Iterator<SolrDocument> di = dl.iterator();
        float maxDistance = 0;
        String suggestion = null;
        while (di.hasNext()) {
            SolrDocument doc = di.next();
            String word = (String) doc.getFieldValue("word");
            float distance = sd.getDistance(word, spelling);  ← 편집 거리를
                                                                 계산한다.
            if (distance > maxDistance) {
                maxDistance = distance;
                suggestion = word;     ← 최적의 제안을 저장한다.
```

```
            }
        }
        if (maxDistance > threshold)   ◄──  한계치를 검사해서 한계 값에 미달하는
            return suggestion;              경우 제안을 반환하지 않는다.
        }
        return null;
    }
}
```

SpellCorrector 생성자에 전달되는 org.apache.lucene.search.spell.
StringDistance 인터페이스 구현 객체는, 문자열이 같으면 1을 반환하고 완전히
다른 경우 0을 반환한다. 루씬은 이 인터페이스를 구현하는 레벤시타인 거리, 자로
윙클러 거리, n그램 거리 등의 구현체를 포함한다.

지금까지 서술한 접근법은 앞서의 모델에서 단어 확률 항을 무시(혹은 상수로 취급)
하는 것에 해당한다. 단어 확률은 문서 컬렉션이나 질의 로그에서 단어의 출현 횟
수를 세어 단어 수로 나누는 것으로 추정할 수 있다. 순위화하는 데 이 항을 편집
거리와 같이 사용할 수 있다. 솔라가 제안을 반환하는 데 이 확률에 영향을 받게
하고 싶다면 문서 부스팅을 사용해서 할 수 있다.

문서 부스트는 문서의 적합도를 증가시키기 위해 곱하는 인자다. 색인 생성 시점
에 설정되고, 보통 1보다 크다. 문서 부스트가 2라면 이 문서가 부스트 없는 문서보
다 내재적으로 두 배로 적합하다는 의미다. 각각의 가능한 철자 제안이 솔라의 문
서로 모델링되기 때문에, 그리고 단어의 확률이 철자와 독립적이기 때문에 p(w)를
문서의 내재적인 적합도로 모델링할 수 있다. 도메인에 가장 적절한 부스팅 값을
결정하기 위해서는 실험이 좀 필요하다. 부스트 값이 결정되면 이 값은 후보 제안
을 정하기 위해 이전에 사용된 n그램 질의가 반환하는 결과의 순서에 영향을 준다.

솔라의 철자 검사 구성 요소 사용
이제 솔라를 사용한 철자 교정 구현에 대해 알았으니 솔라에 내장된 철자 교정을
위한 메커니즘을 살펴보자. 루씬이 제공하는 철자 교정 구현체가 솔라에 통합됐다.

이것의 접근법은 여기서 설명한 방식과 비슷하다. 이 구현은 솔라의 검색 구성 요소로 실행될 수 있고, 요청 처리기에 추가될 수 있다. 맞춤법을 위한 검색 구성 요소는 다음과 같이 정의될 수 있다.

리스트 4.15 철자 검사기를 솔라의 검색 구성 요소로 정의하기

```
<searchComponent name="spell_component"
    class="org.apache.solr.handler.component.SpellCheckComponent">
    <lst name="spellchecker">
        <str name="name">default</str>
        <str name="field">word</str>                    ◀─── 가능한 제안들이 여기
                                                              저장된다.
        <str name="distanceMeasure"> ◀──────── 사용할 거리 척도
            org.apache.lucene.search.spell.LevensteinDistance
        </str>
        <str name="spellcheckIndexDir">./spell</str>
        <str name="accuracy">0.5</str> ◀────  제안을 만드는 데
                                                대한 한계 값
    </lst>
</searchComponent>
```

철자 검사기 구성 요소를 요청 처리기의 정의된 기본 값 다음에 인자로 주어 요청 처리기에 추가할 수 있다.

리스트 4.16 솔라에서 철자 검사 검색 구성 요소를 요청 처리기에 추가하기

```
<requestHandler ...
    <lst name="defaults">
    ...
    </lst>
    <arr name="last-components">
        <str>spell_component</str>
    </arr>
</requestHandler>
```

철자 검사기에 대한 질의는 일반적 질의와 같이 이뤄지고, 교정 제안은 일반 검색 결과와 함께 반환된다. 이렇게 하면 솔라에 대한 단일한 요청만으로 교정 제안과 검색 결과를 반환받을 수 있다는 장점이 있다. 철자 교정에 요청 처리기와 다른 토큰 분리 방식을 사용해야 하는 경우 이를테면 dismax 처리기와 같이 철자 교정 질의를 spellcheck.q와 같은 다른 파라미터로 줄 수 있다.

앞에서 언급했듯이 솔라가 제공하고 루씬에서 찾아볼 수 있는 맞춤법 검사 구성 요소는 SolrJ로 구현한 것과 유사한 접근법을 사용한다. 약간의 차이점은 교정 후보의 접두사 일치에 대한 추가적인 부스팅과 질의 단어보다 더 높은 출현 빈도를 갖는 단어만 제안하는 기능이다. 독자도 사용자화된 철자 검사 구성 요소를 만들어서 솔라에 통합시킬 수 있다. 추상 클래스 org.apache.solr.spelling. SolrSpellChecker를 확장해서 getSuggestions 메소드 및 구성 요소를 생성하고 재적재하기 위한 메소드를 구현하면 된다. 앞에서 보았듯이 이 클래스는 솔라가 이용할 수 있게 solr/lib 디렉터리에 있는 JAR 파일에 포함돼 있어야 한다. 이를 마친 다음, SpellCheckComponent 클래스를 지정했던 것처럼 설정에 이 구성 요소를 지정할 수 있다.

이번 절에서 n그램으로 유사 일치를 찾는 기법과 철자 검사를 수행하기 위해 편집 거리를 계산하는 기법을 결합하는 방법을 살펴봤다. 다음 절에서는 레코드 일치 확인 작업에서 더 넓은 범위의 필드에 걸친 유사 일치를 수행하기 위해 이 기법들과 기타 기법을 사용한다.

4.3.3 레코드 일치 확인

마지막 유사 문자열 일치 애플리케이션은 앞서의 예제들보다는 확실한 특색을 갖지는 않지만, 많은 흥미로운 애플리케이션의 기반이 된다. 핵심은, 레코드 일치 확인은 매시업 애플리케이션이라는 것이다. 실제 세계의 같은 개체에 대한 항목을 갖는 두 데이터 소스가 있고, 이 기록의 항목을 일치시킬 수 있다면 각 데이터 소스에 들어 있는 별개의 정보를 매시업할 수 있다. 이렇게 정보를 조합하면 흔히 각 데이터 소스 자체가 제공하지 않는 별개의 관점을 얻을 수 있다. 어떤 경우는 이 조합이 간단하지만, 많은 경우는 유사 일치를 수행해야 한다.

접근법 개요

레코드 일치 확인에 대한 유사 일치 접근법은 다음과 같다.

- 일치 후보를 찾는다.
- 일치 후보를 순위화하거나 일치 후보의 점수를 매긴다.
- 결과를 평가하고 후보 하나를 고른다.

이 접근법은 철자 교정을 위해 선택한 방식과 비슷하다. 철자 교정에서는 n그램 일치로 일치 후보를 정하고, 편집 거리 척도로 일치 후보에 점수를 매기고, 한계치를 적용했다. 주된 추가 사항은 한계치를 넘는 단 하나의 일치만 찾는다는 기준이다. 이렇게 하면 여러 개의 후보가 있고 알고리즘이 이들의 순위를 명확히 정하지 못하는 경우에 대해 일치를 주장하지 못하게 된다. 예제 도메인은 극장에 개봉된 영화다. 이 도메인은 이 공통 영역을 참조하는 여러 개의 다른 정보 출처가 있는 도메인이다. 여기에는 IMDb^{Internet Movie Database, 인터넷 영화 데이터베이스}, NetFlix, TV와 온 디멘드 리스트, 아이튠즈^{iTunes}와 아마존 렌탈^{Amazon Rental}, 혹은 DVD 같은 데이터 출처가 포함된다. 이 예제에서는 IMDb와 TMS^{Tribune Media Service, 트리뷴 미디어 서비스}에 대해 영화 정보 항목을 일치시킬 것이다. TMS는 TV 편성표 데이터를 Tivo와 http://tvlistings.zap2it.com 온라인 사이트로 제공한다.

솔라를 사용해서 일치 후보 찾기

처음 할 일은 고급 일치 기법을 적용할 일치 후보 집합을 찾을 수단을 찾는 것이다. 철자 교정에서처럼 솔라의 n그램 일치를 사용할 수 있다. 이제 가장 일치할 공산이 크고 가장 유익하다고 생각하는 필드에 n그램 일치를 적용한다. 영화에 대해서는 제목 필드일 것이다. 어떤 데이터 집합에 n그램을 적용할지가 확실했던 철자 교정과는 달리 이 경우는 각 데이터 출처로부터 n그램 토큰을 생성할 수 있다. 애플리케이션에 따라 어떤 데이터 출처가 다른 출처보다 선호되는 이유가 있을 수도 있지만, 일반적으로 데이터 출처의 대부분의 항목에 대해 n그램을 적용하는 것이 유리하다. 항목에 대해 일치 알고리즘을 여러 번 적용할 수 있고, n그램 생성은 변경될 가능성이 낮기 때문이다. 알고리즘을 개선하는 데 따라 더 작은 항목 집합에 대한 반복 속도가 빨라진다. 게다가 색인 생성 시간이 레코드 일치 확인보다 대개 빠르다.

데이터셋에 대해 XML 문서가 IMDb 데이터베이스에 있는 각 영화에 대해 만들어진다. 전형적으로 다음과 같이 보이는 항목들이다.

리스트 4.17 IMDb 데이터셋의 항목 예제

```xml
<doc>
    <field name="id">34369</field>
    <field name="imdb">tt0083658</field>
    <field name="title">Blade Runner</field>
    <field name="year">1982</field>
    <field name="cast">Harrison Ford</field>
    <field name="cast">Sean Young</field>
    <!-- 다른 많은 배우들 -->
</doc>
```

다음 필드에 대한 schema.xml 항목의 연관된 부분을 다음에 표시했다.

리스트 4.18 레코드 일치 확인을 위한 솔라 스키마 추가 사항

```xml
<field name="title" type="ngram"          ◄──── 이전에 철자 교정을 위해
    indexed="true" stored="true"/>              사용한 n그램 필드
<field name="year" type="integer"
    indexed="true" stored="true"/>
<field name="imdb" type="string"
    indexed="false" stored="true"/>
<field name="cast" type="string" indexed="true"   ◄──── 다중 값 출연진 필드
    multiValued="true" stored="true"/>
```

다음과 같이 SolrJ를 사용해서 후보를 질의하고 반환할 수 있다.

```
private SolrServer solr;
private SolrQuery query;

public Iterator<SolrDocument> getCandidates(String title)
        throws SolrServerException {
        String etitle = escape(title);  ◀─────────── 이스케이프시킨 제목
        query.setQuery("title:\""+etitle+"\"");  ◀──┐ 토큰 분리를 막기 위해
        QueryResponse response = solr.query(query);  │ 제목을 따옴표에 넣음
        SolrDocumentList dl = response.getResults();
        return dl.iterator();
}
```

제목을 질의에 사용할 때 AND, +, ! 같은 특수 문자가 질의 기능으로 해석되는 것을 막기 위해 이스케이프해야 한다.

후보 일치 순위화

일치 후보 집합을 얻은 다음, 문제는 이 일치에 점수를 매기는 방법이 된다. 철자 교정의 경우 편집 거리를 사용했다. 이는 제목에 대해서는 좋은 후보가 되겠지만, 여러 개의 필드에서 나온 데이터를 이용해야 최적의 일치를 얻을 것이다. 일치시키려는 대상으로 다음 필드를 고려해보고, 각 구성 요소와 전체 레코드 일치 확인에 점수를 매기는 방법도 같이 생각해보자.

- **제목** 편집 거리는 이 용도에 가장 적절한 척도일 것이다. 제목이 이름과 비슷한 성격을 갖기 때문에 레벤시타인 거리나 n그램 거리보다는 자로 윙클러 거리 척도를 사용한다.

- **출연 배우** 배우 이름에 대해 편집 거리를 사용할 수 있지만, 배우의 이름은 실제로는 그들의 브랜드이기 때문에 표준 철자를 사용하는 경향이 있다(누구도 배우

---

3. 솔라 문서 중 Using SolrJ 장을 참고하라. – 옮긴이

Thomas Cruise에 대해 언급하지 않는다). 그에 따라 약간의 정규화를 더한 완전 일치가 거의 모든 경우 잘 동작한다. 배우 겹침 척도는 완전히 일치하는 배우의 비율이다. 데이터 소스마다 나열된 출연자 수가 자주 다르기 때문에 더 적은 출연진 수를 분모로 삼는 것을 일반적으로 용인한다.

- **출시일** 출시일 또한 같은 제목의 영화를 구별하는 데 유용하다. 이 숫자의 작은 차이는 이 날짜가 프로젝트 시작일, 개봉일, DVD 출시년도 중 무엇인가에 따라 나타난다. 각 영화 정보에 나열된 연도 사이의 차이를 받아 상호 간의 순위를 채택해서 정규화할 수 있는 좋은 척도로 사용한다. 같은 년도의 항목은 1점을 받고, 2 차이가 나는 항목은 절반의 점수를 받는다. 점수가 0 또는 다른 상수가 돼야 하는 경우에 대한 한계를 둘 수 있다면 출시일 차이 또한 선형적으로 감소될 수 있다.

그 다음 이 개별 항목들을 결합해야 한다. 앞서 나온 항목에 각기 가중치를 주고 다 같이 더하면 된다. 각 항목이 0에서 1 사이의 값을 반환하게 정규화됐기 때문에 가중치를 합치면 1이 되게 배정했다면 가중합의 결과 또한 0에서 1 사이의 값일 것이다. 작업을 곧바로 하기 위해 가중치의 절반을 선험적으로 제목 부분에 할당하고 나머지 가중치를 다른 두 항목에 나눠주겠다. 리스트 4.20에 이 방식이 구현돼 있다. 또한 이미 일치된 기록의 모음을 사용해서 이 가중치를 경험적으로 정할 수 있다. 일치시킬 기록의 제목으로 솔라를 질의하고 각 후보에 점수를 매겨서 일치 여부를 검사한다.

리스트 4.20 레코드 일치 확인을 위해 솔라에서 일치 후보를 얻기

```
private StringDistance sd = new JaroWinklerDistance();

private float score(String title1, int year1, Set<String> cast1,
        String title2, int year2, Set<String> cast2) {
    float titleScore = sd.getDistance(title1.toLowerCase(),   ←
            title2.toLowerCase());
                                          제목에 자로 윙클러 거리를 사용한다.

    float yearScore = (float) 1/(Math.abs(year1-year2)+1);  ←  연도에 상호 순위를
                                                                사용한다.
```

```
    float castScore = (float) intersectionSize(cast1,cast2)/        ◄─────────┐
            Math.min(cast1.size(),cast2.size());                              │
                                                                    출연진 겹침 %를 사용한다.
    return (titleScore*.5f)+        ◄──────┐ 점수를 단일
        (yearScore*0.2f)+                    점수로 결합한다.
        (castScore*0.3f);
}


private int intersectionSize(Set<String> cast1,   ◄──────┐ 문자열 완전 일치를
                    Set<String> cast2) {                     사용해서 교집합을
                                                            계산한다.
    int size = 0;
    for (String actor : cast1)
        if (cast2.contains(actor)) size++;
    return size;
}
```

결과 평가

이 접근법을 사용해 몇 가지 예제를 살펴보자. 일치를 위해 여러 데이터 집합을
결합하는 데 대한 장점을 볼 수 있는 예제를 표 4.4와 4.5에 나타냈다.

표 4.4 여러 데이터 집합 결합의 중요성에 대한 예제

ID	제목	연도	출연진
MV000000170000	Nighthawks	1981	Sylvester Stallone, Billy Dee Williams, ...

표 4.5 여러 데이터 집합 결합의 중요성에 대한 두 번째 예제

점수	제목 + 연도 + 출연진	ID	제목	연도	출연진
0.55	(0.5*1.00) + (0.2*0.25) + (0.3*0.00)	tt0077993	Nighthawks	1978	Ken Robertson, Tony Westrope, ...
0.24	(0.5*0.43) + (0.2*0.12) + (0.3*0.00)	tt0097487	Hawks	1988	Timothy Dalton, Anthony Edwards, ...
0.96	(0.5*0.98) + (0.2*1.00) + (0.3*0.88)	tt0082817	N i g h t Hawks	1981	Sylvester Stallone, Billy Dee Williams, ...

나열된 후보는 제목이 일치하는 정도에만 근거해서 솔라가 반환한 것이다. 데이터를 조합하면 다른 후보보다 적합한 항목의 순위를 높일 수만 있을 뿐만 아니라, 최고 점수 일치 항목이 적절하다고 확신할 때 다른 후보를 제외할 수도 있다. 일반적으로 n그램 접근법을 사용해서 후보를 얻고 자로 윙클러 편집 거리를 사용하면 이 접근법으로 구두점, 숫자, 부제목, 잘못된 표기와 같은 데이터의 수많은 변형을 다룰 수 있다. 다음은 이런 제목에 대한 몇 가지 예제다.

- Willy Wonka and the Chocolate Factory와 Willy Wonka & the Chocolate Factory(윌리 웡카와 초콜릿 공장, 'and'와 '&' 표기 차이)
- Return of the Secaucus 7과 Return of the Secaucus Seven(세코커스 7의 귀환, '7'과 'seven' 표기 차이)
- Godspell과 Godspell: A Musical Based on the Gospel According to St. Matthew(가스펠: 성 마태의 복음서에 기초한 뮤지컬, 부제의 유무)
- Desert Trail과 The Desert Trail(황야의 흔적, 'the'의 사용 여부)

TMS의 영화 1000개에 대해 이 접근법을 평가했을 때 IMDb의 884개 항목과 일치했다. 이들은 모두 올바르게 일치했으며, 모든 항목이 일치 가능하다고 가정했을 때 정확도 100%와 재현율 88.4%를 보였다. 또한 이것은 현재의 알고리즘과 가중치를 사용했을 때 어떤 오류도 없었기 때문에 이 알고리즘을 튜닝한다면 더 느슨한 일치를 허용할 수 있음을 시사한다. 이 예제의 목표가 영화 일치 검사를 최적화하는 것은 아니지만, 알고리즘이 일치를 찾는 데 실패한 몇 가지 경우를 살펴보는 것은 다른 도메인에서 레코드 일치 확인 알고리즘을 만들 때 고려할 다른 요인들을 드러낸다는 점에서 유용하다. 앞의 알고리즘이 놓친 몇 가지 일치 항목을 표 4.6에서 분석했다.

표 4.6 놓친 일치 항목 분석

TMS 제목/연도	IMDb 제목/연도	설명
M*A*S*H (1970)	MASH (1970)	n그램 일치가 실패하는 경우인데, TMS의 모든 제목 n그램은 별표를 포함하고 IMDb의 제목 n그램은 별표를 전혀 포함하지 않기 때문이다.
9 to 5 (1980)	Nine to Five (1980)	제목을 일치시키는 데 숫자 정규화가 필요한 경우다.
The Day the World Ended (1956)	Day the World Ended (1955)	이 경우 알고리즘은 선두 한정사 불일치를 연도와 같은 다른 필드에 있는 또 다른 불일치 때문에 보상할 수 없었다. 선두 The, An, A를 제목에서 제거하면 이 문제를 완화하는 데 도움이 된다.
Quest for Fire (1981)	La guerre du feu (1981)	어떤 경우에는 어떤 정규화도 도움이 되지 않는다. 이 경우는 편집자가 처리하거나 이용될 대안 제목이 있어야 한다.
Smokey and the Bandit (1977)	Smokey and the Bandit (1977)	이 경우 최선의 일치가 올바른 일치였지만, 이 영화와 후속편 'Smokey and the Bandit II' 또한 한계치 이상의 점수를 얻어서 일치가 취소됐다.
The Voyage of the Yes (1972)	The Voyage of the Yes (1972)	데이터 소스 하나는(TMS) 이것을 영화로 분류하고, 다른 데이터 소스는 TV 프로그램으로 분류했다. 따라서 일치 후보가 아니었다.

위에서 다룬 경우에는 최선의 기법을 사용하는 경우에도 데이터 정규화가 성공적 일치 검사에 중요함을 보여준다. 일치 검사 알고리즘은 숫자, 한정사, 대체 제목에 대한 많은 정규화 과정에서 이득을 볼 수 있다. 대단히 효율적인 알고리즘을 만들기 위해서는 일치 판단 코드의 결과가 원하는 데이터가 되게 확실히 하는 데 상당한 노력을 해야 한다.

이번 절에서는 얼마나 다양한 문자열 일치 기법이 여러 가지 애플리케이션에 동작시키는 데 사용되는지 살펴봤다. 사전 입력을 지원하기 위해 솔라의 접두사 일치를 사용했다. n그램 일치와 편집 거리의 조합이 대안 철자를 제시하는 데 사용되는 방법을 보여줬다. 마지막으로 n그램 일치, 편집 거리, 완전 일치를 사용해서 영화에 대한 레코드 일치 확인을 수행했다.

4.4 정리

4장은 문자열이 유사하다는 말이 어떤 의미인가라는 질문에서 출발했다. 유사 일치가 얼마나 유사한가? 그리고 두 문자열이 서로 얼마나 유사한지에 대한 공식적인 개념을 제공하기 위해 유사 문자열 일치에 대한 몇 가지 접근법을 소개했다. 여기에는 문자만 고려하는 자카드 척도, 문자의 순서를 고려하는 편집 거리, 문자의 윈도우를 고려하는 자로 윙클러 척도와 n그램 편집 거리와 같은 척도가 포함됐다. 또한 계산 비용이 더 비싼 편집 거리 계산을 수행할 일치 후보를 생성하기 위해 접두사와 n그램 일치가 효율적으로 사용되는 방법을 보였다. 마지막으로 이 기법을 이용하는 애플리케이션을 만들었고, 또한 이런 애플리케이션을 쉽게 만드는 플랫폼으로 솔라를 이용했다. 5장에서는 문자열을 다른 문자열과 비교하는 데서 문자열과 문서 안의 정보를 찾는 데로 나아가 본다.

4.5 참고 자료

Aoe, Jun-ichi. 1989. "An efficient digital search algorithm by using a double-array structure." IEEE Transactions on Software Engineering, 15, no.9:1066-1077

5

인명, 지명, 사물 식별

5장에서 다루는 내용

- 개체명 인식 뒤에 숨겨진 기본 개념
- 개체명을 찾는 데 OpenNLP를 사용하는 방법
- OpenNLP 성능 고려 사항

인명, 지명, 사물(명사)은 언어에서 문장의 주어를 나타내며, 대체로 목적어도 전달하는 중대한 역할을 한다. 명사가 중요하기 때문에 텍스트를 처리할 때 많은 경우 명사를 찾아 애플리케이션에서 활용하면 유용하다. 보통 개체 식별이나 개체명 인식NER, Named-Entity Recognition이라고 하는 이 작업은 2장에서 보았듯이 대개 파서나 청커가 처리한다. 파서를 사용하면 문장 이해에는 좋지만, 텍스트 애플리케이션은 보통 고유명사처럼 특정한 객체의 인스턴스를 식별하는 명사의 부분집합인 개체명에 집중하는 편이 대개 더 유용하다. 게다가 문장을 완전히 해석하는 일은 프로세스 집중적 작업이지만, 고유명사를 찾는 작업은 그렇게 집중적일 필요가 없다.

많은 경우 인명과 지명을 넘어서 2007년 7월 혹은 $50.35 같은 시간이나 수치 개념을 다룰 수 있으면 유용하다. 텍스트 기반 애플리케이션이 보기에 고유명사는 어디에나 있고, 그와 동시에 특정 고유명사의 인스턴스는 극히 드물게 나타날 수 있다. 예를 들어 최근에 일어난 뉴스 사건을 아무거나 (특히 유명인이나 고위 정부 인사가 연관되지 않은) 생각해보라. 그 이야기 안에 고유명사가 몇 개나 있는가? 그 중 한 번도 들어보지 못한 사람은 몇 명인가? 이들 중 몇 명이나 6개월 후에도 여전히 뉴스에 등장할까? 어디서, 언제 이 사건이 일어났는가?

기사의 문맥에서 특정 단어 시퀀스가 고유명사라는 것을 분명히 알아볼 수 있고, 문맥은 대문자 사용과 Mr.이나 Mrs. 같은 호칭과 같은 다른 단서도 갖겠지만, 이것을 어떻게 코드로 만들어서 텍스트 처리 애플리케이션이 개체 인식 방법을 배우게 할 수 있을까? 5장에서는 먼저 시간을 들여 개체명 인식 배후의 배경을 이해하고, 그 다음 개체명을 인식하는 방법을 배우기 위해 아파치 OpenNLP를 살펴본다. 또한 성능 고려 사항도 살펴보고, 도메인에 모델을 맞추는 방법도 검토한다. 그렇지만 여기서는 개체명으로 무엇을 할 수 있는지를 살펴보면서 시작하겠다.

인명, 조직명, 지명, 다른 개체명을 인식하면 기사가 무엇에 대한 내용인지 실행 가능한 방법으로 포착할 수 있다. 이를테면 이 정보가 있으면 개체에 대한 정보를 더 많이 제공할 수 있고, 개체와 연관되거나 특성이 같은 콘텐츠를 제안할 수 있고, 궁극적으로는 고객이 웹사이트에 더 많이 참여하게 만들 수 있다. 많은 대기업이나 조직에서는 보통 편집을 통해 이런 개체명 인식 작업을 수행한다. 그 결과는 사람들이 글의 일부를 읽다가 다른 흥미로운 링크를 발견하고 다른 글로 떠나 웹사이트에서 얼마나 시간을 보냈는지 깨닫지 못한 채 시계를 보게 되는 식으로, 사람들이 길을 잃는 사이트일 수 있다. 예를 들어 그림 5.1에서 야후!는 인명 사라 페일린 Sarah Palin을 강조했고, 2008년 부통령 후보에 대한 다른 콘텐츠를 강조하는 팝업을 추가했다. 더 많은 수익을 기대하며 인명에 기반을 둔 광고까지 팝업 하단에 표시했다. 이런 종류의 참여는 사이트에 대해 매우 유용하고(특히 광고 효과로 돈을 버는), 참여를 조장하면 사용자가 그 사이트로 몇 번이고 다시 찾아오게 만드는 경험을 제공한다. 상상할 수 있듯이 이런 일을 편집 작업으로 하려면 노동 집약적이기 때문에 기업은 대개 자동화할 방법이나 적어도 부분적인 자동화 방법, 개체명 인식처리 방법을 구하게 된다.

그림 5.1 Yahoo! 뉴스와 클릭된 개체 페이지 조각. 사라 페일린(Sarah Palin)이 Y!News 숏컷으로 표시됐다. 이미지는 2008년 9월 21일에 캡처됐다.

게다가 글의 내용에 대한 키워드나 태그, 다른 의미 기반 표현과 달리 연관된 글에 대한 개념은 어떤 개체와 명쾌한 관계가 있거나 없는 데 기반하고(4장에서 설명한 것과 같이, 레코드 일치를 적절히 수행해서 같은 개체인지 확실히 했다고 가정하면), 사용자가 이를 직관적으로 이해한다.

5장에서는 텍스트에서 이름을 식별하는 작업을 자동으로 수행하는 방법을 살펴본다. 이 기술을 어디에 언제 채택해야 하는지에 대한 결정을 돕기 위해, 개체명 인식을 위한 유명 오픈소스 도구의 정확도와 실행 성능 특성을 살펴본다. 또한 갖고 있는 데이터에 맞춰 동작하게 모델을 변경하는 방법도 살펴본다. 개체명 정보를 사용자에게 바로 노출하고 싶지 않더라도 사용자를 끌어들이기 위해 사이트 시대 정신zeitgeist이나 사이트에 언급된 사람 중 가장 유명한 10인과 같은 데이터를 구성하는 데 유용하다.

모델을 가진 데이터에서 더 잘 작동하게 맞추는 방법을 살펴보자. 사용자에게 개체명 정보를 직접 노출하고 싶지 않더라도 사용자를 사로잡기 위해 웹사이트 내부의 유행이나 웹사이트에서 언급된 가장 유명한 10명의 이름과 같은 데이터를 구축하는 데 유용할 수 있다. 이 모든 사용 가능성을 염두에 두고, 세부적인 내용을 파헤쳐 보자.

5.1 개체명 인식에 대한 접근법

개체명 인식[NER]을 시작하는 데 있어 인명, 지명, 단체명, 시간, 수치(모두가 엄밀히 고유 명사는 아니지만, 간결함을 위해 모두 그렇게 분류하겠다)에 대한 언급 일부나 전체를 인식하는 데 관심이 있다. NER은 어디서, 언제, 누가, 얼마나 자주, 또는 얼마나라는 질문에 대한 응답을 단축시킨다. 예를 들어 다음 문장이 있을 때 어떤 NER 시스템은 Minnesota Twins, 1991, World Series를 (혹은 1991 World Series를 단일 개체명으로) 개체명 으로 인식할 것이다.

The Minnesota Twins won the 1991 World Series,

실제로는 모든 시스템의 개체명 추출에 대한 요구 사항이 동일하지는 않다. 예를 들어 마케터는 제품명을 찾아서 누가 그 제품에 대해 이야기하는지 알고 싶을 것이고, 반면 수백 개의 목격담에서 연대표를 만들어야 하는 역사학자는 사건 관련자뿐만 아니라 각각의 인명이 등장한 정확한 시간과 장소에도 관심이 있을 것이다.

5.1.1 규칙을 사용한 이름 인식

NER을 수행하는 한 가지 접근법은 리스트와 정규 표현식의 조합을 사용해서 개체 명을 인식하는 것이다. 이 접근법을 사용해서 대문자화와 숫자에 대한 몇 가지 기본 규칙만 코드로 만들고, 일반적인 이름과 성, 유명한 지명 같은 것의 목록과 결합한 다음(요일명, 매달의 이름 등은 말할 것도 없다) 텍스트 뭉치에 던지는 것이다. 이 접근법은 개체명 인식 시스템에 대한 초기 연구에서는 인기가 있었으나 다음과 같은 이유로 이런 시스템을 유지하기 어렵기 때문에 인기가 줄어들었다.

■ 리스트를 유지하는 작업이 노동 집약적이고 융통성이 없다.
■ 다른 언어나 도메인으로 옮기려면 대부분의 작업을 반복해야 했다.

- 다수의 고유명사가 다른 역할로도 해석될 수 있었다(Will이나 Hope와 같이). 달리 말해 모호성을 다루기는 어렵다.

- 많은 이름이 'the Scottish Exhibition and Conference Center'처럼 다른 이름들의 결합이기 때문에 어디에서 이름이 끝나는지가 늘 확실하지 않다.

- 인명과 지명이 같은 경우가 흔하다. 워싱턴^{Washington}(워싱턴 주, 워싱턴 D.C., 조지 워싱턴) 또는 시세로^{Cicero}(고대 철학자 키케로, 뉴욕 주의 마을, 또는 다른 지명)

- 정규 표현식에 기반을 둔 규칙을 사용해서 문서 전반에 걸친 이름 간의 의존관계를 모델링하기 어렵다.

규칙 기반 접근법이 특정한 잘 알려진 도메인 안에서는 잘 동작할 수 있기 때문에 이를 완전히 폐기해서는 안 된다는 점에도 주의해야 한다. 거리 측정과 같은 도메인에 대해 항목 자체는 대체로 반복해서 나타나지 않고, 거리 단위는 한정된 경우 이 접근법은 대체로 적용할 만할 것이다. 그런 다수의 개체 유형을 처리해내는 것을 돕는 데 사용할 수 있는 유용한 자원이 많이 있다. 기본 규칙과 일반적인 리소스는 CIA World Fact Book(https://www.cia.gov/library/publications/the-world-factbook/index.html)과 위키피디아(http://www.wikipedia.org)에서 찾아볼 수 있다. 또한 고유명사에 대한 사전(온라인에 다수가 있다)을 IMDb^{Internet Movie Database} 같은 특정 분야별 자원이나 필요한 작업량을 최소화하면서 적정한 성능을 얻는 데 효율적으로 사용될 수 있는 특정 도메인 지식과 함께 사용할 수 있다.

5.1.2 이름 인식에 통계적 분류기 사용

다른 도메인과 언어로 확장하기에 쉬우면서 유지 관리할 거대한 목록(지명 사전)을 만들 필요가 없고, 좀 더 탄력적인 접근법이 바람직한 접근법이다. 이 접근법은 통계적 분류기를 사용해서 개체명을 인식한다. 전형적으로 분류기는 문장에 있는 각각의 단어를 살펴보면서 단어가 개체명의 시작인지, 이미 시작된 개체가 계속되는 것인지, 아니면 이름의 구성 요소가 아닌지를 판정한다. 이런 예측을 결합해서 이름을 구성하는 단어의 시퀀스를 식별하는 데 분류기를 사용할 수 있다. 분류기 기반으로 이름을 식별하는 접근법 중에서도 태그 부착 방식을 상당히 일반적으로 사용하지만, 서로 다른 개체 유형을 식별하는 데는 다양한 방식이 있다. 한 가지 방식은 태그 부착 방식, 아니면 정규 표현식 기반 방식이라도 사용해서 단순히 어떤 유형의 이름이든 포함한 텍스트를 식별하고, 두 번째 단계에서 서로 다른 이름이나 개체 유형을 구별하는 것이다. 또 다른 방식은 이름 시작이나 지속에 따라 개체 유형을 예측하면서 동시에 서로 다른 개체 유형을 구별하는 것이다. 여기 이은 또 다른 방식은 이름 유형 각각에 대해 별개의 분류기를 만들고, 각 문장에 대한 결과를 결합하는 것이다. 이것이 5장의 뒤에 다룰 소프트웨어가 택한 접근 방식이다. 또한 5장의 뒤에서 이 접근 방식에 대한 이런 몇 가지 변형을 더 자세히 살펴보고, 트레이드오프를 설명한다.

이런 다양한 분류기 접근법 중 무엇을 사용하는지와 관계없이 분류기는 이름을 식별하는 방법을 배우기 위해 사람이 정보 태그를 붙인 텍스트 문서 집합으로 학습해야 한다. 다음은 이런 식의 접근법의 몇 가지 장점이다.

- 목록을 자질로 포함할 수 있고 단일한 정보 출처로 볼 수 있다.
- 다른 언어나 도메인으로 변경할 때 최소의 코드 변경만 수반한다.
- 비교적 쉽게 문서와 문장 내의 문맥을 모델로 만들 수 있다.
- 분류기는 추가적인 텍스트나 다른 자질을 통합하기 위해 다시 학습할 수 있다.

이런 접근법을 사용하는 데는 사람이 정보 태그를 붙인 데이터가 필요하다는 중요한 문제점이 있다. 프로그래머가 규칙 집합을 작성해서 텍스트 컬렉션에 적용한 결과를 바로 볼 수 있는데 반해 분류기는 적당히 기능하기 위해 통상적으로 약 30,000개의 단어를 학습해야 한다. 정보 태그 붙이기는 지루하지만 규칙을 만들기 위한 전문적인 기술을 요구하지 않으며, 확장 및 재사용이 가능한 리소스다. 충분한 학습 데이터가 있으면 사람이 하는 이름 식별이 완벽하지 않더라도 성과는 사람이 내는 정도에 가까워질 수 있다. 훌륭한 NER 시스템은 보통 평가 실험에서 90% 이상 개체를 정확히 인식할 수 있다. 실세계에서 실제 데이터로는 기대를 더 낮춰야 하지만, 대부분의 시스템은 여전히 쓸 만한 괜찮은 품질을 제공할 것이다. 게다가 좋은 시스템은 설치하기 쉬워야 하고, 필요하다면 고유명사를 학습해야 한다. 이상적으로 이 시스템은 새로운 예시나 반례가 있는 경우 증분 갱신을 지원해야 한다. 이런 요구 사항을 염두에 두고 다음 절에서는 OpenNLP 프로젝트가 개체명 인식 능력을 제공하는 방법에 대해 알아본다.

5.2 OpenNLP를 사용한 기본적인 개체 인식

2장에서 언급했고 현재 http://opennlp.apache.org에서 다운로드 가능한 OpenNLP 프로젝트는 품사 태그 부착, 파싱, 그리고 5장에서 가장 유용한 개체명 인식과 같은 여러 가지 일반적인 NLP 작업을 하기 위한 도구 스위트를 유지한다. 이 도구들은 아파치 소프트웨어 라이선스ASL하에 라이선싱됐고, 원래 토마스 모튼Thomas Morton과 다른 사람들이 개발했으나 이제는 솔라와 유사한 아파치 소프트웨어 재단 프로젝트이고, 사용자와 기여자의 커뮤니티가 유지 보수한다. 몇 개의 도구가 개체명 인식을 수행하지만, 대부분은 오픈소스가 아니거나 대부분 연구 목적으로만 사용할 수 있는 라이선스 혹은 많은 기업에서 항상 사용 가능하다고 볼 수 없는 GPL 라이선스인 연구 프로젝트다. OpenNLP는 몇 가지 일반적인 개체 유형에 대해 잘 동작하는 모델 컬렉션과 같이 배포되고, 활발하게 유지와 지원이 이뤄진다. 이런 이유 및 우리가 이 소프트웨어 자체에 익숙하다는 이유로 개체명 인식 기능을 위해 여기 집중하겠다. OpenNLP는 미리 만들어진 모델과 같이 배포되는데, 이 모델을 사용하면 사용자가 고유명사와 수치 수량을 식별하고, 의미적으로 다른 7개의 카테고리로 태그를 붙일 수 있다. 카테고리와 이 카테고리로 나뉘는 텍스트 예제는 다음과 같다.

- **인명** Bill Clinton(빌 클린턴), Mr. Clinton(클린턴 씨), President Clinton(클린턴 대통령)
- **지명** Alabama(앨라배마), Montgomery(몽고메리), Guam(괌)
- **조직명** Microsoft Corp.(마이크로소프트 사), Internal Revenue Service(미국 국세청), IRS(미국 국세청), Congress(의회)
- **날짜** Sept. 3(9월 3일), Saturday(토요일), Easter(부활절)
- **시간** 6 minutes 20 seconds(6분 20초), 4:04 a.m.(오전 4:04), afternoon(오후)

- **비율** 10 percent(10%), 45.5 percent(45.5%), 37.5%

- **금액** $90,000(9만 달러), $35 billion(350억 달러), one euro(1유로), 36 pesos(36페소)

사용자는 자신의 특정 프로젝트 요구 사항에 맞춰 이 카테고리의 부분집합을 선택할 수 있다.

이번 절의 나머지에서는 OpenNLP를 텍스트에서 앞에 언급된 카테고리를 식별하는 데 사용하는 방법을 배우고, 그 다음 무엇이 추출됐는지 알아보는 데 도움을 주는 몇 가지 제공된 도구를 살펴본다. 마지막으로 OpenNLP의 점수를 이용해서 추출(또는 다수의 추출)이 올바를 확률을 해석하는 방법을 살펴보면서 이번 절을 마친다.

5.2.1 OpenNLP로 이름 찾기

자바 코드 약간을 가지고 OpenNLP를 사용해서 인명을 식별하는 방법의 예제를 살펴보는 것으로 시작해보자.

리스트 5.1 OpenNLP로 이름 확인하기[1]

```
String[] sentences = {
    "Former first lady Nancy Reagan was taken to a " +
        "suburban Los Angeles " +
    "hospital "as a precaution" Sunday after a " +
        "fall at her home, an " +
    "aide said. ",

    "The 86-year-old Reagan will remain overnight for " +
    "observation at a hospital in Santa Monica, California, " +
        "said Joanne " +
    "Drake, chief of staff for the Reagan Foundation."};
NameFinderME finder = new NameFinderME(
    new TokenNameFinderModel(new FileInputStream(getPersonModel()))
);
```

en-ner-person.bin 파일에 바이너리로 압축돼 있는 모델에 기반을 두고 인명을 식별하기 위한 새 모델을 초기화한다

---

1. OpenNLP의 주요 클래스와 사용법은 상당부분 그대로 남아있다. 이름 확인도 그러한 클래스로 보인다.

```
Tokenizer tokenizer = SimpleTokenizer.INSTANCE;          문장을 개별 단어와 기호로
                                                         나누기 위해 토큰 분리기를
for (int si = 0; si < sentences.length; si++) {          초기화한다.
    String[] tokens = tokenizer.tokenize(sentences[si]);    문장을 토큰의
    Span[] names = finder.find(tokens);                     배열로 나눈다.
    displayNames(names, tokens);                          문장의 이름을 식별하고 이 이름에
}                                                         대한 토큰 기준 오프셋을 반환한다.
                                                         문서에서 어떤 단어가 이전에 출현했는지, 이 단어가
finder.clearAdaptiveData();                               인명의 일부인지 고려하는 데이터를 저장한 데이터
                                                         구조를 제거한다.
```

이 예제에서 먼저 두 문장으로 구성된 문서를 만들고, NameFinderMe 클래스와, 그 클래스와 같이 사용할 토큰 분리기를 초기화한다. NameFinderMe 클래스는 찾으려는(이 경우에는 인명) 특정 개체명 유형을 식별하기 위한 모델을 받는데, 이 모델은 OpenNLP와 같이 배포되는 인명 모델 파일에 기반을 둔다. 각 문장은 토큰으로 나눠지고, 문장에 포함된 이름이 식별된 다음 사용자에게 표시된다. 마지막으로 문서 안의 모든 문장이 처리된 다음, clearAdaptiveData() 메소드를 호출한다. 이 메소드는 NameFinderMe에게 프로세싱 중에 저장된 모든 문서별 데이터를 지우라고 한다. 기본적으로 OpenNLP의 NameFinderMe 클래스는 이전에 이름의 일부로 식별됐는지에 대해 파악한다. 이 정보는 이어지는 언급도 이름의 일부로 간주돼야 하는지에 대한 좋은 신호다. clearAdaptiveData() 호출은 이 캐시를 삭제한다.

예제는 NameFinderMe가 한 번에 한 문장을 처리한다는 것을 보여준다. 명시적으로 요구되지는 않았지만, 이것은 문장 경계를 넘는 이름을 잘못 발견하는 일을 막아준다. 이름 탐색 프로세스가 출현한 이름을 나누지 않을 가장 작은 텍스트 단위를 처리하게 하는 편이 대체로 유익하다. 이 때문에 OpenNLP 구현은 모든 처리되는 텍스트 단위에 대해 최대 3개의 선택 가능한 이름 집합을 실제로 고려한다. 문서를 처리한다면 전체 문서에 대해 세 가지 선택지가 있지만, 문장을 처리한다면 각 문장에 대해 세 가지 대안을 얻는다.

NameFinderMe.find() 메소드의 입력은 토큰 시퀀스다. 처리될 각 문장을 토큰으로 나눠야 한다는 의미다. 여기서는 OpenNLP가 제공하는 문자 클래스에 기반

을 두고 토큰을 나누는 토큰 분리기를 사용한다. 토큰 분리 방식이 find() 메소드가 문장을 보는 방식에 영향을 미치기 때문에 새 이름을 찾을 때는 이름 탐색 모델을 훈련할 때와 같은 토큰 분리 프로시저를 사용해야 한다. 5.5절에서 대안적인 토큰 분리 방식을 사용한 개체명 인식 모델 훈련에 대해 설명한다.

5.2.2 OpenNLP로 식별된 이름 해석

NameFinderMe.find() 메소드는 입력 문장의 식별된 이름 위치를 지정하는 범위 span의 배열을 반환한다. OpenNLP의 범위 데이터 형식은 이름의 첫 토큰 인덱스 (getStart() 메소드를 통해 접근 가능하다)와 이름의 마지막 토큰 바로 뒤의 토큰 인덱스 (getEnd() 메소드를 통해 접근 가능하다)를 저장한다. 이번 경우 범위는 토큰 오프셋을 표현하는 데 사용됐지만, OpenNLP는 이 데이터 형식을 문자 오프셋을 나타내는 데도 사용한다. 다음 코드 시퀀스는 각 이름을 토큰 시퀀스로 한 줄로 출력한다.

리스트 5.2 OpenNLP로 이름 표시하기

```
private void displayNames(Span[] names, String[] tokens) {
    for (int si = 0; si < names.length; si++) {          이름 각각에 대해 반복한다.
        StringBuilder cb = new StringBuilder();
        for (int ti = names[si].getStart();
                ti < names[si].getEnd(); ti++) {          이름 안의 토큰 각각에
            cb.append(tokens[ti]).append(" ");           대해 반복한다.
        }
        System.out.println(cb.substring(0, cb.length() - 1));
        System.out.println("ttype: " + names[si].getType());
    }                                                     이름 끝의 추가 공백을
}                                                          제거하고 출력한다.
```

또한 OpenNLP는 이름을 표현하는 문자열로 범위를 바꾸는 유틸리티도 제공하는데, 리스트 5.3에서 했듯이 Span.spansToStrings() 메소드를 사용한다.

토큰으로 분리되지 않은 형태의 이름을 보고 싶다면 다음에서 볼 수 있듯 이름을

문자 오프셋에 매핑할 수 있다. 이런 경우 `tokenizePos()` 메소드를 사용해서 토큰의 문자열 표현 대신 토큰 분리기에 토큰에 대한 문자 오프셋 범위를 반환하게 요청할 수 있다. 이렇게 하면 원본 문장에서 이름이 출현한 위치를 알아낼 수 있다.

리스트 5.3 범위를 사용해 이름 출력하기

```
for (int si = 0; si < sentences.length; si++) {  ◄──── 문장 각각에 대해 반복한다.
    Span[] tokenSpans = tokenizer.tokenizePos(sentences[si]);
                                                       토큰으로 분리하고 문자
                                                       오프셋(범위)를 반환한다.

    String[] tokens = Span.spansToStrings(tokenSpans, sentences[si]);  ◄──┐
    Span[] names = finder.find(tokens);  ◄──┐            범위를 문자열로 변환한다.

                                           이름을 식별하고 토큰 기반 오프셋을 반환한다.
    for (int ni = 0; ni < names.length; ni++) {  ◄──── 이름의 시작 문자 인덱스를 계산한다.
        Span startSpan = tokenSpans[names[ni].getStart()];
        int nameStart = startSpan.getStart();

        Span endSpan = tokenSpans[names[ni].getEnd() - 1];  ◄──┐
        int nameEnd = endSpan.getEnd();        끝 문자 인덱스를
                                               계산한다(마지막 문자 + 1).

        String name = sentences[si].substring(nameStart, nameEnd);  ◄──┐
        System.out.println(name);

                                               이름을 표현하는
    }                                          문자열을 계산한다.
}
```

5.2.3 확률 기반 이름 필터링

OpenNLP는 인식된 특정 이름에 연결된 확률을 알아낼 수 있는 확률 모델을 사용한다. 이것은 특히 이름 검색기가 반환하는 이름 중 실수일 수 있는 일부를 걸러내고 싶은 경우 유용하다. 자동으로 잘못 인식된 이름을 알아볼 수 있는 방법은 없지만, 보편적으로 모델이 낮은 확률 값을 매긴 이름은 정확도가 떨어질 가능성이 높다. 특정 이름과 연관된 확률을 알아보려면 다음 리스트에 나오듯 각 문장을 처리한 다음 `NameFinderME.getProbs()` 메소드를 호출하면 된다. 반환된 값 배열은

입력으로 주어진 범위로 식별되는 이름들에 대한 값에 해당한다.

리스트 5.4 이름에 대한 확률 값 알아보기

```
for (int si = 0; si < sentences.length; si++) {   ◀──── 문장 각각에 대해 반복한다.
    String[] tokens = tokenizer.tokenize(sentences[si]);   ◀── 문장을 토큰 배열로 나눈다.
    Span[] names = finder.find(tokens);   ◀──── 이름을 식별해서 토큰 기반 오프셋을 반환한다.
    double[] spanProbs = finder.probs(names);   ◀──── 각각의 이름과 연관된
}                                                         확률 값을 반환한다.
```

그 다음 이름을 걸러내는 작업은 애플리케이션의 요구에 따라 확률이 얼마 이하
이면 이름을 제외할지에 대한 한계 확률 값을 정하는 일로 구성된다.

이번 절에서 OpenNLP를 사용해서 단일 이름 유형을 식별하는 방법과, 이름의
출현 위치를 표시하기 위해 OpenNLP가 사용하는 데이터 구조를 해석하는 방법과,
어떤 이름이 정확도가 높을 가능성이 높은지 알아보는 방법을 살펴봤다. 다음 절에
서는 여러 개의 이름을 식별하는 방법을 살펴보고, OpenNLP가 실제로 텍스트에
이름이 있는지 없는지 알아보는 방법을 자세히 알아본다.

5.3 OpenNLP를 이용한 심도 있는 개체 식별

이제 기초를 살펴봤으니 이런 도구를 사용해 실제 시스템을 만들 때 만날 만한
좀 더 고급 상황을 살펴보자. 5.1절에서 봤듯이 개체명을 식별하는 데는 여러 가지
접근법이 있다. 지금까지 살펴본 예제들은 단일 유형의 개체명만 연관됐다는 중요
한 제약이 있었다. 이번 절에서는 어떻게 OpenNLP를 사용해서 같은 문장에 있는
여러 가지 개체명 유형을 식별할 수 있는지와 개별 이름 유형을 식별하는 데 어떤
정보를 검토하는지에 대해 알아본다.

5.3.1 OpenNLP로 복수의 개체 유형 인식

OpenNLP에서 각 이름 유형은 단일 이름 유형을 식별하는 자기만의 독립적인 모델

을 사용한다. 이렇게 하면 특정한 애플리케이션이 필요로 하는 모델들의 부분집합만 채택하면 되고, 그 외의 이름 유형을 위한 자신만의 모델을 기존 모델에 더할 수 있다는 장점이 있다. 또한 다음에서 볼 수 있듯이 서로 다른 모델이 겹치는 텍스트 섹션에서 이름을 식별할 수 있음을 암시한다.

```
<person> Michael Vick </person>, the former <organization> <location>
Atlanta </location> Falcons </organization> quarterback, is serving a 23-
month sentence at maximum-security prison in <location> Leavenworth </
location>, <location> Kansas </location>.
```

여기서 **Atlanta**(애틀랜타)가 지명이자 조직명의 일부로 표시됐음을 볼 수 있다.

이런 접근법은 각 모델의 결과를 결합해야 한다는 단점이 있다. 이번 절에서는 이 문제를 극복할 몇 가지 접근법을 살펴본다. 또한 이름 유형마다 자체적인 모델이 있는 것은 성능과 훈련에도 영향을 미친다. 이런 영향에 대해서는 5.4절과 5.5절에서 더 자세히 알아본다.

각 모델이 다른 모델과 독립적이기 때문에 복수의 모델을 사용하려면 각각의 모델을 사용해 문장을 처리하는 식으로 단순하게 처리할 수 있지만, 그 대신 결과를 결합하는 일이 단순하지 않다는 문제가 있다. 리스트 5.5에서는 세 개의 모델에서 이름을 수집한다. 작업을 용이하게 하기 위해 이름 범위와 확률, 유형을 가진 Annotation 도우미 클래스를 만들었다.

리스트 5.5 동일 텍스트에 대해 여러 개의 이름 모델 실행하기

```
String[] sentences = {
    "Former first lady Nancy Reagan was taken to a " +
            "suburban Los Angeles " +
    "hospital "as a precaution" Sunday after a fall at " +
            "her home, an " +
    "aide said. ",
    "The 86-year-old Reagan will remain overnight for " +
    "observation at a hospital in Santa Monica, California, " +
```

```
                    "said Joanne " +
        "Drake, chief of staff for the Reagan Foundation."};
NameFinderME[] finders = new NameFinderME[3];
String[] names = {"person", "location", "date"};
for (int mi = 0; mi < names.length; mi++) {
```

en-ner-person.bin, en-ner-location.bin,
en-ner-date.bin 파일로부터 인명, 지명, 날짜를
식별하는 바이너리로 압축된 새 모델을 초기화한다.

```
        finders[mi] = new NameFinderME(new TokenNameFinderModel(
            new FileInputStream(
                new File(modelDir, "en-ner-" + names[mi] + ".bin")
            )));
}
```

문장을 단어와 심볼로 나눌 토큰
분리기에 대한 레퍼런스를 얻는다.

```
Tokenizer tokenizer = SimpleTokenizer.INSTANCE;
for (int si = 0; si < sentences.length; si++) {
```
◀── 문장 각각에 대해 반복한다.

```
    List<Annotation> allAnnotations = new ArrayList<Annotation>();
    String[] tokens = tokenizer.tokenize(sentences[si]);
```

문장을 토큰 배열로 나눈다.

```
    for (int fi = 0; fi < finders.length; fi++) {
```

각 이름 검색기(인명, 지명, 날짜)에 대해 반복한다.

```
        Span[] spans = finders[fi].find(tokens);
```
문장 내의 이름을 식별해서 토큰
기반 오프셋을 반환한다.

```
        double[] probs = finders[fi].probs(spans);
```
연관된 일치 범위와
확률을 얻는다.

```
        for (int ni = 0; ni < spans.length; ni++) {
            allAnnotations.add(
```
◀── 이름 검색기에서 인식된 이름을 수집한다.
```
                new Annotation(names[fi], spans[ni], probs[ni])
            );
        }
    }
    removeConflicts(allAnnotations);
}
```
겹치는 이름을 더 가능성이
높은 이름으로 지정한다.

세 모델의 결과를 결합하는 작업은 결과로 얻은 이름이 겹치는 경우에만 문제가 있다. 애플리케이션에 따라 이름이 겹칠 때에 대한 기준은 달라질 것이다. 이 결과를 결합하기 위해 일련의 사항을 고려해야 한다.

- 서로 다른 모델들이 동일 범위의 텍스트를 이름으로 인식해도 괜찮은가? 일반적인 경우 그렇지 않다.
- 더 긴 이름 안에 작은 이름이 발견돼도 괜찮은가? 일반적으로는 괜찮다.
- 이름이 겹치지만 각각 구별되는 텍스트를 포함할 수 있는가? 일반적으로는 아니다.
- 이름이 충돌한다면 어떤 기준을 판정에 사용해야 하는가? 일반적으로는 확률이다.

다음은 이런 기본 기준을 따르는 구현이다. 이름은 서로 다른 범위를 가져야 하고 겹쳐질 수는 있지만, 이 경우는 한 이름이 다른 이름을 완전히 포함해야 한다.

리스트 5.6 충돌하는 이름 찾기

```
private void removeConflicts(List<Annotation> allAnnotations) {
    java.util.Collections.sort(allAnnotations);  ◄──
                            이름을 범위의 시작 인덱스에 따라 오름차순으로,
                            끝 인덱스에 따라서는 내림차순으로 정렬한다.

    List<Annotation> stack = new ArrayList<Annotation>();  ◄──
    stack.add(allAnnotations.get(0));          이전 이름을 기록하는 스택을 초기화한다.
    for (int ai = 1; ai < allAnnotations.size(); ai++) {  ◄──
        Annotation curr = (Annotation) allAnnotations.get(ai);
        boolean deleteCurr = false;                이름 각각에 대해 반복한다.
        for (int ki = stack.size() - 1; ki >= 0; ki--) {  ◄── 스택에 있는
            Annotation prev = (Annotation) stack.get(ki);     항목마다 반복한다.
            if (prev.getSpan().equals(curr.getSpan())) {  ◄──
                if (prev.getProb() > curr.getProb()) {
                    deleteCurr = true;          이름 범위와 동일한 다른 이름
                    break;                      범위가 있는지 시험하고, 있다면
                } else {                        확률이 낮은 것을 제거한다.
                    allAnnotations.remove(stack.remove(ki));
```

```
            ai--;          ←────  For 루프의 끝에서 ai++를 무효화하기 위해
        }                          삭제 이후 이름의 인덱스를 갱신한다.
    } else if (prev.getSpan().intersects(curr.getSpan())) { ←───┐
        if (prev.getProb() > curr.getProb()) {                  │
            deleteCurr = true;              이름 범위가 다른 이름 범위와 겹치는지
            break;                          검사하고, 그렇다면 확률이 낮은 것을
        } else {                            제거한다.
            allAnnotations.remove(stack.remove(ki));
            ai--;      ←────  For 루프의 끝에서 ai++를 무효화하기 위해
        }                     삭제 이후 이름의 인덱스를 갱신한다.
    } else if (prev.getSpan().contains(curr.getSpan())) { ←────┐
        break;                          이름 범위가 다른 이름 범위에 포함되는지
                                        검사하고, 그렇다면 루프를 종료한다.
    } else {        ←────┐ 이름 범위가 다른 이름 범위에 포함되는지
        stack.remove(ki); │ 검사하고, 그렇다면 루프를 종료한다.
    }
}
if (deleteCurr) {
    allAnnotations.remove(ai);
    ai--;           ←────┐ 이름 범위가 다른 이름 범위를 넘어섰는지 검사하고,
    deleteCurr = false;   │ 그렇다면 이전 이름을 스택에서 제거한다.
} else {
    stack.add(curr);
    }
  }
}
```

여기 나온 병합 방식의 시간 복잡도는 문장의 길이에 따라 선형 비례하지만, 이름
이 다른 이름 내에 출현할 수 있게 했기 때문에 내포된 이름을 저장하는 스택을 처리
하는 두 번째 루프를 사용한다. 이 스택 크기는 절대로 사용되는 이름 유형의 숫자를
넘을 수 없기 때문에 두 번째 루프가 사용하는 시간은 상수로 취급할 수 있다. 이제
복수의 모델을 사용하는 데 대한 배경 지식 몇 가지를 설명했고 예제를 살펴봤으니
OpenNLP가 이름을 식별하는 방법에 대한 엔지니어링 세부 사항을 살펴보자.

5.3.2 후드 아래: OpenNLP가 이름을 식별하는 방법

엔지니어가 아닌 사람에게 "TV는 어떻게 동작합니까?"라고 물으면 아마도 "TV를 가리키고, 이 붉은 버튼을 누르면······"과 같이 대답할 것이다. 이제까지 설명한 OpenNLP로 만든 개체명 인식 소프트웨어를 사용하는 방법이 이런 종류의 답이었다. 이번 절에서는 그 소프트웨어가 개체명 인식 작업을 실제로 어떻게 수행하는지 살펴본다. 이 정보의 가치는 5.4절과 5.5절에서 성능과 사용자 요구 사항 맞춤 조정에 대한 주제를 다룰 때 증명한다.

OpenNLP는 이름 식별을 7장에서 다루는 것과 비슷한 태그 부착 작업으로 취급한다. 이 프로세스는 토큰마다 다음 세 가지 태그 중 하나를 붙이는 것이다.

- Start(시작) 새로운 이름을 이 토큰부터 시작한다.
- Continue(진행) 기존 이름에 이 토큰을 더한다.
- Other(기타) 이 토큰은 이름의 일부가 아니다.

전형적인 문장에 대해 이 태그 부착은 표 5.1과 유사하다.

표 5.1 개체명 인식을 위해 태그를 부착한 문장

0	1	2	3	4	5	6	7	8	9	10	11
"	It	is	a	familiar	story	,	"	Jason	Willaford	said	.
other	other	other	other	other	other	other	other	start	continue	other	other

Start 태그를 임의 개수의 continue 태그와 이으면 분류에 대한 시퀀스 예제가 Span들의 모음으로 변한다. OpenNLP가 사용하는 통계 모델링 패키지는 세 개의 태그를 예측해야 하는 시점을 결정하는 모델을 만든다. 이 모델은 가장 확률이 높은 결과를 예측하기 위해 코드에 지정된 자질^{feature}의 집합을 사용한다. 이 특성은 고유명사와 서로 다른 유형의 수치^{numeric} 문자열과 주변의 단어 및 태그 결정 문맥을 구별하기 위해 설계됐다. OpenNLP가 개체명 인식에 사용하는 자질은 다음과 같다.

1   태그 대상인 토큰

2   왼편으로 한 자리 옆 토큰

3   왼편으로 두 자리 옆 토큰

4   오른편으로 한 자리 옆 토큰

5   오른편으로 두 자리 옆 토큰

6   태그 대상 토큰의 토큰 유형

7   왼편 한 자리 옆 토큰의 토큰 유형

8   왼편 두 자리 옆 토큰의 토큰 유형

9   오른편 한 자리 옆 토큰의 토큰 유형

10   오른편 두 자리 옆 토큰의 토큰 유형

11   태그되는 토큰과 그 토큰의 토큰 유형

12   왼편 한 자리 옆 토큰과 그 토큰의 토큰 유형

13   왼편 두 자리 옆 토큰과 그 토큰의 토큰 유형

14   오른편 한 자리 옆 토큰과 그 토큰의 토큰 유형

15   오른편 두 자리 옆 토큰과 그 토큰의 토큰 유형

16   왼편 한 자리 옆 토큰의 예측 결과 또는 널[null]

17   왼편 두 자리 옆 토큰의 예측 결과 또는 널[null]

18   토큰과 왼편 한 자리 옆 토큰

19   토큰과 오른편 한 자리 옆 토큰

20   토큰 유형과 왼편 한 자리 옆 토큰 유형

21   토큰 유형과 오른편 한 자리 옆 토큰 유형

22   이 토큰 문자열에 이전에 할당된 결과 또는 널[null]

이들 중 다수의 자질은 태그되는 토큰이나 인접 토큰에 기반을 두지만, 일부 자질은 토큰 유형에 기반을 둔다. 토큰의 유형은 토큰이 모두 소문자로만 구성됐는가와 같이 토큰의 기본적인 성질에 준거한다.

이런 자질들은 사용된 단어와, 단어의 유형과, 이 문서나 문장에서 이전에 내린 결정에 기반을 두고 어떤 토큰이 개체와 그 유형을 구성하는지에 대한 판단을 모델로 만든다. 훈련 데이터가 충분한 정도로 개체 태그가 달려 있는 단어를 포함한다면 1번 자질을 사용하는 분류기는 단순히 그 단어를 기억한다. 6번 자질은 1번 자질과 비슷하게 태그 대상 단어에 집중하지만, 단어 자체를 사용하는 대신 토큰 유형을 사용한다.

개체명 인식에 사용된 토큰 유형은 다음과 같다.

1. 토큰이 알파벳 소문자로 구성됐다.

2. 토큰이 두 자리 숫자로 구성됐다.

3. 토큰이 네 자리 숫자로 구성됐다.

4. 토큰이 한 개의 숫자와 문자를 포함한다.

5. 토큰이 한 개의 숫자와 하이픈을 포함한다.

6. 토큰이 한 개의 숫자와 백슬래시를 포함한다.

7. 토큰이 한 개의 숫자와 쉼표를 포함한다.

8. 토큰이 한 개의 숫자와 마침표를 포함한다.

9. 토큰이 숫자를 갖는다.

10. 토큰이 대문자이고, 단일 문자다.

11. 토큰이 모두 대문자이고, 여러 문자로 구성된다.

12. 토큰의 첫 글자가 대문자이다.

13. 기타

여기서 서술한 토큰 유형은 특정 개체 유형을 예측하는 데 도움을 주기 위해 설계됐다. 예를 들어 토큰 유형 3번은 1984와 같은 연도를 가리킨다. 토큰 유형 5번과 6번도 날짜를 나타내고, 반면 토큰 클래스 7번과 8번은 화폐의 양을 나타낸다. 자질 2번에서 15번은 단어가 나타난 맥락을 고려할 수 있게 해서 워싱턴 Washington 같은 애매한 단어가 '워싱턴에서(in Washington)'의 맥락에서는 지명으로 인식되고, '워싱턴이 말하기를(Washington said)'의 맥락에서는 사람으로 인식될 가능성을 높인다. 자질 16번과 17번은 모델이 시작 태그에 따라오는 진행 태그를 감지할 수 있게 해주고, 자질 18번은 단어가 이미 인명 개체의 일부로 태그됐는지를 감지할 수 있게 하고, 이후 같은 단어를 언급하는 것 또한 인명 개체의 일부로 인식되게 한다. 이 자질 중 어떤 것도 그 자신만으로는 완전히 예측 가능하지 않지만, 경험적으로 이들을 가중합하면 보통 OpenNLP에 사용된 이름 유형을 포착할 수 있다.

자질은 OpenNLP가 인식하는 개체명 유형을 인식하는 데 필요한 정보의 종류를 나타낼 의도에 따라 선별된다. 어쩌면 자신의 애플리케이션 요구 사항을 OpenNLP가 인식하는 개체가 충분히 만족시킬 수도 있다. 이름을 인식하기 위한 자동화 기법은 절대로 완벽할 수 없기 때문에(또한 수작업 방식도 그럴 것이다) 애플리케이션을 만들 때 적당한 질문은 "그 방법들이 쓸 만한가?"이다. 다음 절에서 OpenNLP와 함께 배포되는 모델이 이런 개체를 얼마나 잘 인식하는지와, 그 소프트웨어의 실행 성능에 대해 살펴보겠다. 이런 성질은 이 소프트웨어를 바로 사용할 수 있는지와, 어떤 애플리케이션에 적용할 수 있는지를 결정하는 데 도움을 줄 것이다. 이 경우 이 책에서 보여준 자질은 새로운 개체 유형을 모델링하는 데 필요한 종류의 정보를 감안하지 못했을 수 있다.

5.4 OpenNLP의 성능

개체명 인식과 연관된 성능의 세 가지 영역을 고려하자. 첫째는 언어 정보 태그 아니면 특히 OpenNLP 구성 요소가 찾는 이름의 품질이다. 이전에 설명했던 것처럼 언어 분석은 절대로 완벽할 수 없지만, 시스템이 사람이 하는 것과 얼마나 일치하는 결과를 내는지는 그치지 않고 살펴봐야 한다. 이 정보를 사용해서 모델이 제공하는 결과가 애플리케이션에 사용하기 충분히 정확한지, 아니면 추가적인 학습 자료나 사용자 요구 사항에 맞춘 설정이 필요할지 알아볼 수 있다.

고려할 성능의 두 번째 영역은 작업을 수행하는 속도다. OpenNLP가 실행 시간 효율을 개선하기 위해 수행하는 몇 가지 최적화에 대해 설명하고, 텍스트에 적용할 수 있는 여러 가지 모델의 속도를 평가한다. 마지막으로 이름 검색기를 실행하는 데 필요한 메모리의 양에 대해 살펴본다. 이전에 언급했듯 개체명 인식 모델은 따로따로 취급되기 때문에 원하는 모델만 사용하면 된다. 부분적인 이유는, 개체명 인식 모델에 대량의 메모리가 필요하기 때문이다. 메모리가 얼마나 필요한지 정확히 살펴보고 차후 모델을 적재하는 데 필요한 메모리의 양을 상당히 줄여주는 접근법에 대해서도 살펴본다. 이런 정보는 이 기술을 애플리케이션에 적용할 만한지, 구체적으로 개체명 기술을 온라인 방식으로 포함시킬 수 있는지, 아니면 오프라인 배치 프로세스로 포함시켜야 하는지 알아보는 데 사용할 수 있다.

5.4.1 결과의 품질

개체명 인식 시스템의 언어학적 품질은 훈련에 사용된 데이터에 달려 있다. OpenNLP는 MUC-7(http://www-nlpir.nist.gov/related_projects/muc/proceedings/muc_7_toc.html) 작업을 위해 설계된 데이터로 개체명 모델을 훈련한다. 개체명을 식별하는 시스템에 대한 연구를 위해 일반적으로 이 데이터 집합을 사용한다. 이 작업은 무엇이 인명, 조직, 지명, 그 외의 개체 유형인지에 대한 구체적인 기준을 갖고 있다. 이들이 분명한 카테고리처럼 보이지만, 실제 텍스트에서는 명백하지 않고 해결 지침이 필요한 경우가 얼마간 발생한다. 예를 들어 대부분의 인공물은 Space Shuttle Discovery 같이 이름이 있지만 분류되지 않는데, 지침에 따르면 공항은 지명으로 간주된다. 이 카테고리를 식별하기 위해 학습할 때는 특정한 극단 상황에서 선택된 집합 자체는 중요하지 않고, 모델이 학습할 수 있게 일관적으로 정보 태그를 붙였는지가 중요하다.

MUC-7 작업을 위한 훈련과 테스트 집합을 사용해서 OpenNLP와 같이 배포되는 모델을 평가했다. OpenNLP는 테스트 집합에 있는 데이터로 훈련되지 않기 때문에 이것은 또한 처음 보는 텍스트에 대한 성능의 합리적인 척도를 제공한다. 평가 결과는 표 5.2에 나타냈다.

정밀도Precision(관련 내용은 3장 참고)는 시스템이 이름을 식별했을 때 얼마나 자주 그 이름이 정답인지에 대한 척도다. 재현율Recall은 실제 이름 전체에 대해 이름이 얼마나 식별됐는지에 대한 척도다. F 척도F-measure는 정밀도와 재현율의 가중 조화 평균이다. 이 경우 F 척도는 정밀도와 재현율에 동일하게 가중치를 주어 계산된다.

이 결과에서 시스템이 적어도 75%의 개체를 인식할 수 있고 10% 정도만 오판임을 볼 수 있다.

표 5.2 OpenNLP가 생성한 정보 태그의 품질 평가

데이터 집합	정밀도	재현율	F 척도
train muc7	87	90	88.61
test muc7	94	75	83.481

5.4.2 실행 시간 성능

우리가 고려할 두 번째 성능 영역은 실행 시간 성능이다. 5.1.2절에서 설명했듯이 모델은 문장의 단어 각각에 시작start, 진행continue, 기타other 태그를 달아 이름을 식별 한다. 감지해야 하는 이름 유형마다 모델은 토큰이 어떤 유형인지 결정해야 한다는 의미다. 처리되는 텍스트 단위 아무것에나 최대 3개의 이름 집합을 고려할 수 있기 때문에 작업이 3배로 늘 수 있다. 모델이 시스템에 추가되는 데 따라 이 비용은 감당하지 못할 정도로 커질 수 있다.

OpenNLP는 이 처리 비용을 두 가지 방법으로 줄인다. 첫째, 결과 확률을 캐시해 서 결과를 예측하기 위해 생성한 자질이 세 가지 이름 집합 중 어떤 것에서든 같으 면 그 확률 분포를 한 번만 계산해서 결과를 캐시한다. 둘째, 자질 생성 자체에 대해서도 캐싱을 수행한다. 모든 모델에 걸쳐 같은 자질을 사용하고, 문장은 한 번에 하나씩 처리되기 때문에 모델이 전에 내린 결정에 종속적이지 않은 문장 수준 자질은 한 번 계산돼 캐시된다. 이 결과, 모델을 적게 사용할수록 많이 사용하는 것보다 확실히 빠르긴 하지만, 모델을 추가한다고 선형적으로 속도가 감소하지는 않는다. 그림 5.2의 성능 그래프는 모델이 증가하는 데 따라 실행 시간 성능이 정확히 선형 방식으로 줄어들지는 않음을 보여준다.

5.5절에서는 유연성을 약간 포기하지만 모든 개체 유형을 감지하면서도 단일 모델에 비견될 정도의 성능을 보이는 대안 모델을 설명한다.

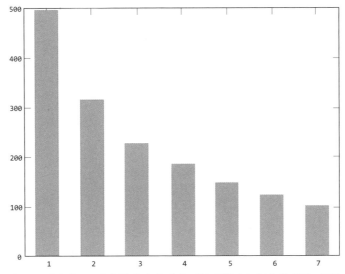

그림 5.2 식별되는 모델 유형의 수에 대해 이름 검색기가 초당 처리하는 문장 수

5.4.3 OpenNLP의 메모리 사용량

이번 절에서는 OpenNLP의 개체명 인식 시스템의 메모리 요구 사항을 살펴본다. 이전 절에서 보았듯이 분리된 모델들을 관리하는 데는 비용이 좀 든다. person 모델을 사용할 때 프로세스가 소모하는 메모리는 대략 68M이다. 이 공간의 일부는 코드와 JVM이 사용하지만, 그 메모리 중 약 54M은 모델이 차지한다. 모델은 자질, 결과, 파라미터 값으로 구성되지만, 대부분의 공간은 자질의 이름을 저장하는 데 사용된다. 여기서 어휘 자질을 사용하므로 훈련 데이터에서 특정 횟수 이상 출현하는 모든 단어는 모델의 자질로 저장될 것이기 때문이다. 어휘 자질은 다른 어휘와 비어휘적 자질과 결합될 수 있기 때문에 모델이 저장해야 하는 자질의 전체 개수는 거대 규모일 수 있다. 모든 모델을 메모리에 적재하려면 약 400M의 메모리가 필요하다.

이전 절에서 개체명 모델 각각이 같은 자질 집합을 사용한다고 언급했다. 같은 데이터에 대해 훈련된다면 모두 같은 자질을 포함할 것이고, 다른 유형의 개체명에는 다른 요소가 중요한 데 따라 자질에 대한 파라미터 값만 달라질 것이다. 모델이 같은 데이터에 대해 훈련되지 않더라도 두 조각의 텍스트가 같은 단어를 상당히 포함함에 따라 상당량의 자질이 겹칠 것이다. 이 자질에게 할당된 메모리를 어떻게 공유할 수 있다면 한 개 이상의 모델을 사용할 때 상당량의 메모리를 줄일 수 있을 것이다. 이에 대한 한 가지 접근 방식은 자바의 String.intern() 메소드다. 이 메소드는 문자열 풀^{pool}을 구현해서 메소드가 적용된 문자열의 정해진 표현을 반환한다. 이 메소드를 사용해서 특정 문자열에 대한 모든 참조는 메모리의 동일한 객체를 참조하게 보장할 수 있다.

이 책의 소스코드는 이런 효과를 얻기 위해 String.intern() 메소드를 사용하는 모델 리더를 포함한다. 다음 예제는 이 모델 리더를 사용하는 방식을 보기 위해 여러 개의 이름 모델을 사용하는 이전 예제를 다시 설명한다.

리스트 5.7 개체명 인식의 메모리 크기를 줄이기 위해 문자열 풀링 사용하기

```
String[] names = {"person","location","date"};
NameFinderME[] finders = new NameFinderME[names.length];
for (int mi = 0; mi < names.length; mi++) {        ◀─── 인명, 지명, 날짜를 식별하기
    finders[mi] = new NameFinderME(                      위해 이름 검색기 초기화하기
        new PooledTokenNameFinderModel(  ◀─── 메모리 사용량을 줄이기 위해
            new FileInputStream(                  문자열 풀링 모델을 사용하기
                new File(modelDir, "en-ner-"
                    + names[mi] + ".bin")))));
}
```

이 접근 방식을 사용하면 대략 175M의 메모리를 아껴 일곱 개 모델을 약 225M 의 메모리를 사용해서 전부 메모리에 적재할 수 있다. 자질을 공통 표현으로 매핑하는 작업은 모델 적재 시점에 수행되므로 텍스트에 모델을 적용하는 실행 시간 성능에는 영향이 없다.

이제 OpenNLP 품질, 속도, 메모리 사용량에 대한 기초 지식을 알았으니 다음 단계로 넘어가서 어떻게 OpenNLP를 자신의 도메인에 대해 맞추는지 살펴보자. 다음 절에서 자신만의 모델을 훈련하기 위한 조건과 자신의 애플리케이션에 맞춰

배치하기 위해 필요한 작업을 살펴본다.

5.5 OpenNLP 개체명 식별을 새 도메인의 요구 사항에 맞추기

많은 경우 OpenNLP가 제공하는 모델은 적용 대상인 애플리케이션이나 도메인에서 사용하기에 충분하다. 그러나 자기만의 모델을 훈련하고 싶은 경우가 있을 수 있다. 이번 절에서는 OpenNLP로 모델을 훈련하는 방법과 이름을 예측하는 데 사용되는 자질을 바꾸는 방법을 다루고, OpenNLP를 다른 방식으로 사용해서 인명을 인식하는, 어떤 상황에서는 이득이 되는 방법을 설명한다.

5.5.1 모델 훈련 이유와 방법

자기만의 모델을 훈련하려는 이유는 많다. 예를 들어 탈것^{vehicle}과 같이 새로운 유형의 개체를 식별해야 할 수 있다. 또는 OpenNLP가 지원하는 사람이나 다른 어떤 종류의 개체를 감지해야 하지만, OpenNLP와 같이 제공되는 모델이 잘 수행하지 못하는 정도로 도메인이 크게 다를 수도 있다. 아니면 OpenNLP 모델이 사용하는 인명의 정의와 다른 정의가 필요한 특별한 경우가 있을 수도 있다. 게다가 다른 개체명 유형을 감지하거나 다른 도메인에 대해 동작할 때 모델에 사용하고 싶은 새로운 자질이 있을 수도 있다. 마지막으로 OpenNLP가 사용하는 토큰 분리 방식이 도메인에 적절하지 않거나 다음 처리에 부적절할 수 있는데, 이 경우 다른 토큰 분리 도구를 사용해서 모델을 훈련하고 싶을 것이다.

　OpenNLP로 새 모델을 훈련하는 데 가장 어려운 점은 실용적 훈련 데이터를 통계적 모델링을 하기에 충분한 만큼 찾거나 생성하는 것이다. 어떤 데이터 집합은 공개돼 사용할 수 있지만, 새로운 개체 유형에 대한 모델을 구축하고 있다면 거의 확실히 자기만의 텍스트에 텍스트 특징을 나타내는 정보 태그를 붙여야 한다. 정보를 붙이는 데는 시간이 들지만, 일반적으로 특수한 기술이 있는 사람이 필요하지 않고, 대개 규칙 집합을 생성하는 프로그래머를 쓰는 것보다 비용이 적게 든다. 정보를 붙인 데이터 집합은 다른 유형의 모델에 대해서 재활용할 수 있기 때문에 모델이 향상되면(어쩌면 더 예측이 잘 되는 자질 인식과 같이) 추가적인 비용을 들이지 않고도 개체명 인식 시스템의 성능을 향상시킬 수 있다. 개체명 인식을 위한 전형적인 데이터 집합은 적어도 훈련을 위한 10,000~15,000개의 단어로 구성된다. 또한 진행을 평가하고 시스템 변화가 전체 성능을 향상시키는지 확인하기 위해서도 정보 태그가 붙은 데이터를 조금 떼어둬야 한다.

OpenNLP와 함께 배포되는 모델의 성능을 향상시키기 위한 선택지는 더 많다. OpenNLP가 모델 집합을 같이 배포하지만, 라이선스 문제 때문에 이 모델을 구축하는 데 사용된 훈련 데이터는 같이 배포하지 않는다. 이 문제에 대한 일반적인 해결책 세 가지는 다음과 같다.

- **도메인에 속하는 데이터만 사용하라.** 충분한 데이터가 있으면 도메인을 목표로 한 가장 정확한 모델을 생산할 가능성이 커진다.
- **별도 모델을 구축해서 결과를 결합하라.** 이번 절에서 이전에 본 접근 방식인 다른 유형의 정보 태그를 결합하는 것과도 유사하지만, 이번 경우에서만 두 분류기가 같은 분류를 예측한다. 두 분류기의 정밀도가 높을 경우 그 둘을 결합하면 재현율을 향상하는 데 도움이 될 것이다.
- **훈련 데이터를 위해 OpenNLP 모델의 출력을 사용하라.** 이것은 사용할 가용 훈련 데이터의 분량을 부트스트랩하는 방법이다. 약간의 인간 수정과 결합되면 최고로 동작한다. OpenNLP 모델은 뉴스 서비스의 텍스트로 훈련됐기 때문에 유사한 텍스트에 대해 적용하면 최고의 결과를 얻는다.

OpenNLP를 사용자 요구 사항에 맞춰 조정하는 이유가 무엇이든 다음 절의 내용을 읽으면 프로세스를 착수하는 방법을 이해할 수 있을 것이다.

5.5.2 OpenNLP 모델 훈련

이제 새 개체명 인식 모델 훈련을 언제 하는지, 그리고 그 훈련을 하는 이유가 무엇인지가 확실해졌고, 정보 태그를 붙인 데이터를 갖고 있으니 훈련 방법을 살펴보자. OpenNLP는 훈련용 코드를 `NameFinderMe.main()` 안에서 제공하는데, 문자열 인코딩이나 다른 일부 자질을 지정할 수 있는 옵션을 제공한다. 다음 리스트에서는 그 코드에서 불필요한 부분을 빼고 살짝 재배열한 코드를 살펴본다.

리스트 5.8 OpenNLP로 개체명 모델 훈련하기

```
File inFile = new File(baseDir,"person.train");
NameSampleDataStream nss = new NameSampleDataStream(      ◄─────┐
    new PlainTextByLineStream(                              정보 태그가 붙은 데이터에 기초한
        new java.io.FileReader(inFile)));                   이름 표본 스트림을 생성한다.

int iterations = 100;
int cutoff = 5;
TokenNameFinderModel model = NameFinderME.train(      ◄─────┐
        "en", // language                               모델을 훈련한다.
        "person", // type
        nss,
        (AdaptiveFeatureGenerator) null,
        Collections.<String,Object>emptyMap(),
        iterations,
        cutoff);

File outFile = new File(destDir, "person-custom.bin");
FileOutputStream outFileStream = new FileOutputStream(outFile);
model.serialize(outFileStream);      ◄─────── 모델을 파일에 저장한다.
```

코드의 첫 두 줄은 훈련 데이터를 포함한 파일을 지정하고 NameSampleStream
을 생성한다. NameSampleStream은 일련의 NameSample을 따라 반복할 수 있게
해주는 단순한 인터페이스이고, NameSample은 개체명 범위span와 토큰을 들고 있
는 단순한 데이터 구조다. NameSampleDataStream은 인터페이스를 구현하고, 한
줄당 한 문장을 해석한다. 줄 내용 각각은 스페이스로 구분된 토큰으로 구성되는
데, 이름은 스페이스로 구분된 <START>와 <END> 태그로 표시된다.

```
"It is a familiar story" , <START> Jason Willaford <END> said .
```

이 형식에 대한 지원이 제공되지만, 다른 형식도 NameSampleStream 인터페이스를 구현하면서 그 형식을 해석하는 클래스를 작성해서 쉽게 지원할 수 있다.

훈련 루틴은 여러 개의 파라미터를 갖는다. 처음 두 가지는 생성하는 모델의 언어와 형식을 나타낸다. 다음은 NameSample을 생성하는 데 사용될 NameSample DataStream인데, NameSample들은 모델을 훈련하는 데 사용될 이벤트의 스트림으로 바뀐다. 5.1.2절에서 봤듯이 OpenNLP는 이름 각각을 맥락 자질 집합에 기반을 둔 시작start/진행continue/기타other 태그 결정의 연속으로 본다.

train 메소드의 다음 파라미터는 ModelUtil.createTrainingParameters 메소드로 생성한 훈련 파라미터를 포함한 객체다. 이것은 반복 횟수와 모델 생성에 사용되는 자질 컷오프를 캡슐화한다. 이 반복 파라미터는 대체로 무시할 수 있지만, 모델이 훈련하는 데 따라 100번 반복 단계마다 출력한다. 자질 컷오프 파라미터는 모델에 자질이 포함되려면 출현해야 하는 최소 출현 횟수를 제공한다. 기본 설정은 5회 미만 출현하는 자질은 모델에 포함되지 못한다는 점이다. 이것은 모델의 크기를 제어하는 데 더해 가능한 한 잡음의 양을 제어하기 위해 필요한 것인데, 모델은 적은 횟수로만 출현하는 자질에 대한 파라미터 값을 정확히 추측하지 못하기 때문이다. 이 값을 너무 적게 설정하면 모델이 이전에 본 적 없는 데이터에 대해 제대로 동작하지 못하게 된다. 그러나 작은 데이터 집합에 대해서는 이 컷오프 값은 모델이 훈련 데이터에서 본 적 있는 사례의 단어가 5회 미만 나타나고 사례의 맥락이 잘 예견되지 않으면 그 사례를 적절치 않게 분류할 수 있다는 의미다.

train 메소드의 다음 파라미터들은 자리채움자다. AdaptiveFeatureGenerator 파라미터에 대해 널 값을 넣으면 NameFinderME가 개체명 식별에 대해 효과적인 기본 자질 생성기 집합을 사용하게 된다. resources 인자에는 빈 맵map이 쓰였는데, 생성된 모델에 추가할 추가적인 리소스가 없기 때문이다.

마지막 몇 줄의 코드는 모델을 디스크에 기록한다. 파일명은 모델이 바이너리 형식이면서 함축된 형태로 기록돼야 한다는 것을 나타낸다. 지금 설명한 형식이 새로운 텍스트에 모델을 적용하는 코드가 기대하는 형식이다. 그러나 opennlp. maxent 패키지는 다른 형식도 지원한다.

5.5.3 모델링 입력 바꾸기

지금까지 자체 모델을 훈련하려고 할 만한 이유를 설명하고 모델 훈련의 기초를 보여줬다. 이전에 언급한 것과 같이 자체 정보 태그를 붙인 데이터를 얻거나 구축하는 데 더해 모델링 절차에 대한 입력을 수정하는 데는 두 가지 이유가 관련된다. 먼저 살펴볼 수정 사항은 토큰 분리 프로세스를 수반한다.

토큰 분리 프로세스를 변경하려면 두 단계를 거쳐야 한다. 첫째, 훈련 프로시저에서 훈련과 테스트 텍스트는 어떤 원래 형식에서든 이전 절에서 보인 Jason Willaford 예제와 유사한 스페이스로 구분된 토큰을 포함한 형식으로 변환돼야 한다. 이 변환이 적절한 방식으로 수행될 수 있지만, 작업의 두 번째 단계인 처음 보는 텍스트에 모델 적용에서 사용되는 것과 같은 코드 베이스를 사용하기를 권한다. 처음 보는 텍스트에 모델을 적용하기 위해 이것은 새 토큰을 식별하고 토큰을 `NameFinderME.find` 메소드에 전달하는 문제다. 이 단계는 5.2절에서 사용한 `opennlp.tools.tokenize.SimpleTokenizer`와 유사한 자신의 **OpenNLP** `Tokenizer` 클래스를 직접 구현하는 작업을 수반한다. 이 클래스를 확장하는 것은 문자열을 쪼개고 문자열 배열을 반환하는 작업만 수반하기 때문에 예제를 보여주는 것은 생략하고 대신 사용된 자질의 변경을 살펴보는 것으로 옮겨가겠다.

훈련과 테스트 루틴의 입력에 추가할 그 외의 변경 사항은 이름을 예측하기 위해 모델이 사용한 자질을 변경하는 것이다. 토큰 분리와 같이 이름을 식별하기 위해 사용하는 자질을 변경하는 작업도 단순한데, 다음에 보이는 것처럼 `NameFinderME` 클래스가 자질 생성기의 컬렉션을 포함하게 설정될 수 있는 `Aggregated FeatureGenerator`를 받아들이게 설정됐기 때문이다.

리스트 5.9 OpenNLP로 개체명 인식을 위한 사용자 맞춤 자질 생성하기

```
AggregatedFeatureGenerator featureGenerators =
    new AggregatedFeatureGenerator(  ◀──── 아래 정의된 세 개의 생성기를 포함하는
        new WindowFeatureGenerator(        집계된 자질 생성기를 만든다.
            new TokenFeatureGenerator(), 2, 2),  ◀── 5 토큰 윈도우(왼편에 2개,
        new WindowFeatureGenerator(              오른편에 2개)의 토큰에
                                                  해당하는 자질 생성기를 만든다.
```

```
new TokenClassFeatureGenerator(), 2, 2),   ◄──────┐
                    5 토큰 윈도우(왼편에 2개, 오른편에 2개)의 토큰
                    유형에 해당하는 자질 생성기를 만든다.

  new PreviousMapFeatureGenerator()  ◄────┐
                                          │  이 토큰이 이전에 어떻게 태그됐는지를
  );                                         명시하는 자질 생성기를 만든다.
```

OpenNLP는 선택 가능한 서로 다른 여러 가지 `AdaptiveFeatureGenerator` 구현을 많이 포함한다. 아니면 스스로 쉽게 구현할 수도 있다. 다음은 사용할 수 있는 클래스 몇 가지와 그 클래스가 하는 일이다.

- **CharacterNgramFeatureGenerator** 토큰 각각에 대해 자질을 생성하기 위해 문자 n그램을 사용한다.
- **DictionaryFeatureGenerator** 사전에 토큰이 포함됐다면 자질을 생성한다.
- **PreviousMapFeatureGenerator** 결과가 이전에 출현한 단어와 연관됨을 나타내는 자질을 생성한다.
- **TokenFeatureGenerator** 토큰 자체를 포함하는 자질을 생성한다.
- **TokenClassFeatureGenerator** 다양한 토큰 측면을 반영하는 자질을 생성한다. 문자 클래스(숫자/알파벳/구두점), 토큰 길이, 대소문자
- **TokenPatternFeatureGenerator** 문자 클래스에 기초해서 토큰을 부분 토큰 subtoken으로 나누고 부분 토큰 각각과 부분 토큰 조합에 대한 클래스 자질을 생성한다.
- **WindowFeatureGenerator** 토큰 윈도우(왼편으로 1, 오른편으로 1과 같이)를 가로질러 정해진 `AdaptiveFeatureGenerator`에 대한 자질을 생성한다.

여기서 보인 것과 같이 훈련 루틴에서 `NameFinderEventStream` 클래스 호출을 수정해야 하고, 사용자 맞춤 `NameContextGenerator` 클래스 생성자도 포함하게 해야 한다.

리스트 5.10 OpenNLP의 사용자 맞춤 자질을 사용해서 개체명 모델 훈련하기

```
File inFile = new File(baseDir,"person.train");
NameSampleDataStream nss = new NameSampleDataStream(      ◀──────┐
    new PlainTextByLineStream(
                                                  표본 스트림을 생성한다.
        new java.io.FileReader(inFile)));

int iterations = 100;
int cutoff = 5;
TokenNameFinderModel model = NameFinderME.train(      ◀──────┐
    "en", // language
                                          사용자 맞춤 자질 생성기로
    "person", // type                     모델을 훈련한다.
    nss,
    featureGenerators,
    Collections.<String,Object>emptyMap(),
    iterations,
    cutoff);

File outFile = new File(destDir,"person-custom2.bin");
FileOutputStream outFileStream = new FileOutputStream(outFile);
model.serialize(outFileStream);      ◀────── 모델을 파일로 저장한다.
```

비슷하게 테스트를 할 때도 다음과 같이 NameFinderME 클래스에 대한 호출을
수정하고 NameContextGenerator의 클래스 생성자도 포함하게 해야 한다.

리스트 5.11 OpenNLP의 사용자 요구 사항에 맞춘 자질과 개체명 모델 사용하기

```
NameFinderME finder = new NameFinderME(
    new TokenNameFinderModel(
        new FileInputStream(
            new File(destDir, "person-custom2.bin")
            )), featureGenerators, NameFinderME.DEFAULT_BEAM_SIZE);
```

OpenNLP의 훈련 메커니즘에 대한 입력을 변경하는 방법을 탐구했으니 이제 새로운 이름 유형을 모델링하고 감지하는 개체명에 대한 새로운 유형의 정보를 감지할 수 있다. 이렇게 하면 다양한 기타 이름 유형과 텍스트 도메인으로 소프트웨어를 확장할 수 있다. 이 정보로 무장했어도 어떤 경우에 서로 다른 개체 유형을 유연하게 모델링하기 위한 OpenNLP의 트레이드오프는 메모리와 실행 시간 성능 측면에서 너무 큰 비용이 될 수 있다.

다음 절에서는 향상된 성능을 인식하기 위해 OpenNLP의 개체명 소프트웨어를 사용자 요구 사항에 더 맞춰 변경하기 위한 몇 가지 방법을 탐구한다.

5.5.4 이름을 모델로 만드는 새로운 방법

이전에 OpenNLP가 사용자가 사용하고 싶은 모델을 유연하게 고를 수 있게 하기 위해 이름 유형 각각에 대해 분리된 모델을 생성하는 것을 설명했다. 이번 절에서는 그만큼 유연하지는 않지만 다른 장점이 있는 대안적 이름 모델링 방법을 살펴본다. 앞에서 토큰 각각에 대해 세 가지 결과(start, continue, other) 중 하나를 예측해서 이름을 모델링하는 것을 살펴봤다. 여기서는 모델의 결과가 식별되는 개체 유형도 포함하는 모델을 고려한다. 이 접근법을 사용하면 모델이 예측하게 하고 싶은 유형에 따라 person-start, person-continue, date-start, date-continue, other 등과 같은 결과를 예측하게 된다. 표 5.3은 문장에 배정된 예측 값을 보여준다.

표 5.3 개체명 인식에 대한 대안 모델을 사용해 태그된 문장

0	1	2	3	4	5	6	7	8	9
Britney	Spears	was	reunited	briefly	with	her	sons	Saturday	.
person-start	person-continue	other	other	other	other	other	other	date-start	other

이름 유형 각각에 대해 분리된 모델을 사용하는 접근 방법에 비해 몇 가지 분명한 이점을 제공하지만, 제약과 단점도 좀 있다.

장점은 다음과 같다.

- **잠재적 실행 시간 이득** 단일 모델이 사용됐기 때문에 자질은 모든 카테고리에 대해 한 번만 계산되면 된다. 비슷하게 모델에 대해 예측 집합 하나만 계산되면 된다. 문장을 처리할 때 살펴보는 대안 집합의 크기는 가능한 한 결과가 많아지는 데 따라 증가돼야 하지만, 계산되는 이름 유형 각각에 대해 3개가 필요한 것과는 다르다.

- **잠재적 메모리 절약** 모델과 같이 하나의 자질 집합만 메모리에 적재되면 된다. 또한 파라미터가 더 적은데, 이 모델에서는 other 태그가 이름 유형에 걸쳐 공유되기 때문이다.

- **개체 병합** 단일 모델만 있어서 개체 병합 프로세스가 필요하지 않다.

단점은 다음과 같다.

- **겹치지 않는 개체(non-overlapping entities)** 토큰마다 단일 태그만 배정되기 때문에 내포된 개체명은 태그될 수 없다. 주로 훈련 데이터의 가장 긴 범위로 개체명을 태그하는 것으로 처리한다.

- **잠재적 메모리/실행 시간 손실** 단일 모델만 있기 때문에 필요한 모델의 일부만 선택해서 사용할 수 없다. 이것은 메모리나 실행 시간 불이익을 초래할 수 있는데, 특히 하나나 두 개의 카테고리만 필요한 경우 그렇다.

- **훈련 데이터** 모든 카테고리에 대해 정보 태그를 달지 않은 훈련 데이터를 이용할 수 없다. 이 모델에 새로운 카테고리를 추가하면 모든 훈련 데이터에 정보 태그를 붙여야 한다.

어떤 트레이드오프 집합에 따라서든 이 접근법의 선호 여부는 애플리케이션 요구 사항에 달려 있다. 애플리케이션에 대해 최적으로 동작하는 이 두 가지 모델의 조합일 수도 있다. 5.3.1절에서 설명한 개별 모델을 결합하는 메소드는 이 유형의 모델을 개발될 수 있는 단일 이름 유형 모델에 결합하는 데도 적용할 수 있다.

이 유형의 모델을 구축하기 위해 두 가지 변경 사항을 적용해야 한다. 첫 번째는 훈련 데이터가 단일 정보 태그 유형 대신 모든 정보 태그를 반영해야 한다는 것이다. 이것은 훈련 데이터를 복수의 태그 유형을 지원하는 형식으로 변경하는 것으로 수행할 수 있다. 이를 반영한 한 가지 사례는 다음과 같다.

```
<START:person> Britney Spears <END> was reunited with her sons <START:date>
    Saturday <END>.
```

이 형식의 훈련 데이터를 갖고 **OpenNLP**가 제공하는 NameSampleDataStream 을 5.5.2절에서 한 방식과 같이 사용할 수 있다. 리스트 5.12의 코드는 그런 모델 이 어떻게 생산되는지 보여준다.

리스트 5.12   서로 다른 이름 유형으로 모델 훈련시키기

```
String taggedSent =
    "<START:person> Britney Spears <END> was reunited " +
    "with her sons <START:date> Saturday <END> ";
ObjectStream<NameSample> nss = new NameSampleDataStream(
        new PlainTextByLineStream(new StringReader(taggedSent)));
TokenNameFinderModel model = NameFinderME.train(
        "en",
        "default" ,
        nss,
        (AdaptiveFeatureGenerator) null,
        Collections.<String,Object>emptyMap(),
        70 , 1 );

File outFile = new File(destDir,"multi-custom.bin");
FileOutputStream outFileStream = new FileOutputStream(outFile);
model.serialize(outFileStream);
NameFinderME nameFinder = new NameFinderME(model);

String[] tokens =
        (" Britney Spears was reunited with her sons Saturday .")
        .split("\\s+");
Span[] names = nameFinder.find(tokens);
displayNames(names, tokens);
```

이 모델은 start와 continue 결과를 주어진 유형의 이름에 매핑한다. 이름 유형은 결과의 태그 이름 앞에 추가된다. person-start와 person-continue 태그의 시퀀스는 인명을 명시하는 토큰 범위를 생성하고, 비슷하게 date-start와 date-continue는 날짜를 명시한다. 이름 유형은 모델을 사용해 입력을 처리할 때 생성된 범위 각각의 getType() 메소드를 통해 접근된다.

5.6 정리

텍스트에 출현하는 고유명사를 식별하고 분류하는 작업은 텍스트 처리를 수반하는 애플리케이션을 위한 풍부한 정보 소스가 될 수 있다. 어떻게 OpenNLP를 이름을 식별하는 데 사용하는지 설명했고, 또한 이름의 품질에 대한 성능, 필요한 메모리의 양, 그리고 처리 속도에 대한 척도를 제공했다. 또한 자체적인 모델을 훈련하는 방법을 살펴보고 그것이 필요할 만한 이유를 탐구했다. 마지막으로 어떻게 OpenNLP가 이 작업을 수행하는지를 설명하고, 모델이 이름을 붙이는 데 대한 대안적 방법을 고려해보는 데까지 가서 어떻게 모델을 요구 사항에 맞춰 조정하는지 살펴봤다. 이 주제는 텍스트 처리 애플리케이션에서 고성능 개체명 인식을 활용할 수 있게 해줄 것이다. 거기 더해 텍스트 처리에서 분류 시스템이 어떻게 사용되는지에 대한 감을 준다. 분류^{classification}와 카테고리 분류^{categorization}를 들여다볼 이 책의 뒷부분에서 이런 주제를 더 자세히 다룬다. 그 다음, 어떻게 전체 문서나 검색 결과 같이 유사한 항목을 클러스터링이라고 하는 기법을 사용해서 자동으로 그룹으로 묶는지 살펴본다. 분류와 달리 클러스터링은 전형적인 자율적^{unsupervised} 작업으로, 이것은 클러스터링은 모델 훈련을 수반하지 않고 그 대신 어떤 유사성 척도에 기초해서 항목을 자동으로 그룹으로 묶는다는 의미다.

5.7 추가 자료

Mikheev, Andrei; Moens, Marc; Glover, Claire. 1999. "Named Entity Recognition without Gazetteers." Proceedings of EACL '99. HCRC Language Technology Group, University of Edinburgh. http://acl.ldc.upenn.edu/E/E99/E99-1001.pdf.

Wakao, Takahiro; Gaizauskas, Robert; Wilks, Yorick. 1996. "Evaluation of an algorithm for the recognition and classification of proper names." Department of Computer Science, University of Sheffield. http://acl.ldc.upenn.edu/C/C96/C96-1071.pdf.

Zhou, GuoDong; Su, Jian. 2002. "Named Entity Recognition using an HMM-based Chunk Tagger." Proceedings of the Association for Computational Linguistics (ACL), Philadelphia, July 2002. Laboratories for Information Technology, Singapore. http://acl.ldc.upenn.edu/acl2002/MAIN/pdfs/Main036.pdf.

6

텍스트 클러스터링

6장에서 다루는 내용

- 일반적인 텍스트 클러스터링 알고리즘의 뒤에 숨겨진 기본 개념
- 클러스터링으로 텍스트 애플리케이션을 개선하는 사례
- 관심 주제를 식별하기 위해 단어를 클러스터링하는 방법
- 아파치 머하웃을 사용한 전체 문서 컬렉션 클러스터링과 Carrot[2]를 사용한 검색 결과 클러스터링

온라인 콘텐츠를 둘러보다 흥미로운 제목을 클릭했을 때 그 내용이 좀 전에 읽은 글과 똑같았던 적이 몇 번이나 있었는가?

아니면 오늘의 뉴스를 상사에게 브리핑해야 하는데, 관계된 모든 콘텐츠를 차례대로 읽어볼 시간이 없고, 필요한 건 요약과 몇 가지의 중요 지점뿐일 때라든가,

그게 아니라면 사용자가 꾸준히 모호하거나 일반적인 질의어를 입력할 수도 있고, 갖고 있는 데이터가 서로 다른 수많은 주제를 갖고 있기 때문에 사용자가 관계없는 결과를 모두 읽을 필요가 없게 검색 결과를 그룹화하고 싶을 수도 있다. 자동으로 비슷한 항목을 묶어 요약 라벨과 같은 결과를 보여주는 텍스트 프로세싱 도구를 사용하면 콘텐츠 전부나 대부분을 읽지 않고도 대량의 텍스트나 검색 결과의 내용을 알아볼 수 있다.

6장에서는 기계학습을 사용해서 앞서 다룬 것과 같은 문제를 해결하는 방법인 클러스터링을 자세히 살펴본다. 자율 작업 unsupervised task(학습 텍스트에 대한 주석 붙이기와 같은 사람의 간섭이 필요하지 않은)인 클러스터링은 자동으로 연관된 콘텐츠를 버킷에 넣어 콘텐츠를 조직화하는 데 도움을 주거나 수동 처리할 콘텐츠의 양을 줄여준다. 어떤 경우 클러스터링은 버킷에 라벨을 붙일 수도 있고, 각 버킷에 무엇이 있는지 요약해 줄 수도 있다.

첫 번째 절에서 클러스터링의 개념에 대해 살펴본 다음, Carrot^{2}라는 프로젝트를 사용해서 검색 결과를 클러스터링하는 방법을 탐구한다. 그 다음, 아파치 머하웃이 거대 문서 컬렉션을 버킷으로 나눠 클러스터하는 방식을 살펴본다. 사실 Carrot^{2}와 머하웃은 클러스터링에 대해 몇 가지 서로 다른 접근 방식을 취하는데, 이들 각각에는 고유한 장점과 단점이 있다.

또한 잠재 디리클레 할당 LDA, Latent Dirichlet Allocation 기법을 사용해서 문서가 다루는 주제를 식별하기 위해(주제 모델링이라고도 한다) 클러스터링을 단어 수준에 어떻게 적용할 수 있는지 살펴볼 텐데, 이런 작업은 아파치 머하웃에서도 발생한다. 예제 전반에 걸쳐 앞서 아파치 솔라로 만들어둔 결과를 기반으로 어떻게 이런 작업을 할 수 있는지 보여준다. 다른 모든 접근 경로와 동시에 클러스터 정보에 접근하기 쉽게 만들고, 정보에 대해 풍부하게 접근할 수 있게 하면서 마지막으로, 양적(얼마나 빠른가)인 면과 질적(얼마나 적절한가)인 면 모두에 대한 성능을 살피는 절을 끝으로 6장을 마친다. 먼저 다수의 독자에게 이미 익숙하지만 이것이 클러스터링으로 구현됐는지는 모를 수도 있는 애플리케이션인 구글 뉴스를 살펴본다.

6.1 구글 뉴스 문서 클러스터링

셀 수 없이 많은 뉴스 판매점이 이벤트에 대한 자신의 견해를 외치는 24시간 뉴스 사이클의 시대에 구글 뉴스는 유사한 기사를 같이 그룹핑해서 독자들에게 특정 기간에 발행된 어떤 주제에 대한 대부분의 기사를 빠르게 보여준다. 예를 들어 그림 6.1에서 표제 'Vikings Begin Favre era on the road in Cleveland'는 주요 기사와 유사한 2,181개의 기사를 보여준다. 구글이 이 기능을 구현하는 데 어떤 클러스터링 알고리즘을 사용하는지는 확실치 않지만, 구글은 문서에서 클러스터링을 사용한다고 명확히 밝혔다(구글 뉴스 2011).

> 구글의 그룹핑 기술은 제목, 텍스트, 발행 시간과 같은 많은 요소를 고려합니다. 그다음 우리가 보기에 긴밀하게 연관된 기사를 식별하기 위해 다양한 클러스터링 알고리즘을 사용합니다. 구글 뉴스에 표시된 이런 기사들은 뉴스 기사, 영상, 이미지, 그 외의 정보를 나타냅니다.

Vikings begin Favre era on the road in Cleveland
Seattle Post Intelligencer - 43 minutes ago
(Sports Network) - Minnesota Vikings head coach Brad Childress finally landed his man at quarterback, and now will officially get to see what aging legend Brett Favre can do in Sunday's Week 1 matchup against the host Cleveland Browns.
Globe and Mail
What Mangini did is done, and what the Browns do now is all that ...   The Plain Dealer - cleveland.com
No schism here: Vikings elect Brett Favre a captain   USA Today
The Spread - Online Sports Handicapping - TheOnlinewire - The Associated Press
all 2,181 news articles » ☒Email this story

그림 6.1 구글 뉴스가 뉴스 기사를 클러스터링한 예. 2009년 9월 13일 캡처

대규모 데이터를 이런 식으로 그룹으로 만들 수 있는 능력은 인터넷에 연결된 누구에게나 명백히 위력적이다. 그리고 뉴스 콘텐츠를 거의 실시간으로 그룹핑하는 문제가 콘텐츠에 대해 클러스터링 알고리즘을 돌려보는 것을 넘어선다 해도 시작하는 데는 확장 가능하게 설계된 아파치 머하웃과 같은 클러스터링 구현이 필수적이다.

뉴스 클러스터링과 같은 작업에서 애플리케이션은 대량의 문서를 빠르게 클러스터링하고, 대표 문서나 표시할 라벨을 정하고, 새로 들어오는 문서를 처리할 수 있어야 한다. 그저 괜찮은 클러스터링 알고리즘을 사용하는 것보다 더 큰 문제이지

만, 이 책의 목적을 위해 클러스터링이 이 문제를 해결하는 데 어떻게 도움을 주는 지와, 정보의 발견과 처리에 도움을 주는 다른 자율^{unsupervised} 작업에만 집중한다.

6.2 클러스터링 기초

클러스터링은 라벨이 붙지 않은 문서를 어떤 유사도에 따라 그룹으로 묶는 일로 볼 수 있다. 클러스터링의 목표는 컬렉션의 유사한 문서를 모두 같은 클러스터로 묶고, 유사하지 않은 문서는 다른 클러스터로 보내는 것이다. 클러스터링에 대한 기초를 살펴보기 전에 전체적인 클러스터링에 대한 기대 수준을 맞춰둬야 한다. 클러스터링은 대체로 유용하지만, 만병통치약은 아니다. 클러스터링 경험의 품질은 대체로 사용자의 기대 수준을 정하는 것이다. 사용자가 완벽한 클러스터링 결과를 원한다면 실망할 것이다. 사용자가 대규모의 데이터를 빠르게 보는 데 대체로 도움이 되는 것을 원한다면 여전히 잘못 판정된 데이터가 남아 있더라도 좋아할 가능성이 높다. 애플리케이션 설계자 입장에서 실행 속도와 결과의 품질 사이의 균형을 잡을 수 있는 적합한 설정을 찾기 위해 테스트를 상당히 많이 해야 한다. 궁극적으로 목표는 콘텐츠를 발견하기 쉽게 하면서 우연한 상호 작용을 늘리는 것이며, 유사한 항목들을 완벽하게 묶어 제공할 필요는 없다는 점을 명심하라.

지금까지 기본적인 정의와 주의 사항에 대해 살펴봤다. 기초적 내용을 다루는 나머지 절에서는 다음과 같은 내용을 다룬다.

- 적용 가능한 여러 가지 종류의 텍스트 클러스터링
- 클러스터링 알고리즘을 선택하는 방법
- 유사도를 결정하는 방법
- 라벨을 식별하는 방식
- 클러스터링 결과를 평가하는 방법

6.2.1 클러스터링의 대상인 세 가지 텍스트 유형

클러스터링은 문서 내 단어, 문서, 검색 결과를 포함한 텍스트의 여러 가지 다른 측면에 적용할 수 있다. 클러스터링은 또한 사용자를 그룹화하거나 센서에서 수집한 결과를 묶는 것처럼 텍스트가 아닌 다른 여러 가지에도 유용하다. 그렇지만 이런 주제는 이 책의 범위를 넘어선다. 지금은 문서와 검색 결과, 단어/주제에 대한 클러스터링에 집중한다.

문서 클러스터링에서 초점은 앞서의 구글 뉴스 예시와 같이 문서를 전체로 함께 그룹으로 묶는 데 있다. 문서 클러스터링은 통상적으로 오프라인 배치 처리 작업으로 수행되고, 결과물은 보통 문서 목록과 중심^{centroid} 벡터다. 문서 클러스터링이 대체로 배치 처리 작업이기 때문에 결과를 더 개선하기 위해 추가적인 시간(적당한 범위 내에서)을 쓰는 것이 대개 가치가 있다. 클러스터링에 대한 설명은 대개 중심과 가까운 문서의 중요 단어들(TF-IDF와 같은 어떤 가중치 계산 방식에 의해 결정되는)로 생성된다. 대개 불용어를 제거하고 단어의 어간을 추출하기 위해 몇 가지 전처리를 해줘야 하지만, 모든 알고리즘에 대해 이런 전처리를 해야 하는 것은 아니다. 구절을 찾거나 n그램 사용과 같은 다른 일반적인 텍스트 처리 기법은 접근 방법을 테스트할 때 실험해볼 만하다. 문서 클러스터링에 대한 더 많은 정보를 얻으려면 입문자를 위한 『An Introduction to Information Retrieval』(Manning 2008) 책을 보라.

사용자 질의가 주어지고 검색 결과를 클러스터링하는 경우 수행해야 하는 작업은 검색하고 검색의 결과를 클러스터로 무리 짓는 것이다. 검색 결과 클러스터링은 사용자가 일반적이거나 애매한 단어(apple처럼)를 입력했을 때나 데이터 집합이 다른 범주들을 포함하고 있을 때 상당히 유용하다. 검색 결과 클러스터링은 대개 몇 가지 요소에 따라 특성화된다.

- 짧은 텍스트 스니핏에 대한 클러스터링(제목, 또는 질의어가 일치하는 본문의 짧은 부분)
- 결과의 극히 일부분에 대해 동작하고 가능한 빨리 반환하게 설계된 알고리즘
- 라벨은 사용자들이 결과 집합을 어떻게 탐색하는지 결정하기 위한 패싯처럼 취급하기 때문에 더 중요하다.

전처리는 대개 문서를 클러스터로 나누면서 같이 수행하지만, 라벨은 보통 더 중요하기 때문에 자주 발생하는 문구를 찾기 위해 시간을 더 쓰는 것은 합리적이

다. 검색 결과 클러스터링에 대한 개요로는 『A Survey of Web Clustering Engines』 (Carpineto 2009)를 보라.

주제 모델링이라고도 하는, 단어를 묶어 주제로 클러스터링하는 방법은 대규모 문서가 다루는 주제들을 빠르게 찾기에 효율적인 방법이다. 이 접근 방식은, 문서는 대개 몇 개의 다른 주제를 다루며 주어진 주제에 연관된 단어는 서로 가까이에서 나타난다는 가정에 기반을 둔다. 단어를 클러스터링해서 어떤 단어가 서로 가까이 나타나고 어떤 문서들이 이런 단어에 붙어 있는지를 빠르게 확인할 수 있다(어떤 면에서는 이 접근법 또한 문서 클러스터링이다). 예를 들어 주제 모델링 알고리즘(6.6절 참고)의 실행 결과는 표 6.1에 있는 클러스터링된 단어를 낳는다(가독성을 위해 원본과 다르게 포매팅했다).

표 6.1 주제와 단어의 예

주제 0	주제 1
win saturday time game know nation u more after two take over back has from texa first day man offici 2 high one sinc some sunday	yesterday game work new last over more most year than two from state after been would us polic peopl team run were open five american

이 예제에서 제일 먼저 주제 자체에는 이름이 없음을 주목해야 한다. 주제에 이름을 붙이는 것은 주제를 만든 사람의 일이다. 그런 다음, 어떤 문서가 이 주제를 포함하는지도 알 수 없다. 그런데 뭐하려 하는가? 컬렉션에 대해 주제를 생성하는 것은 사용자가 컬렉션 전체를 읽지 않아도 컬렉션을 브라우징하고 컬렉션에 대한 흥미로운 주제를 찾을 수 있게 도와주는 한 가지 방법이다.

게다가 최근에 문구를 통해 주제를 특성화하는 데 더 좋아진 몇 가지 연구가 있다(Blei [2009]를 보라).

주제 모델링에 대해 더 알아보려면 6장 끝부분의 레퍼런스와, 이 주제에 대한 주요 학술 논문을 알려줄 http://en.wikipedia.org/wiki/Latent_Dirichlet_allocation를 보는 것으로 시작하라.

이제 클러스터링하고 싶은 텍스트의 유형에 대해 몇 가지 기초 작업을 마쳤으니 클러스터링 알고리즘을 선택하는 데 영향을 주는 요소를 살펴보자.

6.2.2 클러스터링 알고리즘의 선택

클러스터링을 위해 수많은 알고리즘을 사용할 수 있지만, 그 모든 것을 다루는 것은 이 책의 범위를 벗어난다. 예를 들어 이 책에서 아파치 머하웃은 K 평균(나중에 설명한다), 퍼지 K 평균, 평균 이동Mean-Shift, 디리클레Dirichlet, 캐노피Canopy, 스펙트럴 Spectral, 잠재 디리클레 할당Latent Dirichlet Allocation의 구현체를 포함하고, 이 책이 출간될 때에는 더 많은 것들을 포함할 것이 확실하다.[1] 각각이 어떻게 구현됐는지를 지나치게 파들어 가는 것보다는 클러스터링 알고리즘을 선택할 때 어떤 기준이 적절할지 더 잘 이해하기 위해 클러스터링 알고리즘의 일반적인 특성 몇 가지를 살펴보자.

클러스터링 알고리즘에 대해 논할 때 애플리케이션에 어떤 알고리즘이 가장 적절할지 결정하기 위해 검토해야 하는 많은 측면이 있다. 전통적으로 알고리즘이 본질적으로 계층적인지 아니면 평면적인지가 주요 결정 요소 중 하나다. 이름이 암시하듯 계층적 접근 방식은 하향식이나 상향식으로 동작하면서 더 작은 집합으로 나눠질 수 있는 연관된 문서들의 계층 구조를 만든다. 평면적 접근 방식은 클러스터 간에 연관을 시키지 않아도 되기 때문에 대체로 더 빠르다. 또한 일부 평면 알고리즘은 계층적이게 수정할 수 있다는 점도 염두에 둬야 한다.

계층과 평면의 대립을 넘어 표 6.2는 클러스터링 접근법을 선택할 때 영향을 주는 다른 많은 요소의 상세 정보를 제공한다.

---

1. 불행히도 최근 각종 클러스터링 알고리즘을 적용하기 위해 사람들이 주로 사용하는 라이브러리는 머하웃이 아니다. - 옮긴이

표 6.2 클러스터링 알고리즘 선택지

특성	설명
클러스터 소속 정도(약/강)	강 – 문서는 단 한 개의 클러스터에만 속한다. 약 – 문서는 한 개 이상의 클러스터에 속할 수 있고, 대개 소속에 대한 연관 확률을 갖는다.
갱신 가능 여부	클러스터는 새 문서가 추가됐을 때 갱신될 수 있는가? 아니면 모든 계산을 다시 실행해야 하는가?
확률적 접근 방식	접근법의 토대를 이해하면 그런 접근법의 장점과 단점을 알아보는 데 도움이 된다.
속도	대다수의 평면 클러스터링 접근법의 실행 시간은 문서의 수에 선형 비례하는 반면 많은 계층적 접근법은 비선형적 관계다.
품질	계층적 접근법은 실행 비용이 들지만 대개 평면적 접근법보다 더 정확하다. 자세한 평가는 6.2.5절을 보라.
피드백 처리	알고리즘이 사용자 피드백에 기반을 두고 조정되거나 개선될 수 있는가? 예를 들어 사용자가 어떤 문서가 클러스터에 적절하지 않다고 표시하면 알고리즘은 그 문서를 제외할 수 있는가? 그렇게 하면 다른 클러스터도 변경되는가?
클러스터의 수	어떤 알고리즘은 애플리케이션이 앞에서 클러스터의 수를 결정해줘야 하고, 다른 알고리즘은 적절한 수를 고르는 것이 알고리즘의 일부다. 알고리즘에 이것을 정해줘야 한다면 좋은 결과를 얻기 위해 이 값을 실험해야 한다.

개별 알고리즘에는 또한 어떤 접근법을 취할지 평가할 때 고려해야 하는 자체만의 특이한 점이 있지만, 표 6.2는 알고리즘을 고르는 데 필요한 전체적인 지침을 제공할 것이다. 여기서부터 갖고 있는 데이터에 어떤 접근법이 가장 적절할지 결정하기 위해 다양한 접근법을 평가하는 데 시간을 좀 들인다고 가정하자.

6.2.3 유사도 결정

다수의 클러스터링 알고리즘은 문서의 클러스터 소속 여부를 결정하는 유사도 개념을 포함한다. 많은 클러스터링 알고리즘에서 유사도는 두 문서 간의 거리에 대한 척도로 구현된다. 이 거리 척도가 작동하게 하기 위해 대다수의 시스템은 문서를 벡터의 각 셀이 특정 문서에 대한 특정 단어의 가중치인 벡터로 표현한다(거의 대부분 희박sparse하다. 대부분의 항목이 0이라는 의미).

이 가중치는 애플리케이션이 사용하려는 어떤 값도 가능하지만, 통상적으로 일종의 TF-IDF의 변형이다. 이 모든 것이 애매하게 익숙하다면 그래야만 하고, 클러스터링을 위해 문서에 가중치를 주는 것은 검색을 위해 사용하는 가중치와 비슷하다. 이런 개념을 다시 떠올리고 싶다면 3.2.3절을 보라.

실제로 아주 짧거나 긴 문서가 결과에 악영향을 미치지 않게 하기 위해 문서 벡터는 거의 항상 먼저 p-norm(p ≥ 0)을 사용해서 성규화된다. p-norm 정규화는 각 벡터를 p의 크기로 나눠서 모든 벡터를 단위 도형unit shape으로 만든다는 의미다 (예를 들어 2-norm은 단위 원이다). 대부분의 독자에게 익숙하면서 가장 일반적으로 사용되는 norm은 1-norm(맨해튼 거리Manhattan distance)와 2-norm(유클리드 거리Euclidean distance)다. 6장 뒷부분의 예제들이 벡터를 정규화하기 위해 유클리드 거리를 사용하는 것을 볼 수 있을 것이다. p-norm에 대한 자세한 내용은 http://en.wikipedia.org/wiki/Norm_(mathematics) 페이지를 보라.

벡터가 생성되고 나면 두 문서 간의 거리를 두 벡터 간의 거리로 측정하는 것이 합리적이다. 수많은 다른 거리 척도를 사용할 수 있지만, 다음에 표시할 가장 일반적인 부분에 집중하자.

- **유클리드 거리** 임의의 두 지점 사이의 검증된 '일직선' 거리다. 이것의 변형으로는 제곱한 유클리드 거리(제곱근 계산을 아낀다)와 벡터의 일부를 가중치 계산할 수 있는 것이 있다.
- **맨해튼 거리** 택시캡 거리taxicab distance라고도 하는데, 이것이 뉴욕 맨해튼에서와 같이 모눈 위에서 택시를 타고 거리를 다닐 때의 거리를 나타내기 때문이다. 때로는 이 계산의 일부분에 가중치를 준다.
- **코사인 거리** 두 벡터의 꼬리를 일치시킨 다음 두 벡터가 이루는 각도에 대한 코사인 값을 취한다. 비슷한 두 문서(각도가 0인)는 코사인 값 1을 갖는다. 3.2.3절을 보라.

아파치 머하웃 절에서 이후에 보겠지만, 거리 척도는 파라미터로 전달되는 부분이라 다른 척도들로 바꿔가며 실험할 수 있다. 어떤 거리 척도를 사용할 것이냐에 따라 해당되는 정규화 방법을 벡터에 적용해야 한다. 예를 들어 2-norm을 사용했다면 유클리드나 코사인 거리가 적절할 것이다. 그러니까 이론적으로는 틀렸다고 해도 어떤 접근법은 그렇게 조절하지 않아도 동작할 것이다.

확률적 접근법의 경우 유사도를 구하는 것은 주어진 문서가 클러스터에 있을지를 구하는 것이다. 대개 이런 접근법은 통계적 분포와 여타 특성에 기반을 두고 문서들이 어떻게 연관되는지에 대한 더 복잡한 모델을 갖는다. 또한 일부 거리 기반 접근법(K 평균)도 확률적이 될 수 있다.

6.2.4 결과에 라벨 붙이기

클러스터링이 실제 사용자의 발견 도구로 많이 사용되기 때문에 적절한 라벨을 붙이거나 특징을 잘 대표하는 문서를 고르는 것은 클러스터 자체를 정하는 것만큼이나 클러스터 기반 애플리케이션에 중요하다. 적절한 라벨이나 대표 문서가 없으면 사용자는 클러스터를 보면서 유용한 문서를 찾거나 발견하기 힘들어질 것이다.

클러스터에서 대표 문서를 고르는 일은 여러 가지 방법으로 할 수 있다. 가장 기본적으로는 임의로 문서를 선택해서 사용자에게 폭넓은 결과를 주어 새로운 발견을 가능하게 해줄 수도 있지만, 문서가 중심에서 멀다면 무엇에 대한 클러스터인지 전달하지 못할 수 있다. 이를 다루기 위해 클러스터의 중심으로부터의 근접도나 소속 확률에 기반을 두고 선택할 수 있다. 이렇게 하면 문서는 어떤 클러스터인지에 대한 적절한 표시자가 되겠지만, 임의 선택에서 가끔 얻을 수 있는 뜻밖의 발견은 놓칠 것이다. 그래서 일부 문서는 임의로 고르고 일부 문서는 근접도나 확률에 기반을 두고 고르는 이중 접근법이 나온다.

적절한 라벨이나 주제를 고르는 일은 대표 문서를 고르는 것보다 어렵고, 각각의 장단점이 있는 여러 가지 접근 방법이 있다. 어떤 애플리케이션에서는 클러스터에 흔히 나타나는 태그의 출현 빈도를 효율적으로 보여주기 위해 패싯(3장)과 유사한 단순한 기법이 사용될 수 있다. 그러나 대다수의 애플리케이션은 클러스터의 중요한 단어와 문구를 찾아 보여주는 편이 더 낫다. 물론 무엇이 중요한지는 진행되는 연구의 주제다. 단순한 접근 방식 한 가지로는 벡터의 가중치를 이용하고(말하자면 친근한 TF-IDF를 사용하는; 3.2.3절을 보라) 이 가중치에 따라 정렬된 단어의 목록을 반환하는 것이다.

n그램을 사용하면 컬렉션이나 클러스터에서의 구절 가중치에 따라 구절(품질이 좋지는 않지만 구절이기는 한)의 리스트를 반환하는 데까지 확장할 수 있다. 또 다른 일반적인 접근법은 특이 값 분해Singular Value Decomposition를 활용한 기법, 이를테면 잠재 개념 분석latent semantic analysis(Deerwester [1990] 참고)이나 잠재 디리클레 할당(Blei [2003] 참고. 6장에 데모도 있다)과 같은 기법을 통해 약간의 개념/주제 모델링을 하는 것이다. 그 외의 유용한 접근 방식으로는 클러스터 안의 단어와 밖에 있는 단어의 로그 우도 비LLR, log-likelihood ratio(Dunning [1993] 참고)를 사용하는 것이 있다. TF-IDF(이미 다룬 바 있는)가 아닌 접근법의 기반이 되는 수학은 이 책의 범위를 넘어간다. 그러나 6장의 도구(Carrot²와 아파치 머하웃)를 사용해서 눈에 보이지 않는 알고리즘의 일부로, 아니면 특정 도구를 통해 명시적으로 이 모든 접근법에 대한 데모를 볼 수 있다. 어떻게 라벨을 얻든 간에 그 결과는 클러스터의 품질을 확인하는 데 유용할 것이다. 다음 절의 주제이기도 하다.

6.2.5 클러스터링 결과의 평가 방법

어떤 텍스트 프로세싱 도구를 사용하든 클러스터링 기법을 실험하고 그 결과를 평가하는 일은 구조를 설계하거나 어떻게 배치할 것인지 알아내는 것과 같이 애플리케이션 작성의 일부여야 한다. 검색과 개체명 검색이나 이 책에서 다루는 다른 개념처럼 클러스터링은 여러 가지 방식으로 평가될 수 있다.

대다수가 사용하는 접근법은 웃음 테스트, 다른 말로는 냄새 테스트라고도 하는 것이다. 클러스터가, 좋은 결과가 어떻게 돼야 하는지에 대한 얼마간의 지식이 있는 사람이 봤을 때 합리적으로 보이는가? 냄새 테스트에 지나치게 빠지면 안 되지만, 그렇기는 해도 이것은 프로세스에서 대단히 가치 있는 부분이고, 입력 파라미터가 좋지 않거나 입력 파라미터를 놓친 것과 같은 멍청한 실수를 대체로 잡아준다. 바람직하지 않은 점이라면 어떤 사람의 반응을 필요할 때 바로, 그리고 반복 가능한 방식으로 복제할 수 없다는 것이고, 그것이 그저 한 사람의 의견이라는 것도 있다. 또한 결과가 좋건 나쁘건 클러스터의 특징을 정확히 포착하지 못할 수도 있는 라벨 생성 프로세스에 기반을 둔다.

테스트의 다음 단계는 대개 몇 명을 집어서 결과를 평가하게 하는 것이다. 그 평가자가 품질 보증 팀이든 타겟 사용자 그룹이든 소그룹의 반응을 연관시키면 가치 있는 피드백을 얻을 수 있다. 말할 것도 없이 이런 테스트는 인적 오류가 있고, 필요에 따라 반복하기도 어려우며, 테스트의 비용은 테스트를 준비하는 데 든 시간과 지출이다. 그러나 몇 번 시행한 다음에는 다음번 접근 방식이 되는 황금 표준^{gold} ^{standard}(가장 표준적이고 현재 시점에서 최선인 결과 – 옮긴이)이 도출된다.

황금 표준은 한 명 이상의 사람이 만든 클러스터의 집합으로, 이것이 클러스터 작업의 이상적 결과로 여겨지는 것이다. 생성되고 나면 이 집합은 다양한 실험에서 얻은 클러스터링 결과에 대해 비교될 수 있다. 황금 표준은 대체로 비실용적이고 깨지기 쉽거나(갱신이나 새 문서 등을 다루기), 거대 데이터 집합에 대해서는 엄두가 안 날 만큼 만드는 비용이 크다. 컬렉션이 자주 바뀌지 않을 예정이고 시간이 있다면 전체의 일부분에 대해서 만이라도 황금 표준을 만드는 일이 가치가 있을 것이다. 반자동화된 접근 방식으로는 한 개 이상의 클러스터링 알고리즘을 실행하고, 한 명 이상의 사람이 최종 결과를 만들기 위해 수동으로 클러스터를 조정하는 것이다. 판정이 준비되면 몇 개의 공식(순도^{purity}, 정규화된 상호 정보량$^{normalized\ mutual\ information}$, Rand 인덱스, F 척도)을 사용해서 결과를 클러스터링의 품질을 나타내는 단일 척도로 압축할 수 있다. 저 공식들을 여기 풀어놓는 대신, 흥미 있는 독자에게는 앞서 나열한 척도에 대해 적당히 다루고 있는 『Introduction to Information Retrieval』(Manning 2008)의 16.3절을 추천한다.

마지막으로 클러스터를 평가하는 데 도움이 되는 몇 가지 수학적 도구를 사용할 수 있다. 이 도구들은 모두 휴리스틱이고 도구를 사용할 때 사용자가 입력을 주지 않아도 된다.

이 도구들은 단독으로 사용하면 안 되고, 클러스터링 품질에 대한 유용한 지표로 사용돼야 한다. 첫 번째 척도는 입력 데이터의 일부를 임의로 제거한 다음 클러스터링을 수행하는 것이다. 클러스터링이 끝나면 전체 문서의 수에 대해 각 클러스터에 있는 문서의 % 비율을 계산하고, 그 결과를 챙겨둬라. 그런 다음, 빼뒀던 데이터를 다시 추가한 후 클러스터링을 다시 실행하고, 계산도 다시 수행하라. 제거했다 추가한 데이터가 임의로 흩어져 있었다면 처음 계산했던 집합과 유사한 분포를 갖는다고 추측할 수 있다. 처음 계산에서 문서의 50%가 클러스터 A에 포함됐다면 다시 계산했을 때도 50%가 포함됐을 것이라고 추측하는 것은 합리적이다.

클러스터링 품질을 평가하는 데 도움이 될 만한 몇 가지의 유용한 척도는 정보 이론(초심자는 http://en.wikipedia.org/wiki/Information_theory를 보라)에서 나왔다. 첫 번째는 엔트로피의 개념이다. 엔트로피는 확률 변수의 불확실성에 대한 척도다. 현실적인 개념으로는, 엔트로피는 클러스터에 포함된 정보에 대한 척도다. 텍스트 기반 클러스터링에 대해 엔트로피를 기반으로 퍼플렉시티^{perplexity, 혼삽도}를 계산할 수 있다. 퍼플렉시티는 문서가 소속된 클러스터를 보고 문서에 어떤 단어가 사용됐는지 예측하는 정도를 측정한 척도다.

클러스터링에서 배울 것은 풍부하게 남아 있다. 클러스터링을 넘어선 개념을 더 배우고 싶은 데 관심이 있다면 『An Introduction to Information Retrieval』(Manning 2008)은 좋은 출발점이다. 특히 16장과 17장은 여기서 다룬 개념을 더 깊은 수준까지 집중적으로 다룬다. Cutting과 그 외 저자들의 논문인 "Scatter/Gather: A Cluster-based Approach to Browsing Large Document Collections"(Cutting 1992)에서 어떻게 클러스터링을 발견에 활용할 수 있는지에 대한 좋은 정보를 제공한다.

이제부터 계속해서 검색 결과에 대한 것과 문서 컬렉션에 대한 것을 포함해 몇 가지 클러스터링 구현을 실행하는 방법을 살펴본다.

6.3 간단한 클러스터링 애플리케이션 설정

이후의 절에서 클러스터링을 설명할 때 RSS/Atom 피드를 통해 일부 뉴스 웹사이트의 콘텐츠를 사용해서 개념을 보여준다. 그렇게 하기 위해 solr-clustering 디렉터리 하위에 몇 가지 신문과 뉴스 매체 피드를 처리하는 간단한 솔라 홈(스키마, 설정 등)을 설치한다. 이 인스턴스는 솔라의 데이터 가져오기 처리기에만 의존해서 자동으로 피드를 수집하고 색인을 생성해서 스키마에 저장한다. 이렇게 저장한 피드부터 이후의 절에서 다루는 다양한 클러스터링 라이브러리의 사용법을 보여줄 수 있다.

3장에서 얻은 검색 지식에 기초해서 새 클러스터링 애플리케이션에서 고려하는 3가지의 주요 솔라 구성 요소는 schema.xml, rss-data-config.xml, solrconfig.xml에 데이터 가져오기 처리기^{Data Import Handler}를 추가하는 것이 있다. 스키마와 RSS

설정에 대해 여러 가지 피드의 콘텐츠를 살펴보고 몇 가지의 일반적인 필드에 매핑한 후 색인을 만들었다. 또한 6.5.1절에서 다룰 이유 때문에 단어 벡터도 저장했다.

데이터 가져오기 처리기[DIH, Data Import Handler] 설정에 대한 자세한 내용은 솔라 위키의 http://wiki.apache.org/solr/DataImportHandler 페이지에서 확인할 수 있다. dl 이 책의 소스코드에서 클러스터링 설정과 같이 솔라를 실행하고 싶다면 다음 명령을 소스의 최상위 디렉터리에서 실행하라.

- ```
cd apache-solr/example
```
- ```
./bin/start-solr.sh solr-clustering
```
- **데이터 가져오기 처리기의 가져오기 명령 실행** http://localhost:8983/solr/dataimport?command=full−import
- **가져온 결과 상태 검사** http://localhost:8983/solr/dataimport?command=status

이 기본 설정을 갖고 앞에서 막 설명했던 피드 데이터로 만든 색인을 갖고 동작하는 클러스터링을 보여주려고 한다. 검색 결과를 위해 Carrot^{2}로 시작해서 아파치 머하웃을 사용한 문서 컬렉션 클러스터링에 대해 살펴본다.

6.4 Carrot^{2}를 사용한 검색 결과 클러스터링[2]

Carrot^{2}는 유사 BSD 라이선스하의 오픈소스 검색 결과 클러스터링 라이브러리이고, http://project.carrot2.org/에서 볼 수 있다. 전형적인 검색 결과(말하자면 제목과 아주 짧은 텍스트 스니핏)에 대해 고성능 결과를 제공하기 위해 특별히 설계됐다. 이 라이브러리는 구글, 야후, 루씬, 솔라(클라이언트로서)를 포함한 여러 가지의 다른 검색 API와 동작하기 위한 지원 및 XML 문서나 프로그램으로 생성된 문서를 클러스터링할 수 있는 기능을 갖는다. 거기 더해 솔라 프로젝트는 서버 측에 Carrot^{2}를 통합했는데, 이 부분은 이후에 보여준다.

---

2. 솔라 문서에서 'Result Clustering' 절을 참고하라. Carrot^{2}로 솔라 검색 결과를 클러스터링하는 것은 현재의 솔라(7.5)에서도 유효하다. − 옮긴이

Carrot^{2}는 STC$^{\text{suffix tree clustering, 접미사 트리 클러스터링}}$와 Lingo라는 두 가지 클러스터링 구현을 갖는다.

STC는 Zamir와 Etzioni의 논문 "Web document clustering: a feasibility demonstration"(Zamir 1998)에서 검색 결과 클러스터링을 위해 최초로 소개됐다. 이 알고리즘은 효율적으로(선형 시간) 공통 부분문자열을 찾는 데 사용할 수 있는 접미사 트리 데이터 구조에 기반을 둔다. 공통 부분문자열을 효율직으로 찾는 것은 클러스터에 대한 라벨을 빠르게 찾기 위한 중요 요소 중 하나다. 접미사 트리에 대해 더 알아보려면 http://en.wikipedia.org/wiki/Suffix_tree 페이지에서 출발하라.

Lingo 알고리즘은 Stanisław Osiński와 Dawid Weiss(Carrot^2 프로젝트의 창시자)가 만들었다. 고수준에서 Lingo는 적절한 클러스터를 찾기 위해 특이 값 분해^{SVD}(더 자세히 알아보려면 http://en.wikipedia.org/wiki/Singular_value_decomposition를 보라)를 사용하고, 이 클러스터에 대한 적절한 라벨을 찾기 위해 구문 발견$^{\text{phrase discovery}}$을 수행한다. Carrot^{2}는 또한 사용자 자신의 데이터로 실험하는 데 사용할 수 있는 사용자 인터페이스와, 쉽게 다른 프로그래밍 언어를 통해 Carrot^{2}와 통신할 수 있게 해주는 REST 지원 서버 구현을 포함한다. 마지막으로 원한다면 애플리케이션은 잘 정의된 API를 통해 애플리케이션 고유의 클러스터링 알고리즘을 프레임워크에 추가할 수 있다. Carrot^{2}를 더 깊이 탐구하려면 http://download.carrot2.org/head/manual/을 참고하라.

이번 절의 남은 부분에서는 데이터 소스를 클러스터링하기 위해 API를 사용하는 방법을 보여주고, Carrot^{2}가 솔라에 통합된 방식을 살펴보는 데 집중한다. 그리고 두 알고리즘에 대해 품질과 속도 측면의 성능을 살펴보는 것으로 이번 절을 마친다.

6.4.1 Carrot^2 API 사용

Carrot^2 아키텍처는 파이프라인으로 구현됐다. 콘텐츠는 문서 소스로부터 수집된 다음, 소스를 수정하고 클러스터화해서 다른 끝에서 클러스터를 결과로 내는 한 개 이상의 구성 요소로 밀려나간다. 실제 클래스 측면에서 가장 기본적으로 파이프라인은 IController 구현에 의해 제어되는 하나 이상의 IProcessingComponent로 구성된다. 컨트롤러는 구성 요소를 초기화하고, 적절한 입력을 넣어 올바른 순서로 구성 요소를 구동한다. IProcessingComponent 구현에는 다양한 문서 소스

(GoogleDocumentSource, YahooDocumentSource, LuceneDocumentSource) 및 클러스터링 구현 자체, STCClusteringAlgorithm과 LingoClusteringAlgorithm가 포함된다.

물론 텍스트의 토큰 분리나 어간 추출과 같은 일을 하는 덩어리들도 이 구현에 사용된다. SimpleController와 CachingController라는 두 가지 컨트롤러 구현이 있다. SimpleController는 쉬운 설치와 일회성 사용을 위해 설계됐고, 반면 CachingController는 질의가 대체로 반복된다는 사실을 이용할 수 있어서 결과를 캐시하는 생산 환경에서의 사용을 위해 설계됐다.

실제로 Carrot^{2}를 활용하는 방식을 알아보기 위해 단순한 문서를 클러스터링하는 예제 코드를 살펴보자. 첫 단계는 문서를 만드는 것이다. Carrot^2 문서는 제목, 요약/스니핏, URL이라는 3가지 요소로 구성된다. 이 특성을 갖는 문서 집합이 있을 때 클러스터링은 다음 리스트에서 보여주는 것과 같이 간단하다.

리스트 6.1 단순한 Carrot^2 예제

```
//... 다른 데서 문서를 초기화해 둔다.
final Controller controller =
        ControllerFactory.createSimple();  ◀─────── IController를 생성한다.
documents = new ArrayList();
for (int i = 0; i < titles.length; i++) {
   Document doc = new Document(titles[i], snippets[i],
        "file://foo_" + i + ".txt");
   documents.add(doc);
}
final ProcessingResult result = controller.process(documents,
      "red fox",
      LingoClusteringAlgorithm.class);  ◀─────── 문서를 클러스터화한다.
displayResults(result);  ◀─────── 클러스터를 출력한다.
```

리스트 6.1을 실행한 결과는 다음과 같다.

```
Cluster: Lamb
    Mary Loses Little Lamb. Wolf At Large.
    March Comes in like a Lamb
Cluster: Lazy Brown Dogs
    Red Fox jumps over Lazy Brown Dogs
    Lazy Brown Dogs Promise Revenge on Red Fox
```

예제의 문서가 단순하기는 하지만(문서 생성에 대해서는 Carrot2ExampleTest.java를 보라), 이 코드는 Carrot^2 API 사용의 간편함을 충분히 잘 보여준다. 단순한 사례보다 복잡한 애플리케이션에서는 많은 애플리케이션이 성능 향상을 위해 Caching Controller를 사용하려고 할 것이다.

이름이 암시하듯 CachingController는 성능을 향상시키기 위해 가능한 한 많은 결과를 캐시하려고 할 것이다. 애플리케이션은 또한 다른 데이터 소스(구글이나 야후와 같은)를 사용하거나 자체적인 IDataSource를 구현해서 자신의 콘텐츠를 표현하고 싶어 할 수도 있다. 게다가 다수의 구성 요소에는 속도나 결과의 품질을 조정하고 변경하기 위해 설정할 수 있는 다양한 속성이 있고, 이것은 6.7.2절에서 다룬다.

이제 Carrot^2 클러스터링의 기초 일부를 구현하는 방법에 대한 개념을 얻었으니 이것을 솔라와 어떻게 통합하는지 알아볼 수 있다.

6.4.2 Carrot^{2}를 사용한 솔라 검색 결과 클러스터링

버전 1.4에서 아파치 솔라는 Carrot^{2}를 사용한 검색 결과 클러스터링을 완전히 지원하는 기능을 추가했다. 이 기능은 solrconfig.xml 파일을 통해 구성 요소의 속성과 클러스터링 알고리즘 설정 기능을 모두 포함한다. 당연히 Carrot^{2}는 애플리케이션이 제목, 스니핏, URL 필드를 지정하게 허용하며, 솔라 검색 결과를 사용해 클러스터링한다. 사실 이미 이 책의 소스코드 배포본의 solr-clustering 디렉터리 아래 준비 및 설정이 돼 있다.

솔라가 Carrot^2 클러스터링 구성 요소를 사용하기 위해서는 세 가지를 설정해야 한다. 먼저 사용할 구성 요소는 솔라 RequestHandler에 끼워 넣을 수 있게 SearchComponent로 구현돼야 한다. 이 구성 요소를 설정하는 XML은 다음과 같다.

```
<searchComponent
    class="org.apache.solr.handler.clustering.ClusteringComponent"
    name="cluster">
    <lst name="engine">
        <str name="name">default</str>
        <str name="carrot.algorithm"><lineArrow/>
            org.carrot2.clustering.lingo.LingoClusteringAlgorithm</str>
    </lst>
    <lst name="engine">
        <str name="name">stc</str>
        <str name="carrot.algorithm"><lineArrow/>
            org.carrot2.clustering.stc.STCClusteringAlgorithm</str>
    </lst>
</searchComponent>
```

    <searchComponent> 선언 안에서는 ClusteringComponent를 설정하고 이 구성 요소가 Carrot[2]가 제공하는 어떤 클러스터링 알고리즘을 사용할지 정할 수 있다. 이 경우 Lingo와 STC 클러스터링 알고리즘을 모두 사용하는 것으로 설정했다. 그 다음 단계는 다음과 같이 SearchComponent를 RequestHandler로 후킹하는 것이다.

```
<requestHandler name="standard"
    class="solr.StandardRequestHandler" default="true">
    <!-- 질의 파라미터 기본 값 -->
    <!-- ... -->
    <arr name="last-components">
        <str>cluster</str>
    </arr>
</requestHandler>
```

    마지막으로 대개 다양한 모든 파라미터를 커맨드라인에 넣지 않게 솔라에 똑똑한 기본 값을 설정하는 편이 유용하다. 예제에서는 다음 값을 사용한다.

```
<requestHandler name="standard"
    class="solr.StandardRequestHandler" default="true">
    <!-- 질의 파라미터 기본 값 -->
    <lst name="defaults">
    <!-- ... -->
        <!-- 클러스터링 -->
        <!--<bool name="clustering">true</bool>-->
        <str name="clustering.engine">default</str>
        <bool name="clustering.results">true</bool>
        <!-- title 필드 -->
        <str name="carrot.title">title</str>
        <!-- 클러스터 대상 필드 -->
        <str name="carrot.snippet">desc</str>
        <str name="carrot.url">link</str>
        <!-- 요약 생성 -->
        <bool name="carrot.produceSummary">false</bool>
        <!-- 하위 클러스터 생성 -->
        <bool name="carrot.outputSubClusters">false</bool>
    </lst>
</requestHandler>
```

파라미터 기본 값 설정에서 솔라는 기본 클러스터링 엔진(Lingo)을 사용하고 Carrot[2]는 솔라의 title 필드를 Carrot[2] title로, 솔라의 description 필드를 snippet 필드로, link 필드를 URL 필드로 사용하게 선언했다. 끝으로 Carrot[2]가 요약문을 생성하면서 하위 클러스터 출력은 하지 않게 했다(분명히 하자면 하위 클러스터는 단일 클러스터 내부를 클러스터링해서 만든다). 여기까지로 필요한 설정이 끝난다! 솔라가 리스트 6.3에서 나타낸 것처럼 시작했다고 가정하면 솔라에 검색 결과 클러스터를 요청하는 일은 URL에 &clustering=true만 더해서 http://localhost:8983/solr/select/?q=*:*&clustering =true&rows=100 로 만드는 것처럼 단순하다. 이 명령을 실행하면 솔라가 색인에서 100개의 문서를 얻어 클러스터링할 것이다. 그림 6.2는 이 클러스터링 질의를 실행한 결과의 스크린샷 일부다.

그림 6.2의 하단에 설정 가능한 다양한 속성을 갖고 Carrot[2]를 적절히 튜닝해야

하는 필요성을 보여주기 위해 의도적으로 'R Reuters sportsNews 4'와 같은 쓰레기 결과를 남겨뒀고, 6.7.2절에서 이에 대해 다룬다. 솔라의 클러스터링 구성 요소를 튜닝하는 데 사용할 수 있는 전체 옵션의 목록은 http://wiki.apache.org/solr/ClusteringComponent에 있다.

이제 검색 결과의 클러스터링 방법에 대해 알게 됐으니 아파치 머하웃을 사용해서 전체 문서 컬렉션을 클러스터링하는 방법을 살펴보자. 6장의 후반부에서 성능에 대해 살펴볼 때 Carrot[2]에 대해 다시 다룬다.

```
- <lst>
    - <arr name="labels">
        <str>Overtime</str>
        <str>Minnesota Vikings</str>
        <str>Bears Beat Vikings</str>
    </arr>
    + <arr name="docs"></arr>
</lst>
- <lst>
    - <arr name="labels">
        <str>Texas Tech Suspends</str>
        <str>Player after a Concussion</str>
        <str>Tech Suspended Mike Leach</str>
    </arr>
    - <arr name="docs">
        - <str>
            http://www.nytimes.com/aponline/2009/12/28/sports/AP-FBC-T25-Texas-Tech-Leach-Suspended.html
        </str>
        <str>761b5a908469a491fb58782175c4b19b</str>
        <str>a5a74692f6bd858a630324aebccc47de</str>
    </arr>
</lst>
- <lst>
    - <arr name="labels">
        <str>PORTLAND</str>
        <str>Sixers</str>
        <str>Trail Blazers</str>
    </arr>
    - <arr name="docs">
        <str>00493468085a22165e409053d3b2c87f</str>
        <str>439a216eb8832b259b8203318b623d33</str>
        <str>6c677f6d6cd2fa744c76cb12daad1723</str>
        <str>d7c18a049c230eeb428c99f19699fd5a</str>
        <str>0dfd31d031f5eba2f6153acc9afee5d1</str>
    </arr>
</lst>
- <lst>
    - <arr name="labels">
        <str>R Reuters sportsNews 4</str>
```

그림 6.2 솔라 클러스터링 명령을 실행한 결과 화면

6.5 아파치 머하웃을 사용한 문서 컬렉션 클러스터링

아파치 머하웃Apache Mahout은 대규모의 입력에 대한 확장이 가능하게 밑바닥부터 설계된 기계학습 라이브러리 스위트 개발을 목표로 하는 아파치 소프트웨어 재단의 프로젝트다. 이 책을 쓰는 현재 아파치 머하웃은 분류classification, 클러스터링, 협력 필터링collaborative filtering, 진화적 프로그래밍evolutionary programming, 거기 더해 행렬을 다루거나 자바 기본형(정수형이나 부동소수점 실수형 숫자를 저장하는 맵, 리스트, 셋 등)을 저장하는 것과 같은 기계학습 문제를 해결하기 위한 유용한 유틸리티를 포함한다.[3]

많은 경우 머하웃은 확장 가능하게 설계된 알고리즘을 구현하는 데 아파치 하둡 Apache Hadoop(http://hadoop.apache.org) 프레임워크에 의존한다(맵리듀스 프로그래밍 모델이나 HDFS라는 분산 파일 시스템을 통해). 그리고 6장의 대부분은 머하웃으로 클러스터링하는 데 집중하지만, 7장에서는 머하웃으로 분류classification하는 것을 다룬다. 머하웃의 다른 부분은 웹사이트 http://mahout.apache.org/나 『Mahout in Action』(http://manning.com/owen을 보라. 번역서는『머하웃 완벽 가이드』)에서 찾아볼 수 있다. 이번 절을 시작하기 위해 http://archive.apache.org/dist/mahout/0.6/mahout-distribution-0.6.tar.gz에서 머하웃 0.6을 다운로드하고, 지금부터 $MAHOUT_HOME이라고 부를 디렉터리에 압축을 풀어야 한다. 다운로드해 압축을 푼 다음, $MAHOUT_HOME 디렉터리로 가서 mvn install -DskipTests를 실행한다(테스트를 할 수도 있지만 시간이 오래 걸린다!).

이쯤 해두고 다음 3개의 절에서는 데이터를 준비하고 그 데이터를 아파치 머하웃의 K 평균 알고리즘 구현을 사용해서 클러스터링하는 방법을 살펴본다.

---

3. 이 책에서는 머하웃의 오래된 버전을 다루고 있으며, 현재 머하웃은 분산을 위해 아파치 스파크에 의존하는 등 많은 부분이 변경돼 호환 가능한 내용이 별로 남아있지 않다. 특히 솔라와의 연동 기능은 사라졌으며, 해당되는 작업을 하려면 솔라 인덱스를 스파크가 읽을 수 있도록 하는 루시드웍스의 라이브러리(https://github.com/lucidworks/spark-solr)를 참조하는 편이 좋겠다.

   클러스터링 알고리즘 자체의 구현체에 대해서는 역시 스파크 ML 가이드 문서(https://spark.apache.org/docs/latest/ml-guide.html)를 참조하는 편을 추천한다.

   파이썬을 사용하는 데 익숙하다면 scikit-learn(https://scikit-learn.org/)의 문서를 참고해 클러스터링을 구현해 보는 것도 좋다. – 옮긴이

6.5.1 클러스터링용 데이터 준비

클러스터링할 때 머하웃은 `org.apache.mahout.matrix.Vector` 형식의 데이터에 의존한다. 머하웃의 `Vector`는 <0.5, 1.9, 100.5> 와 같은 단순한 부동소수점 실수의 튜플이다. 더 일반적으로 말해서 벡터, 대개 자질 벡터라고 하는 이것은 기계학습에 일반적으로 사용되는 문서나 다른 데이터 조각의 속성을 시스템에 표현하기 위한 데이터 구조다. 데이터에 따라 벡터는 빽빽하게 분포돼 있기도 하고 희박하기도^{sparse} 하다. 텍스트 애플리케이션에 대해 벡터는 전체 컬렉션에 있는 단어의 수가 아주 많지만 임의의 특정 문서가 갖는 단어의 수는 비교적 적기 때문에 대개 희박하다. 다행히도 희박함은 일반적인 기계학습 작업의 계산을 수행할 때 대체로 유리하다. 물론 머하웃은 밀집된 벡터와 희박한 벡터를 나타내기 위해 `Vector`를 확장하는 몇 가지 구현체를 제공한다. 이 구현체의 이름은 각각 `org.apache.mahout.matrix.SparseVector`, `org.apache.mahout.matrix.DenseVector`다. 애플리케이션을 실행할 때 희박한지 밀집됐는지에 따라 적절한 표현을 결정하기 위해 데이터를 샘플링해야 한다. 어떤 표현이 최적인지 알아보기 위해 데이터의 일부에 두 가지 다 시험해볼 수 있다.

머하웃은 클러스터링하는 데 사용하기 위해 Vector를 생성하는 몇 가지 다른 방법을 제공한다.

- **프로그래밍** 벡터를 인스턴스화하고 적절한 위치에 저장하는 코드를 작성한다.
- **아파치 루씬 색인** 아파치 루씬 색인을 벡터 집합으로 변환한다.
- **웨카(Weka)의 ARFF 형식** 웨카는 ARFF 형식을 정의하는 뉴질랜드 와이카토 Waikato 대학의 기계학습 프로젝트다. 자세한 정보는 http://cwiki.apache.org/MAHOUT/creating-vectors-from-wekas-arff-format.html에서 찾아보라. 웨카에 대해 더 자세히 알아보려면 Witten과 Frank가 집필한 『Data Mining: Practical Machine Learning Tools and Techniques (Third Edition)』(http://www.cs.waikato.ac.nz/~ml/weka/book.html)을 참고하라.

이 책에서는 웨카를 사용하지 않기 때문에 ARFF 형식을 다루는 것은 생략하고, 머하웃용 벡터를 만드는 두 가지 방법에 집중한다.

프로그램적 벡터 생성

여기서 간단한 예제로 보인 것처럼 프로그램을 작성하는 것은 벡터를 생성하기에 최선이면서 간편한 방법이다.

리스트 6.2 머하웃을 사용한 벡터 생성

```
double[] vals = new double[]{0.3, 1.8, 200.228};

Vector dense = new DenseVector(vals);    ◀──── 라벨이 my-dense이고 값이 3개인
                                                DenseVector를 생성한다. 이 벡터의
assertTrue(dense.size() == 3);                  카디널리티(cardinality)는 3이다.

Vector sparseSame = new SequentialAccessSparseVector(3);    ◀────
                              라벨이 my-sparse-same 이고 값이 3개인 SparseVector를
                              생성한다. 이 벡터의 카디널리티(cardinality)는 3이다.

Vector sparse = new SequentialAccessSparseVector(3000);    ◀────
                              라벨이 my-sparse 이고 카디널리티(cardinality)가
                              3000인 SparseVector를 생성한다.
```

```
for (int i = 0; i < vals.length; i++) {                    ←─────────┐
    sparseSame.set(i, vals[i]);
    sparse.set(i, vals[i]);                    두 희박한 벡터의 첫 3개 값을 설정한다.
}
assertFalse(dense.equals(sparse));    ←──┐ 비교되는 밀집 벡터와 희박 벡터는
                                         │ 카디널리티가 다르기 때문에 같지 않다.

assertEquals(dense, sparseSame);    ←──┐ 비교되는 밀집 벡터와 희박 벡터는 값과
                                       │ 카디널리티가 같기 때문에 동일하다.
assertFalse(sparse.equals(sparseSame));
```

데이터베이스나 머하웃이 지원하지 않는 어떤 다른 소스로부터 데이터를 읽어
들일 때는 주로 프로그램으로 벡터를 생성한다. 벡터를 생성하면 머하웃에 입력할
수 있는 형식으로 기록해야 한다. 머하웃의 모든 클러스터링 알고리즘은 한 개 이
상의 하둡 시퀀스파일(SequenceFile)을 요구한다. 머하웃은 적절한 형식의 벡터 직
렬화를 지원하기 위해 org.apache.mahout.utils.vectors.io.Sequence
FileVectorWriter를 제공한다. 다음 리스트에서 이를 보여준다.

리스트 6.3 벡터를 시퀀스파일로 직렬화하기

```
File tmpDir = new File(System.getProperty("java.io.tmpdir"));
File tmpLoc = new File(tmpDir, "sfvwt");
tmpLoc.mkdirs();
File tmpFile = File.createTempFile("sfvwt", ".dat", tmpLoc);

Path path = new Path(tmpFile.getAbsolutePath());    하둡 Configuration을
Configuration conf = new Configuration();    ←────  생성한다.
FileSystem fs = FileSystem.get(conf);
SequenceFile.Writer seqWriter = SequenceFile.createWriter(fs, conf,
        path, LongWritable.class, VectorWritable.class); ←──┐
                        HDFS의 파일에 벡터를 물리적으로 기록하는 작업을
                        처리하기 위해 하둡 SequenceFile.Writer를 생성한다.
```

```
VectorWriter vecWriter = new SequenceFileVectorWriter(seqWriter);
List<Vector> vectors = new ArrayList<Vector>();
vectors.add(sparse);
vectors.add(sparseSame);
vecWriter.write(vectors);
vecWriter.close();
```

VectorWriter는 Vector를 처리하고 SequenceFile.Writer에 있는 하부 기록 메소드를 실행시킨다.

파일 기록 작업을 수행한다.

머하웃은 JSON 형식으로 벡터를 기록할 수도 있지만 그렇게 하면 실행 시간 직렬화 및 역직렬화가 느려지고, 클러스터링 알고리즘의 속도도 상당히 늦어지기 때문에 전적으로 가독성이 필요할 때만 JSON으로 기록해야 한다. 이 책에서는 하단에 아파치 루씬을 사용하는 솔라를 사용하기 때문에 루씬 색인에서 벡터를 생성하는 다음 절이 훨씬 더 흥미로울 것이다.

아파치 루씬 색인으로부터 벡터 생성

다음 코드에서처럼 벡터 생성에 사용할 루씬 색인 필드에 `termVector="true"` 옵션을 설정하고 색인을 생성했다고 가정하면 한 개의 루씬 색인은 Vector 생성에 좋은 소스가 된다.

```
<field name="description" type="text"
       indexed="true" stored="true"
       termVector="true"/>
```

주어진 색인에 대해 색인을 벡터가 들어 있는 시퀀스파일로 변환하는 머하웃의 루씬 유틸리티를 사용할 수 있다. 이 변환은 `org.apache.mahout.utils.vector.lucene.Driver` 프로그램을 실행하는 것으로 커맨드라인에서 다룰 수 있다. **Driver** 프로그램에는 많은 옵션이 있지만, 표 6.3에서는 일반적으로 사용되는 옵션의 개요만 다룬다.

표 6.3 루씬 색인 변환 옵션

인자	설명	필수 여부
--dir 〈path〉	루씬 색인의 위치를 지정한다.	필수
--output 〈path〉	파일 시스템에서 시퀀스파일을 출력할 경로	필수
--field 〈String〉	소스로 사용할 루씬 필드의 이름	필수
--idField 〈String〉	문서의 유일 식별자(unique ID)를 갖는 루씬 필드 이름. 벡터에 라벨을 붙이는 데 사용될 수 있다.	필수 아님
--weight [tf|tfidf]	필드에 있는 단어를 나타내는 데 사용되는 가중치 유형. TF는 단어 빈도만, TF-IDF는 단어 빈도와 역문서 빈도를 같이 사용한다.	필수 아님
--dictOut 〈Path〉	단어와 벡터에서의 단어의 위치 사이의 매핑을 출력할 경로	필수
--norm [INF|-1|A double 〉= 0]	벡터를 정규화할 방법을 나타낸다. http://en.wikipedia.org/wiki/Lp_norm을 보라.	필수 아님

리스트 6.4 루씬 색인을 사용한 샘플 벡터 생성

```
<MAHOUT_HOME>/bin/mahout lucene.vector
    --dir <PATH>/solr-clustering/data/index
    --output /tmp/solr-clust-n2/part-out.vec --field description
    --idField id --dictOut /tmp/solr-clust-n2/dictionary.txt --norm 2
```

리스트 6.4의 예제에서 드라이버 프로그램은 루씬 색인을 받아서 필요한 문서 정보를 색인에서 잡아 part-out.dat(파일명 앞부분의 part는 머하웃/하둡의 가정이라 반드시 이렇게 사용해야 한다) 파일에 기록한다. 또한 생성된 dictionary.txt 파일은 색인의 단어와 생성된 벡터 내 위치 사이의 매핑을 포함한다. 이것은 보여주는 목적으로 이후에 벡터를 다시 생성하기 위해 중요하다.

마지막으로 여기서는 머하웃에 있는 CosineDistanceMeasure를 사용해서 클러스터링하기 위해 2-norm을 선택했다. 이제 벡터를 좀 얻었으니 머하웃의 K 평균 구현을 사용해서 클러스터링을 해보자.

6.5.2 K 평균 클러스터링

더 광대한 기계학습 커뮤니티나 머하웃 모두 클러스터링에 대한 다양한 접근법을 많이 갖고 있다. 예를 들어 머하웃만 하더라도 이 책을 쓰는 현재 다음과 같은 클러스터링 구현체를 갖는다.

- 캐노피^{Canopy}
- 평균 이동^{Mean-Shift}
- 디리클레^{Dirichlet}
- 스펙트럴^{Spectral}
- K 평균과 퍼지 K 평균^{Fuzzy K-Means}

이 선택지 중 확실히 K 평균이 가장 널리 알려져 있다. K 평균은 클러스터를 나누는 단순하고 확실한 접근법이며, 대개 비교적 빠르면서 적절한 결과를 낸다. 이 알고리즘은 사용자가 제공한 거리 척도로 결정된 문서와 클러스터 중심 사이의 거리에 기반을 두고 반복적으로 k개 클러스터 중 하나에 문서를 추가하는 식으로 동작한다. 각 반복의 끝마다 중심은 재산정될 수 있다. 이 과정은 중심에 변경이 거의 없어지거나 어떤 최대 반복 횟수를 넘었을 때 중단된다. 그렇지 않으면 K 평균이 수렴한다는 보증이 없기 때문이다. 알고리즘은 어떤 초기 중심을 주거나 입력 데이터 집합의 벡터 집합에서 임의로 중심을 골라서 시작된다. K 평균은 단점도 좀 있다. 제일 먼저 가장 중요하게 k를 골라야 하고, 당연히 k 값을 다르게 주면 다른 결과를 얻게 된다는 점이다. 게다가 중심 초기 선택은 결과에 막대한 영향을 주기 때문에 몇 번 실행시키면서 주의해서 다른 값을 시도해야 한다는 점이다. 마지막으로 대부분의 기법에서와 같이 어떤 파라미터 값이 데이터와 가장 좋은 결과를 내는지 알아보기 위해 반복을 여러 번 하는 것이 좋다.

머하웃의 K 평균 클러스터링 알고리즘을 실행하는 것은 `org.apache.mahout.clustering.kmeans.KMeansDriver` 클래스를 적절한 입력 파라미터를 주어 실행시키는 식으로 단순하다. 하둡의 힘 덕분에 이것을 단독 실행 모드 혹은 분산 모드(하둡 클러스터 위의) 모두에 대해 실행시킬 수 있다. 이 책의 목적을 위해서는 단독 실행 모드를 사용하겠지만, 분산 모드와 크게 다르지는 않다.

KMeansDriver가 받는 옵션을 먼저 살펴보는 대신, 앞에서 생성한 벡터 덤프를 사용하는 예제로 바로 들어가 보자. 다음 리스트는 KMeansDriver를 실행하는 예제 커맨드라인을 보여준다.

리스트 6.5 커맨드라인 유틸리티 KMeansDriver를 사용하는 예제

```
<$MAHOUT_HOME>/bin/mahout kmeans \
   --input /tmp/solr-clust-n2/part-out.vec \
   --clusters /tmp/solr-clust-n2/out/clusters -k 10 \
   --output /tmp/solr-clust-n2/out/ --distanceMeasure \
   org.apache.mahout.common.distance.CosineDistanceMeasure \
   --convergenceDelta 0.001 --overwrite --maxIter 50 --clustering
```

대부분의 파라미터는 자체로 충분히 어떤 의미인지 알 수 있기 때문에 K 평균을 이끄는 여섯 개의 주요 입력에 집중해보자.

- **--k** K 평균의 k로, 반환될 클러스터의 수를 지정한다.

- **--distanceMeasure** 중심과 문서를 비교하는 데 사용될 거리 척도를 지정한다. 이번 경우에는 Cosine 척도(루씬/솔라의 동작 방식과 유사하다. 기억해낸다면)를 사용했다. 머하웃은 org.apache.mahout.common.distance 패키지에 있는 몇 가지 거리 척도를 포함한다.

- **--convergenceDelta** 한계치 이하면 클러스터가 수렴해서 알고리즘이 끝날 수 있는 한계치를 정의한다. 기본 값은 0.5다. 여기서 선택한 0.001은 완전히 임의적인 것이다. 사용자들은 적절한 시간 품질 트레이드오프를 정하기 위해 이 값에 대한 실험을 해야 한다.

- **--clusters** 그 주변으로 클러스터링할 중심 '초기 값'을 갖는 경로다. --k가

명시적으로 지정되지 않았다면 이 경로는 k개의 Vector(리스트 6.3에서 설명한 것과 같이 직렬화된)를 갖는 파일을 가리켜야 한다. --k가 지정됐다면 입력에서 임의의 벡터 k개를 선택한다.

- **--maxIter** 알고리즘이 그 이전에 수렴하지 않는 경우에 대한 실행 반복의 최대 횟수를 명시한다.

- **--clustering** 각 클러스터의 구성원을 출력하는 데 추가로 시간을 쓴다. 지정하지 않는다면 클러스터의 중심만 정해진다.

리스트 6.5의 명령을 실행할 때 로그 메시지 뭉치가 지나가면서 (바라건대) 오류와 예외는 나타나지 않는 것을 볼 수 있을 것이다. 완료되면 출력 디렉터리는 각 반복으로부터의 결과(이름이 clusters-X이다. X는 반복 번호다) 및 입력 클러스터(이 경우 임의로 생성된)와 최종 반복의 클러스터 결과에 매핑되는 포인트를 포함한 몇 개의 하위 디렉터리를 갖고 있을 것이다.

하둡 시퀀스파일 자체가 출력이기 때문에 그 파일의 원래 형태로는 사람이 읽을 수 없다. 그러나 머하웃은 클러스터링 실행 결과를 보기 위한 유틸리티를 제공한다. 이 도구 중 가장 유용한 것은 org.apache.mahout.utils.clustering. ClusterDumper이지만, org.apache.mahout.utils.ClusterLabels, org.apache. mahout.utils.SequenceFileDumper, org.apache.mahout.utils.vectors. VectorDumper도 유용하다. 여기서는 ClusterDumper에 집중하자. 이름에서 거의 짐작할 수 있듯 ClusterDumper가 생성된 클러스터를 콘솔 창이나 사람이 읽을 수 있는 형식의 파일로 덤프하기 위해 만들어졌다. 예를 들어 이전에 실행한 KMeansDriver 명령의 결과를 보려면 다음과 같이 해보자.

```
<MAHOUT_HOME>/bin/mahout clusterdump \
 --seqFileDir /tmp/solr-clust-n2/out/clusters-2 \
 --dictionary /tmp/solr-clust-n2/dictionary.txt --substring 100 \
 --pointsDir /tmp/solr-clust-n2/out/points/
```

이 전형적인 사례에서 클러스터가 들어 있는 디렉터리의 위치(--seqFileDir), 사전

(--dictionary), 원본 포인트(--pointsDir)를 프로그램에 알려줬다. 또한 클러스터 벡터 출력을 중심에서 100개 문자(--substring)로 잘라서 결과를 더 읽기 쉽게 했다. 2010년 7월 5일의 뉴스로 생성한 색인에 대해 실행한 결과는 다음 코드에서 보여 주는 것과 같다.

```
:C-129069: [0:0.002, 00:0.000, 000:0.002, 001:0.000, 0011:0.000, \
   002:0.000, 0022:0.000, 003:0.000, 00
      Top Terms:
          time              =>0.027667414950403202
          a                 => 0.02749764550779345
          second            => 0.01952658941437323
          cup               =>0.018764212101531803
          world             =>0.018431212697043415
          won               =>0.017260178342226474
          his               => 0.01582891691616071
          team              =>0.015548434499094444
          first             =>0.014986381107308856
          final             =>0.014441638909228182
:C-129183: [0:0.001, 00:0.000, 000:0.003, 00000000235:0.000, \
   001:0.000, 002:0.000, 01:0.000, 010:0.00
      Top Terms:
          a                 => 0.05480601091954865
          year              =>0.029166628670521253
          after             =>0.027443270009727756
          his               =>0.027223628226736487
          polic             => 0.02445617250281346
          he                =>0.023918227316575336
          old               => 0.02345876269515748
          yearold           =>0.020744182153039508
          man               =>0.018830109266458044
          said              =>0.018101838778995336
...
```

이 출력 예제에서 ClusterDumper는 클러스터의 중심 벡터 ID와 단어 빈도에 기반을 둔 클러스터의 일반적 단어 몇 가지를 같이 출력했다. 최상위 단어를 가까이 살펴보면 적당한 단어가 많이 있지만, 불용어(a, his, said 등)처럼 약간의 부적절한 단어도 있다. 지금은 넘어가고, 6.7절에서 나중에 다시 살펴본다.

단순한 클러스터 덤프도 유용하기는 하지만, 다수의 애플리케이션에는 6.2.4절에서 다룬 것처럼 클러스티의 콘텐츠를 간략히 보여줄 수 있는 라벨이 필요하다. 머하웃의 ClusterLabel 클래스는 루씬(솔라) 색인에서 라벨을 생성하는 도구인데, 클러스터를 가장 잘 나타내는 단어 리스트를 제공하는 데 사용 가능하다. 앞에서 실행한 클러스터링 결과에 대해 ClusterLabels 프로그램을 실행하려면 다음 커맨드라인을 이전에 다른 명령을 실행했던 것과 같은 디렉터리에서 실행한다.

```
<MAHOUT_HOME>/bin/mahout \
org.apache.mahout.utils.vectors.lucene.ClusterLabels \
--dir /Volumes/Content/grantingersoll/data/solr-clustering/data/index/\
--field desc-clustering --idField id \
--seqFileDir /tmp/solr-clust-n2/out/clusters-2  \
--pointsDir /tmp/solr-clust-n2/out/clusteredPoints/ \
--minClusterSize 5 --maxLabels 10
```

이 예제에서는 프로그램의 이전 색인에서 콘텐츠를 추출하는 데 사용했던 옵션, 이를테면 색인의 위치와 사용할 필드와 같은 옵션을 여러 개 줬다. 또한 클러스터와 포인트의 위치에 대한 정보를 추가했다. minClusterSize 파라미터는 몇 개의 문서가 라벨을 계산하기 위해 클러스터에 있어야 하는지에 대한 한계치를 설정한다. 이것은 대규모 클러스터가 있는 초거대 컬렉션을 클러스터링할 때 도움이 되는데, 애플리케이션이 작은 클러스터를 아웃라이어로 취급해서 무시하려고 하기 때문이다. maxLabels 파라미터는 클러스터에 대해 얻을 수 있는 라벨의 최대 개수를 나타낸다. 6장의 앞에서 생성한 데이터 샘플에 대해 이 명령을 실행하면 다음과 같은 결과를 얻는다(간략히 하기 위해 줄였음).

```
Top labels for Cluster 129069 containing 15306 vectors
```

Term	LLR	In-ClusterDF	Out-ClusterDF
team	8060.366745727311	3611	2768
cup	6755.711004478377	2193	645
world	4056.4488459853746	2323	2553
reuter	3615.368447394372	1589	1058
season	3225.423844734556	2112	2768
olymp	2999.597569386533	1382	1004
championship	1953.5632186210423	963	781
player	1881.6121935029223	1289	1735
coach	1868.9364836380992	1441	2238
u	1545.0658127206843	35	7101

Top labels for Cluster 129183 containing 12789 vectors

Term	LLR	In-ClusterDF	Out-ClusterDF
polic	13440.84178933248	3379	550
yearold	9383.680822917435	2435	427
old	8992.130047334154	2798	1145
man	6717.213290851054	2315	1251
kill	5406.968016825078	1921	1098
year	4424.897345832258	4020	10379
charg	3423.4684087312926	1479	1289
arrest	2924.1845144664694	1015	512
murder	2706.5352747719735	735	138
death	2507.451017449319	1016	755

...

출력을 구성하는 열은 다음과 같다.

- **단어** 라벨이다.

- **LLR(log-likelihood ratio, 로그 우도 비)** LLR은 루씬 색인의 다양한 통계 값에 기반을 두고 단어의 적절한 정도를 점수화하는 데 사용된다. LLR에 대한 더 많은 내용은 http://en.wikipedia.org/wiki/Likelihood-ratio_test 를 보라.

- **In-ClusterDF** 클러스터에 있는 문서에서 단어가 발생하는 빈도다.

■ Out-ClusterDF 클러스터 밖의 문서에서 단어가 발생하는 빈도다.

ClusterDumper의 최상위 단어의 경우에서처럼 면밀히 조사해보면 적절한 단어 (어간 형태로 추출됐다는 사실을 무시하고)와 쓸모없는 단어 몇 개를 알 수 있다. 대부분의 단어는 클러스터의 전체적인 문서들이 무엇에 대한 것인지 그림을 그려주는 역할을 잘 수행한다는 데 주목하라. 앞에서 언급했듯이 개선할 방법은 6.7절에서 살펴본다. 지금은 문서의 단어를 클러스터링해서 주제를 찾기 위해 머하웃의 클러스터링 기능을 사용하는 방법을 살펴본다.

6.6 아파치 머하웃을 사용한 주제 모델링

머하웃에는 문서 클러스터링 용도의 도구도 있고, 텍스트에 적용하면 단어 수준 클러스터링으로 간주할 수 있는 주제 모델링에 대한 구현도 있다. 머하웃의 유일한 주제 모델링 구현은 잠재 디리클레 할당^{LDA, Latent Dirichlet Allocation} 알고리즘이다. LDA(Deerwester 1990)는 다음과 같다.

> …텍스트 말뭉치와 같은 비연속적 데이터 컬렉션에 대한 생성 확률 모델(generative probabilistic model)이다. LDA는 3단계 계층 베이지안 모델로, 하부 주제들의 한정된 혼합으로 컬렉션의 각 항목의 모델을 만든다. 다음에 하위 주제 확률에 대한 무한 혼합으로 주제 각각의 모델을 만든다.

비전문가의 개념으로는, LDA는 단어의 클러스터를 주제로 변환하는 알고리즘이다. 이 알고리즘은 하부 문서가 몇 가지의 다른 주제에 대한 것이지만, 어떤 문서가 무슨 주제를 다루는지는 알 수 없고, 어떤 주제가 실제로 라벨이 붙었는지 알 수 없다는 가정에 기반을 둔다. 표면적으로 이런 설명은 별로 유용하게 들리지 않지만, 컬렉션과 연관된 주제 단어를 얻는 데는 가치가 있다. 예를 들어 솔라와 같이 사용해서 검색 애플리케이션에 발견 기능을 추가할 수 있다.

아니면 대규모 문서 컬렉션을 간결하게 요약하는 데 사용할 수 있다. 주제 단어는 또한 분류^{classification}나 협력 필터링^{collaborative filtering} 같은 다른 작업에도 사용될 수 있다(이런 애플리케이션에 대한 자세한 내용은 Deerwester [1990]를 보라). 이제 머하웃의 LDA

구현을 실행하는 방법을 살펴보자.

머하웃에서 LDA를 사용해 보려면 벡터가 필요하다. 앞에서는 리스트 6.3 뒤에 대략 설명했듯이 루씬 색인에서 벡터를 생성할 수 있다. 그러나 LDA를 위해서는 이 알고리즘이 내부 통계 값을 계산하는 방식 때문에 기본 TF-IDF 대신 단어 빈도^{TF}만 사용하게 약간 변경해야 한다. 이 작업은 다음과 같다.

```
<MAHOUT_HOME>/bin/mahout lucene.vector \
--dir <PATH TO INDEX>/solr-clustering/data/index/ \
--output /tmp/lda-solr-clust/part-out.vec \
--field desc-clustering --idField id \
--dictOut /tmp/lda-solr-clust/dictionary.txt \
--norm 2 --weight TF
```

이 예제는 앞에서 생성했던 것과 거의 동일하지만, 출력 경로가 다르다는 것과 --weight 입력 파라미터에 대한 TF 값 사용은 예외다.

벡터를 얻은 다음의 단계는 다음과 같이 LDA 알고리즘을 실행하는 것이다.

```
<MAHOUT_HOME>/bin/mahout lda --input /tmp/lda-solr-clust/part-out.vec \
--output /tmp/lda-solr-clust/output --numTopics 30 --numWords 61812
```

대부분의 파라미터가 명백하지만, 몇 가지는 짚어볼 만하다. 먼저 애플리케이션에 약간의 추가 메모리를 할당했다. LDA는 상당히 메모리 집중적 애플리케이션이기 때문에 메모리를 더 줘야 할지도 모른다. 그 다음, 여기서는 LDADriver에게 벡터에서 30개의 주제(--numTopics)를 찾게 했다. K 평균과 유사하게 LDA에 생성하려는 항목의 수를 지정해야 한다. 이 말은 좋든 나쁘든 자신의 애플리케이션에 맞는 값을 정하기 위해 약간의 시행착오를 거쳐야 한다는 뜻이다. 여기서는 10과 20에 대한 결과를 본 다음, 과학적이지는 않지만 30을 골랐다. 마지막으로 --numWords 파라미터는 모든 벡터에 있는 단어의 수다. 여기서 개략적으로 다룬 벡터 생성 방식을 사용했을 때 단어의 수는 dictionary.txt 파일의 첫 줄에서 쉽게 얻을 수 있다. LDA를 실행한 다음, 출력 디렉터리에는 state-1, state-2처럼 state-* 같은 이름의 디렉터리가 여러 개 있게 된다. 디렉터리의 수는 입력과 다른 파라미터에 달려있다. 가장 큰 번호가 붙은 디렉터리가 최종 결과를 나타낸다.

당연히 LDA를 실행하고 나서는 결과를 보고 싶을 것이다. LDA는 기본적으로는 이 결과를 출력하지 않는다. 그러나 머하웃에는 적절하게도 `LDAPrintTopics`라는 유용한 주제 출력 도구가 들어 있다. 이 도구는 다음과 같은 3개의 필수 입력 파라미터와 한 개의 선택적 파라미터가 있다.

- **`--input`** LDA 실행 결과를 갖는 state 디렉터리다. 반드시 마지막 디렉터리일 필요는 없고, 임의의 state 디렉터리가 될 수 있다. 필수 값이다.
- **`--output`** 결과를 기록할 디렉터리로, 필수 값이다.
- **`--dict`** 벡터를 생성하는 데 사용된 단어 사전으로, 필수 값이다.
- **`--word`** 주제당 출력할 단어의 수로, 선택 값이다.

앞에서 실행한 LDA 예제에 대해 `LDAPrintTopics`는 다음과 같이 실행된다.

```
java -cp "*" \
    org.apache.mahout.clustering.lda.LDAPrintTopics \
    --input ./lda-solr-clust/output/state-118/  \
    --output lda-solr-clust/topics \
    --dict lda-solr-clust/dictionary.txt --words 20
```

이 경우 여기서는 state-118 디렉터리(마지막 디렉터리인)의 상위 20개 단어를 얻으려고 한다. 이 명령을 실행하면 주제 결과 디렉터리를 파일당 1개의 주제를 갖는 30개 파일로 채운다. 예를 들어 주제 22는 다음과 같이 보인다.

```
Topic 22
===========
yearold
old
cowboy
texa
14
second
```

```
year
manag
3414
quarter
opera
girl
philadelphia
eagl
arlington
which
dalla
34
counti
five
differ
1996
tri
wide
toni
regul
straight
stadium
romo
twitter
```

이 분류의 상위 단어를 보면 주제는 예제를 실행하기 전날 Dallas Cowboys가 Philadelphia Eagles를 NFL 플레이오프에서 이겼다는 사실에 대한 것일 확률이 높다. 그리고 일부 단어가 아웃라이어처럼 보이지만(opera, girl) 대부분의 단어는 주제에 대한 이해도를 높여준다. 여기 있는 단어 몇 개로 색인을 검색하면 Eagles의 리시버(미식축구 포지션) DeSean Jackson가 트위터에 남긴 Eagles가 Cowboys를 이길 것으로 예측하는(이 운동선수들은 배우지 못하는가?) 내용 등 정말로 이 이벤트에 대한 기사들이 나온다. 여기까지가 아파치 머하웃의 LDA 실행에 대해 알아야 하는 모든 것이다.

다음은 Carrot^{2}와 머하웃에 걸쳐 클러스터링 성능을 살펴보자.

6.7 클러스터링 성능 분석

어떤 실세계 애플리케이션을 갖고도 프로그래머는 애플리케이션의 기본적인 동작 방식을 이해하면 곧 생산 환경에서 애플리케이션을 사용하는 방법으로 빠르게 주의를 돌린다. 이런 의문에 답하기 위해 성능에 대한 품질 및 수량 척도를 모두 살펴봐야 한다. 품질을 향상시키기 위한 자질 선택과 배제부터 시작해서 Carrot^{2}와 아파치 머하웃에 대한 알고리즘 및 입력 파라미터 선택을 살펴보자. 그런 다음 EC2라고 하는 아마존(http://aws.amazon.com)의 요구 기반 컴퓨팅 역량에 대해 몇 가지 벤치마크 테스트를 하는 것으로 마친다. 아마존 벤치마킹에 대해서는 티모시 포터 Timothy Potter와 시몬 호이나츠키Szymon Chojnacki에게 도움을 청했고, 상당히 큰 이메일 콘텐츠 컬렉션을 처리하는 데 착수하고 머하웃이 다수의 장비에 걸쳐 동작하는 방식을 살펴봤다.

6.7.1 자질 선택과 축소

자질 선택feature selection과 자질 축소feature reduction는 결과 품질 향상이나 처리할 콘텐츠의 분량을 줄이기 위해 설계된 기법이다. 자질 선택은 전처리나 알고리즘 입력의 일부로서 좋은 자질을 먼저 선택하는 데 중점을 둔다. 반면 자질 축소는 자동화 프로세스의 일부로서 가치가 적은 자질을 제거하는 데 집중한다. 두 기법이 유용한 이유 일부는 다음과 같다.

■ 문제의 크기를 축소하면 계산과 저장 공간 측면 모두 다루기 쉬워진다.

■ 데이터에 있는 불용어와 같은 잡음을 줄여 품질을 향상한다.

■ **시각화와 후처리** 자질이 지나치게 많으면 사용자 인터페이스와 다운스트림 처리 기법을 꽉 막아버릴 수 있다.

여러 가지로 3장에서 이미 해본 작업 덕분에 이미 자질 축소가 익숙할 것이다. 3장에서 검색될 단어 수를 줄이기 위해 불용어 제거와 어간 추출과 같은 몇 가지 분석 기법을 채택했다. 이 기법은 또한 클러스터링의 결과를 향상시키는 데도 도움이 된다. 더욱이 클러스터링에서 대개 더 공격적으로 자질 선택을 하는 편이 유용한데, 대개 초대규모 문서 집합을 다루기 때문에 앞에서 축소해두면 많은 자원을 아낄 수 있다.

이를테면 6장의 예제에서 검색을 다룬 장에서 사용했던 불용어 파일과 다른 파일을 사용했는데, 클러스터링 불용어가 원래의 파일을 포함해 더 큰 집합을 이루는 점이 다르다(소스의 stopwords-clustering.txt를 보라). stopwords-clustering.txt를 만들기 위해 색인에 최다 빈도로 출현하는 단어 목록을 검토했고 어떤 단어가 제거돼도 괜찮을지 정하기 위해 몇 번의 클러스터링 반복도 수행했다.

불행히도 이 접근법은 본질적으로 임시방편이고, 상당한 양의 작업이 필요하다. 또한 언어 간 이식이나 다른 말뭉치로의 이식도 불가능하다. 이식성을 높이기 위해 애플리케이션은 일반적으로 단어 가중치(TF-IDF 또는 다른 접근법)에 기반을 두고 단어를 제거하는 데 집중해본 다음 클러스터가 좋아졌는지 정하기 위해 반복적으로 어떤 척도를 살펴본다. 다양한 접근법과 논의에 대해서는 참고 자료 절을 보라(Dash [2000], Dash [2002], Liu [2003]). 머하웃에 통합된 특이 값 분해SVD에 기반을 둔 접근법도 입력의 크기를 크게 줄이기 위해 사용할 수 있다. 또한 Carrot^{2}의 Lingo 알고리즘은 바로 SVD 위에 만들어졌기 때문에 Carrot^{2}에 대해서는 해야 할 일이 없는 데 주의하라.

특이 값 분해Singular value decomposition는 중요한 자질(단어)만 남기고 중요하지 않은 자질은 없애는 식으로 원본 데이터 집합의 차원수를 줄이기 위해 설계된(일반적으로 텍스트 클러스터링에서 각각의 유일한 단어는 n차원 벡터의 한 셀을 나타낸다) 일반적인 자질 축소 기법이다(클러스터링에만 한정돼 있지 않다는 의미). 자질 축소는 손실 프로세스이기 때문에 위험이 따르지만, 보통 저장 공간과 CPU 비용을 상당히 아낄 수 있다. 중요도의 개념에 대해서는, 이 알고리즘은 자주 말뭉치에서 개념을 추출하는 데 비유되지만, 이를 보장하지는 않는다. 수학적 내용에 관심이 있는 사람들을 위해 조금 설명하면 SVD는 행렬(클러스터링되는 문서는 행렬로 표현된다)을 고유 벡터와 그 외의 요소로 인수 분해하는 과정이다. 자세한 수학은 다른 이의 몫으로 남겨둔다. 머하웃의 구현에 대한 자세한 내용은 https://cwiki.apache.org/confluence/display/MAHOUT/Dimensional+Reduction 및 SVD에 대한 몇 가지 튜토리얼과 설명을 담은 링크를 참고한다.

머하웃의 특이 값 분해를 시작할 때 알고리즘을 실행하기 위해 다시 bin/mahout 커맨드라인 유틸리티에 의존할 수 있다. 머하웃에서 SVD를 수행하는 것은 2단계 프로세스다. 첫 단계는 행렬을 분해하고, 두 번째 단계는 정리 계산을 수행한다. 클러스터링 행렬(앞에서 생성한)에 대해 SVD를 수행하는 첫 단계는 다음과 같을 것이다.

```
<MAHOUT_HOME>/bin/mahout svd --input /tmp/solr-clust-n2/part-out.vec \
--tempDir /tmp/solr-clust-n2/svdTemp \
--output /tmp/solr-clust-n2/svdOut \
--rank 200 --numCols 65458 --numRows  130103
```

이 예제에서는 입력 벡터의 위치(--Dmapred.input.dir)나 시스템이 사용할 임시 디렉터리(--tempDir) 같은 늘 사용하는 입력 항목 다음 SVD 전용 입력 항목을 사용한다.

- **--rank** 출력 행렬의 계수[rank]를 지정한다.
- **--numCols** 벡터 안의 전체 열 개수다. 이번 경우 말뭉치의 유일한 단어 개수인데, /tmp/solr-clust-n2/dictionary.txt 파일의 최상단에 이 값이 있다.
- **--numRows** 파일에 있는 벡터의 수다. 데이터 구조의 크기를 적절히 맞추는데 사용한다.

이 옵션 값 중 계수[rank]는 결과가 어떻게 나올지를 결정하는 값이고, 적절한 값을 고르기 가장 어려운 옵션이기도 하다. 일반적으로 작은 값에서 시작해서(이를테면 50) 증가하는 식으로 몇 번의 시도와 실패를 해야 한다. 머하웃 커미터이자 머하웃 SVD 코드의 원본 작성자인 **Jake Mannix**(Mannix, 2010년 7월)에 따르면 텍스트 문제에 대해 계수 값은 200에서 400 사이가 적절하다고 한다. 당연히 어떤 계수 값이 최적의 결과를 내는지 알아보기 위해 몇 번 시험적으로 수행해 봐야 한다. 주된 SVD 알고리즘을 수행한 다음, 보이는 것과 같이 최종 결과를 만들기 위해 단일한 정리 작업을 수행해야만 한다.

```
<MAHOUT_HOME>/bin/mahout cleansvd \
--eigenInput /tmp/solr-clust-n2/svdOut \
--corpusInput /tmp/solr-clust-n2/part-out.vec \
```

```
--output /tmp/solr-clust-n2/svdFinal --maxError 0.1 \
--minEigenvalue 10.0
```

이 단계의 핵심은 오류 한계 값(--maxError)과 최소 고유 값eigenvalue (--minEigenValue)을 고르는 것이다. 최소 고유 값에 대해 0을 고르면 항상 안전하지만 더 높은 값을 고르고 싶을 수도 있다. 최대 오류 값에 대해서는 클러스터링 알고리즘의 결과를 보면서 시도와 실패를 반복하면 알고리즘의 성능에 대한 통찰력을 얻을 수 있다(자세한 내용은 Mannix [2010, August]를 보라).

여기서 볼 수 있듯 자질을 고르거나 문제의 크기를 줄이는 방법은 많다. 이런 성질을 갖는 대부분의 방법처럼 상황에 적합한 값을 정하려면 실험을 해야 한다. 마지막으로 SVD의 결과를 클러스터링에 사용하고 싶다면(이것이 핵심이다, 그렇지 않은가?) 최종 단계가 하나 있다. 원본 행렬의 전치행렬을 SVD 결과의 전치행렬과 곱해야 한다. 이런 동작은 입력 인자가 올바르게 주어진 bin/mahout 명령을 사용해서 모두 수행할 수 있다. 확인은 독자의 몫으로 남겨둔다. 이제 Carrot^{2}와 아파치 머하웃 성능의 질적 측면을 살펴보자.

6.7.2 Carrot^2 성능과 품질

성능과 결과의 품질에 대해 Carrot^{2}는 무수한 조정 옵션을 제공한다(우선 어떤 알고리즘을 고를지에 대한 여러 가지 고려 사항은 말할 것도 없이). 알고리즘 성능에 대해서는 여기서 간단히 살펴보겠지만, 모든 파라미터 옵션에 대한 상세한 설명은 Carrot^2 설명서에 남겨둔다.

Carrot2 알고리즘 고르기

무엇보다 STC와 Lingo 알고리즘은 문서가 한 개 이상의 클러스터에 소속될 수 있다는 공통점이 있다. 그 외에는 두 알고리즘은 내부적으로 다른 접근법을 취해서 결과를 얻는다. 일반적으로 Lingo는 STC보다 라벨을 잘 만들지만, 그림 6.3에서 볼 수 있듯 훨씬 느리다.

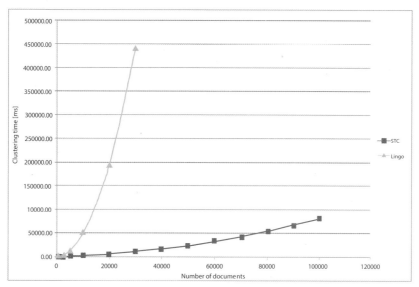

그림 6.3 오픈 디렉터리 프로젝트 데이터(Open Directory Project Data, http://www.dmoz.org)에 대해 문서 수를 바꿔가며 STC와 Lingo를 실행한 결과 비교

그림에서 볼 수 있듯 Lingo는 STC보다 아주 느리지만, 결과 크기가 작다면 라벨의 품질이 긴 실행 시간을 보상할 수 있다. 또한 Carrot^{2}에 행렬 계산 네이티브 라이브러리를 링크해서 Lingo 행렬 분해의 속도를 높일 수 있다는 것도 기억하라. 성능이 크게 중요한 애플리케이션이라면 STC로 시작하기를 권한다. 품질이 더 중요하다면 Lingo로 시작하라. 어떤 경우이든 어떤 구성 요소가 갖고 있는 데이터에 도움이 되는지 알아보는 시간을 내라. 모든 Carrot^2 구성 요소에 대한 설명은 http://download.carrot2.org/head/manual/index.html#chapter.components를 보라.

6.7.3 머하웃 클러스터링 벤치마크

머하웃의 강점 중 하나는 아파치 하둡을 사용한 덕에 컴퓨터 장비 그리드에 걸쳐 계산을 분산시킬 수 있다는 점이다. 이를 보이기 위해 K 평균과 다른 클러스터링 알고리즘을 머하웃의 확장성을 벤치마크하기 위해 인스턴스의 수를 증가시켜 가면서 아마존의 일래스틱 맵리듀스Elastic MapReduce(http://aws.amazon.com/elasticmapreduce/)와 EC2 인스턴스상에서 실행했다.

준비

6.5.1절에서 설명한 것처럼 메일 아카이브는 머하웃 벡터로 변환돼야 한다. 준비 단계는 로컬 워크스테이션에서 마칠 수 있고 하둡 클러스터가 필요 없다. 머하웃 배포본에 있는 prep_asf_mail_archives.sh 스크립트(utils/bin 디렉터리에 있는)는 다음과 같다.

- s3://asf-mail-archives/에서 파일을 받아 tar로 압축을 해제한다.
- gzip으로 압축된 메일 아카이브가 들어 있는 압축을 해제한 디렉터리를 머하웃의 segdirectory 유틸리티에 기반을 둔 전용 유틸리티를 사용해서 하둡 시퀀스파일로 변환한다(머하웃 소스의 org.apache.mahout.text.SequenceFilesFromMailArchives를 보라). 각 파일은 여러 개의 메일 메시지를 포함한다. 이 메시지를 분리한 다음 정규 표현식을 사용해서 제목과 본문 텍스트를 추출한다. 다른 모든 메일 헤더는 건너뛰는데, 클러스터링에 중요하지 않기 때문이다. 각 메시지는 블록 압축된 시퀀스파일에 추가돼 디스크 공간 5.7GB 정도를 차지하는 6,094,444 키/값 쌍이 들어있는 283개 파일이 된다.

> **하둡 설정** 이 절에서 설명하는 벤치마킹 작업은 아마존 EC2를 사용하는 하둡 0.20.2에서 동작하는 머하웃 0.4로 수행됐다. 분명, 하둡 배포판에서 제공하는 contrib/ec2를 사용해 배치한 EC2 xlarge 인스턴스를 사용했다. 노드당 3개의 리듀서를 할당했고(mapred.reduce.tasks = n*3), 자식 프로세스의 최대 힙 크기는 4GB로 설정했다(mapred.child.java.opts = -Xmx4096M). 하둡 contrib/ec2 스크립트는 네임노드로 추가적인 노드를 할당하는데, 이 노드는 클러스터 크기에 포함시키지 않았다. 따라서 4 노드 클러스터는 실제로는 5개의 실행 EC2 인스턴스를 갖는다. 머하웃을 실행하기 위해 하둡 클러스터를 설정하는 상세한 지침은 머하웃 위키의 https://cwiki.apache.org/confluence/display/MAHOUT/Use+an+Existing+Hadoop+AMI에서 볼 수 있다.

콘텐츠 벡터화

시퀀스파일들은 머하웃의 seq2sparse 맵리듀스 작업으로 희소 벡터sparse vector로 변환해줘야 한다. 희소 벡터를 고른 이유는 대부분의 메일 메시지는 짧고 모든 메시지에는 수많은 유일한 단어들이 있기 때문이다. 기본 seq2sparse 설정은 수백만 차원의 벡터를 만드는데, 말뭉치에 있는 각각의 유일한 단어는 n차원 벡터의 한 셀을 표현하기 때문이다. 이 규모의 벡터 클러스터링은 실행 가능하지 않고 메일 아카이브에 있는 유일한 단어의 롱테일 때문에 유용한 결과를 생성할 가능성이 낮다.

유일한 단어 수를 줄이기 위해 이 책에서는 기본 StandardAnalyzer보다 공격적으로 동작하는 자체 루씬 분석기를 개발했다. 구체적으로 MailArchives ClusteringAnalyzer는 더 넓은 불용어 집합을 사용해 영숫자 이외의 토큰을 제거하고, 포터[porter] 어간 추출법을 적용한다. 또한 seq2sparse가 제공하는 자질 축소 옵션도 활용했다. 다음 명령은 벡터화 작업을 실행한 방법을 보여준다.

```
bin/mahout seq2sparse \ --input
s3n://ACCESS_KEY:SECRET_KEY@asf-mail-archives/mahout-0.4/sequence-files
/ \
--output /asf-mail-archives/mahout-0.4/vectors/ \
--weight tfidf \ --minSupport 500 \ --maxDFPercent 70 \
--norm 2 \ --numReducers 12 \ --maxNGramSize 1 \
--analyzerName org.apache.mahout.text.MailArchivesClusteringAnalyzer
```

입력을 위해 여기서는 하둡의 S3 네이티브 프로토콜(s3n)을 사용해서 S3으로부터 시퀀스파일을 직접 읽어 들였다. 하둡이 asf-mail-archives 버킷에 접근 가능하게 만들기 위해 URI에 실제 아마존 액세스 키[Access Key]와 비밀 키[Secret Key]를 넣어야 하는 데 주의하라. 이 값이 뭔지 잘 모른다면 머하웃 위키의 EC2 페이지를 보라.

저자 노트 asf-mail-archives 버킷은 악의적인 오용 가능성 때문에 제거됐다. 여기에 있는 명령은 머하웃 0.4 상의 성능 척도를 만드는 데 무엇을 사용했는지에 대한 정확한 기록을 위해, 그리고 아마존의 크레딧을 다 썼고 이 벤치마크는 비용이 많이 들기 때문에(!) 남겨뒀다. 유사한 결과를 얻으려면 ASF 공개 메일 아카이브의 새 버전을 포함하는 아마존의 공개 데이터 집합을 사용할 수 있다. 이런 아카이브는 http://aws.amazon.com/datasets/7791434387204566에 있다.

대부분의 파라미터는 이미 설명했으니 클러스터링에 중요한 것에만 집중하자.

- **--minSupport 500** 모든 문서에 걸쳐 500회 이상 나오지 않는 단어를 제거한다. 작은 말뭉치의 경우에 500은 너무 큰 값이라 중요한 단어가 제거될지도 모른다.
- **--maxDFPercent 70** 70% 이상의 문서에 포함된 단어를 제거한다. 이 작업은 텍스트 분석 단계에서 놓친 메일 관련 단어를 제거하는 데 도움이 된다.
- **--norm 2** 벡터는 2-norm으로 정규화된다. 클러스터링을 수행하는 동안 유사도로 코사인 거리를 사용한다.
- **--maxNGramSize 1** 단일 단어만 고려한다.

이런 파라미터를 줬을 때 seq2parse는 4노드 클러스터에서 40분여에 걸쳐 20,444차원의 벡터 6,077,604개를 생성했다. 빈 벡터는 seq2sparse가 제거하기 때문에 벡터의 개수는 입력 문서 수에 따라 달라진다. 이 작업을 수행한 다음, 결과 벡터와 사전 파일은 공개 S3 버킷에 복사되기 때문에 클러스터링 작업을 실행할 때마다 다시 생성할 필요가 없다.

바이그램(--maxNGramSize=2) 설정으로도 실험해 봤지만 벡터가 대략 38만 차원 정도로 너무 커졌다. 게다가 단어 간의 연어collocation 관계를 생성하는 일은 seq2sparse의 성능에 큰 영향을 줬다. 이 작업은 바이그램을 생성하는 데 대략 2시간 10분 정도를 소모했는데, 적어도 소모된 시간 중 반 이상은 연어 관계를 계산하는 데 쓰였다.

K 평균 클러스터링 벤치마크

클러스터링을 시작하려면 하둡의 distcp 잡을 사용해서 벡터를 S3에서 HDFS로 복사해야 한다. 이전과 같이 S3을 읽는 데는 하둡의 S3 네이티브 프로토콜을 사용한다.

```
hadoop distcp -Dmapred.task.timeout=1800000 \
        s3n://ACCESS_KEY:SECRET_KEY@BUCKET/asf-mail-archives/mahout-0
.4/sparse-1-gram-stem/tfidf-vectors \
        /asf-mail-archives/mahout-0.4/tfidf-vectors
```

이 작업은 클러스터의 크기에 따라 수 분 내에 끝나며, EC2 클러스터를 기본

us-east-1 리전에서 시작한 경우 데이터 전송 비용이 발생하지 않는다. HDFS에 데이터를 복사한 다음, 다음 명령을 사용해서 머하웃의 K 평균 작업을 시작한다.

```
bin/mahout kmeans \ -i /asf-mail-archives/mahout-0.4/tfidf-vectors/ \
    -c /asf-mail-archives/mahout-0.4/initial-clusters/ \
    -o /asf-mail-archives/mahout-0.4/kmeans-clusters \
    --numClusters 60 --maxIter 10 \
    --distanceMeasure
org.apache.mahout.common.distance.CosineDistanceMeasure \
    --convergenceDelta 0.01
```

이 작업은 머하웃의 RandomSeedGenerator를 사용해 임의의 중심 60개를 생성해서 시작되고, 마스터 서버에서만 실행에 9분 정도 소요된다. 작업이 끝나면 k 값이 같은 동안 계속 유효한 데이터를 벤치마크 작업의 반복마다 다시 생성하지 않게 하기 위해 최초 클러스터를 S3에 복사한다. K 평균 작업이 벤치마킹 용도로 적어도 10번은 반복되게 convergenceDelta 값을 0.01로 정했다. 10회 반복이 끝났을 때 60개 중 59개의 클러스터가 수렴했다. 6.5.2절에서 설명한 것처럼 각 클러스터의 상위 단어를 보기 위해 머하웃의 clusterdump 유틸리티를 사용한다.

머하웃의 K 평균 맵리듀스 구현의 확장성을 확인하기 위해 K 평균 클러스터링 잡을 노드당 3개의 리듀서를 갖는 노드 수 2, 4, 8, 16개의 클러스터에서 수행했다. 실행 도중 부하 평균은 적정히 유지됐고(<4) 노드에 스왑이 일어나지 않았다. 그림 6.4의 그래프는 예상한 것처럼 결과가 거의 선형적임을 보여준다.

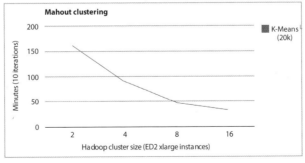

그림 6.4 아마존 EC2의 노드 2개에서 16개를 사용한 머하웃 K 평균 성능 그래프

노드의 수를 배로 늘릴 때마다 프로세싱 시간이 거의 반으로 줄어드는 것을 볼 수 있다. 그러나 이 곡선은 노드의 수가 증가함에 따라 살짝 평평해진다. 이런 볼록 모양은 어떤 노드가 부담이 더 큰 데이터 샘플을 받고, 다른 노드는 그 처리가 끝나기를 기다려야 하기 때문에 생긴다. 따라서 일부 자원은 충분히 활용되지 않고, 노드가 많이 있을수록 이런 상황이 일어날 가능성이 커진다. 게다가 문서 샘플 간의 차이는 두 조건이 만족됐을 때 가시화된다. 먼저 벡터는 희소 구조로 표현된다. 둘째, 데이터 집합이 계산 부담이 큰 거대 벡터의 출현을 이끄는 롱테일 특성을 가진다. 두 조건 모두 예제 설정에서 만족된다. 또한 같은 작업을 노드당 2개의 리듀서가 있는 EC2 거대 인스턴스의 4개 노드 클러스터에서 시도해봤다. 이 설정에서 작업이 120분 걸릴 것이라고 예상했지만 실제로는 137분이 걸렸으며, 시스템 부하 평균은 지속적으로 3 이상이었다.

머하웃의 다른 클러스터링 알고리즘 벤치마킹

퍼지 K 평균, 캐노피, 디리클레 등 다른 머하웃의 클러스터링 알고리즘도 실험했다. 전반적으로 현재 데이터 집합으로는 어떤 결정적인 결과도 만들 수 없었다. 예를 들어 퍼지 K 평균 알고리즘의 한 반복은 K 평균의 한 반복보다 평균적으로 10배 느렸다. 그러나 퍼지 K 평균은 K 평균보다 더 적은 반복만 필요해서 빠르게 수렴한다고 알려져 있다. 퍼지 K 평균과 변종 K 평균 두 개의 실행 시간 비교를 그림 6.5에 나타냈다.

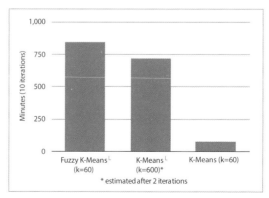

그림 6.5 서로 다른 클러스터링 알고리즘의 실행 시간 비교

실험을 수행할 때 4개의 초거대 인스턴스를 사용했다. 클러스터 수를 60개로 설정하고 평탄화 파라미터 m을 3으로 설정한 퍼지 K 평균 알고리즘에 대한 전체 10번의 반복을 마치는 데 14시간 이상(848분)이 걸렸다. 91분밖에 걸리지 않은 K 평균 알고리즘의 거의 10배가 걸렸다. 두 클러스터링 알고리즘의 첫 반복은 이어지는 반복보다 항상 더 빠름을 알 수 있었다. 게다가 두 번째, 세 번째, 그 이후의 반복은 비슷한 시간이 소요됐다. 따라서 다양한 수준의 k에 대해 10회 반복 전체의 시간 소모를 추정하는 데 두 번째 반복의 피드백을 활용했다. 클러스터의 수 k가 10배 증가하면 거기 비례해서 느려진다고 예상할 수 있다. 정확하게 k=600일 때 실행 시간이 725분이라고 예상했다. 이것은 10×91보다는 좀 작은 값인데, k가 증가하면 고정 비용 프로세싱의 오버헤드 활용이 더 좋아지기 때문이다. 첫 반복과 두 번째 반복의 차이는, 첫 반복에서는 임의의 벡터가 중심으로 사용된다는 데 기인한다. 이어지는 반복에서는, 중심은 더 밀집되고, 따라서 계산이 더 길어진다.

머하웃의 캐노피^{Canopy} 알고리즘은 대규모 데이터 집합의 클러스터 수를 알아보는 전처리 과정으로 유용할 수 있다. 캐노피를 사용할 때 사용자는 두 개의 한계 값만 정의하면 되는데, 생성된 클러스터 간의 거리에 영향을 미친다. T1=0.15, T2=0.9일 때 캐노피가 중요한 클러스터 집합을 만드는 것을 발견했다. 그러나 이 값을 발견하는 데 사용한 시간은 다른 알고리즘의 속도 증가에 도움이 되는 것처럼 보이지 않는다. 또한 이 책을 쓰는 시점에 머하웃이 여전히 1.0 출시 이전 상태이기 때문에 사용자가 코드를 많이 사용할수록 속도 향상이 일어날 공산이 크다는 것도 염두에 둬야 한다.

또한 디리클레를 사용했을 때도 문제를 겪었지만, 머하웃 커뮤니티의 지원으로 alpha0=50과 modelDist=L1ModelDistribution을 사용한 단일 반복을 마칠 수 있었다. alpha0 값으로 큰 값을 사용할수록 이어지는 반복의 작업 부하를 분산하는 데 도움이 되는 첫 반복 도중 새 클러스터를 선택하는 확률이 높아지게 된다. 불행히도 이어지는 반복은 이전 반복에서 적은 수의 클러스터에 너무 많은 데이터 포인트가 할당됐기 때문에 여전히 때맞춰 끝나는 데 실패했다.

벤치마킹 요약과 다음 단계

벤치마킹 프로세스의 시초에서 거대 문서 집합에 대한 머하웃의 다양한 클러스터링 알고리즘의 성능을 비교하고, 아마존 EC2를 사용한 대규모 클러스터링 레시피를 만들려고 했다. 머하웃의 K 평균 구현은 대략 20,000개의 자질이 있는 수백만 개의 문서를 클러스터링하는 데 선형적으로 확장 가능함을 발견했다. 다른 클러스터링 유형에 대해서는 비교할 만한 결과를 얻는 데 실패했고, 현재의 결론은 더 많은 실험이 필요하다는 것과 머하웃 코드에 더 많은 튜닝이 필요하다는 것뿐이다. 그렇긴 하지만 EC2와 일래스틱 맵리듀스^{Elastic MapReduce} 설정 노트를 머하웃 위키에 남겨서 우리가 한 작업에 다른 사람들이 도움을 받을 수 있게 했다.

6.8 감사의 말

6장을 집필하는 데 있어 Ted Dunning, Jake Mannix, Stanisław Osinski, Dawid Weiss가 준 유익한 조언에 감사한다. 아마존 일래스틱 맵리듀스와 EC2상의 머하웃에 대한 벤치마킹은 아마존 웹 서비스 아파치 프로젝트 테스팅 프로그램^{Amazon Web Services Apache Projects Testing Program}이 협력해준 덕분에 가능했다.

6.9 정리

클러스터링을 사용하면 애플리케이션은 훑어보는 뉴스의 양을 줄여주거나, 애매한 검색어를 빠르게 요약해주거나, 대규모 컬렉션의 주제를 찾아주는 등의 유용한 정보 발견 기능을 효과적으로 제공할 수 있다. 6장에서는 클러스터링 기법을 고르고 평가하는 데 들어가는 요소를 포함해서 클러스터링에 숨겨진 많은 개념을 설명했다. 그 다음 Carrot² 와 아파치 머하웃이 어떻게 검색 결과, 문서, 단어를 주제로 클러스터링하는지 보여주는 식으로 실세계 예제를 집중 탐구했다. 마지막으로 머하웃의 특이점 분해 코드 사용 등의 성능 향상 기법을 살펴보는 것으로 6장을 마쳤다.

6.10 참고 자료

Blei, David; Lafferty, John. 2009. "Visualizing Topics with Multi-Word Expressions." http://arxiv.org/abs/0907.1013v1.

Blei, David; Ng, Andrew; Jordan, Michael. 2003. "Latent Dirichlet allocation." Journal of Machine Learning Research, 3:993–1022, January.

Carpineto, Claudio; Osiński, Stanisław; Romano, Giovanni; Weiss, Dawid. 2009. "A Survey of Web Clustering Engines." ACM Computing Surveys.

Crabtree, Daniel; Gao, Xiaoying; Andreae, Peter. 2005. "Standardized Evaluation Method for Web Clustering Results." The 2005 IEEE/WIC/ACM International Conference on Web Intelligence (WI'05).

Cutting, Douglass; Karger, David; Pedersen, Jan; Tukey, John W. 1992. "Scatter/Gather: A Cluster-based Approach to Browsing Large Document Collections." Proceedings of the 15th Annual International ACM/SIGIR Conference.

Dash, Manoranjan; Choi, Kiseok; Scheuermann, Peter; Liu, Huan. 2002. "Feature Selection for Clustering – a filter solution." Second IEEE International Conference on Data Mining (ICDM'02).

Dash, Manoranjan, and Liu, Huan. 2000. "Feature Selection for Clustering." Proceedings of Fourth Pacific-Asia Conference on Knowledge Discovery and Data Mining.

Dean, Jeffrey; Ghemawat, Sanjay. 2004. "MapReduce: Simplified Data Processing on Large Clusters." OSDI'04: 6th Symposium on Operating Systems Design and Implementation. http://static.usenix.org/event/osdi04/tech/full_papers/dean/dean.pdf.

Deerwester, Scott; Dumais, Susan; Landauer, Thomas; Furnas, George; Harshman, Richard. 1990. "Indexing by latent semantic analysis." Journal of the American

Society of Information Science, 41(6):391-407.

Dunning, Ted. 1993. "Accurate methods for the statistics of surprise and coincidence." Computational Linguistics, 19(1).

Google News. 2011. http://www.google.com/support/news/bin/answer.py?answer=40235&topic=8851.

Liu, Tao; Liu, Shengping; Chen, Zheng; Ma, Wei-Ying. 2003. "An evaluation on feature selection for text clustering." Proceedings of the Twentieth International Conference on Machine Learning (ICML-2003).

Manning, Christopher; Raghavan, Prabhakar; Schütze, Hinrich. 2008. An Introduction to Information Retrieval. Cambridge University Press.

Mannix, Jake. 2010, July. "SVD Memory Reqs." http://mail-archives.apache.org/mod_mbox/mahout-user/201007.mbox/%3CAANLkTik-uHrN2d838dHfY-wOhxHDQ3bhHkvCQvEIQCLT@mail.gmail.com%3E.

Mannix, Jake. 2010, August. "Understanding SVD CLI inputs." http://mail-archives.apache.org/mod_mbox/mahout-user/201008.mbox/%3CAANLkTi=ErpLuaWK7Z-2an786v5AsX3u5=adU2WJM5Ex7@mail.gmail.com%3E.

Steyvers, Mark, and Griffiths, Tom. 2007. "Probabilistic Topic Models." Handbook of Latent Semantic Analysis. http://citeseerx.ist.psu.edu/viewdoc/download?doi-0.=10.1.1.80.9625&rep=rep1&type=pdf.

Zamir, Oren, and Etzioni, Oren. 1998. "Web document clustering: a feasibility demonstration." Association of Computing Machinery Special Interest Group in Information Retrieval (SIGIR).

7

분류, 카테고리 분류, 태깅

7장에서 다루는 내용

- 분류, 카테고리 분류, 태그 부착 이면의 기본 개념 익히기

- 텍스트 애플리케이션이 카테고리 분류를 어떻게 사용하는지 발견하기

- 오픈소스 도구를 사용해서 분류기를 만들고, 훈련하고, 평가하기

- 검색 애플리케이션에 카테고리 분류 기능 통합하기

- 태그가 부착된 데이터를 사용해서 훈련된 태그 추천 엔진 만들기

방문했던 웹사이트 어딘가에서 키워드 태그를 본 적이 있을 것이다. 사진, 영상, 음악, 뉴스, 블로그 글과 트위터에는 보고 있는 내용을 짧게 설명해주는 단어나 문구 및 연관된 아이템에 대한 링크가 딸려있는 경우가 많다. 누군가가 선호하는 토론 주제, 영화 장르, 음악 스타일 등을 나타내는 여러 크기의 단어들을 표시하는

태그 클라우드를 본 적이 있을 것이다. 태그는 웹 어디에나 있고, 이를 탐색 도구로 사용하거나 뉴스에서 즐겨찾기에 이르는 모든 것을 정리하는 데 사용한다(그림 7.1을 보라).

그림 7.1 트위터 포스트에 사용된 태그. # 문자로 시작하는 해시태그는 트윗의 핵심 단어를 나타내는 데 사용하는 단어들이고, @문자로 시작하는 태그는 다른 사용자를 언급하는 태그다.

태그는 데이터에 대한 데이터이고, 다른 말로는 메타데이터라고도 한다. 태그는 어떤 콘텐츠에도 사용할 수 있고, 구조화되지 않은 형태인 연관된 키워드나 사용자 이름의 간단한 목록부터 키, 몸무게, 눈 색상과 같이 고도로 구조화된 속성까지 다양한 형태를 갖는다.

이 태그는 어떻게 생성될까? 일부는 편집 중간에 생성된다. 저자나 큐레이터는 서술적인 단어를 배정하는데, 떠오른 첫 단어나 사용이 허가된 단어와 문구에서 주의 깊게 선택한 것일 수 있다. 다른 경우 태그는 사이트 사용자가 할당한다. 개개인은 고유한 관점에 따라 의미가 있는 단어를 선택해서 항목에 태그를 단다. 책이나 노래 같은 콘텐츠 조각은 수백, 수천의 개인 관점에 따라 정의되고, 대중의 지혜나 어리석음이 승리한다.

기계학습은 콘텐츠로부터 자동적이나 반자동적으로 태그를 생성 가능하게 만든다. 알고리즘은 물건들이 태그되는 방식을 관찰해서 기존 태그의 대안이나 태그되지 않은 새 콘텐츠에 대한 태그를 제시한다. 이런 형태의 자동 태그 부착은 분류의 특화된 형태다.

단순하게 보면 분류의 과제는, 분류할 대상이 주어졌을 때 어떻게 이것에 하나 이상의 미리 정의된 카테고리를 할당할지에 대한 것이다. 이 도전을 해결하려면 대상의 속성을 고려해야만 한다. 다른 대상과 어떤 점에서 비슷한가? 어떻게 같은 속성을 공유하는 대상을 모으고 속성이 다른 대상을 제외할 것인가?

분류 알고리즘은 수작업이나 다른 자동화 과정을 거쳐 정리돼 클래스에 들어간 데이터를 사용해서 사례에 따라 학습한다. 훈련 과정을 통해 분류 알고리즘은 어떤 속성(이나 자질)이 주어진 클래스에 항목이 속함을 나타내는지 알아낸다. 훈련되면 분류 알고리즘은 이전에 라벨을 붙이지 않은 데이터를 분류할 수 있다.

6장에서 클러스터링 알고리즘으로 알려진 다른 종류의 학습 알고리즘을 다뤘다. 분류와 클러스터링은 동전의 이면이다. 두 종류의 알고리즘 모두 대상의 자질을 사용해서 할당하기 적절한 라벨을 알아내 대상에 붙이려고 한다. 분류는 미리 정해 진 라벨을 사용하고, 이 계획안에 대상들을 어떻게 가장 잘 맞출지 학습한다는 점 에서 클러스터링과 다르다. 이런 방식은 지도 학습^{supervised learning}이라고 하는데, 분류 알고리즘이 할당하는 라벨은 사람이 정의한 카테고리와 같은 외부 입력에 기 반을 두기 때문이다. 클러스터링은 미리 정의된 라벨을 사용하지 않는 자율 학습 유형에 속한다. 클러스터링은 공통 특성에 기반을 두고 대상 그룹을 형성한다. 이 런 차이가 있지만, 분류와 클러스터링 알고리즘 모두 문서를 카테고리로 분류하는 데 사용된다.

문서 카테고리 분류는 카테고리나 주제 연관 태그를 문서에 할당하는 행동이다. 문서 카테고리 분류는 분류 알고리즘을 사용하는 애플리케이션이다. 카테고리를 분류할 때 훈련용 사례 문서 각각에 하나 이상의 카테고리나 주제 영역을 할당해 둔 다음 시작한다. 카테고리 분류 알고리즘은 개개의 단어 및 그 외의 길이나 구조 같은 문서의 자질이 주제와 어떻게 연관되는지에 대한 모델을 만든다. 다 만들면 모델을 주제 영역을 할당하는 데(달리 말해 새 문서를 카테고리로 분류하는 데) 사용할 수 있다.

7장은 분류와 카테고리 분류 개관으로 시작해서 생산 시스템에 사용하기 위해 분류기를 학습하는 과정까지 살펴본다. 거기서부터 몇 개의 다른 분류 알고리즘을 살펴보고 텍스트 문서를 자동으로 카테고리 분류하고 태그하는 데 해당 알고리즘 을 어떻게 사용하는지 익힌다. 이런 알고리즘 중 나이브 베이즈^{naive Bayes}나 최대 엔트로피 분류기 같은 일부는 통계 모델에 기반을 두고, 반면 k 근접 이웃^{k-nearest neighbor}이나 TF-IDF 카테고리 분류기 같은 다른 기법은 3장에서 보여준 것과 같은 정보 검색에 사용된 벡터 공간 모델을 채택했다.

OpenNLP, 아파치 루씬, 솔라, 머하웃 같은 오픈소스 프로젝트의 커맨드라인 도구와 코드를 사용한 얼마간의 실제 예제를 통해 이 알고리즘들을 설명한다. 각각의 경우 분류기를 생성하는 과정의 모든 단계를 익혀본다. 훈련 데이터를 얻어 준비하는 서로 다른 접근법들을 탐구하고, 각각의 알고리즘을 사용해 분류기를 훈련시키고, 그 결과의 품질을 평가하는 방법을 알아본다. 마지막으로 생산 시스템에 분류기가 통합되는 방식을 데모로 보여준다. 각 데모는 내내 이를 따라가기 위해 필요한 명령과 코드를 익히게 돕는다. 7장을 다 읽으면 예제 각각을 자신의 목적에 맞춰 고칠 수 있고, 자신의 애플리케이션을 위해 자동 카테고리 분류기와 태그 추천 도구를 만들 수 있을 것이다.

7.1 분류와 카테고리 분류 소개

컴퓨터가 수행하는 작업으로 보면 분류classification는 데이터에 라벨을 붙이는 일이다. 대상에 대한 자질 집합이 주어지면 분류기는 그 대상에 라벨을 붙이려고 한다. 분류기는 다른 대상에 어떻게 라벨이 붙었는지에 대한 표본에서 얻은 지식을 이용해 이 작업을 수행한다. 훈련 데이터라고 하는 이 표본들은 분류기가 이전에 보지 못한 대상에 대한 라벨을 결정할 때 사용하는 사전 지식의 원천 역할을 한다.

　카테고리 분류categorization는 분류의 특수한 사례다. 카테고리 분류는 대상에 카테고리를 부여하는 일을 다룬다. 다른 분류 알고리즘은 신용카드 거래가 부정사용인지 나타내는 부정 감지기fraud detector처럼 단순히 입력에 기반을 두고 '예/아니오'만을 결정하기도 한다. 카테고리 분류 알고리즘은 대상을 적은 수의 카테고리 중 한 가지에 배정하는데, 차를 쿠페, 세단, SUV, 밴으로 분류하는 것이 이런 사례다. 7장에서 다루는 개념 중 다수는 분류 전체와 관계가 있지만, 일부는 카테고리 분류에 좀 더 가깝게 관계돼 있다. 일부 용어는 바꿔 사용할 수 있음을 알게 될 것이다.

　문서 카테고리 분류는, 7장에서 설명하는 뜻에 따라 말하자면 텍스트 문서에 카테고리를 배정하는 과정이다. 여기서 다루는 사례에서는 문서에 주제 기반 카테고리를 배정하겠지만, 문서 카테고리 분류의 감정 분석sentiment analysis 같은 다른 애플리케이션은 제품 리뷰가 긍정적인지 부정적인지 알아보거나, 이메일 메시지나 고객 지원 요청에 숨겨진 감정을 알아보는 데 사용된다.

자동 분류가 수행되는 방식을 알아보기 위해 헬리콥터가 비행기와 구별되는 점이 무엇인지 생각해보라. 아무도 명시적으로 헬리콥터가 "날개깃^{blade}이 수평으로 회전한다."거나 "고정된 날개가 없다."는 점에서 비행기^{airplane}와 다르다고 말해주지는 않았을 것이다. 각 유형의 비행 기계 사례를 살펴본 다음, 비행기와 헬리콥터를 구분할 수 있었을 것이다. 무의식적으로 헬리콥터라는 이름의 자질을 추출해서 그 자질로 다른 헬리콥터를 알아보고, 제트 엔진이 날개에 붙어 있는 물체가 헬리콥터가 아니라고 결정할 수 있었다. 수평 회전자가 있는 비행 기계를 보면 곧바로 헬리콥터임을 알아볼 수 있다. 분류 알고리즘도 비슷한 방식으로 동작한다.

이 예제에서는 물체의 클래스 사이의 차이를 알아보기 위해 어떤 자질을 선택하는지가 중요하다는 점도 다룬다. 헬리콥터와 비행기는 모두 비행하며 사람을 실어 나른다. 이들 중 어떤 자질도 헬리콥터와 비행기를 구분하는 데 유용하지 않기 때문에 이 자질을 사용하는 분류기를 훈련하는 것은 쓸모가 없다. 이전 문단의 예제에서 헬리콥터는 노란색이고 비행기는 파란색이었다고 가정해보자. 각각의 탈것 유형을 예제에서 본 것밖에 보지 못했다면 모든 비행기는 파란색이고 모든 헬리콥터는 노란색이라고 생각할 수도 있다. 세상에서 얻은 경험 덕분에 색상은 비행기와 헬리콥터의 차이를 알아보는 데 사용할 수 있는 특징이 아니라는 것을 알고 있다. 이 지식이 없으면 결정 프로세스에 색상을 고려한 분류 알고리즘의 결과는 부정확할 것이다. 이 사례는 알고리즘을 많은 가능한 자질과 그 조합을 포함할 만한 다양하고 광대한 훈련 데이터로 훈련시키는 것의 중요성을 강조한다.

분류 알고리즘은 수작업이나 어떤 자동화 프로세스를 통해 클래스로 분류된 훈련 데이터를 사용한 사례로 학습한다. 알고리즘은 자질과 클래스 사이의 관계를 관찰해서 어떤 자질이 적절한 라벨을 결정하는 데 중요한지, 어떤 자질이 대상의 문제에 적절한 라벨에 대해 적거나 부적절한 정보를 주는지 배운다. 훈련 과정의 결과물은 나중에 라벨을 이전에 붙여두지 않은 대상을 분류하는 데 사용할 모델이다. 분류기는 분류를 위해 대상의 자질을 검사하고, 자신의 모델을 사용해서 각 대상에 최적의 라벨을 결정한다. 사용된 분류 알고리즘에 따라 분류기는 단일 라벨이나 다수의 라벨을 뱉는다. 각각의 결과 라벨에는 분류 대상에 붙을 수 있는 다른 라벨과 비교해서 순위를 정하는 점수나 확률이 딸려 있다.

수많은 다른 유형의 분류 알고리즘이 있다. 이들을 구별하는 자질 중 하나는 알고리즘이 생성하는 결과다. '예/아니오' 질문처럼 두 개의 이산 결과를 생성하는 이진 알고리즘이 있다. 다른 알고리즘은 다수의 결과를 지원하는데, 결과를 분리된 카테고리 집합이나 부동소수점 점수 또는 확률과 같이 연속된 값으로 생성한다.

이진 분류기는 평가되는 대상이 클래스에 속하는지에 대한 표지자를 생성한다. 스팸 필터는 가장 단순한 이진 유형의 분류기 사례다. 스팸 필터는 이메일 메시지에 있는 자질을 분석해서 이메일이 스팸인지 아닌지 결정한다. 7.4절에서 탐구할 베이즈 분류 알고리즘, 스팸 감지에 자주 사용되는 대상이 클래스에 속하는지 알아내기 위한 통계적 모델을 개발한다. 서포트 벡터 머신^{SVM, Support vector machine}도 이진 분류 알고리즘인데, 사례에 대한 자질 공간을 클래스와 클래스 외로 나누는 선이나 n차원 평면인 하이퍼플레인을 찾으려고 시도하는 알고리즘이다.

때때로 복수의 클래스 분류를 수행하기 위해 이진 분류기를 조합해서 사용한다. 다수의 이진 분류기 각각은 클래스를 하나씩 배정받고, 입력은 각 클래스에 대해 평가돼 어떤 클래스에 속할지 결정된다. 알고리즘에 따라 출력은 입력이 속할 공산이 가장 큰 단일 클래스나 입력이 속하는 여러 개의 클래스다. 결과 클래스 각각에는 어떤 방식으로 대상이 주어진 클래스에 속하는지에 대한 상대적인 가능성을 기술하는 가중치가 부여돼 있다. 7장 뒷부분에서 탐구할 머하웃 베이즈 분류기는 복합 클래스 분류 방식에서 카테고리를 배정하기 위해 다수의 이진 분류기를 훈련하는 사례다.

복수의 이진 분류기는 때때로 트리와 유사한 구조로 조직화된다. 그 경우 문서는 자식 클래스 B와 C를 갖는 클래스 A로 분류되고, 다시 클래스 B와 C에 대해 훈련된 분류기들에 의해 평가된다. B에 맞는다면 B의 자식인 E와 F에 대해 평가될 것이다. 문서를 E나 F에 배정할 수 없다면 문서는 B로 간주될 것이고, 그렇지 않다면 문서는 일치하는 최하위 말단 카테고리에 배정될 것이다. 이런 접근법은 클래스가 본질적으로 주제 분류와 같이 계층 구조일 때 유용하다. 계층 접근법의 변형은 계층적 이진 결정 트리와 랜덤 포리스트^{random forest} 같은 접근법에 큰 영향을 주는데 사용됐다.

7.5절에서 탐구할 최대 엔트로피 문서 카테고리 분류기는 다중 클래스 분류 알

고리즘의 사례다. 카테고리 분류기는 문서에서 발견된 단어를 자질로 사용하고, 주제 영역을 카테고리로 사용한다. 훈련 과정은 단어와 주제 간의 관계에 대한 모델을 생성한다. 카테고리 분류되지 않은 문서에 대해 자질 가중치를 결정하는 데 모델을 사용한다. 가중치는 궁극적으로 문서의 주제 영역을 기술하는 결과를 생성하는 데 사용된다.

7.3절에서는 3장에서 설명한 벡터 공간 모델의 속성을 활용하는 문서 카테고리 분류 알고리즘을 탐구한다. 이런 접근법에서 이미 분류된 모든 문서 간의 벡터 공간상의 거리는 분류되지 않은 문서와 비교되고, 결과는 문서에 대한 적절한 분류를 정하는 데 사용된다. 이런 맥락에서 카테고리 분류되지 않은 문서는 질의가 되고, 분류된 문서나 카테고리의 내용을 나타내는 문서가 질의의 결과가 된다. 7장에서 이 접근법과 훈련 데이터를 색인으로 만들고 주어진 질의에 대해 일치하는 문서를 반환하는 수단으로 루씬을 사용하는 예제를 탐구한다.

수많은 분류 알고리즘이 있고, 그 중 다수는 문서 카테고리 분류와 태그 부착에 대해 잘 동작한다. 7장에서는 오픈소스 프로젝트의 코드를 사용해서 구현하기 쉬운 몇 가지 알고리즘을 보여준다. 여기서의 예제는 분류 기법을 추가적으로 탐구하기 위한 착수 지점이 될 것이다. 여기서 다룬 대부분의 내용은 어떤 접근법이나 알고리즘을 사용했는지와 관계없이 분류와 다른 지도 학습 작업을 수행하는 데 관련이 있다. 훈련 데이터 수집, 자질 집합 발견, 분류 품질 평가 같은 여러 횡단 관심사crosscutting concern를 7장 내내 연속되는 예제를 통해 탐구한다. 각각은 카테고리 분류나 태그 부착에 다른 방식으로 접근하지만, 모두 7장 및 이 책의 다른 부분에 나왔던 이전 예제에서 탐구한 내용 위에 만들어졌다.

7.2 분류 과정

자동 분류기는 사용된 알고리즘과 관계없이 동일한 일반적인 과정에 따라 개발된다. 그림 7.2에서 보여주는 이 과정은 준비, 훈련, 테스트, 생산 등 여러 단계로 구성된다. 분류기의 동작을 세부 조정하고 최선의 결과를 얻기 위해 자동으로든 수동으로든 각 단계를 몇 번씩 되풀이하며, 이 과정을 처음부터 끝까지 반복한다.

각 단계의 피드백은 개선된 결과를 내기 위해 준비 및 훈련 과정에 변경할 방식을 알아내는 데 도움을 준다. 조정은 테스트 단계의 결과를 갖고 훈련 과정을 개선하는 데 사용하는 것을 가리킨다. 분석기가 생산 과정에 쓰이기 시작한 다음에도 훈련 데이터에서 다루지 못하는 추가적인 상황을 다루는 데까지 확장하기 위해 보통 조정이 필요하다.

그림 7.2 자동 분류기를 개발하는 데 사용하는 과정의 단계. 데이터 준비, 모델 훈련, 모델 테스트, 생산 시스템에 분류기 적용으로 구성된다. 조정은 테스트 결과를 훈련 과정에 따라 맞추는 것이다. 확장은 분류기가 배치된 이후 발생한 새로운 상황을 다룰 수 있게 분류기를 확장하는 것이다.

준비 단계는 훈련 과정을 대비한 데이터를 준비하는 행동을 수반한다. 이 단계에서 분석기가 학습해서 식별할 라벨, 훈련에 사용하는 자질을 알아보는 방식, 테스트를 위해 남겨둘 데이터 집합의 항목을 고른다. 결정한 다음에는 데이터를 훈련 알고리즘이 사용할 수 있는 형식으로 변환해야 한다.

데이터를 준비한 다음에는 훈련 알고리즘이 라벨 붙은 사례 각각을 처리하고 자질이 어떻게 라벨에 연관됐는지 발견하는 훈련 단계에 들어간다. 각각의 자질은 문서에 배정된 라벨에 연관되고, 훈련 알고리즘은 자질과 클래스 라벨 간의 관계를 모델로 만든다. 분류 모델을 훈련하는 데 대한 수많은 알고리즘적인 접근 방식이 있지만, 결국 훈련 알고리즘은 어떤 클래스에 속하는 데이터를 다른 것과 구별하는 데 중요한 자질과 클래스 간에 차이가 적은 자질을 찾는다. 흔히 분류 알고리즘은 모델이 만들어지는 방식을 제어하는 파라미터를 받아들인다. 많은 경우 배운 것에 따라 최적 파라미터 값을 추측한 후 반복적 과정을 통해 개선한다.

테스트 단계에서 분류 알고리즘은 테스트 데이터라는 추가적인 표본 데이터를 사용해 평가된다. 평가 과정은 각 표본이 속하는 클래스를 분류기가 배정한 클래스와 비교한다. 클래스 배정의 정답과 오답 수는 훈련 알고리즘의 정확도를 알아보는 데 사용된다. 일부 알고리즘은 훈련 과정에서 훈련 데이터를 어떻게 해석하는지 알아보는 데 도움이 되는 내용을 출력하기도 한다. 이 출력은 피드백으로 사용돼 준비와 훈련 단계에 사용된 파라미터와 기법을 조정하는 데 사용된다.

분류기는 생명 주기 동안 여러 번 훈련될 수 있다. 분류기의 개발 초기에 훈련과 테스트 단계를 반복하고, 반복할 때마다 더 나은(바라건대) 결과를 위해 훈련 과정을 조정하는 경우는 흔하다. 이런 수정에는 사례를 더하거나 빼서 훈련 자료를 바꾸거나, 데이터에서 자질을 추출하는 방식을 바꾸거나, 학습 알고리즘의 행동 방식을 제어하는 파라미터를 변경하는 일 등이 수반된다. 7.5절에서 다룰 최대 엔트로피 알고리즘과 같은 많은 분류 알고리즘은 훈련 과정을 최선의 답에 수렴할 때까지 자동으로 몇 번 반복하게 설계됐다. 다른 분류 접근법의 경우 반복은 수동 과정이다. 어떤 경우에 반복 훈련은 병렬화돼 분류기의 여러 변형이 동시에 훈련받을 수 있다. 가장 좋은 결과를 생산하는 분류기가 선택돼 실제 생산 시스템으로 들어간다.

분류기가 생산 단계에 들어간 후 분류기가 분류 작업에 사용할 도메인 지식을 확장하기 위해 나중에도 가끔 다시 훈련을 해야 한다. 보통 시간이 흐르면서 클래스를 구분하는 데 주된 역할을 수행하는 새 어휘가 나타나는 상황이 이런 경우다. 예를 들어 주제 영역으로 제품 리뷰를 정리하는 분류기를 살펴보자. 새 제품이 출시되면 분류기는 그 제품 이름이 포함된 태그된 문서 사례를 접해야 한다. 그렇지 않으면 단어 'android'가 대개 스마트폰을 가리킨다거나 'iPad'가 모바일 컴퓨팅 장비라는 사실을 알 수 없다.

이제 분류 과정의 단계에 대한 실용적 지식을 얻었으니, 각각의 단계에서 고려해야 하는 일부 문제를 훨씬 더 자세하게 살펴보자.

7.2.1 분류 체계 선택

분류 알고리즘은 수작업이나 다른 자동화 과정을 거쳐 정리돼 클래스에 들어간 데이터를 사용해서 사례에 따라 학습한다. 대상에 배정하는 클래스나 카테고리는 분류 대상과 분리된 이름과 의미를 갖는다. 각각의 클래스는 다른 클래스들의 맥락, 분류 또는 카테고리 분류 체계라고 알려진 시스템 내에 존재한다. 어떤 분류 체계는 엄격해서 하나의 대상은 체계 안에 있는 하나의 클래스로만 분류될 수 있다. 반면 다른 분류 체계는 유연하고 실세계의 대상은 보통 다른 측면이나 패싯을 갖는

다는 점을 인정한다. 생물체에 대한 린네 분류법 같은 일부 분류 체계는 의미에 대해 엄격한 계층 구조를 갖는다. 다른 체계는 플리커나 테크노크라티에서 발견되는 단순한 키워드 태그와 같이 언어학적 관계로 함축된 구조 외에는 특정한 구조를 갖지 않는다. 분류 체계는 범위 내에서 매우 다를 수 있다. 분류 체계는 도서관에서 사용되는 듀이 십진 시스템$^{Dewey Decimal System}$과 같이 넓은 주제 영역을 다룰 수도 있고, 장애인을 위한 기술적 지원을 기술하는 데 사용되는 체계와 같이 좁고 도메인 한정적인 체계일 수도 있다.

많은 맥락에서 분류 체계는 유기적이며 진화한다. 소셜 태그 붙이기 웹사이트 딜리셔스(delicious.com) 같은 경우 태그는 사용자가 웹 페이지를 분류하는 데 그 태그를 어떻게 사용했는지에 따라 정의된다. 사용자는 웹 페이지를 설명하는 단어를 고르고, 이런 행동은 하루에 수백만 번 증대된다. 카테고리 분류 체계에서 사용된 어휘는 끊임없이 진화하고, 의미는 태그가 사용된 방식에 따라 지속적으로 변할 가능성이 있다. 분류 체계는 상향식으로 시간에 따라 생겨나고 변화하는데, 이는 미리 정의되고 계층 구조를 갖는 주제 집합을 사용자가 선택할 수 있는 하향$^{top-down}$ 방식과 반대된다.

애플리케이션에서 사용할 분류 체계를 결정하는 것은 트레이드오프를 평가하는 문제다. 상향식 태그 기반 체계는 정밀도를 간결함과 바꿨으나, 태그가 복수의 의미를 갖고 있거나 같은 개념을 여러 단어가 설명할 때 또는 어떤 사용자가 자원에 연관 정보 태그를 붙일 때 복수형을 사용했지만, 다른 사용자는 단수형을 사용하는 경우와 같이 사용한 언어에 따른 문제를 겪을 수 있다. 하향식 분류법 기반 체계는 위의 문제 일부를 겪지 않고 클래스 공간의 권위 있는 표현을 제공하지만, 새 어휘나 의미에 적응하는 데 어려움을 겪는다.

7.2.2 텍스트 카테고리 분류를 위한 자질 찾기

2장에서는 차후에 처리 절차에 사용할 단어를 추출하기 위해 텍스트를 전처리하는 여러 가지 접근법을 다뤘다. 텍스트에서 추출한 단어는 그 텍스트의 자질로 간주된다. 분류 알고리즘에서 자질로서의 단어는 어떤 클래스나 카테고리에 그 단어들을 포함하는 문서가 속하는지 정하는 데 사용된다.

단어낭bag-of-words 접근법이라고 하는 가장 단순한 접근법은, 문서를 단어의 집합으로 간주하는 것이다. 문서에 나타나는 각 단어는 자질로 간주되고, 이 자질은 출현 빈도에 따라 가중치를 얻는다. 단어 각각이 훈련 말뭉치에서 출현한 빈도에 따라 문서에 출현한 단어에 중요도를 부여하기 위해 3장의 TF-IDF 가중치 방식을 각 단어에 가중치를 생성하는 데 사용한다. 말뭉치의 크기에 따라 말뭉치의 단어 일부만 분류기의 자질로 사용하게 만들어야만 할 수도 있다. 자주 출현하거나 낮은 IDF를 갖는 단어를 제거하면 분류기를 말뭉치의 중요 단어로만 훈련시킬 수 있다. 중요한 단어는 서로 다른 카테고리를 구별하는 데 큰 역할을 하는 단어다. 3장에서는 클래스 결정을 위한 자질 집합을 고르기 위해 단어에 가중치를 부여하는 데 사용할 대안적인 가중치 계산 방식도 보여준다.

단어 조합은 보통 유용한 문서 자질이 된다. 문서에 나타난 모든 단어를 자질로 취급하는 대신, 중요한 단어 조합을 수집하는 데 n그램을 사용한다. 카테고리는 보통 부동산 물권 보험title insurance, 정크 본드junk bond, 하드 디스크hard disk와 같이 그 카테고리에서만 사용되는 단어 조합을 포함한다. 말뭉치의 모든 단어 조합을 선택하면 자질이 폭발적으로 늘어날 수 있지만, 알고리즘은 연어collocations라고 하는 통계적으로 연관 있는 단어 조합을 찾아내고, 가치가 낮은 단어 조합을 제거할 수 있다.

콘텐츠를 제외하고 다른 문서 자질도 분류기를 만들 때 유용할 수 있다. 말뭉치를 구성하는 문서는 카테고리 분류 알고리즘의 품질을 향상시킬 수 있는 속성을 가졌을 수 있다. 저자와 출처 같은 문서 메타데이터는 때때로 유용하다. 문서가 일본 신문에 난 기사라면 문서는 아시아 비즈니스 카테고리에 들어갈 공산이 크다고 볼 수 있다. 특정 저자는 보통 스포츠에 대한 문서를 쓰고, 다른 저자는 기술에 대한 문서를 쓴다. 문서 길이도 학술 논문, 이메일 메시지, 트위터를 구분하는 요소가 될 수 있다.

문서에서 자질을 도출하기 위한 작업을 하면 추가적인 리소스 부담이 발생할 수 있다. WordNet 같은 어휘 리소스는 주요 문서 단어에 대해 자질로 사용할 추가적인 동의어나 상위어 단어 확장을 수행하는 데 사용될 수 있다. 5장에서 설명한 것과 같은 알고리즘에 의해 명칭을 추출하고 추가할 수 있어서 Camden Yards나

Baltimore Orioles는 기사가 스포츠 카테고리에 속하는지 결정하는 데 사용되는 개별 자질이 된다. 게다가 클러스터링 알고리즘이나 다른 분류기의 결과를 분류기의 자질로 넣어 카테고리 결정에 사용할 수도 있다.

이 모든 옵션을 가진 채로 무엇부터 시작하는 것이 가장 좋을까? 단어낭 접근법에 표준 벡터 공간 모델을 사용한 TF-IDF 가중치를 조합해서 멀리 갈 수 있다. 7장의 예제에서는 이 방법부터 시작하고 진행하면서 자질 선택에 대한 대안적인 접근 방식을 알아본다. 알고리즘은 자동 카테고리 분류 시스템의 정확도에 중요한 역할을 하지만, 자질 선택은 어떤 알고리즘이 선택됐는지와 관계없이 결과를 좋게 만들거나 망칠 수 있다.

7.2.3 훈련 데이터의 중요성

분류기의 정확도는 훈련된 자질과 훈련에 사용된 사례의 품질과 양에 따라 정해진다. 사례가 충분하지 않으면 분류기는 자질과 카테고리의 연관성을 알아낼 수 없다. 사용할 수 있는 데이터가 부족하다면 훈련 과정은 자질과 카테고리의 관계에 대해 부적절하게 가정할 것이다. 두 카테고리를 구분하지 못할 수도 있고, 불완전한 데이터가 실제로 그렇지 않은데도 어떤 특정 카테고리에 어떤 자질이 연관된다고 제안할 수도 있다. 예를 들어 직관적으로 색상은 헬리콥터와 비행기를 구분하는 자질이 아니라는 것을 알지만, 분류 알고리즘이 노란 비행기 사례만 보고 노란 헬리콥터를 보지 못했다면 모든 노란 비행 수단을 비행기로 볼 수 있다. 가능한 한 많은 연관 자질과 균일한 훈련 사례를 포함하는 포괄적이고 균형 잡힌 훈련 데이터 집합은 정확한 모델을 만드는 데 중요하다.

그렇지만 이 훈련 데이터는 어디서 얻는가? 한 가지 접근법은 데이터에 수작업으로 클래스를 배정하는 것이다. 로이터 같은 뉴스 조직은 조직을 거치는 기사에 수동으로 태그를 붙이는 데 상당한 시간과 노력을 들인다. 수백만 딜리셔스(delicious.com) 사용자가 애써 수동으로 태그해둔 문서를 연관 정보 태그가 붙은 웹 페이지의 원천으로 활용할 수 있다.

자동화된 과정을 사용해서 훈련 데이터를 얻을 수도 있다. 7.4절의 머하웃 베이즈 예제에서 어떻게 키워드 검색이 어떤 주제 영역에 연관된 문서 집합을 모으는 데 사용되는지 탐구한다. 하나 이상의 키워드가 클래스에 연관돼 있고, 이 키워드를 포함하는 문서를 얻기 위해 검색을 사용한다. 클래스 각각에 대한 문서에 포함된 자질은 키워드 검색과 연관된 카테고리의 본질을 결정한다. 부트스트래핑이라고 하는 이 과정을 통해 합리적으로 정확한 결과를 생성하는 분류기를 생성할 수 있다.

인터넷에는 분류기를 훈련하는 데 유용한 데이터가 풍부하다. 위키백과나 그 친척인 프리베이스Freebase 같은 프로젝트는 이미 카테고리와 태그, 기타 분류기를 훈련하는 데 유용한 정보를 많이 배정받은 엄청난 양의 말뭉치 문서를 제공하는 벌크 데이터 덤프를 가능하게[1] 해뒀다.

기계학습 연구와 함께 여러 개의 테스트 컬렉션이 사용 가능해졌다. 이 컬렉션은 연구 결과를 재생산하려 할 때나 대안 접근법의 성능을 비교할 때 유용하다. 이들 중 다수는 비상업적 용도로 제한되고 사용 시 인용이 필요하지만, 분류의 여러 가지 다른 측면을 탐구하고 올바른 방향으로 가고 있는지 알아보기 위한 벤치마크를 제공하는 데 훌륭한 방법이다.

가장 잘 알려진 연구 테스트 컬렉션 중 하나로는 RCV1-v2/LYRL2004 텍스트 카테고리 테스트 컬렉션(Lewis [2004]를 보라)이 있는데, 이 컬렉션은 수작업으로 카테고리 분류한 로이터Reuters 뉴스의 80만 개 이상의 기사를 포함한다. 이 테스트 컬렉션과 같이 발표된 논문은 이 컬렉션을 심도 있게 설명하고, 훈련 방법론과 몇 가지 잘 알려진 텍스트 분류 접근법에 대한 결과를 보여준다. RCV2의 발표 이전에 사용 가능해진 Reuters-21578로 알려진 또 다른 로이터 테스트 컬렉션도 널리 사용된다. 이 컬렉션이 상당히 적은 수의 파일을 갖지만, 이 컬렉션에 기반을 두고 출판된 연구의 수 때문에 여전히 뉴스 서비스 콘텐츠의 벤치마크 컬렉션으로 유용하다. 20 뉴스그룹Newsgroups 컬렉션(http://people.csail.mit.edu/jrennie/20Newsgroups/, http://qwone.com/~jason/20Newsgroups/로 리다이렉트됨 - 옮긴이)으로 알려진 또 다른 테스트 컬렉션은 20개의 분리된 인터넷 뉴스그룹에서 뽑은 컴퓨팅에서 스포츠, 자동차, 정치, 종교에 이르는 주

---

1. 위키피디아는 http://en.wikipedia.org/wiki/Wikipedia:Database_download에서 벌크 덤프가 가능하게 한다. 프리베이스 덤프는 http://wiki.freebase.com/wiki/Data_dumps에서 가능하다.

제를 다루는 11,000개 가량의 기사를 포함하고, 작으면서 잘 조직화돼 훈련 및 테스트 말뭉치로 유용하다.

스택 오버플로우Stack Overflow(http://www.stackoverflow.com)의 모회사인 스택 익스체인지Stack Exchange와 다른 많은 소셜 질문 답변 사이트는 크리에이티브 커먼즈 라이선스하에 데이터 덤프를 사용 가능하게 했다(http://blog.stackoverflow.com/category/cc-wiki-dump에서 찾을 수 있다). 사용자 커뮤니티가 스택 오버플로우의 각 질문에 키워드 태그를 붙인다. 데이터 덤프는 이 태그를 포함하고 훈련 데이터의 훌륭한 원천이 된다. 7.6.1절에서는 이 데이터의 일부를 태그 추천 도구를 만드는 데 사용한다.

필요한 데이터가 벌크 덤프 형태는 아니지만 인터넷에 있다면 타겟이 정해진 웹 크롤러를 개발해서 분류기를 훈련하는 데 필요한 데이터를 얻는 것이 일반적이다. 아마존 같은 일부 큰 사이트도 자신의 사이트에서 콘텐츠 수집을 허용하는 웹 서비스 API를 제공한다. 인터넷에서 훈련 데이터를 수집할 때 넛치Nutch나 Bixo 같은 오픈소스 크롤링 프레임워크를 사용하는 것도 좋은 시작점이다. 데이터를 수집할 때 각 사이트의 저작권과 서비스 약관에 주의를 기울여 수집하는 데이터가 목적을 위해 사용될 수 있음을 확실히 하라. 몇 초마다 적은 수의 페이지만 수집하게 제한하는 식으로 웹사이트에 친절하라. 필요한 만큼만 가져가고, 그 이상은 가져가지 말고, 어떤 사이트에서도 사이트 주인에게 비용을 부과시키거나 일반 사용자가 서비스를 사용하지 못하게 하는 식의 부담을 주지 말라. 좋은 시민이 되고, 확실치 않다면 사이트 주인에게 연락하라. 어쩌면 공공에 일반적으로 광고하지 않는 데이터를 얻을 수 있는 기회가 있을지도 모른다.

다른 모든 방법이 실패해서 자신의 대상 컬렉션에 직접 연관 정보 태그를 달아야 한다면 절망하지 말라. 친구나 가족, 브리지 클럽 멤버, 거리에 아무나 지나가는 사람을 모집해서 트위터 메시지 컬렉션에 태그를 달게 하는 대신, 아마존 메카니컬 터크Mechanical Turk에 의지할 수 있다. 메카니컬 터크는 기업 기계학습 개발자가 인간 지능이 필요한 작업을(아마존 용어로는 HIT 또는 human intelligence tasks) 세계에 있는 다른 사람에게 작업마다 약간의 비용을 지불하고 보낼 수 있는 방식이다. 아마존 메카니컬 터크 웹사이트에 이런 작업을 초기 설정하고 실행하는 데 대한 풍부한 정보가 있다.

대다수의 분류 알고리즘은 훈련이나 분류 과정 중 수행되는 계산에 영향을 주기 위해 사용할 추가적인 파라미터를 지원한다. 나이브 베이즈 같은 알고리즘은 적은 수의 파라미터를 갖지만, 서포트 벡터 머신[SVM] 같은 알고리즘은 변경 가능한 다수의 파라미터를 갖는다. 보통 분류기 훈련은 각 파라미터의 시작 값으로 훈련하고, 평가를 수행하고, 최선의 분류 성능을 찾기 위해 파라미터 값을 살짝 조정하는 일을 여러 번 반복하는 일을 수반하는 과정이다.

> ●● **인간의 판단을 훈련 데이터로 사용**
>
> 컴퓨터 알고리즘 평가 및 훈련에 대한 피드백을 제공하는 데 사람을 여러 방식으로 이용했다. 검색 결과가 초기 질의에 연관되는지 알아내고 그 판단에 기반을 두고 검색 알고리즘의 품질에 점수를 매기는 정보 검색의 맥락에서 문서의 연관성을 평가하는 데 판단하는 사람을 두는 것은 일반적이다. 판단하는 사람을 이용하는 것과 관련된 문제를 심도 있게 기술하는 상당수의 연구를 이용할 수 있고, 이런 논문 몇 가지는 7장의 마지막에 인용됐다.
>
> 우리가 완벽에 미치지 못하는 사람이라는 것을 명심하라. 대규모 인간 판단 수집에 착수할 때 이용하려는 사람들이 카테고리와 라벨의 의미를 이해하고 있는지, 일관적인 판정을 내릴 수 있는지, 시간에 따라 크게 변하지 않을지 검증하는 것은 중요하다. 한 사람의 판단을 다른 사람이나 기계가 분류한 결과와 비교해서 판단자의 신뢰성과 카테고리 분류 체계의 명확성을 알아볼 수 있다. 일관성은 시간이 흐르는 데 따라 사용자가 판정을 반복하는지를 통해 알아낸다.

7.2.4 분류기 성능 평가

훈련된 분류기를 평가하는 방법은 이미 라벨이 붙어 있는 문서를 분류기로 분류하고, 그 라벨을 분류기가 생성한 결과와 비교하는 것이다. 분류기가 이전에 데이터에 배정된 라벨과 동일한 결과를 낼 수 있는 능력으로 분류기의 품질을 측정한다. 배정된 클래스가 기존에 배정된 라벨과 올바르게 일치하는 경우의 %를 분류기의 정확도[accuracy]라고 한다. 여기서 분류기의 전체적인 성능에 대한 느낌을 얻지만, 접하게 된 오류의 근원을 알아내기 위해서는 더 깊이 탐구해야 한다.

3장에서 소개한 정밀도와 재현율 측정을 변형해서 분류기에 대한 상세한 메트릭을 만드는 데 적용했다. 이 메트릭은 발생한 오류의 종류에 기초한다.

이진 분류기의 출력을 생각해보면 표 7.1과 같은 네 가지 기본 결과가 나온다.

그중 두 가지는 올바른 결과이고, 다른 두 가지는 올바르지 않은 답이다. 올바른 두 결과에는 라벨과 분류기 모두가 대상이 클래스에 속한다는 결과를 내는 경우와 둘 다 그렇지 않다는 결과를 내는 경우가 있다. 이들은 긍정 적중^{true positive}과 부정 적중^{true negative}이라고 한다. 나머지 결과 쌍은 오류를 나타내며, 분류기와 실제 라벨이 불일치하는 경우다.

표 7.1 분류 결과

	클래스에 속함	클래스에 속하지 않음
클래스에 배정됨	긍정 적중	긍정 오류(1종 오류)
클래스에 배정되지 않음	부정 오류(2종 오류)	부정 적중

그 중 첫 번째는 긍정 오류^{false positive}인데, 분류기가 실제로 클래스에 속하지 않는 대상을 클래스에 속한다고 표시하는 것이다. 두 번째는 부정 오류^{false negative}라고 하며, 분류기가 실제로는 클래스에 속하는 대상을 그렇지 않다고 표시하는 것이다. 통계에서 각각은 1종 오류^{Type I error}와 2종 오류^{Type II error}라고 한다.

분류의 맥락에서 정밀도^{precision}는 긍정 적중된 대상의 수를 긍정 적중과 오류를 더한 값으로 나눈 값이다. 재현율은 긍정 적중된 수를 긍정 적중과 부정 오류를 더한 값으로 나눈 값이다. 세 번째 척도는 특이도^{specificity} 또는 부정 적중률^{true negative rate}이라고 하는데, 부정 적중 수를 부정 적중과 긍정 오류를 더한 값으로 나눈 값이다.

애플리케이션에 따라 특정 종류의 오류에 다른 것보다 더 민감할 수 있다. 스팸 감지의 경우 긍정 오류는 사용자가 스팸이 아닌 메일을 놓치게 할 수 있기 때문에 비용이 크다. 부정 오류는 감수할 만한데, 받은 편지함에서 스팸을 보더라도 당황스럽긴 하지만 삭제 키를 눌러 해결할 수 있기 때문이다. 애플리케이션 요구에 따라 전체 정확도, 정밀도, 재현율, 특이도에 집중하면 된다.

다중 클래스 분류기의 경우 일반적으로 각각의 척도를 분류기가 배정할 수 있는 개별 클래스에 대해 내놓는다. 그 다음 분류기 전체에 대한 평균 정확도, 정밀도와 재현율을 종합해서 계산한다.

보통 긍정 적중이나 오류의 수에 더해 두 클래스 사이의 상호 작용을 알아보는 것은 유용하다. 혼동행렬confusion matrix이라고 하는 표현은 각각의 라벨이 붙은 문서가 어떻게 클래스에 배정됐는지 보여주는 식으로 오류 상황의 본질을 기술한다. 오류가 생긴 경우 혼동행렬은 문서가 배정받은 카테고리를 오류로 보여준다. 어떤 경우는 대부분의 실수가 문서를 어떤 다른 클래스에 배정하는 것을 수반한다. 이것은 사용된 훈련 데이터나 자질 선택 전략에 있는 문제를 나타내는 것일지도 모른다.

이 메트릭을 계산하기 위해 훈련 과정에서 라벨 붙은 데이터를 약간 남겨둬야 한다. 축구 카테고리와 연관된 뉴스 기사 200개가 있다면 분류기가 축구에 대한 문서를 정확히 찾고 있는지 확실히 하기 위해 180개로 분류기를 훈련시키고 20개를 남겨둘 수 있다. 절대로 테스트 데이터로 훈련하지 말아야 한다. 그렇지 않으면 테스트가 왜곡되고 실제로 그렇지 않은데도 정확하다는 결과가 나올 수 있다. 사실 이기에는 결과가 너무 좋은 상황이라면 테스트 데이터로 훈련하고 있지는 않은지 확인해야 한다.

훈련 데이터를 훈련과 테스트 집합으로 나누는 여러 방법이 있다. 시작할 때 문서를 임의로 고르는 것도 좋다. 문서에 출판 연도와 같은 시간 정보가 있다면 날짜 순서로 정렬하고 최신 문서를 테스트 데이터로 삼는 것이 유용할 수 있다. 이렇게 하면 새로 추가된 문서가 오래된 문서에서 발견된 자질에 기초해서 정확하게 분류되는지 검증할 수 있다.

분류기 평가를 수행할 때 때로는 훈련과 테스트 데이터를 한 번 이상 나눠 두는 것이 유용하다. 이전에 언급한 200개의 뉴스 기사는 20개의 문서가 있는 10개 그룹으로 나눌 수 있다. 여러 개의 분류기가 다른 그룹 조합을 훈련과 테스트 데이터로 사용해서 훈련받을 수 있다. 예를 들어 어떤 분류기는 1번~9번 그룹으로 훈련받고 10번 그룹으로 테스트되고, 다른 분류기는 2번~10번 그룹으로 훈련받고 1번 그룹으로 테스트되고, 또 다른 분류기는 1번과 3~10번 그룹으로 훈련되고 2번 그룹으로 테스트되는 등이다. 각 테스트 정확도의 평균을 내서 분류기의 성능을 측정하는 최종 정확도를 계산한다. 이런 접근법은 데이터를 k개의 그룹으로 나눌 때 k겹 교차 검증k-fold cross validation이라고 하며, 보통 통계에 기반을 둔 분류 접근법에 대해 사용된다.

　이외에 분류기 성능을 판정하는 데 다른 평가 방법론을 사용할 수 있다. 곡선하면적[AUC, area under curve]이라는 메트릭은 말뭉치의 카테고리에 훈련 문서가 불균형하게 들어가 있는 경우에 유용하다. 로그 우도 비(가끔 로그 우도만도 사용한다)는 통계 모델을 평가할 때 복수의 훈련 시행 결과를 비교하기 위해 사용된다.

7.2.5 분류기를 생산 환경에 배치

훈련되고 충분한 품질의 결과를 생산하는 분류기가 있다면 다음 문제를 고려해야 한다.

1. 거대한 애플리케이션의 일부분으로 사용하기 위해 분류기를 생산 환경에 배치하기
2. 생산 과정 중간에 분류기 업데이트하기
3. 시간이 지나는 데 따라 분류기 모델의 정확도를 평가하기

　7장에서 살펴본 각각의 분류기를 더 큰 서비스의 구성 요소로 배치할 수 있다. 일반적 배치 모델은 분류기가 장기 실행되는 프로세스의 일부로 배치되는 것이다. 시작 시점에 모델은 메모리에 적재되고, 서비스는 개별 또는 문서 배치 형태의 분류 요청을 받는다. OpenNLP 최대 엔트로피[MaxEnt] 분류기는 이런 방식으로 동작하는데, 시작 시점에 메모리에 모델을 적재하고 생명 주기 내내 재사용하는 식이다. 작업 메모리에 맞지 않는 큰 모델은 디스크에 저장되는 부분을 반드시 갖는다. 아파치 루씬은 문서 색인을 저장하는 데 혼합 디스크/메모리 방식을 사용함으로써 큰 모델을 지원하는 데도 잘 동작한다. 머하웃 베이즈 분류기는 데이터를 저장하는 데 다수의 메커니즘을 메모리상의 저장소와 분산 데이터베이스 HBase에 기초한 스토리지 모두를 사용해서 지원한다. 배치 모델에 적절한 데이터 스토어를 구현하기 위해 확장할 수 있는 API도 제공한다.

　분류기를 배치한 이후 새로운 정보가 들어오는 대로 모델을 갱신할 수 있어야만 한다. 어떤 모델은 온라인으로 갱신할 수 있지만, 나머지는 교체 모델을 오프라인

에서 만든 다음 교체해서 사용해야 한다. 온라인에서 갱신될 수 있는 분류기는 동적으로 새 어휘를 처리하기 위해 확장될 수 있다. 루씬의 색인 구조는 질의에 대해 색인을 오프라인으로 생성하지 않고 문서를 더하거나 빼기에 간단하다. 모델이 메모리에 저장되는 것과 같은 다른 경우 분류기를 사용하는 애플리케이션은 원래 사용되던 모델을 사용하는 동안에 두 번째 모델을 메모리에 적재할 수 있게 개발돼야 한다. 두 번째 모델의 적재가 끝나면 이것으로 원래 모델을 대체하고 원래 모델을 메모리에서 제거한다.

시간에 따라 분류기의 성능을 평가하는 작업은 분류기의 성능을 평가하기 위해 추가적으로 사용할 데이터를 수집하는 일을 수반한다. 생산 과정에서 분류기에 들어왔던 입력 일부를 보존하고 수작업으로 적절한 카테고리를 찾는 일을 수반할 수 있다. 분류기가 분류에 실패하는 경우를 감시하는 것은 유용하지만, 평가를 위해 폭넓은 표본을 수집하는 것이 중요하다(단순히 분류기가 잘못하는 경우가 아니라). 새로운 주제 영역이나 단어나 논의 주제를 주의해서 살펴보라. 데이터에 관계없이 분류기 평가 과정은 개발 과정의 일부분으로 분류기를 평가하는 것과 다르지 않다. 여전히 분류할 수 있는 라벨이 붙은 테스트 문서가 있어야 하고, 분류 결과를 원래 라벨과 비교해야 한다.

새 데이터를 수용하기 위해 카테고리 체계를 수정해야 하는 경우는 흔하다. 애플리케이션을 설계할 때 이것이 얼마나 영향이 클지 고려하라. 카테고리 분류된 문서를 저장한다면 카테고리 체계가 변경되면 배정된 카테고리가 쓸모가 없어질 수 있다. 애플리케이션에 따라 새 체계에 맞게 문서를 다시 카테고리로 나눌 필요가 있고, 그렇게 하기 위해 원래 콘텐츠에 접근할 필요가 있을 것이다. 또 다른 방법은 이전 카테고리에서 새 카테고리로의 매핑 방식을 개발하는 것이지만, 카테고리가 병합되거나 분리되면 이렇게는 자주 할 수 없게 된다.

이제 훈련과 배치 과정을 둘러싼 문제를 살펴봤으니 직접 손을 대서 카테고리 분류 알고리즘을 훈련하고 테스트해보자. 다음 절에서는 세 가지 분류 및 카테고리 분류 알고리즘의 변형을 탐구하고, 태그 추천 엔진을 개발한다. 각각의 예제 전체에 걸쳐 준비, 훈련, 테스트, 배치 과정의 중요한 측면을 탐구한다.

7.3 아파치 루씬으로 문서 카테고리 분류기 작성

일련의 분류 알고리즘은 공간적 기법이라고 불린다. 이런 알고리즘들은 문서의 콘텐츠를 벡터 공간 안의 지점인 자질 벡터로 나타내기 위해 3장에서 소개한 벡터 공간 모델을 사용한다. 이런 알고리즘은 라벨을 붙일 문서의 단어 벡터와 문서나 카테고리를 나타내는 다른 벡터 사이의 거리나 각도를 측정해서 문서에 적절한 카테고리를 결정한다.

이번 절에서는 두 가지 공간적 분류 알고리즘인 k 근접 이웃과 TF-IDF을 다룬다. 각 알고리즘은 카테고리로 분류할 문서를 질의로 취급하고, 루씬 색인에 대해 검색을 수행해서 일치하는 문서를 얻는다. 검색된 문서의 카테고리는 질의 문서의 카테고리를 결정하는 데 사용된다. k 근접 이웃 알고리즘은 카테고리 분류된 문서의 색인을 검색하지만, TF-IDF 접근법은 각 문서가 배정할 카테고리를 나타내는 색인을 검색한다. 각 알고리즘은 구현과 성능 측면의 이점이 있다.

공간 벡터 모델은 루씬의 핵심이다. 루씬은 두 알고리즘 모두에서 필요한 이런 종류의 거리 계산을 빠르게 하는 데, 그리고 이 기능을 만드는 데 훌륭한 기초를 제공하기 위해 최적화돼 있다.

이번 절에서는 주제 영역에 문서를 배정하기 위해 아파치 루씬과 k 근접 이웃과 TF-IDF 알고리즘을 사용하는 문서 카테고리 분류기를 만들어본다. 카테고리 분류기를 자유롭게 사용할 수 있는 테스트 말뭉치를 사용해서 훈련시키고 카테고리 분류기가 생성한 결과의 품질을 평가하는 법을 학습한다. 첫 예제이므로 단순하게 하겠지만, 여기서 소개된 개념은 7장의 다른 예제에서도 이어질 것이다. 이 예제의 각 절은 7.2절에서 나온 분류 과정을 병렬화한 것임에도 주목하라.

7.3.1 루씬으로 텍스트 카테고리 분류

루씬은 거리 계산을 수행할 때 고도로 효율적이다. 수백만 건의 문서로 만들어진 색인에 대해서도 주어진 질의 문서에 대한 유사 문서를 반환하는 데 1초 미만의 응답 시간만 든다. 루씬이 반환하는 점수는 두 문서 간 거리의 역이다. 즉 루씬의 일치 점수가 높을수록 벡터 공간상에서 두 문서의 거리는 가깝다. 각 알고리즘에서 질의와 가장 가까운 문서가 카테고리 배정에 사용된다.

k 근접 이웃$^{k-NN}$ 알고리즘에서 벡터 공간상 문서의 이웃이 속한 카테고리에 따라 문서에 카테고리를 배정한다. k 근접 이웃에서의 k는 그 알고리즘의 조정 가능한 파라미터로, 어떤 카테고리가 가장 적절한지 정할 때 그 개수만큼의 이웃을 살펴본다. 이를테면 k가 10이면 질의 문서에 배정할 카테고리를 고를 때 그 문서의 근접 이웃 10개를 평가한다.

TF-IDF 알고리즘을 사용할 때는 찾아 배정할 카테고리마다 문서를 하나씩 생성한다. 이번 절의 예제에서 각 카테고리 문서는 주어진 카테고리의 문서를 모두 단순히 이어붙인 것이다. 이의 대안은 대표 문서를 수작업으로 고르는 것이다. 이 접근법을 TF-IDF 접근법이라고 하는데, 카테고리에 출현하는 각 단어에 대한 단어 빈도-역문서 빈도 가중치가 카테고리 배정을 결정하는 기초가 되기 때문이다. 단어의 상대적 중요도는 단어가 출현하는 카테고리의 수에 기초한다. 더 나아가서 질의 문서와 인덱서에 있는 카테고리 간의 질의 단어 선택과 거리 계산을 이끈다. k 근접 이웃과 TF-IDF 접근법 간의 차이점은 그림 7.3에서 볼 수 있다.

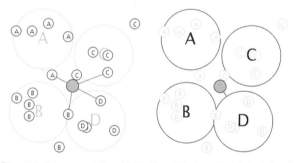

그림 7.3 k 근접 이웃(k-NN)과 TF-IDF 카테고리 분류 알고리즘 비교. 왼편에서 카테고리로 분류되는 문서(회색)는 5개의 근접 이웃과 연결됐다(k=5). 이웃 둘은 카테고리 C에, 나머지는 각각 A, B, D에 속한다. 그 결과, 문서는 카테고리 C에 배정된다. 큰 원은 TF-IDF 알고리즘이 사용하는 주어진 카테고리에 있는 원본 문서 각각을 이어붙인 카테고리 문서를 나타낸다. 오른편에 표시한 TF-IDF 알고리즘의 결과는 문서를 제일 가까운 카테고리 D로 분류하고 C 대신 D 라벨을 배정함을 보여준다.

k 근접 이웃과 TF-IDF 알고리즘의 구현체는 상당량의 코드를 공유한다. 각 구현체는 훈련 데이터로 루씬 색인을 생성한다. 루씬 API 관점에서 이것은

IndexWriter를 생성하고, 텍스트 분석 방법을 설정하고, 색인에 Document 객체를 생성한다는 뜻이다. 각 Document 객체의 콘텐츠는 분류 알고리즘에 따라 달라질 것이다. 각 문서는 최소한 카테고리 Field 객체와 콘텐츠 Field를 갖는다. 카테고리 필드는 카테고리 라벨을 담고, 문서 텍스트는 콘텐츠 필드에 저장된다. 훈련 데이터를 읽고 해석하고, 문서를 색인에 담고, 문서를 분류하고, 각 알고리즘의 성능을 평가하는 코드는 각 구현체 사이에서 공유된다.

이 과정의 중요한 측면은 분류하려는 문서를 루씬 질의로 변환하는 것이다. 단순하게 접근하면 문서의 유일한 단어를 모아 질의에 담으면 된다. 짧은 문서에 대해서는 이것으로 충분하겠지만, 긴 문서를 처리할 때는 금방 어려움을 겪을 것이다. 그런 문서에 출현하는 단어 중 다수는 적절한 카테고리를 정하는 데 유용하지 않을 것이다. 불용어를 제거하면 문서 기반 질의의 크기를 줄일 수 있지만, 검색될 색인의 내용을 고려하는 편이 더 도움이 된다. 색인에 없는 단어를 검색하는 것은 무의미하고, 색인의 모든 문서에 출현하는 단어를 검색하는 일은 가치는 없지만 질의 시간만 크게 늘릴 것이다.

카테고리 분류에 사용하기 가장 좋은 단어를 알아내기 위해 색인 생성 과정에서 계산한 단어 빈도와 문서 빈도 같은 척도를 사용할 수 있다. 역문서 빈도는 중요도가 낮은 단어를 걸러내는 데 사용된다. 결국 카테고리로 분류될 문서에서 추출된 단어 중 문서 색인에서의 연관 중요도에 기초해서 선택된 질의 단어 목록을 얻는다. 이 방법으로 문서가 카테고리 A, B, C에 속하는지 알아내는 데 적은 역할만 할 단어에 대한 질의로 시간을 낭비하지 않게 됐다.

다행히도 루씬 개발자는 이런 종류의 질의를 위한 단어를 굉장히 쉽게 고를 수 있게 만들었다. 루씬은 MoreLikeThisQuery라는 질의 유형을 갖는데, 이것은 질의 문서에서 색인 기반 단어 선택을 수행한다. 이번 절에서 만들 카테고리 분류기에 대해 입력 데이터에서 루씬 Query 객체를 생성할 때 MoreLikeThisQuery를 사용할 것이다.

이번 절 내내 루씬 API를 사용해서 문서를 토큰으로 분리하는 카테고리 분류 구현체를 설명하고, MoreLikeThis 질의를 생성하고, 입력 문서에 대한 카테고리를 얻기 위해 루씬 색인에 대한 질의를 수행한다. k 근접 이웃 알고리즘의 경우

개개의 훈련 문서로 루씬 색인을 생성하고, TF-IDF 알고리즘의 경우 카테고리를 문서로 해서 색인을 생성한다. 두 알고리즘이 상당량의 코드를 공유하기 때문에 단일 MoreLikeThis 카테고리 분류기의 구현체 내부의 별도 옵션으로 패키지하자. 이 구현체의 코드는 책에 딸린 소스코드의 com.tamingtext.classifier.mlt 패키지에서 찾아볼 수 있다.

7.3.2 MoreLikeThis 카테고리 분류기에 사용할 훈련 데이터 준비

이번 예제에서는 기사를 올바른 주제 카테고리에 배정하게 20 뉴스그룹 테스트 말뭉치를 사용해서 MoreLikeThis 카테고리 분류기를 훈련시켜보자. 이 데이터는 20개의 서로 다른 인터넷 뉴스그룹에 올라온 기사로 구성됐고, 훈련과 테스트 집합으로 분리됐다. 뉴스그룹은 talk.politics.mideast와 rec.autos처럼 분명히 분리된 주제들과 그 외에 comp.sys.ibm.pc.hardware와 com.sys.mac.hardware처럼 상당히 유사할 가능성이 큰 주제들처럼 다양한 주제 영역을 다룬다. 훈련 데이터는 뉴스그룹당 대략 600개의 문서로 구성되고, 거기 반해 테스트 데이터는 뉴스그룹당 약 400개의 문서를 갖는다. 이 문서 집합은 카테고리마다 일정한 수의 훈련 및 테스트 사례를 포함하기 때문에 표본으로 적합하다. 아카이브 파일명이 제안하는 것처럼 날짜에 따라 훈련/테스트를 분리했는데, 훈련 데이터는 테스트 데이터보다 시간 순으로 앞서는 문서로 구성됐다.

예제에서 사용할 20 Newsgroups 테스트 말뭉치는 http://qwone.com/~jason/20Newsgroups/20news-bydate.tar.gz(원문은 http://people.csail.mit.edu/jrennie/20Newsgroups/20news-bydate.tar.gz - 옮긴이)에서 다운로드할 수 있다.

이 아카이브를 다운로드하고 압축을 해제하면 20news-bydate-train 디렉터리와 20news-bydate-test 디렉터리가 있을 것이다. 각 디렉터리는 뉴스그룹당 하나씩 하위 디렉터리를 갖는다. 각 디렉터리는 뉴스그룹 포스팅에 대한 단일 파일을 포함한다. 분류기를 훈련하고 테스트하기 위해 이 파일을 적절한 형식으로 변환해야 한다. 간단히 7장의 모든 예제에서 머하웃이 사용하는 동일한 입력 형식을 사용하겠다. 머하웃의 PrepareTwentyNewsgroups 유틸리티를 사용해서 테스트 입력을 생성한다. 사용할 형식으로 훈련 및 테스트 데이터를 변환하기 위해 다음 명령을 실행하라.

```
$MAHOUT_HOME/bin/mahout \
   org.apache.mahout.classifier.bayes.PrepareTwentyNewsgroups \
   -p 20news-bydate-train \
   -o 20news-training-data \
   -a org.apache.lucene.analysis.WhitespaceAnalyzer \
   -c UTF-8
$MAHOUT_HOME/bin/mahout \
   org.apache.mahout.classifier.bayes.PrepareTwentyNewsgroups \
   -p 20news-bydate-test \
   -o 20news-test-data \
   -a org.apache.lucene.analysis.WhitespaceAnalyzer \
   -c UTF-8
```

참고 7장의 모든 예제에 걸쳐 환경 변수 $MAHOUT_HOME과 $TT_HOME에 대한 참조가 나올 것이다. MAHOUT_HOME은 bin 하위 디렉터리 아래 mahout 이라는 스크립트가 있는 머하웃 0.6 설치본의 베이스 디렉터리를 가리켜야 한다. TT_HOME은 이 책의 소스코드를 갖는 루트 디렉터리를 가리켜야 한다. 이 디렉터리는 자신의 하위에 tt 스크립트를 갖는 bin 디렉터리를 포함한다. 각 스크립트는 각 배포본에 포함된 자바 클래스를 실행하는 자바 명령의 래퍼다. 이런 환경 변수를 사용하면 머하웃과 이 책의 코드 사본의 위치와 분리해서 예제가 생성한 데이터를 저장할 작업 디렉터리를 설정할 수 있다.

이 책이 출판될 즈음 머하웃 0.7이 출시될 것이다(2013년 3월. 2014년 5월 기준, 최신 버전은 0.9다. – 옮긴이). 이 출시는 베이즈 분류기에 상당한 변화가 있기 때문에 이 책의 예제와 머하웃 0.6 버전을 사용해야 하는 데 주의하라. 머하웃 0.7과 그 이후 버전에 관련된 예제 코드 업데이트를 얻으려면 저자의 포럼을 주시하라.[2]

명령에서 봤듯이 입력 데이터를 간단히 토큰으로 분리하는 데 WhitespaceAnalyzer

---

2. 2018년 12월 기준, 머하웃의 최신 버전은 0.13.0이다. 이 책의 공식 소스코드는 업데이트되지 않고 있다. – 옮긴이

를 사용한다. 훈련과 테스트 과정 중에 루씬의 EnglishAnalyzer를 사용해서 데이터를 어간 추출하고 불용어를 제거할 것이기 때문에 이 시점에는 공백에 따라 토큰을 분리하는 이상의 작업을 할 필요가 없다. 머하웃의 베이즈 분류기 같은 다른 분류기는 데이터 준비 단계에서 어간 추출과 불용어 제거를 하는 데 이득이 있다.

준비 명령은 훈련과 테스트 데이터를 포함하는 연속된 파일을 생성한다. 카테고리당 파일이 하나씩 있고 각 파일은 여러 줄로 돼 있으며, 각 줄은 탭 문자로 구분되는 두 개의 열로 나눠진다. 첫 번째 열은 뉴스그룹 이름이고, 두 번째는 줄 바꿈 문자와 탭 문자가 제거된 훈련 문서의 콘텐츠다. 다음은 훈련 집합의 파일 일부를 발췌한 것이다. 각 줄마다 메시지 헤더에 이어지는 메시지 콘텐츠가 있다.

```
alt.atheism   ... Alt.Atheism FAQ: Atheist Resources Summary: Books,
...
alt.atheism   ... Re: There must be a creator! (Maybe) ...
alt.atheism   ... Re: Americans and Evolution  ...
...
comp.graphics   ... CALL FOR PRESENTATIONS ...
comp.graphics   ... Re: Text Recognition ...
comp.graphics   ... Re: 16 million vs 65 ...
...
comp.os.ms-windows.misc      ... CALL FOR PRESENTATIONS ...
comp.os.ms-windows.misc      ... Re:color or Monochrome? ...
comp.os.ms-windows.misc      ... Re: document of .RTF Organization: ...
```

훈련 및 테스트 데이터를 준비했으니 MoreLikeThis 분류기를 훈련시킬 수 있다.

7.3.3 MoreLikeThis 카테고리 분류기 훈련

MoreLikeThis 분류기에 대한 훈련 과정은 이 책에서 제공하는 예제 코드를 사용해 커맨드라인에서 실행할 수 있다. 다음 명령은 7.3.1절에서 설명한 k-NN 알고리즘을 사용해서 모델을 생성한다.

```
$TT_HOME/bin/tt trainMlt \
```

```
-i 20news-training-data \
-o knn-index \
-ng 1 \
-type knn
```

이 명령은 이전 절에서 준비한 훈련 데이터로 루씬 색인을 만든다. TF–IDF 알
고리즘을 위해 색인을 생성하려면 간단히 -type 인자를 tfidf로 변경하면 된다.

각 명령 너머의 코드를 살펴보는 것으로 시작하자. 리스트 7.1은 훈련 데이터를
색인으로 만들기 위해 색인을 생성하고 텍스트 처리 파이프라인을 설정하는 데 필
요한 코드를 보여준다.

리스트 7.1 루씬 색인 생성하기

```
Directory directory                    ◀──────────── ❶ 색인 디렉터리를 생성한다.
   = FSDirectory.open(new File(pathname));
Analyzer analyzer                      ◀──────────── ❷ 분석기를 초기화한다.
   = new EnglishAnalyzer(Version.LUCENE_36);

if (nGramSize > 1) {                   ◀──────────── ❸ shingle 필터 설정
   ShingleAnalyzerWrapper sw
      = new ShingleAnalyzerWrapper(analyzer,
          nGramSize,    // 최소 shingle 크기
          nGramSize,    // 최대 shingle 크기
          "-",          // 토큰 구분 문자
          true,         // 유니그램 출력 여부
          true);        // shingle이 없으면 유니그램을 출력할지 여부
   analyzer = sw;
}
IndexWriterConfig config               ◀────────── ❹ 색인 작성기(IndexWriter) 생성
   = new IndexWriterConfig(Version.LUCENE_36, analyzer);
config.setOpenMode(OpenMode.CREATE);
IndexWriter writer =  new IndexWriter(directory, config);
```

❶에서 색인이 저장되는 디스크 위치를 나타내는 루씬 Directory 객체를 생성하는 것으로 시작한다. FSDirectory.open() 메소드를 색인이 생성될 디렉터리의 전체 경로와 같이 호출해서 디렉터리 객체를 생성했다. ❷에서 텍스트 입력으로부터 토큰을 생성하는 데 사용할 분석기를 인스턴스화했다.

루씬의 EnglishAnalyzer는 합리적인 어간 추출과 불용어 제거 방식을 제공하기 때문에 괜찮은 시작 지점이다. 루씬이나 외부 라이브러리로 다른 분석기 구현체를 사용할 수 있다. 애플리케이션에 더 유용한 토큰을 얻기 위해 가능한 다른 옵션들로 실험해봐야 한다. 예를 들어 영어가 아닌 다른 언어를 다루는 분석기나 글자와 숫자를 사용한 단어를 제거하거나 Wi-Fi 같은 복합어를 정규화하는 필터를 선택하고 싶을지도 모른다. 3장에서 설명한 것처럼 솔라에 있는 표준 설정에서 여러 가지의 다양한 분석기와 조합의 예를 볼 수 있다.

예제에서 루씬 영어 분석기의 출력을 n그램을 사용해서 증가시킨다. ❸의 코드는 nGramSize 파라미터가 1보다 큰 경우 어떻게 루씬의 ShingleAnalyzer Wrapper가 개별 단어에 더해 n그램을 생성하는 데 사용되는지 보여준다.

쉬글 분석기(ShingleAnalyzer)와 단어 n그램 이전에 4장에서 n그램을 접했을 때는 문자 기반 n그램을 살펴봤다. 루씬의 쉬글shingle 분석기가 생성하는 n그램은 단어 기반 n그램이다. 텍스트 now is the time이 처리되고 nGramSize가 2일 때 쉬글 분석기는 now-is, is-the, the-time(불용어가 제거되지 않는다고 가정하면)과 같은 토큰을 생성한다. 각 토큰은 한 카테고리의 텍스트와 다른 것 사이의 차이를 알아내는 데 유용할 만한 자질로 사용될 것이다. 이 특정한 경우 영어 분석기의 결과에 대해 ShingleFilter를 적용한다. 입력 now is the time이 불용어 is와 the를 제거했다면 n-gram now-_ 와 _-time이 생성된다. 밑줄은 제거된 불용어의 자리를 채워서 원본 텍스트에 없는 단어 짝을 뽑지 않게 막는다.

이번 절 시작에 나온 훈련기를 실행하는 명령은 nGramSize 파라미터에 대해 기본 값 1을 사용한다. 이것은 명령 뒤에 -ng 2처럼 -ng와 숫자를 붙여 변경할 수 있다.

EnglishAnalyzer를 생성하고 이것을 ShingleAnalyzerWrapper로 감싸면 이 것으로 루씬 색인을 생성할 수 있다. ❹에서 훈련 데이터 색인을 만드는 데 사용할 IndexConfig과 IndexWriter를 생성했다.

그 다음 디스크의 파일에서 훈련 데이터를 읽고 루씬 문서로 변환해서 색인에 추가한다. 먼저 각 문서에 저장된 정보를 담는 데 사용할 필드 객체를 생성해야 한다.

이 경우에는 3개의 필드를 사용한다. 문서의 아이디(유일 식별자), 문서의 카테고리, 그리고 훈련할 자질인 분석기 결과 토큰을 포함한 문서 콘텐츠다. 다음 리스트는 어떻게 각 필드를 생성하는지 보여준다.

리스트 7.2 문서 필드 초기화하기

```
Field id = new Field("id", "", Field.Store.YES,
    Field.Index.NOT_ANALYZED, Field.TermVector.NO);
Field categoryField = new Field("category", "", Field.Store.YES,
    Field.Index.NOT_ANALYZED, Field.TermVector.NO);
Field contentField = new Field("content", "", Field.Store.NO,
    Field.Index.ANALYZED, Field.TermVector.WITH_POSITIONS_OFFSETS);
```

ID나 category 필드를 분석하거나 거기 대한 단어 벡터를 만들 필요는 없다. 각 각을 이후의 검색을 위해 색인에 저장한다. content 필드를 리스트 7.1에서 생성한 분석기를 사용해 분석하고, 단어가 원본 문서에 출현한 순서를 기록하기 위해 전체 단어 위치와 오프셋을 포함하는 단어 벡터를 생성한다.

훈련기 코드는 입력 파일의 문서마다 카테고리 분류 알고리즘에 따라 다른 기법 을 사용해서 문서를 색인에 추가한다. 다음 리스트는 k 근접 이웃 알고리즘에 사 용할 문서를 만드는 방법을 보여준다. 훈련 사례 각각은 색인에 단일 문서로 들어 간다.

리스트 7.3 k-NN 카테고리 분류를 위해 훈련 문서로 색인 만들기

```
while ((line = in.readLine()) != null) {
    String[] parts = line.split("\t");   ◀─────────── ❶ 콘텐츠 수집
    if (parts.length != 2) continue;
    category = parts[0];
    categories.add(category);

    Document d = new Document();   ◀─────────── ❷ 문서 생성
    id.setValue(category + "-" + lineCount++);
    categoryField.setValue(category);
    contentField.setValue(parts[1]);
    d.add(id);
    d.add(categoryField);
    d.add(contentField);

    writer.addDocument(d);   ◀─────────── ❸ 색인에 문서 추가
}
```

k-NN 알고리즘의 구현에서 훈련기는 먼저 ❶에서 카테고리에 속하는 각 문서를 읽고, ❸에서 루씬 색인에 추가될 문서를 ❷에서 생성한다. 이렇게 할 때 색인 크기는 훈련 집합의 문서 수에 비례한다.

다음 리스트는 TF-IDF에서 사용할 색인을 만드는 데 훈련 데이터를 사용하는 방식을 보여준다.

리스트 7.4 TF-IDF 카테고리 분류를 위해 훈련 문서를 색인으로 만들기

```
StringBuilder content = new StringBuilder();
String category = null;
while ((line = in.readLine()) != null) {
    String[] parts = line.split("\t");   ◀─────────── ❶ 콘텐츠를 모은다.
    if (parts.length != 2) continue;
```

```
    category = parts[0];
    categories.add(category);
    content.append(parts[1]).append(" ");
    lineCount++;
}

in.close();

Document d = new Document();    ←————————— ❷ 문서를 생성한다.
id.setValue(category + "-" + lineCount);
categoryField.setValue(category);
contentField.setValue(content.toString());
d.add(id);
d.add(categoryField);
d.add(contentField);

writer.addDocument(d);    ←————————— ❸ 색인에 문서를 추가한다.
```

TF-IDF 알고리즘의 구현에서 훈련기는 ❶에서 카테고리에 속하는 각 문서를
읽고 콘텐츠를 하나의 문자열로 붙인다. 한 카테고리 안의 모든 문서를 읽은 다음,
❷에서 루씬 문서를 생성한 후 ❸에서 색인에 추가한다. 각 카테고리에 텍스트의
분량이 많다면 카테고리 안의 모든 문서 텍스트를 갖는 버퍼가 루씬에 결과를 넘기
기 전까지 메모리에 만들어지기 때문에 이 알고리즘이 k-NN 알고리즘보다 더 많
은 메모리를 사용할 것이다.

이제 훈련 데이터가 들어 있는 색인을 만들었으니 카테고리 분류 알고리즘을
구현하고 테스트할 수 있다.

7.3.4 MoreLikeThis 카테고리 분류기로 문서를 카테고리 분류

문서를 카테고리로 분류하기 위해 제일 먼저 할 일은 루씬 색인을 열어 카테고리로
분류할 텍스트를 해석할 분석기를 설정하는 일이다. 훈련에 사용한 것과 동일하게
여기서 분석기를 생성하고, 같은 방식으로 설정해서 색인에 저장된 단어와 질의를

구성하는 단어가 동일한 방식으로 형성되는 것이 중요하다. 이 말은 동일한 불용어 목록, 어간 추출 알고리즘, n그램 설정을 사용한다는 의미다. 색인과 분석기가 준비되면 MoreLikeThis 클래스의 인스턴스를 생성하고 생성한다. 다음 리스트는 이 일을 어떻게 하는지 보여준다.

리스트 7.5 MoreLikeThis 카테고리 분류기 설정

```
Directory directory = FSDirectory.open(new File(modelPath));
IndexReader indexReader = IndexReader.open(directory); ◀────── ❶ 색인을 연다.
IndexSearcher indexSearcher = new IndexSearcher(indexReader);
Analyzer analyzer        ◀────── ❷ 분석기를 설정한다.
    = new EnglishAnalyzer(Version.LUCENE_36);
if (nGramSize > 1) {  ◀────── ❸ n그램을 설정한다.
    analyzer = new ShingleAnalyzerWrapper(analyzer, nGramSize,
            nGramSize);
}


MoreLikeThis moreLikeThis = new MoreLikeThis(indexReader); ◀─────
moreLikeThis.setAnalyzer(analyzer);
moreLikeThis.setFieldNames(new String[] {        ❹ MoreLikeThis를 생성한다.
    "content"
});
```

❶에서 디렉터리 인스턴스를 생성한 다음 색인 판독기(IndexReader)와 색인 검색기(IndexSearcher)를 연다. 색인 판독기는 질의를 생성하기 위한 단어를 얻기 위해서나, 질의가 실행된 이후에는 문서 콘텐츠를 얻기 위해서도 사용된다. ❷와 ❸에서 영어 분석기를 생성하고, 선택적으로 n그램을 사용하게 설정된 경우 슁글 분석기로 감싼다. ❹에서 색인 판독기 인스턴스를 넘겨 MoreLikeThis 클래스를 생성하고, 이것이 사용할 분석기를 정하고, 질의에 사용할 단어를 선택할 때 content 필드에 있는 단어에 대한 정보를 사용하게 설정했다. 질의를 만들 때 MoreLikeThis는 질의 문서와 색인에 있는 단어 빈도를 살펴보고 어떤 단어를 사용할지 알아낸다.

질의나 색인에 정해진 빈도보다 적게 출현하는 단어이거나, 색인에 너무 자주 출현하는 단어는 질의 단어 후보에서 제거한다. 질의에 대한 분별력이 미약하기 때문이다.

이제 색인에 질의하는 데 필요한 객체를 다 만들었으니 검색 실행을 시작해서 문서에 대한 카테고리를 얻을 수 있다. 다음 리스트에서 카테고리 분류를 실행하는 방법을 보여주기 위해 문서를 얻는 데 사용했던 메소드로 들어가 보자.

리스트 7.6 MoreLikeThis로 텍스트 카테고리 분류하기

```
Reader reader = new FileReader(inputPath);
Query query = moreLikeThis.like(reader);        ❶ 질의를 생성한다.

TopDocs results =
    indexSearcher.search(query, maxResults);    ❷ 검색을 실행한다.

HashMap<String, CategoryHits> categoryHash =
    new HashMap<String, CategoryHits>();

for (ScoreDoc sd: results.scoreDocs) {           ❸ 결과를 수집한다.
    Document d = indexReader.document(sd.doc);
    Fieldable f = d.getFieldable(categoryFieldName);
    String cat = f.stringValue();
    CategoryHits ch = categoryHash.get(cat);
    if (ch == null) {
        ch = new CategoryHits();
        ch.setLabel(cat);
        categoryHash.put(cat, ch);
    }
    ch.incrementScore(sd.score);
}                                                ❹ 카테고리에 순위를 매긴다.

SortedSet<CategoryHits> sortedCats =
    new TreeSet<CategoryHits>(CategoryHits.byScoreComparator());
sortedCats.addAll(categoryHash.values());
```

```
for (CategoryHits c:sortedCats) {  ◀──────────── ❺ 카테고리를 표시한다.
    System.out.println(
        c.getLabel() + "t" + c.getScore());
}
```

---

❶에서는 카테고리 분류할 문서의 콘텐츠를 읽어 들일 판독기를 생성한다. 이 것은 문서의 주요 단어에 기초한 루씬 질의를 생성하는 작업을 실행할 MoreLikeThis.like() 메소드에 전달된다. 이제 이 질의를 갖고 ❷에서 검색을 수행해서 일치하는 문서를 포함하는 표준 루씬 응답 TopDocs를 얻는다. ❸에서 반환된 문서마다 카테고리를 얻고, CategoryHits 객체에 카테고리 이름과 점수를 수집한다. 모든 결과에 대해 반복한 다음, ❹에서 CategoryHits 객체들을 정렬하면서 순위를 매기고, ❺에서 출력해 보여준다. 최고 순위 카테고리가 문서에 배정된다. 점수를 주고 순위를 매기는 알고리즘은 원시적이지만 합리적인 결과를 생성할 수 있다. 카테고리에 점수를 주는 데 대해 서로 다른 접근법을 탐구해서 그 평가 과정을 통해 가장 적합한 접근법을 찾아보기를 권한다.

k-NN이나 TF-IDF 알고리즘 중 무엇을 사용해 색인을 만들었는지와 관계없이 카테고리를 선택한다. K-NN의 경우 각 카테고리의 결과 집합에 한 개 이상의 문서가 들어갈 수 있고, TF-IDF는 카테고리마다 하나의 문서만 있을 것이다. 각 문서의 최종 점수는 질의와 일치하는 문서(들)로 정해진다.

MoreLikeThis 카테고리 분류기를 생산 시스템에 통합하는 일은 애플리케이션 생명 주기에서 한 번 설정하고, 카테고리 분류할 문서마다 MoreLikeThis 질의를 구성한 후 검색 결과로 얻은 카테고리를 얻고 순위화하는 정도로 간단하다.

각 작업은 책의 부록 예제 코드에 있는 MoreLikeThisCategorizer라는 클래스에 통합됐다. 이 클래스는 생산용 카테고리 분류기 배치에 대한 시작 정도로 사용할 수 있다. 이 클래스에서는 리스트 7.6에서 설명한 코드를 볼 수 있는데, 책에 실린 것과는 살짝 다르게 정리됐지만, 동일한 설정과 카테고리 분류를 수행한다. 카테고리 분류기의 정확도를 평가하기 위해 이 클래스를 다음 절에서 사용한다.

7.3.5 MoreLikeThis 카테고리 분류기 테스트

다음 명령을 사용해서 MoreLikeThis 분류기를 테스트한다.

```
$TT_HOME/bin/tt testMlt \\
    -i category-mult-test-data \\
    -m knn-index \\
    -type knn \\
    -contf content -catf category
```

이 명령 실행이 끝나면 카테고리 분류기가 생성한 결과의 품질을 나타내는 두 개의 척도를 보게 된다. 첫 번째는 분류된 테스트 문서 인스턴스 중 올바른 결과와 틀린 결과의 개수 및 비율이다. 이것은 7.2.4절에서 설명했던 카테고리 분류기의 정확도를 나타낸다.

두 번째 메트릭은 카테고리 분류의 성공과 실패를 나타내는 혼동행렬[confusion matrix]이라는 표다. 행렬의 각 열과 행은 입력의 일부에 대해 알고리즘이 배정할 수 있는 카테고리를 나타낸다. 행은 테스트 문서에 미리 배정된 라벨을 나타내고, 열은 카테고리 분류기가 테스트 문서에 배정한 카테고리를 나타낸다. 행렬의 각 셀은 해당되는 라벨에 미리 배정된 (행에 해당되는) 테스트 문서의 수와 그 문서가 어떻게 카테고리 분류됐는지(열에 따라)를 보여준다. 행과 열이 같은 카테고리라면 문서는 올바르게 분류된 것이다. 다음에 보여준 혼동행렬은 testMlt 명령을 실행했을 때 보게 되는 전체 혼동행렬의 일부를 발췌한 것이다.

```
=========================================================
Summary
---------------------------------------------------------
Correctly Classified Instances   :    5381  71.4418%
Incorrectly Classified Instances:    2151  28.5582%
Total Classified Instances       :    7532
=========================================================
Confusion Matrix
---------------------------------------------------------
```

```
a       b       c       d       e       f   ... <--Classified as
315     3       4       5       0       20  ...| 393    a = rec.motorcycles
0       308     0       1       0       2   ...| 390    b = comp.windows.x
0       0       320     4       1       0   ...| 372    c = talk.politics.mideast
2       3       13      271     9       0   ...| 361    d = talk.politics.guns
1       0       10      19      129     0   ...| 246    e = talk.religion.misc
18      3       2       6       2       293 ...| 394    f = rec.autos
...
Default Category: unknown: 20
```

혼동행렬은 이진^{binary}이나 다중 클래스 중 어떤 분류기의 평가에든 사용된다. 이진 분류기에 대한 혼동행렬은 표 7.1과 유사하게 4개의 요소를 갖는 2×2 행렬이 된다. 혼동행렬은 언제나 N×N 정방 행렬로, N은 분류기가 결과로 내게 훈련받은 클래스의 수다.

이 예제에서는 행렬에서 20 뉴스그룹 말뭉치의 카테고리 중 처음 여섯 개에 대한 결과만 표시하게 제한했다. 각 행은 말뭉치에 있는 카테고리 하나를 나타내고, 열은 그 카테고리를 배정받은 테스트 문서의 개수다. 예제에서 카테고리 a는 rec.motorcyles다. 이 카테고리에 속하는 393개의 테스트 문서에 대해 카테고리 분류기는 315개를 rec.motorcycles에 올바르게 배정했다. 이 행의 나머지 열에 있는 값은 rec.motorcycles에 속하는 테스트 문서 중 몇 개나 다른 카테고리에 배정됐는지 보여준다. 이 행렬은 그 중 20개의 문서가 rec.autos 카테고리에 배정됐음을 보여준다. 이들 뉴스그룹 간에 주제 영역과 용어가 얼마나 비슷할지 생각해보면 놀랄 일도 아니다.

이 분류기가 각 카테고리마다 테스트 문서에 올바른 카테고리를 배정하는 경향을 갖는 것을 행렬에서 행과 열이 같은 대각선 요소의 값이 가장 큰 값이 나타나고 있음을 관찰해보면 알 수 있다. 분류기가 문제를 겪는 영역을 알아낼 수도 있다. 예를 들어 오토바이^{motorcycles}에 대한 20개의 문서가 자동차에 대한 문서로 분류되고, 자동차에 대한 18개의 문서가 오토바이에 대한 것으로 분류되는 식이다. 다양한 이야기 카테고리 사이에도 혼동이 나타나는데, talk.religion.misc의 246개 예제 중 129개만이 올바르게 분류되고, 19개는 talk.religion.guns로 분류되는 식이다. 문서가 올바르게 배정되지 않는 경우 혼동행렬은 배정된 클래스를 찾고 훈련 데이터가 모호성을 갖는 경우를 찾아낸다.

리스트 7.7은 훈련된 MoreLikeThis 분류기를 훈련 데이터에서 여러 개의 파일을 읽어 테스트하는 방법을 보여준다. 각 문서를 분류하고 그 결과를 문서에 이전 배정한 카테고리와 비교한다. 이 판정을 수집해서 이전 문단에서 설명한 메트릭을 나타내는 데 아파치 머하웃의 결과 분석기(ResultAnalyzer) 클래스를 사용한다.

리스트 7.7 MoreLikeThisCategorizer의 결과 평가하기

```
final ClassifierResult UNKNOWN = new ClassifierResult("unknown",
    1.0);

ResultAnalyzer resultAnalyzer =    ◄──────── ❶ ResultAnalyzer를 생성한다.
    new ResultAnalyzer(categorizer.getCategories(),
        UNKNOWN.getLabel());

for (File ff: inputFiles) {        ◄──────── ❷ 테스트 데이터를 읽는다.
    BufferedReader in =
        new BufferedReader(
            new InputStreamReader(
                new FileInputStream(ff),
                "UTF-8"));
    while ((line = in.readLine()) != null) {
        String[] parts = line.split("\t");
        if (parts.length != 2) {
            continue;
        }

        CategoryHits[] hits        ◄──────── ❸ 카테고리 분류를 한다.
            = categorizer.categorize(new StringReader(parts[1]));
        ClassifierResult result = hits.length > 0 ? hits[0] : UNKNOWN;
        resultAnalyzer.addInstance(parts[0], result); ◄─────┐
    }                                                        │
                                          ❹ 결과를 수집한다.
```

```
    in.close();
}
System.out.println(resultAnalyzer.toString());  ←
```

❺ 결과를 표시한다.

❶에서 카테고리 분류기가 생성할 카테고리 목록을 사용해서 결과 분석기를 생성하며 시작하고, 문서를 분류할 수 없는 경우 사용할 기본 UNKNOWN 카테고리를 제공한다. ❷에서는 parts 배열에 입력 데이터를 파일에서 읽어 넣는다. parts[0]는 카테고리 라벨을, parts[1]은 훈련 문서 텍스트를 포함한다. 문서는 ❸에서 카테고리로 분류되는데, 분류 중인 문서에 대한 순위화된 카테고리 목록을 결과로 얻는다. 문서에 대한 최고 순위 카테고리를 문서에 배정하고 ❹의 결과 분석기에 추가한다. 카테고리 분류기에서 결과를 얻지 못하면 UNKNOWN 클래스를 사용한다. 모든 훈련 데이터를 처리하면 ❺에서 올바른 카테고리 분류의 %와 혼동행렬을 출력한다.

7.3.6 생산 단계에서의 MoreLikeThis

루씬 기반 문서 카테고리 분류기의 기본 구성 요소를 살펴봤다. 카테고리 분류된 문서의 루씬 색인을 만들어 카테고리 분류기를 훈련하는 데 필요한 루씬 API와의 상호 작용과, 문서를 루씬 질의로 변환해서 카테고리로 분류하는 방법과, 카테고리 분류기의 품질을 평가하는 방법을 다뤘다. 이 알고리즘이 생산 환경에서 사용되는 방법에 대해 기본적인 몇 가지를 다뤘다. 7.4.7절에서 배치 시나리오를 확장해본다. 거기서 다룰 시나리오는 MoreLikeThis 분류기를 생산 환경에 배치하는 데도 쉽게 적용된다. 루씬 질의 API는 매우 유연해서 다른 많은 맥락에서도 이런 종류의 분류기들을 통합하기 쉽게 해준다.

루씬의 색인 생성 API는 분류에 사용된 모델을 수정하기 쉽게 해준다. K-NN 분류의 경우 모델을 향상시키려면 색인에 카테고리 분류된 문서를 추가하는 식으로 간단하다. 훈련은 점증적으로 일어날 수 있고 주로 색인 크기로 제한된다. TF-IDF 모델에 대해 개선은 카테고리에 갱신된 콘텐츠를 새 문서로 추가하고 기존 문서를 삭제하는 방식으로, 기존 카테고리 문서를 대체하는 간단한 작업이다. 이와 같이 점증 방식으로 새 훈련 데이터를 분류기에 추가하는 기능은 온라인 학습

online learning이라고 하며, 이것은 대체로 분류 알고리즘이 가지면 바람직한 속성이다. 오프라인 학습 알고리즘(이 방식으로 확장할 수 없는 분류기)은 매번 개선해야 할 때마다 처음부터 다시 훈련돼야 하는데, 시간과 CPU 사이클 측면에서 비용이 클 수 있다.

이제 거리 기반 분류 방식을 구현하기 위해 루씬을 사용해서 카테고리 분류기를 만드는 과정에 익숙해졌으니 이 과정을 7.4절에서 반복하고 아파치 머하웃을 사용해서 나이브 베이즈 텍스트 카테고리 분류기를 훈련해보자. 통계적 카테고리 분류 알고리즘을 살펴보는 데 더해 웹 크롤 결과 같은 기존 데이터를 어떻게 훈련 데이터로 사용하기 위해 맞추는지 조사한다.

7.4 아파치 머하웃으로 나이브 베이즈 분류기 훈련

6장에서는 어떻게 문서를 유사한 주제 영역의 클러스터 그룹으로 나누는 데 아파치 머하웃을 사용하는지 살펴봤다. 머하웃에는 텍스트 문서에 카테고리 라벨을 배정하는 데 사용할 수 있는 다수의 분류 알고리즘도 포함돼 있다. 머하웃이 제공하는 알고리즘 중 하나는 나이브 베이즈 알고리즘이다. 이 알고리즘은 다양한 분류 문제에 대해 사용되며, 확률적 분류에 대한 훌륭한 시작지점이다. 클래스 배정을 실행하기 위해 확률적 분류 기법을 채택한 알고리즘은 주어진 클래스에 대한 문서 자질이 나타날 확률에 기반을 둔 모델을 생성한다.

이번 절에서는 문서 카테고리 분류기를 만드는 데 나이브 베이즈 알고리즘의 머하웃 구현체를 사용한다. 7장의 첫 번째 예제에서 루씬 기반 분류기를 훈련하는 데 20 뉴스그룹 테스트 말뭉치를 어떻게 사용할 수 있는지 보였다. 이번 예제에서는 인터넷에서 수집한 데이터에서 테스트 말뭉치를 직접 개발하고, 분류기를 훈련하는 데 이 말뭉치를 사용한다. 클러스터링 장에서 수집했던 콘텐츠를 훈련과 테스트 데이터를 만드는 데 사용한다. 거기서부터 어떻게 분류기 훈련이 반복적 프로세스인지 보이고, 카테고리 분류 정확도를 개선하기 위해 훈련 데이터를 재조직하는 전략을 보여준다. 마지막으로 어떻게 문서 분류기를 솔라에 통합해서 문서가 색인에 추가될 때 자동으로 카테고리를 배정받게 하는지 보여준다. 나이브 베이즈 분류 알고리즘의 이론적 근거를 알아보며 시작해보자.

7.4.1 나이브 베이즈 분류 방식으로 텍스트를 카테고리 분류

나이브 베이즈 알고리즘은 확률적 분류 알고리즘이다. 이 알고리즘은 훈련 데이터에서 끌어낸 확률을 사용해서 입력 문서에 어떤 클래스를 배정할지 결정한다. 훈련 프로세스는 훈련 문서에 출현한 단어와 카테고리 간의 관계, 카테고리와 전체 훈련 집합의 관계를 분석한다. 단어의 무리(문서)가 어떤 클래스에 소속될지에 대한 확률을 생성하기 위해 베이즈 정리에 기초한 계산으로 수집해서 사용할 수 있는 속성을 사용한다.

주어진 클래스에 출현하는 단어들이 독립적이라는 가정 때문에 이 알고리즘이 나이브하다고 한다. 우리는 직관적으로 주어진 주제 영역의 텍스트 문서에 출현하는 단어들은 독립적으로 출현하지 않음을 알고 있다. fish 같은 단어는 space를 포함한 문서보다는 water를 포함한 문서에 출현할 확률이 높다. 그 결과, 나이브 베이즈 알고리즘이 생성한 확률은 진짜 확률이 아니다. 그렇지만 상대적 척도로는 유용하다. 이 확률로 문서가 특정 클래스에 속할 절대 확률을 예측할 수는 없지만, 각 카테고리가 단어 fish에 배정한 확률을 비교해서 fish를 포함한 문서가 우주여행보다는 해양학에 대한 것일 가능성이 높음을 알아내는 식으로는 사용된다.

훈련할 때 나이브 베이즈 알고리즘은 각 단어가 클래스의 문서에 출현한 횟수를 세고, 그 숫자를 그 클래스에 출현한 단어의 수로 나눈다. 이것을 조건 확률이라고 하는데, 단어가 그 특정 카테고리에 출현할 확률이다. 이것은 보통 $P(Word|Category)$처럼 표기한다. 세 문서가 카테고리 Geometry에 속하는 작은 훈련 집합이 있다고 가정하고, 단어 angle이 그 중 한 문서에 출현했다고 하자. Geometry라는 라벨이 붙은 임의의 문서가 angle을 포함할 확률은 0.33 또는 33%이다.

개별 단어 확률을 서로 곱해서 주어진 클래스에 문서가 속할 확률을 구할 수 있다. 이것은 그 자체로는 유용하지 않지만, 베이즈 정리는 분류 문제의 핵심인 문서가 어떤 카테고리에 배정될 확률을 얻는 데 이 계산을 이용한다.

베이즈 정리는 문서가 주어졌을 때 카테고리의 확률이, 카테고리가 주어졌을 때 문서의 확률과 카테고리의 확률을 문서의 확률로 나눈 값을 곱한 것과 같음을 명시한다. 이것을 다음과 같이 표현한다.

```
P(Category|Document) = P(Document|Category) x P(Category) / P(Document)
```

카테고리가 주어졌을 때 문서의 확률을 계산하는 방법을 앞에서 보였다. 카테고리의 확률은 카테고리에 속하는 훈련 문서의 개수를 전체 훈련 문서 개수로 나눈 값이다. 문서의 확률은 이 경우에는 필요하지 않은데, 비례 인자 역할을 하기 때문이다. P(Document)를 1로 정했다면 이 함수의 결과를 다른 카테고리들에 걸쳐 비교할 수 있다. 이 계산을 문서에 배정하려고 하는 각 클래스마다 실행해서 문서가 소속될 공산이 가장 큰 카테고리가 무엇인지 알아낼 수 있다. 이 결과 간의 관계는 P(Document)가 각 계산마다 0보다 크면 동일한 상대 순위를 가질 것이다.

이런 설명은, 시작하는 데는 유용하겠지만 전체 그림의 일부일 뿐이다. 머하웃의 나이브 베이즈 분류 알고리즘 구현체는, 이전에 설명한 비독립적 단어와 관계된 문제와 같이 이 알고리즘이 텍스트 데이터의 직면해서 실패하는 일부 특별한 경우에 대처하는 수많은 개선 사항을 포함한다. 이런 개선 사항에 대한 설명은 머하웃 위키와 Rennie 외의 "Tackling the Poor Assumptions of naive Bayes Text Classifiers"(Rennie [2003]을 보라)에 있다.

7.4.2 훈련 데이터 준비

분류기는 입력만큼만 돌아갈 수 있다. 훈련 프로세스에 제공되는 입력인 훈련 데이터의 분량과 정리된 방식, 선택된 자질은 모두 새 문서를 카테고리로 정확하게 분류하는 분류기의 역량에 중요한 역할을 한다.

이번 절에서는 머하웃 베이즈 분류기에서 사용하기 위해 훈련 데이터가 어떻게 준비돼야 하는지 설명한다. 루씬 색인에서 데이터를 추출하는 절차를 보이고, 기존 데이터의 속성을 사용해서 훈련 집합을 생성하기 위한 부트스트래핑 과정을 소개하겠다. 이 예제가 끝날 때는 서로 다른 부트스트래핑 접근법이 어떻게 분류기의 전체 품질에 영향을 주는지 알게 될 것이다.

6장에서 솔라를 사용한 간단한 클러스터링 애플리케이션의 설정 방법을 설명했다. 이 애플리케이션은 여러 개의 RSS 피드에서 콘텐츠를 불러와서 루씬 색인에 저장했다. 훈련 집합을 생성하는 데 이 색인의 데이터를 사용하겠다. 클러스터링 Clustering 솔라 인스턴스를 사용해서 데이터를 이미 수집해 두지 않았다면 지금 6.3절의 지시를 따르고, 훈련 문서로 적합한 말뭉치를 만들기 위해 데이터 가져오기 처리기를 며칠에 걸쳐 여러 번 실행하라. 데이터를 약간 모은 다음, 무엇을 훈련에 사용할 수 있는지 알아보기 위해 색인을 검사할 수 있다.

이제 루씬 색인에 데이터가 약간 있으니 데이터 속에 무엇이 있는지를 알아보고 분류기를 훈련하는 데 어떻게 사용할지 정하기 위해 데이터를 검토해야 한다. 루씬 색인에 저장된 데이터를 보는 여러 가지 방법이 있지만, 단연 사용하기 쉬운 것은 루크Luke다. 문서의 어떤 필드를 카테고리 분류 체계의 기초로 삼을 카테고리의 소스로 사용할 수 있을지 알아내기 위해 데이터를 살펴보자. 카테고리의 콘텐츠를 훈련에 사용할 카테고리 집합을 알아내고, 그 다음 문서를 추출하고 머하웃의 입력으로 사용될 훈련 데이터 형식으로 기록한다. 베이즈 분류기 훈련 프로세스는 특정 카테고리에 배정된 문서에 출현하는 단어를 분석하고, 문서가 포함하는 단어를 근거로 그 문서가 속할 가능성이 가장 높은 카테고리를 알아내는 데 사용할 모델을 생성한다.

최신 버전의 루크는 http://code.google.com/p/luke/에서 다운로드할 수 있다. lukeall-version.jar(version은 루크의 현재 버전) 파일이 다운로드할 파일이다. JAR 파일을 받은 다음, `java -jar lukeall-version.jar` 명령을 실행하면 루크가 시작될 것이다.

시작하면 열어보려는 색인을 선택하기 위해 파일 시스템을 탐색할 수 있는 대화상자가 나타난다. 루씬 색인을 포함하는 디렉터리를 선택하고 OK를 눌러 색인을 열어보라(다른 옵션은 기본 값으로 열려야 한다).

루크로 색인을 탐색하면 문서에 대해 많은 카테고리 소스를 발견할 수 있다. 이 카테고리는 극히 일반적인 라벨인 Sports부터 더 구체적인 Baseball이지만 더 들어가면 New York Yankees까지 다양하다. 이 항목을 훈련 데이터를 정리하는 기초로 사용하자. 여기서의 목표는 기사를 대략적인 카테고리로 묶는 데 사용할 수 있는 단어의 목록을 만들어 분류기를 훈련하는 데 사용하는 것이다. 다음 목록은 우리가 만든 색인에서 `cagegoryFacet` 필드의 최상위 12개 카테고리를 보여준다. 각 카테고리에는 그 카테고리에 나타난 문서의 수가 딸려 있다.

```
2081   Nation & World
923    Sports
398    Politics
356    Entertainment
295    sportsNews
158    MLB
128    Baseball
127    NFL
115    Movies
94     Sounders FC Blog
84     Medicine and Health
84     Golf
```

  Nation & World 카테고리에 2081개의 문서가 있고, 그 다음부터는 카테고리에 속하는 문서의 수가 빠르게 줄어들어 12위 카테고리인 Golf에는 84개만 나타나는 것을 알 수 있다. 또한 Sports, Baseball, MLB 같이 겹치는 주제 영역이나, Sports 나 sportsNews처럼 같은 주제의 다른 표현을 알아낼 수 있다. 이 데이터를 훈련에 효율적으로 사용할 수 있는 방식으로 정리해야 한다. 훈련 데이터는 분류기의 정확도에 상당한 영향을 주기 때문에 훈련 데이터 준비에 신경 써야 한다. 이를 보여주기 위해 훈련 문서를 찾는 데 단순한 전략에서 시작해서 더 복잡한 전략으로 넘어가고, 결과의 차이를 관찰하자.

  색인에서 찾아낸 카테고리의 목록에서 유용한 단어들이 목록의 상위에 나타나는 것을 볼 수 있다. 루크로 색인을 탐색해서 카테고리 목록에서 다른 관심 있는 카테고리를 추가한다.

```
Nation
Sports
Politics
Entertainment
Movies
```

```
Internet
Music
Television
Arts
Business
Computer
Technology
```

이것을 즐겨 사용하는 텍스트 편집기에 붙여 넣고 training-categories.txt라는 파일에 저장한다. 이제 관심이 있는 카테고리 목록이 있으니 카테고리 목록과 루씬 색인을 입력으로 삼아 extractTrainingData 유틸리티를 실행한다.

```
$TT_HOME/bin/tt extractTrainingData \
    --dir index \
    --categories training-categories.txt \
    --output category-bayes-data \
    --category-fields categoryFacet,source \
    --text-fields title,description \
    --use-term-vectors
```

이 명령은 루씬 색인에서 문서를 읽어 카테고리와 소스 필드에서 일치하는 카테고리를 검색한다. training-categories.txt의 카테고리 목록에 있는 카테고리를 문서에서 찾으면 title과 description 필드에 저장된 단어 벡터에서 단어를 추출한다. 이 단어는 category-bayes-data 디렉터리의 파일로 저장된다. 카테고리당 하나의 파일을 기록한다. 각각은 아무 텍스트 편집기나 표시 유틸리티로 볼 수 있는 단순 텍스트 파일이다.

이 파일을 검사한다면 각 줄이 루씬 색인의 한 문서에 해당됨을 알 수 있다. 각 줄은 탭 문자로 구분된 두 개의 열로 구성된다. 카테고리 이름이 첫 열에 출현하고, 문서에 출현한 각 단어가 두 번째 열에 포함된다. 머하웃 베이즈 분류기는 입력 필드가 어간 추출된 것으로 가정하고, 이 테스트 데이터에도 마찬가지임을 볼 수 있다. extractTrainingData 명령의 -use-term-vectors 인자는 각 문서의 단어 벡터에서 유래한 어간 추출된 단어를 사용하게 한다.

```
arts      6 a across design feast nut store world a browser can chosen ...
arts      choic dealer it master old a a art auction current dealer ...
arts      alan career comic dig his lay moor rest unearth up a a ...
business  app bank citigroup data i iphon phone say store account ...
business  1 1500 500 cut job more plan tech unit 1 1500 2011 500 ...
business  caus glee home new newhom sale up a against analyst ...
computer  bug market sale what access address almost ani bug call ...
computer  end forget mean web age crisi digit eras existenti face ...
computer  mean medium onlin platon what 20 ad attract billion ...
```

ExtractTrainingData 클래스의 실행이 끝나면 각 카테고리에서 발견된 문서의 수를 다음 목록과 유사하게 출력할 것이다.

```
5417    sports
2162    nation
1777    politics
1735    technology
778     entertainment
611     business
241     arts
147     music
115     movies
80      computer
60      television
32      internet
```

일부 카테고리에 다른 카테고리보다 더 많은 문서가 출현하는 데 주의하라. 이것은 분류기의 정확도에 영향을 줄 수 있다. 나이브 베이즈 같은 일부 분류 알고리즘은 불균형한 훈련 데이터에 민감한 경향이 있다. 사례의 수가 많은 카테고리의 자질에 대한 확률이 적은 수의 훈련 문서를 갖는 카테고리의 확률보다 정확할 것이기 때문이다.

부트스트래핑 간단한 규칙을 사용해서 훈련 문서를 조립하는 절차를 부트스트래핑이라고 한다. 이번 예제에서는 문서에 배정된 기존 카테고리 이름을 찾기 위해 키워드를 사용해서 분류기를 부트스트래핑한다. 적절히 라벨이 붙은 데이터는 대체로 얻기 힘들기 때문에 대개 부트스트래핑이 필요하다. 많은 경우 정확한 분류기를 훈련할 데이터가 충분하지 않다. 다른 경우 데이터가 비일관적인 카테고리 체계를 갖는 여러 가지 다른 소스에서 수집된다. 이 키워드 부트스트래핑 접근법을 사용하면 문서의 설명에 있는 공통적인 단어의 존재 여부에 기반을 두고 문서를 그룹으로 묶을 수 있다. 주어진 카테고리의 모든 문서가 이런 세부 규칙을 따르지는 않지만, 분류기를 적절히 훈련하는 데 충분한 수의 예제를 생성할 수 있다. 부트스트래핑 기법은 무수히 있다. 일부는 이전 장이나 다른 유형의 분류기에서 사용하는 클러스터링 알고리즘과 같이 카테고리의 기초로 짧은 문서를 생산하거나 다른 알고리즘의 출력을 사용하는 것을 수반한다. 부트스트래핑 기법은 보통 추가적인 데이터로 훈련 집합을 개선하는 데 결합해서 사용된다.

7.4.3 테스트 데이터 숨겨두기

이제 생산한 훈련 데이터의 일부를 테스트용으로 보존해야 한다. 분류기를 훈련한 다음, 테스트 데이터를 분류하는 데 모델을 사용하고, 분류기가 생성한 카테고리가 문서에 이미 붙어 있는 카테고리와 동일한지 검증한다. 이 책의 부록 코드에 데이터를 단순하게 분리하는 SplitBayesInput 유틸리티가 들어 있다. SplitBaye Input에 전에 추출 작업을 한 디렉터리를 지정하고, 이 유틸리티가 두 개의 추가 디렉터리를 생성한다. 하나는 훈련 날짜를 갖고, 다른 디렉터리는 테스트 데이터를 갖는다. SplitBayesInput은 다음 명령을 사용해서 실행한다.

```
$TT_HOME/bin/tt splitInput \
  -i category-bayes-data \
  -tr category-training-data \
  -te category-test-data \
  -sp 10 -c UTF-8
```

이 경우 각 카테고리의 문서 중 10%를 테스트 디렉터리에 기록하고, 나머지를 훈련 데이터 디렉터리에 기록한다. SplitBayesInput 클래스는 다양한 훈련/테스트 분리를 선택하기 위한 여러 가지 메소드를 제공한다.

7.4.4 분류기 훈련

SplitBayesInput을 사용해서 훈련 데이터를 준비한 다음에는 팔을 걷고 첫 분류기를 훈련시켜 볼 때다. 하둡 클러스터에서 실행한다면 훈련과 테스트 데이터를 하둡^{Hadoop} 분산 파일 시스템에 복사하고 분류기 모델을 생성하기 위해 다음 명령을 실행하라. 하둡 클러스터가 아니라면 -source hdfs 인자가 있어도 현재 작업 디렉터리에서 데이터를 읽을 것이다.

```
$MAHOUT_HOME/bin/mahout trainclassifier \
    -i category-training-data \
    -o category-bayes-model \
    -type bayes -ng 1 -source hdfs
```

훈련 시간은 훈련 대상 데이터의 양과, 훈련 프로세스를 로컬에서 실행하는지 하둡 클러스터에서 분산 실행하는지에 달려 있다.

훈련을 성공적으로 마치면 명령에 지정한 출력 디렉터리에 모델이 기록된다. 모델 디렉터리는 하둡 시퀀스파일 형식의 파일을 몇 개 담고 있다. 하둡 시퀀스파일은 키/값 쌍을 포함하고, 보통 하둡의 맵리듀스 프레임워크를 사용한 프로세스의 실행 결과다. 키와 값은 기본 자료형이나 하둡이 직렬화한 자바 객체다. 아파치 머하웃은 이 파일의 콘텐츠를 검사하는 데 사용할 유틸리티와 같이 출하된다.

```
$MAHOUT_HOME/bin/mahout seqdumper \
    -s category-bayes-model/trainer-tfIdf/trainer-tfIdf/part-00000 | less
```

trainer-tfIdf 디렉터리의 파일은 나이브 베이즈 알고리즘이 분류하는 데 사용할 모든 자질의 목록을 포함한다. 덤프되면 다음과 같은 출력을 생성할 것이다.

```
no HADOOP_CONF_DIR or HADOOP_HOME set, running locally
```

```
Input Path: category-bayes-model/trainer-tfIdf/trainer-tfIdf/part-00000
Key class: class org.apache.mahout.common.StringTuple
Value Class: class org.apache.hadoop.io.DoubleWritable
Key: [__WT, arts, 000]: Value: 0.9278920383255315
Key: [__WT, arts, 1]: Value: 2.4908377174081773
...
Key: [__WT, arts, 97]: Value: 0.8524586871132804
Key: [__WT, arts, a]: Value: 9.251850977219403
Key: [__WT, arts, about]: Value: 4.324291341340667
...
Key: [__WT, business, beef]: Value: 0.5541230386115379
Key: [__WT, business, been]: Value: 7.833436391647611
Key: [__WT, business, beer]: Value: 0.6470763007419856
...
Key: [__WT, computer, design]: Value: 0.9422458820512981
Key: [__WT, computer, desktop]: Value: 1.1081452859525993
Key: [__WT, computer, destruct]: Value: 0.48045301391820133
Key: [__WT, computer, develop]: Value: 1.1518455320100698
...
```

보통 훈련 대상인 자질이 추출된 자질과 정말로 연관되는지 알아볼 때 이 파일을 검사하면 유용하다. 이 출력을 검사하면 불용어를 제대로 걸러내지 못했다거나, 어간 추출기에 문제가 있다거나, 기대하는 n그램을 생성하지 못한 등의 문제를 알아낼 수 있다. 또한 훈련 대상인 자질의 수를 검사하는 것도 유용한데, 자질의 수는 메모리 사용량 측면에서 머하웃 베이즈 분류기에 영향을 미치기 때문이다.

7.4.5 분류기 테스트

분류기를 훈련한 다음, 이전에 따로 두었던 테스트 데이터를 사용해서 성능을 측정할 수 있다. 다음 명령은 훈련 단계에서 생성된 모델을 적재해서 테스트 집합의 문서를 분류한다. 분류기가 각 문서에 배정한 라벨을 수작업으로 문서에 배정한 라벨과 비교하고 모든 문서에 대한 결과를 집계한다.

```
$MAHOUT_HOME/bin/mahout testclassifier \
  -d category-test-data \
  -m category-bayes-model \
  -type bayes -source hdfs -ng 1 -method sequential
```

테스트 프로세스를 완료하면 분류 정확도 %와 혼동행렬이라는 두 가지 평가 보조 도구를 얻는다. 이들은 7.3.5절에서 소개됐다.

```
========================================================Summary
-----------------------------------------------------------
Correctly Classified Instances          :        906      73.6585%
Incorrectly Classified Instances        :        324      26.3415%
Total Classified Instances              :       1230
=======================================================
Confusion Matrix
-----------------------------------------------------------
a b c d e f g h   i   j  k   l   <--Classifiedas
0 0 0 0 5 0 0 0   1   0  3   2   | 11 a=movies
0 0 0 0 0 0 0 0   1   0  1   4   | 6 b=computer
0 0 0 0 0 0 0 0   0   0  1   2   | 3 c=internet
0 0 0 4 0 0 0 5   4   0  4   42  | 59 d=business
0 0 0 1 26 0 0 6  10  0  18  10  | 71 e=enter...

0 0 0 0 2 0 0 0   1   0  3   0   | 6 f=television

0 0 0 0 7 0 1 0   0   2  4   0   | 14 g=music
0 0 0 0 0 0 0 103 43  0  10  10  | 166 h=politics

0 0 0 0 1 0 0 25  145 0  16  10  | 197 i=nation
0 0 0 0 8 0 0 3   7   1  3   1   | 23 j=arts
1 0 0 0 1 0 0 1   7   0  493 4   | 507 k=sports
0 0 0 0 0 0 0 15  12  0  7   133 | 167 l=technology
Default Category: unknown: 12
```

이 경우 혼동행렬을 부트스트래핑 프로세스를 조정하는 데 사용할 수 있다. 이

행렬은 분류기가 스포츠 문서를 Sports 카테고리로 분류하는 데 훌륭하게 작동했음을 보여준다. 507개 중 493개의 스포츠 관련 문서가 이 클래스에 배정됐다. Technology 또한 잘 동작해서 167개 중 133개가 이 클래스에 배정됐다. Movie는 그다지 좋지 않다. movies 클래스 라벨을 갖는 11개 모두 적절하게 배정받지 못했다. Movie 라벨을 갖는 문서가 가장 많이 배정받은 카테고리는 Entertainment다. 이것은 영화가 엔터테인먼트의 한 형태라는 것과, 훈련 데이터에 엔터테인먼트 문서(778개)를 영화 문서(115개)보다 상당히 많이 갖고 있었음을 고려하면 이치에 맞는다. 이는 불균형한 훈련 집합과 겹쳐지는 예제의 영향을 보여준다. 엔터테인먼트는 사용 가능한 훈련 문서가 상당히 더 많기 때문에 확실히 영화를 압도하고, 엔터테인먼트 콘텐츠가 nation, sports, technology 카테고리의 훈련 데이터가 많기 때문에 그 카테고리로 잘못 분류되는 것도 볼 수 있다. 이 인스턴스는 주제 분리와 더 균형 잡힌 훈련 데이터 집합으로 훈련하면 정확도를 더 높일 수 있음을 시사한다.

7.4.6 부트스트래핑 프로세스 개선

이전 예제에서는 문서의 각 클래스를 정의하기 위해 단일 단어를 사용했다. ExtractTrainingData는 클래스를 정의하는 단어를 소스나 카테고리 필드에 갖고 있는 모든 문서를 찾아 각 클래스에 대한 문서 그룹을 만들었다. 이렇게 해서 주제 유사성이나 카테고리에 배정된 훈련 집합의 불균형 때문에 혼동하는 분류기를 만들었다. 이 문제를 다루기 위해 각각의 문서 클래스를 정의하는 연관된 단어 그룹을 사용할 것이다. 이렇게 하면 모든 스포츠 관련 카테고리를 하나의 스포츠 카테고리로 접고, 모든 엔터테인먼트 관련 카테고리를 또 다른 카테고리로 접을 수 있다. 유사한 카테고리를 결합하는 데 더해 이 접근법을 사용하면 루씬 색인에 있는 문서 풀에 더 깊이 닿아 추가적인 훈련 표본을 얻을 수 있다.

다음 라벨을 포함하는 training-categories-mult.txt 파일을 만들어라.

```
Sports MLB NFL MBA Golf Football Basketball Baseball
Politics
Entertainment Movies Music Television
Arts Theater Books
```

```
Business
Technology Internet Computer Science
Health
Travel
```

이 파일에서 한 줄의 첫 단어는 카테고리의 이름이다. 한 줄에 있는 각 단어는 문서를 검색하는 데 사용된다. 한 줄의 단어 중 어떤 단어라도 문서의 카테고리나 소스 필드의 단어와 일치하면 이 문서는 그 카테고리에 대한 훈련 데이터 파일에 기록된다. 예를 들어 MLB라는 문자열을 카테고리 필드에 포함하는 모든 문서는 Sports 카테고리로 간주된다. music이라는 단어를 카테고리 필드에 갖는 문서는 Entertainment 카테고리일 것이다. 그리고 카테고리 필드에 Computer가 있는 문서는 Technology 카테고리다.

다음 명령으로 ExtractTrainingData를 다시 실행하라.

```
$TT_HOME/bin/tt extractTrainingData \
    --dir index \
    --categories training-categories-mult.txt \
    --output category-mult-bayes-data \
    --category-fields categoryFacet,source \
    --text-fields title,description \
    --use-term-vectors
```

결과가 categories-mult-bayes-data 디렉터리에 기록되고 다음 문서 개수가 터미널에 출력될 것이다.

```
Category document counts:
5139    sports
1757    technology
1676    politics
988     entertainment
591     business
300     arts
173     health
```

훈련 사례의 개수를 보면 분류기가 Travel 카테고리에 문서를 정확히 배정하게 훈련하지 못할 공산이 크다. 따라서 추가적인 훈련 문서를 수집하거나 Travel 카테고리를 이 지점에서 완전히 포기하는 것을 고려해야 한다. 그러나 여기서는 출력을 보여주기 위해 남겨두겠다.

다시 한 번 분리, 훈련, 테스트 단계를 수행한다.

```
$TT_HOME/bin/tt splitInput \
   -i category-mult-bayes-data \
   -tr category-mult-training-data \
   -te category-mult-test-data \
   -sp 10 -c UTF-8

$MAHOUT_HOME/bin/mahout trainclassifier \
   -i category-mult-training-data \
   -o category-mult-bayes-model \
   -type bayes -source hdfs -ng 1

$MAHOUT_HOME/bin/mahout testclassifier \
   -d category-mult-test-data \
   -m category-mult-bayes-model \
   -type bayes -source hdfs -ng 1 \
   -method sequential
```

테스트 단계의 결과는 79.5%의 카테고리를 올바르게 배정할 수 있게 분류기를 개선했음을 보여준다.

```
Summary
-------------------------------------------------------------
Correctly Classified Instances          :     846   79.5113%
Incorrectly Classified Instances        :     218   20.4887%
Total Classified Instances              :    1064
=============================================================
```

```
Confusion Matrix
-------------------------------------------------------------
a   b   c   d   e    f   g    h    <--Classifiedas
0   0   0   0   0    0   1    0   |  1   a  =  travel
0   3   0   0   8    0   5    43  |  59  b  =  business
0   0   2   1   7    1   2    4   |  17  c  =  health
0   1   0   57  12   1   19   9   |  99  d  =  entertainment
0   0   0   0   142  0   14   12  |  168 e  =  politics
0   0   0   17  3    3   4    3   |  30  f  =  arts
0   1   0   3   9    0   495  6   |  514 g  =  sports
0   1   0   1   23   0   7    144 |  176 h  =  technology
Default Category: unknown: 8
```

출력에서 분류기의 출력이 납득할 만한 정도로 6% 향상됐음을 보았을 것이다. 올바른 방향으로 가고 있긴 하지만, 혼동행렬을 보면 다뤄야 하는 다른 문제가 분명히 있다.

다행히 이 예제의 목표를 위해 상당히 유연하게 훈련 데이터를 얻고 카테고리 체계를 고를 수 있다. 다른 무엇보다 먼저, 실제로 갖고 있는 대부분의 문서가 전혀 해당 카테고리로 분류되지 않았기 때문에 Travel 카테고리에 충분한 훈련 데이터가 없음이 분명하다. Health and Arts 카테고리도 같은 문제를 겪는데, 대부분의 문서가 잘못된 카테고리로 분류된다. 대다수의 예술 문서가 Entertainment 카테고리에 배정된다는 사실은 두 클래스를 합치는 편이 나음을 시사한다.

7.4.7 솔라와 머하웃 베이즈 분류기 통합[3]

분류기를 훈련했다면 생산 환경에 배치해야 한다. 이번 절에서는 머하웃 베이즈 분류기를 솔라 검색 엔진 색인 생성 과정의 문서 카테고리 분류기로 통합할 수 있는 방법을 보여준다. 솔라가 루씬 색인에 데이터를 적재할 때 또한 문서 카테고

---

3. 솔라 7.5가 지원하는 분류 기능에 대해 알아보려면 https://wiki.apache.org/solr/SolrClassification과 core api 문서에서 ClassificationUpdateProcessorFactory, ClassificationUpdateProcessorFactory.Algorithm 클래스에 대한 내용을 참고하라. − 옮긴이

리 분류기를 실행해서 추가적인 검색어나 결과의 패싯 표시를 위해 사용될 카테고리 필드의 값을 만들 수 있다.

색인 갱신 요청을 받았을 때 호출될 솔라 `UpdateRequestProcessor`를 만들어 이 작업을 수행한다. 초기화됐을 때 갱신 프로세서는 머하웃 베이즈 분류기에 대해 훈련한 모델을 적재하고, 처리되는 각 문서마다 콘텐츠를 분석하고 분류한다. `UpdateProcessor`는 카테고리 라벨을 루씬 색인에 추가되는 `SolrDocument`의 `Field`로 추가한다.

특화된 갱신 요청 프로세서 체인(org.apache.solr.update.processor.UpdateRequestProcessorChain 을 보라)을 solrconfig.xml에 정의해 솔라에 추가하면서 시작한다. 이 체인은 갱신 작업을 처리하는 데 사용할 객체를 생성하는 팩토리를 여러 개 정의한다. 다음 리스트에서처럼 `BayesUpdateRequestProcessorFactory`는 각 갱신 작업을 처리하고 카테고리를 배정할 클래스를 생성하고, `RunUpdateProcessorFactory`는 갱신 작업을 처리하고 솔라가 생성한 루씬 색인에 추가하며, `LogUpdateProcessorFactory`는 갱신 통계를 추적하고 솔라 로그에 추가한다.

리스트 7.8 solrconfig.xml의 갱신 요청 프로세서 체인 구성

```
<updateRequestProcessorChain key="mahout" default="true">
    <processor class=
        "com.tamingtext.classifier.BayesUpdateRequestProcessorFactory">
        <str name="inputField">details</str>
        <str name="outputField">subject</str>
        <str name="model">src/test/resources/classifier/bayes-model</str>
    </processor>
    <processor class="solr.RunUpdateProcessorFactory"/>
    <processor class="solr.LogUpdateProcessorFactory"/>
</updateRequestProcessorChain>
```

분류할 텍스트를 담고 있는 필드의 이름을 `inputField` 파라미터에 넣고, 클래스 라벨을 기록할 필드 이름을 `outputField` 파라미터에 넣고, 분류에 사용할 모델

의 경로 정의를 model 파라미터에 넣어 BayesUpdateRequestProessorFactory 를 설정한다. defaultCategory 파라미터는 선택적이고, 지정하면 분류기가 올바른 카테고리 라벨을 알아낼 수 없을 때 문서에 지정된 카테고리가 추가된다. 이런 상황은 주로 입력 문서에 모델이 사용하는 자질이 없을 때 발생한다. 팩토리는 솔라가 구동되고 플러그인을 초기화할 때 생성된다. 그때 파라미터가 검증되고 모델이 머하웃 Datastore 객체 초기화를 통해 적재된다. 분류 알고리즘이 생성되고 요소 각각을 사용해서 ClassifierContext를 초기화한다.

다음 리스트는 분류기 모델이 어떻게 InMemoryBayesDatastore에 적재되는지 보여준다.

리스트 7.9 머하웃 ClassifierContext 설정하기

```
BayesParameters p = new BayesParameters();
p.set("basePath", modelDir.getCanonicalPath());
Datastore ds = new InMemoryBayesDatastore(p);
Algorithm a  = new BayesAlgorithm();
ClassifierContext ctx = new ClassifierContext(a,ds);
ctx.initialize();
```

적당한 수의 자질로 훈련된 작은 모델에는 이런 접근법을 사용해도 괜찮지만, 메모리 크기에 맞지 않는 모델에 대해 실제로 사용하기는 부적절하다. 머하웃은 **HBase**에서 데이터를 끌어오는 다른 데이터스토어를 제공한다. 데이터스토어는 대안을 구현할 만큼 충분히 간단하다.

ClassifierContext가 초기화되면 BayesUpdateRequestProcessorFactory 의 멤버 변수로 저장되고, 솔라가 갱신 요청을 받을 때마다 ClassifierContext 를 새로운 BayesUpdateRequestProcessor 각각에 주입inject한다. 각 갱신 요청은 한 개 이상의 SolrInputDocuments 형태로 도달한다. 솔라 API로 문서에서 필드를 추출하는 작업은 간단하고, 거기서부터 문서를 전처리하고 이전에 초기화한 분류기 컨텍스트를 사용해 문서를 분류하기는 쉽다. 리스트 7.10은 솔라 분석기를

사용한 전처리가 어떻게 이뤄지는지 보여준다. 솔라 분석기는 솔라 스키마의 입력 필드 설정에 기반을 두고 적절한 전처리 과정을 수행하고, 그 결과는 머하웃의 분석기 컨텍스트가 입력으로 받는 String[] 배열에 기록된다. 솔라 분석기는 루씬 분석기 API를 따르기 때문에 여기에서 소개한 토큰 분리 코드는 루씬 분석기를 사용하는 어떤 맥락에서든 사용된다.

리스트 7.10 솔라 분석기를 사용해서 SolrInputDocument 토큰 분리하기

```
String input = (String) field.getValue();
ArrayList<String> tokenList = new ArrayList<String>();
TokenStream ts = analyzer.tokenStream(inputField,
        new StringReader(input));
while (ts.incrementToken()) {
    tokenList.add(ts.getAttribute(CharTermAttribute.class).toString());
}
String[] tokens = tokenList.toArray(new String[tokenList.size()]);
```

분류기가 처리할 수 있는 토큰이 있으면 결과를 얻는 작업은 머하웃 ClassifierContext의 classifyDocument 메소드를 호출하는 것처럼 간단하다. 리스트 7.11은 이 연산이 어떻게 문서에 배정된 클래스를 포함하는 ClassifierResult 객체를 반환하는지 보여준다. classify 메소드는 입력 문서와 모델이 공통 단어가 없는 경우와 같이 문서에 대한 카테고리가 정의되지 않을 때 기본 값으로 사용할 카테고리를 받는다. 라벨을 얻으면 ClassifierResult가 null이 아니고 defaultCategory 인자의 기본 값인 상수 NO_LABEL이 아니라면 SolrInputDocument에 새 필드로 배정된다.

리스트 7.11 ClassifierContext를 사용해서 SolrInputDocument를 분류하기

```
SolrInputField field = doc.getField(inputField);
String[] tokens = tokenizeField(inputField, field);
```

```
ClassifierResult result = ctx.classifyDocument(tokens,
        defaultCategory);
if (result != null && result.getLabel() != NO_LABEL) {
    doc.addField(outputField, result.getLabel());
}
```

이런 방식의 단점은, 색인되는 문서의 종류에 따라 분류기에 토큰 분리 결과를 넘기기 위해 메모리에 둬야 한다는 점이다. 어쩌면 미래에 머하웃은 토큰 스트림을 입력으로 바로 받을 수 있게 확장될지도 모른다. 이 접근법의 두 번째 단점은 색인 시점에 문서의 필드를 효과적으로 토큰을 두 번 분리할 필요가 있다는 점이다. 분류 시점에 토큰 분리가 한 번 실행되고, 루씬 색인에 토큰을 추가하기 위해 스트림 처리에서 나중에 두 번째로 실행된다.

이런 문제 외에는, 설명한 방식은 문서를 솔라 색인에 추가할 때 분류하는 데 효율적인 메커니즘이고, 머하웃 베이즈 분류기의 API를 사용해서 문서를 프로그램으로 분류하는 방법을 보여준다. 둘 중 하나 또는 두 가지 모두의 메커니즘을 색인되는 문서에 태그를 부착하는 방식이나 머하웃 분류기를 사용해 문서를 자동 분류하는 방식으로 프로젝트에서 사용할 수 있다.

이번 절에서는 훈련 데이터를 관찰해서 고른 카테고리가 주어졌을 때 단어 집합의 확률을 결정하는 통계적 분류 알고리즘인 나이브 베이즈 알고리즘을 살펴봤다. 이 알고리즘은 그 다음 문서에서 뽑은 단어 집합이 주어졌을 때 카테고리의 확률을 구하기 위해 베이즈 정리를 사용해서 조건부 확률을 역으로 뒤집는다. 다음 절에서는 처음에 역관계를 알아낼 필요 없이 주어진 단어 집합에 대한 카테고리의 확률을 모델링하는 또 다른 통계적 분류 알고리즘을 소개한다.

또한 웹에서 수집한 훈련 데이터를 이용하는 기법도 조사했다. 부트스트래핑 과정을 살펴봤고, 훈련 문서를 그룹으로 묶는 데 대한 여러 가지 접근 방식을 실험했고, 사용 가능한 훈련 데이터의 양이 분류기 정확도에 어떻게 영향을 미치는지 보였다. 훈련 데이터를 개선해서 결과를 향상시키기 위한 수단으로 개체명을 이용하는 방법을 7.5절에서 소개하면서 앞에서 탐구하던 내용을 계속한다.

7.5 OpenNLP로 문서 카테고리 분류

7.4절에서 살펴본 나이브 베이즈 분류 알고리즘은 텍스트 카테고리 분류를 수행하기 위해 자질과 훈련 데이터의 카테고리 간의 관계에 기반을 두고 모델을 만드는 확률적 알고리즘이다. 이번 절에서는 텍스트 카테고리 분류를 수행하기 위해 또다른 통계적 알고리즘인 OpenNLP의 최대 엔트로피 알고리즘을 사용한다. 최대 엔트로피 알고리즘은 베이즈 알고리즘과 같은 정보에 기반을 두고 모델을 만들지만, 다른 접근 방식을 써서 모델을 만든다. MaxEnt 알고리즘은 문서 자질이 어떻게 카테고리와 연관되는지 알아내기 위해 회귀 알고리즘을 사용한다. 훈련 프로세스는 반복적으로 훈련 말뭉치를 분석해서 각 자질에 대한 가중치를 찾고, 훈련 데이터와 가장 유사한 결과를 내는 수학적 공식을 생성한다. 이번 절에서는 어떻게 회귀 모델이 동작하고 중점 작업인 텍스트 카테고리 분류와 이 개념이 연관되는지 설명하기 위해 회귀 모델에 대한 기본적인 개요를 제공한다.

이번 절에서 다룰 OpenNLP의 다른 유용한 부분은 명칭 발견기^{name finder} API다. 이 API는 5장에서 소개했는데, 5장에서는 인명, 장소, 사물 같은 개체명을 인식하는 데 이것을 어떻게 사용할 수 있는지 설명했다. 이번 절에서는 이 개체를 MaxEnt 문서 분류기의 성능을 높이는 데 사용한다. 훈련 데이터에 있는 개개의 단어를 자질로 간주하는 데 더해 OpenNLP가 개체명으로 알아낸 New York City 같은 단어 조합도 자질로 취급한다.

OpenNLP의 명칭 발견기도 분류기다. 이것은 다양한 자질에 기반을 두고 개체명으로 보이는 단어를 감지하기 위해 훈련됐다. OpenNLP는 다양한 개체명 유형을 추출하는 데 사용할 수 있는 모델을 포함해서 출시되기 때문에 API를 이용하기 위해 자체적으로 명칭 감지기를 훈련할 필요는 없다. 필요한 경우 직접 훈련하는 것도 가능하긴 하다.

그래서 문서를 카테고리로 분류할 때 OpenNLP를 사용하는 데 더해 OpenNLP의 독립된 측면을 카테고리 분류 결정의 기반이 되는 자질을 만드는 데 사용하게 될 것이다. 이것은 피기배킹^{piggybacking}(하나의 요소를 기반으로 이용해서 다른 요소가 동작하는 방식 – 옮긴이) 프로세스의 예로, 문서 카테고리 분류기라는 분류기가 개체명 감지기라는 다른 분류기의 결과를 사용해서 훈련되는 것이다. 이렇게 사용하는 것이 일반적인 관례다. 카테고리 분류에 사용할 자질을 만들기 위해 문장 경계, 단어 경계, 품사를 알아내는 데 분류기를 사용하는 경우도 만날 수 있다. 데이터를 받는 분류기의 성능은 자질을 만드는 분류기의 성능에 묶인다는 사실에 민감해야 한다.

이번 절의 끝에 닿을 즈음에는 최대 엔트로피 분류기가 어떻게 동작하는지와, 분류기의 코드에 사용된 개념과 문서 카테고리 분류에 개념이 어떻게 연관되는지 이해하게 될 것이다. 여기서 소개하는 예제는 OpenNLP의 문서 카테고리 분류 API 와 명칭 검색기 API가 어떻게 동작하는지 보여주고, 분류기를 만드는 과정을 훈련 부터 품질 성능 평가에 이르는 데까지 익히게 해줄 것이다.

7.5.1 회귀 모델과 최대 엔트로피 문서 카테고리 분류

OpenNLP의 MaxEnt 분류기에 사용된 다항 로지스틱 회귀multinomial logistic regression 모델은 수많은 회귀 모델의 유형 중 하나다. 일반적으로 회귀 모델은 하나의 종속 변수dependent variable와 여러 개의 독립 변수independent variable 간의 관계를 알아내는 데 관여한다. 각 회귀 모델은 각 자질에 대한 가중치가 있는 수학 함수다. 이 가중 치가 자질의 값과 결합되고, 가중된 자질이 결합된 이 결과가 모델의 예측이나 결 과를 나타낸다. 회귀 알고리즘은 훈련 데이터를 관찰한 결과에 기반을 두고 각 자 질에 대한 적절한 가중치를 알아내는 데도 관여한다.

그림 7.4는 컴퓨터 프로그램의 속도를 예측하는 데 사용된 자명한 회귀 모델을 보여준다. 이 모델은 컴퓨터에 사용된 CPU의 개수와 프로그램이 실행되는 데 걸 린 시간을 관련짓는다. 이 모델은 CPU의 개수라는 하나의 독립 변수나 자질을 갖는다. 종속 변수는 실행 시간이다. 그래프의 각 점은 훈련 데이터 집합의 구성 요소를 나타내는데, 특정 개수의 CPU를 갖는 컴퓨터에서 프로그램을 실행한 시간 을 측정한 값이다. CPU 1개에서 1000ms부터 CPU 8개에서 100ms에 이르는 훈련 표본 총 다섯 개가 있다.

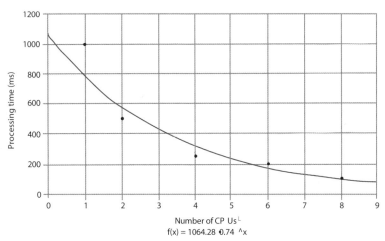

그림 7.4 단순한 2차원 회귀 모델. 각 점은 관측 데이터를 나타낸다. 그래프 아래 회귀 모델로 그린 곡선을 갖고 관측하지 않은 사례에 대한 값을 추론할 수 있다. 각 단어가 별도의 차원을 나타내는 텍스트 카테고리 분류에도 동일한 원칙을 적용할 수 있다.

회귀 알고리즘은 아직 측정하지 않은 CPU 개수를 갖는 컴퓨터상에서 프로그램이 실행되는 데 걸리는 시간을 예측할 수 있게 해 주는 함수를 만들려고 한다. 그래프의 곡선은 회귀 알고리즘이 알아낸 함수의 결과를 나타낸다. 이 결과는 3개 CPU로는 프로그램을 실행하는 데 대략 450ms가 걸리고, 7개 CPU로는 110ms가 걸릴 가능성이 큼을 보여준다. 이 경우에 대해 회귀 알고리즘이 만든 공식은 그래프 아래 표시했다.

이 공식에서 0.74를 CPU 수만큼 제곱하고 그 결과를 1064.28로 곱한다. 독립 변수에 가중치를 주는 데 사용한 값은 파라미터^{parameter}라고 하고, 이 예제에서의 값은 0.74다. 1064.28이라는 값을 갖는 다른 변수는 교정 상수^{correction constant}라고 한다.

회귀 모델에서 각 자질에는 가중치를 부여할 때 사용할 파라미터가 딸려 있고, 전체 공식에 대한 교정 상수는 한 개 있다. 회귀 알고리즘은 훈련 데이터에서 거의 벗어나지 않는 곡선을 그리는 교정 상수와 파라미터의 최적 값을 알아낸다. 이 명백한 사례에서는 독립 변수가 하나밖에 없었지만, 회귀 모델을 사용하는 보통의 경우에는 각 파라미터를 알아내야 하는 수많은 독립 변수가 존재한다.

독립 상수, 파라미터, 교정 상수를 다양한 방식으로 결합시키는 여러 가지 형태의 회귀 모델이 있다. 앞서의 지수 모델은 각 파라미터를 독립 변수의 값으로 거듭 제곱하고, 다시 그 결과를 교정 변수와 곱한다. 각 회귀 공식은 직선이나 곡선, 아니면 더 복잡한 모양 같이 다른 모양의 결과를 만든다.

공식의 기본 구조 외에도 회귀 알고리즘은 파라미터 값에 어떻게 접근하는지에 따라서도 많이 다르다. 이런 면에서 기울기 강하gradient descent나 반복적 스케일링 iterative scaling 같은 이름의 기법을 만나게 된다. 이들 각각은 기대 결과를 생성하기 위해 자질 값에 대한 최적의 가중치를 찾는 데 다른 접근 방식을 적용한다.

회귀 알고리즘은 생성한 결과에 따라서도 다양하게 나뉜다. 어떤 알고리즘은 소프트웨어 성능 예제처럼 연속적인 결과를 만들고, 다른 알고리즘은 단순한 예/아니오 답변을 제공하는 이진 결과를 만든다. 최대 엔트로피 분류기가 채택한 다항 로지스틱 회귀가 만드는 답은 일련의 개별적인 결과를 나타내는데, 이를테면 카테고리 집합과 같은 것이다. 최대 엔트로피 알고리즘의 결과는 각각의 가능한 결과와 확률을 연관시킨다. 최고 순위의 결과가 분류 대상 입력의 라벨로 배정된다.

회귀 모델은 다양한 건강 영향 요인이 주어졌을 때 심장 마비가 올 확률부터, 위치와 넓이 및 침실 수와 같은 입력이 주어졌을 때 부동산 가격까지 모든 것을 예측하는 데 사용된다. 방금 설명했듯이 모델 자체는 회귀 함수에 파라미터가 끼어든 것 이상도 이하도 아니다. 회귀 모델을 만드는 것은 관측한 자질을 훈련 데이터에 나온 대로의 결과에 맞추는 문제다. 반면 결과를 얻기 위해 모델을 사용하는 것은 자질의 값을 채워서 모델에 저장된 가중치를 사용해 결과를 만드는 일이다.

이 모든 것은 어떻게 텍스트 카테고리 분류를 논할 때 사용했던 개념과 연관이 될까? 회귀 모델의 결과(종속 변수)는 분류기의 결과인 분류기가 생성한 카테고리 라벨에 해당된다. 회귀 모델의 입력인 독립 변수는 분류 맥락에서는 자질로 알려져 있고, 단어와 같은 텍스트의 측면이 여기 해당된다. 텍스트 카테고리 분류에 사용되는 회귀 모델은 규모가 큰데, 말뭉치에 있는 각 유일 단어를 독립 변수로 취급하기 때문이다. 텍스트의 희귀성 때문에 훈련은 더 복잡해진다. 각 훈련 표본은 회귀 함수를 구성하는 모든 독립 변수의 비교적 적은 표본에 대한 정보를 갖는다. 완전한 데이터를 구할 수 없는 상황에 대해 걱정하지 않더라도 수많은 독립 변수에 대한 적절한 자질 가중치를 알아내는 일은 그 자체로도 충분히 어렵다고 상상할 수 있다.

OpenNLP API와 소스코드가 분류를 설명하는 데 사용한 전문 용어는 7장에서 텍스트 카테고리 분류를 설명하는 데 사용한 언어보다 더 일반적인 것이다. OpenNLP를 사용한 문서 카테고리 분류를 이해하려면 먼저 이 도메인 간의 관계를 탐구해야 한다. OpenNLP 분류기의 명명법으로는, 훈련 대상 자질은 술어predicate라고 한다. 술어는 맥락에서 나타나는데, 어떤 주어진 술어는 여러 가지의 맥락에서 출현할 수 있다. 맥락은 문서다. 훈련 말뭉치는 수많은 맥락으로 구성된다. 각 맥락은 결과와 연관된다. 결과는 카테고리 분류기가 문서에 배정한 카테고리 라벨과 동일하다. 각 술어(자질이나 단어)는 독립 변수다. 각 독립 변수는 종속 변수의 값(결과나 카테고리 라벨)을 예측하는 데 사용된다. 훈련 데이터의 말뭉치는 술어를 결과로 매핑하는 맥락으로 구성된다. 이 매핑은 훈련과 테스트 관측 결과다. 모델을 훈련하면 관측 결과를 모델 결과와 비교해서 모델이 어떻게 개선되고 있는지 알아낼 수 있다.

훈련 프로세스는 말뭉치에서 발견된 유일 단어(술어) 각각을 생성한 결과와 비교하고, 기대 결과를 생성하기 위해 반복적으로 이 과정을 수행해서 각 술어에 대한 최적의 가중치를 찾는다. 반복할 때마다 훈련 데이터로 나타난 결과를 생성하는 회귀 방정식의 능력이 향상된다.

7.5.2 최대 엔트로피 문서 카테고리 분류기를 위해 훈련 데이터 준비

7장의 예제에서는 7.4절의 머하웃 베이즈 예제 때 수집한 훈련 데이터를 재사용한다. 그러나 7.3절의 20 Newsgroups 데이터를 사용해도 무방하다.

머하웃 베이즈 분류기와 달리 MaxEnt 카테고리 분류기는 처리 대상 텍스트에 자체적으로 어간 추출을 수행한다. 따라서 루씬 색인에서 데이터를 추출할 때 조금 다른 명령을 사용한다. 루씬 단어 벡터에서 어간 추출을 마친 단어를 추출하는 대신, 다음 명령은 색인의 각 필드에 저장된 원본 텍스트를 추출할 것이다.

```
$TT_HOME/bin/tt extractTrainingData \
```

```
--dir index \
--categories training-categories.txt \
--output category-maxent-data \
--category-fields category,source \
--text-fields title,description
```

훈련 데이터를 살펴본다면 단어가 어간 추출되지 않고 대소문자도 섞여 있을 것이다. MaxEnt 분류기가 개체명을 찾기 위해 단서로 대소문자를 사용하기 때문에 대소문자는 중요하다.

```
arts     6 Stores Across the World Are a Feast for Design Nuts A few ...
arts     For Old Masters, It's Dealers' Choice While auction houses ...
arts     Alan Moore Digs Up 'Unearthing' and Lays His Comics Career ...
...
business  Citigroup says iPhone banking app stored data Citigroup ...
business  United Tech plans 1,500 more job cuts HARTFORD, Conn. - ...
business  New-home sales up, but no cause for glee New-home sales ...
...
computer    What's for Sale on the Bug Market? Almost any ...
computer    The Web Means the End of Forgetting The digital age ...
computer    The Medium: What 'Platonic' Means Online Craigslist ...
```

그 다음 splitInput을 사용해서 데이터를 훈련과 테스트 집합으로 나눈다.

```
$TT_HOME/bin/tt splitInput \
  -i category-maxent-data \
  -tr category-maxent-training-data \
  -te category-maxent-test-data \
  -sp 10 -c UTF-8
```

이제 훈련과 테스트 데이터를 준비했으니 최대 엔트로피 문서 카테고리 분류기를 훈련시켜보자.

7.5.3 최대 엔트로피 문서 카테고리 분류기 훈련

OpenNLP 프로젝트는 문서 카테고리 분류기를 배포판에 포함시켜 제공하지만, 사용하려면 상당량의 프로그램을 작성해야 한다. 다음 절은 OpenNLP의 Document Categorizer 클래스를 사용해 카테고리 분류기를 훈련하고 테스트하는 데 필요한 코드를 기술한다.

TrainMaxEnt와 TestMaxEnt 클래스는 커맨드라인에서 실행되는 OpenNLP 기반 카테고리 분류기를 구현한다. trainMaxEnt 명령은 카테고리 분류기를 훈련하는 데 사용된다. 이전 예제에서 사용했던 형식의 훈련 데이터가 -i 인자로 지정된 입력 디렉터리에 들어 있어야 한다. 파일이 하나가 카테고리를 나타내고, 파일의 한 줄이 문서를 나타내는 것이 훈련 데이터의 형식이다. MaxEnt 문서 카테고리 분류기는 어간 추출이나 대소문자 정규화를 거치치 않은 공백으로 구분된 텍스트를 입력으로 예상하는데, 개체명 인식을 수행하는 데 대소문자가 필요하기 때문이다. MaxEnt 모델이 기록될 파일명을 지정하는 데 -o 파라미터를 사용한다.

```
$TT_HOME/bin/tt trainMaxent \
   -i category-maxent-training-data \
   -o maxent-model
```

OpenNLP 문서 카테고리 분류기 모델을 훈련하는 데 사용한 코드와, 목적에 맞게 맞춤 설정할 수 있는 훈련 프로세스 측면을 더 깊이 살펴보자.

MaxEnt 모델을 훈련하기 위해 입력 디렉터리와 출력 파일을 설정하고, 원본 데이터 소스와 훈련 데이터를 자질로 변환해 주는 자질 생성기를 만들고, 훈련 집합에 대한 통계 모델을 만들 훈련기trainer에 전달한다. 다음 리스트는 이 과정을 보여준다.

리스트 7.12 문서 카테고리 분류기 훈련하기

```
File[] inputFiles = FileUtil.buildFileList(new File(source));
File modelFile = new File(destination);
```

```
Tokenizer tokenizer = SimpleTokenizer.INSTANCE;   ←——— ❶ 데이터 스트림을 생성한다.
CategoryDataStream ds =
    new CategoryDataStream(inputFiles, tokenizer);

int cutoff = 5;
int iterations = 100;
NameFinderFeatureGenerator nffg          ←——— ❷ 자질 생성기를 설정한다.
    = new NameFinderFeatureGenerator();
BagOfWordsFeatureGenerator bowfg
    = new BagOfWordsFeatureGenerator();

DoccatModel model = DocumentCategorizerME.train("en",
    ds, cutoff, iterations, nffg, bowfg);   ←———❸ 카테고리 분류기를 훈련한다.
model.serialize(new FileOutputStream(modelFile));
```

---

❶에서 카테고리 라벨과 훈련 데이터 파일의 토큰을 추출하기 위해 `SimpleTokenizer`와 `CategoryDataStream`을 설정한다.

❷에서 `NameFinderFeatureGenerator`와 `BagOfWordsFeatureGenerator` 클래스 인스턴스를 생성하는데, 이들은 문서의 원본 단어와 **OpenNLP**의 명칭 검색기가 식별한 개체명과 같은 자질을 생성하는 데 사용된다.

데이터 스트림과 자질 생성기를 생성한 다음, `DocumentCategorizerME`를 사용해 카테고리 분류기의 모델을 훈련한다. ❸에서는 먼저 데이터 스트림, 자질 생성기, 훈련 파라미터를 `train()` 메소드에 전달하고, 훈련된 모델을 디스크에 직렬화한다.

훈련 데이터가 카테고리 분류기를 훈련하는 데 사용되는 이벤트로 어떻게 변환되는지 이해하기 위해 토큰 분리와 자질 생성 과정을 가까이 살펴볼 만하다. 다음 리스트는 훈련 데이터로부터 `DocumentSamples`를 만들기 위해 `CategoryDataStream`을 어떻게 사용하는지 보여준다.

리스트 7.13 훈련 데이터로부터 DocumentSamples 만들기

```
public DocumentSample read() {
    if (line == null && !hasNext()) {          ◀━━━━━━━ ❶ 훈련 데이터의 한 줄을 읽는다.
        return null;
    }
    int split = line.indexOf('\t');             ◀━━━━━━ ❷ 카테고리를 추출한다.
    if (split < 0)
        throw new RuntimeException("Invalid line in "
                + inputFiles[inputFilesIndex]);
    String category = line.substring(0,split);
    String document = line.substring(split+1);
                                                    ❸ 콘텐츠를 토큰 단위로 분리한다.
    line = null; // mark line as consumed
    String[] tokens = tokenizer.tokenize(document);  ◀━━┘
    return new DocumentSample(category, tokens);   ◀━━━━━━ ❹ 표본을 생성한다.
}
```

❶에서 CategoryDataStream의 read() 메소드는 hasNext() 메소드를 호출해
입력 데이터에서 한 행만큼의 데이터를 읽는다. hasNext()는 묵시적으로 훈련 데이
터의 새로운 행을 읽고, line 변수로 사용할 수 있게 하고, 훈련 데이터의 끝에 이르
면 line 변수를 널로 설정한다. 훈련 데이터의 매 행을 읽고 나면 ❷의 코드가 카테
고리와 문서 데이터를 추출한다. 문서 데이터는 훈련 과정에서 자질로 사용될 단어
컬렉션을 생성하기 위해 ❸에서 토큰 단위로 분리된다. 마지막으로 ❹에서 카테고리
라벨과 훈련 샘플에서 발견된 토큰을 사용해서 DocumentSample 객체를 생성한다.

DocumentCategorizerME 안에서 DocumentSamples의 컬렉션은 Document
CategorizerEventStream을 통해 자질 생성기에 전달된다. 이것은 모델 훈련의
기반이 되는 이벤트를 만든다. 이벤트는 결과와 맥락으로 구성된다. 결과는 카테고
리 라벨이고, 맥락은 문서 콘텐츠를 토큰으로 분리해서 만들어진 단어 컬렉션이다.

CategoryDataStream이 만든 DocumentSample 이벤트 객체는 NameFinder
FeatureGenerator와 BagOfWordsFeatureGenerator에 의해 자질로 처리된다.

후자는 OpenNLP API로 제공되는데, 예제 문서의 토큰을 자질의 컬렉션으로 반환한다. NameFinderFeatureGenerator는 토큰에 있는 개체명을 찾기 위해 OpenNLP의 NameFinder API를 사용하고, 이것을 자질로 반환한다. OpenNLP의 NameFinder 초기화 및 개체명을 찾는 데 사용하는 다양한 모델 적재 작업을 NameFinderFactory에 캡슐화한다. 다음 리스트는 NameFinderEngine이 개체명을 인식하는 데 사용되는 모델을 어떻게 찾고 적재하는지 보여준다.

리스트 7.14 명칭 검색기 모델 적재

```
File modelFile;

File[] models                    ←────── ❶ 모델을 찾는다.
    = findNameFinderModels(language, modelDirectory);
modelNames = new String[models.length];
finders = new NameFinderME[models.length];

for (int fi = 0; fi < models.length; fi++) {
                                          ❷ 모델 이름을 알아낸다.
    modelFile = models[fi];
    modelNames[fi] = modelNameFromFile(language, modelFile); ←┘

    log.info("Loading model {}", modelFile);
    InputStream modelStream = new FileInputStream(modelFile);
    TokenNameFinderModel model =                    ←──────┐
        new PooledTokenNameFinderModel(modelStream);         │
    finders[fi] = new NameFinderME(model);     ❸ 모델을 읽는다.
}
```

❶에서 findNameFinderModels() 메소드는 적재할 모델 파일을 찾기 위해 모델 디렉터리를 스캔한다. 각 모델 파일은 NameFinderFactory가 관리하는 배열에 적재된다. 모델이 적재되면 ❷에서 modelNameFromFile()를 사용해 경로와 늘어지는 접미사를 떼어내고 모델 파일명을 모델 이름으로 변환한다. ❸에서 PooledTokenNameFinderModel은 모델을 읽고 압축을 풀고 결과를 메모리에 기

록하는 데 연관된 무거운 작업을 수행한다. 각 모델이 적재되면 적재된 모델을 사용해서 NameFinderME 클래스의 인스턴스가 생성된다. 각 모델은 NameFinderFactory.getNameFinders() 메소드가 반환하는 배열에 저장된다.

이제 입력에 있는 개체명을 인식하는 데 사용할 NameFinder 클래스의 인스턴스를 적재했으니 CategoryDataStream이 반환한 DocumentSamples에 대해 개체명 추출을 수행하는 데 NameFinderFeatureGenerator 클래스에서 발췌한 다음 리스트의 코드를 사용한다.

리스트 7.15 자질을 생성하는 데 NameFinderFeatureGenerator 사용하기

```
public Collection extractFeatures(String[] text) {
    NameFinderME[] finders = factory.getNameFinders();    ← ❶ 명칭 검색기를 얻는다.
    String[] modelNames    = factory.getModelNames();

    Collection<String> features = new ArrayList<String>();
    StringBuilder builder = new StringBuilder();

    for (int i=0; i < finders.length; i++) {
        Span[] spans = finders[i].find(text);    ← ❷ 개체명을 찾는다.
        String model = modelNames[i];

        for (int j=0; j < spans.length; j++) {
            int start = spans[j].getStart();    ← ❸ 개체명을 추출한다.
            int end   = spans[j].getEnd();

            builder.setLength(0);
            builder.append(model).append("=");
            for (int k = start; k < end; k++ ) {
                builder.append(text[k]).append('_');
            }                                        ❹ 개체명을 수집한다.
            builder.setLength(builder.length()-1);
            features.add(builder.toString());    ←
        }
```

```
        }
    return features;
}
```

NameFinderME의 참조와 NameFinder 팩토리가 적재한 모델 이름을 ❶에서 얻는다. NameFinderFactory는 검색기와 거기 해당되는 모델 이름을 같은 배열 색인을 갖는 값들이 같은 모델을 가리키는 식으로 검색기 및 모델 정보 배열에 저장한다. 각 모델은 장소, 사람, 시간, 날짜와 같이 서로 다른 개체명 유형을 인식하는데 사용된다.

❷에서는 find 메소드를 호출해서 엔진이 적재한 각 NameFinderME로 입력을 처리한다. 이 메소드가 반환하는 배열의 각 Span은 시작과 끝 오프셋을 사용해서 원본 텍스트에 나타나는 개체명을 나타내는 하나 이상의 토큰이 있는 지점을 참조한다. ❸에서는 이 오프셋을 사용해서 자질로 저장할 문자열을 생성한다. 각각의 경우 자질을 만드는 문자열의 앞에 location=New_York_City와 같이 모델의 이름을 추가한다.

생성한 모든 자질은 리스트로 수집되는데, ❹에서 문서 카테고리 분류기에 수집된 자질을 반환한다.

훈련이 실행되면 다음과 유사한 결과를 보게 될 것이다.

```
Indexing events using cutoff of 5
Computing event counts...  done. 10526 events
Indexing...
done.
Sorting and merging events... done. Reduced 10523 events to 9616.
Done indexing.
Incorporating indexed data for training...
done.
Number of Event Tokens: 9616
  Number of Outcomes: 12
  Number of Predicates: 11233
```

```
...done.
Computing model parameters...
Performing 100 iterations.
  1:  .. loglikelihood=-26148.6726757207      0.0024707782951629764
  2:  .. loglikelihood=-24970.114236056226    0.6394564287750641
  3:  .. loglikelihood=-23914.53191047887     0.6485793024802813
 99:  .. loglikelihood=-7724.766531988901     0.8826380309797586
100:  .. loglikelihood=-7683.407561473442     0.8833982704551934
```

훈련 전에 문서 카테고리 분류기는 훈련 과정에 걸쳐 빠르게 접근할 수 있는 색인에 훈련에서 사용할 자질을 정리해둬야 한다. 결과의 첫 몇 줄은 이 과정의 결과를 보여준다. 라벨이 붙은 각 훈련 문서는 이벤트를 생산하고, 색인 생성 단계에서는 중복 이벤트를 세고 어떤 문서는 유용한 자질을 갖고 있지 않으면 버려질 수 있다.

훈련기 출력에서 언급한 한계 값은 최소 단어 빈도 한계 값이다. 전체 훈련 말뭉치에서 5회 이하 출현한 어떤 단어든 무시된다. 빈도가 한계 빈도 미만인 단어로만 구성된 문서도 버려진다. 술어^{Predicates}는 훈련에 사용된 단어를 나타내고, 여기서는 말뭉치에 전체 11,233개의 유일 술어가 있음을 표시했다. 이것은 OpenNLP BagOfWordsFeatureGenerator가 생산한 단일 단어 토큰과 NameFinder FeatureGenerator가 생산한 개체명을 포함한다. 회귀 모델에서 각 술어는 독립 변수다.

출력은 색인 생성 과정이 완료됐고, 12개의 결과와 중복 제거 후 전체 9,616개의 훈련 표본이 있다는 것도 나타낸다.

색인 생성을 마치면 훈련 프로세스의 출력을 보기 시작한다. 프로세스 자체는 100개의 반복으로 구성된다. 모델 파라미터와 회귀 함수의 결과를 조정하기 위해 각 반복은 전체 훈련 데이터에 대한 한 패스가 된다. 각 반복마다 관측된 결과와 모델의 출력을 비교하는 로그 우도를 계산한다.

로그 우도는 두 모델 간의 유사도를 측정하는 도구다. 이 값을 절대 척도로 사용하지 말라. 그보다는 이것은 모델이 반복에 걸쳐 얼마나 변화하는지에 대한 상대 척도의 역할을 한다. 로그 우도가 반복에 따라 0에 가까워질 것으로 예상해야 한다. 이것은 모델이 각 단계마다 훈련 데이터에서 관측한 결과에 가까운 결과를 만들어 가는 것을 나타낸다. 로그 우도가 0에서 멀어진다면 모델이 점점 나빠지고 있고 훈련 데이터에 문제가 있을 수 있음을 나타낸다. 또한 로그 우도가 그 이후의 단계보다 첫 몇 번의 훈련 단계에서 상당히 더 변하는 것도 알게 될 것이다. 로그 우도가 100번 반복될 때까지 계속 크게 변화한다면 더 많이 반복하는 훈련 프로세스를 실험해 볼 만하다.

100회 반복에 도달하면 훈련기는 모델을 디스크에 기록하고, 문서 카테고리 분류에 사용할 수 있는 모델이 생긴다. 다음 절에서는 테스트 프로세스의 일부로 카테고리 분류 모델을 사용하는 데 필요한 API 호출을 보여준다.

7.5.4 최대 엔트로피 분류기 테스트

최대 엔트로피 문서 분류기를 테스트하는 데 이전에 7.3.5절과 7.4.5절에서 사용했던 것과 동일한 방법을 사용한다. 라벨이 붙은 여러 개의 문서를 카테고리로 분류하고, 원본 라벨과 배정된 카테고리를 비교한다. 이 작업을 수행하는 TestMaxEnt 클래스는 다음 명령을 사용해서 실행된다.

```
$TT_HOME/bin/tt testMaxent \
    -i category-maxent-test-data \
    -m maxent-model
```

여기서 extractTrainingData 유틸리티로 생성한 테스트 데이터를 train MaxEnt 명령으로 생산한 모델과 같이 사용한다. 테스트가 끝나면 친숙한 정답 %와 혼동행렬이 맞아줄 것이다.

TestMaxEnt 클래스는 어떻게 훈련된 모델이 메모리에 적재되고 문서를 분류하는 데 사용되는지 보여준다. 리스트 7.16의 코드는 디스크에서 모델을 적재하고 문서 처리를 위해 토큰 분리 파이프라인을 준비한다. 상당수의 코드가 리스트 7.12에서 카테고리 분류기를 훈련하는 데 사용된 코드와 유사함을 알 수 있다.

리스트 7.16 DocumentCategorizer 준비하기

```
NameFinderFeatureGenerator nffg        ←──────  ❶ 자질 생성기를 초기화한다.
    = new NameFinderFeatureGenerator();
BagOfWordsFeatureGenerator bowfg
    = new BagOfWordsFeatureGenerator();

InputStream modelStream =       ←──────  ❷ 모델을 적재한다.
    new FileInputStream(modelFile);
DoccatModel model = new DoccatModel(modelStream);
DocumentCategorizer categorizer  ←──────  ❸ 카테고리 분류기를 생성한다.
    = new DocumentCategorizerME(model, nffg, bowfg);
Tokenizer tokenizer = SimpleTokenizer.INSTANCE;

int catCount = categorizer.getNumberOfCategories();
Collection<String> categories
    = new ArrayList<String>(catCount);
for (int i=0; i < catCount; i++) {
    categories.add(categorizer.getCategory(i));
}
ResultAnalyzer resultAnalyzer =   ←──  ❹ 결과 분석기를 준비한다.
    new ResultAnalyzer(categories, "unknown");        ❺ 테스트를 실행한다.
runTest(inputFiles, categorizer, tokenizer, resultAnalyzer); ←──┘
```

시작할 때 ❶에서 다시 자질 생성기를 초기화하고, 그런 다음 ❷로 옮겨가서 DccatModel 클래스를 사용해 모델을 디스크에서 적재한다. 이 모델은 ❸에서 DocumentCategorizer 클래스의 인스턴스를 생성하는 데 사용된다. 마지막으로 ❹에서는 ResultAnalyzer를 모델을 통해 카테고리 분류기에서 얻은 카테고리 목록을 사용해서 초기화하고, ❺에서는 테스트를 실행한다.

다음 절에서는 최대 엔트로피 문서 카테고리 분류기를 생산 맥락에 통합하는 데 사용된 코드를 살펴본다.

7.5.5 생산 시스템에서의 최대 엔트로피 문서 카테고리 분류

이제 모델을 적재하고 토큰 분리기, 자질 생성기, 카테고리 분류기, 결과 평가기를 초기화했으니 대략 문서를 카테고리로 분류할 준비를 마쳤다. 리스트 7.17은 어떻게 파일에서 읽어 들인 문서가 처리되고, 카테고리로 분류되고, ResultAnalyzer 클래스로 전달되는지 보여준다. ResultAnalyzer 클래스는 7.3.5절과 7.4.5절에서도 MoreLikeThis와 베이즈 분류기를 평가하는 데 사용했었다.

리스트 7.17 DocumentCategorizer로 텍스트 카테고리 분류하기

```
for (File ff: inputFiles) {
    BufferedReader in = new BufferedReader(new FileReader(ff));
    while ((line = in.readLine()) != null) {
        String[] parts = line.split("\t");
        if (parts.length != 2) continue;
                                                    ❶ 텍스트를 전처리한다.
        String docText   = parts[1];
        String[] tokens  = tokenizer.tokenize(docText);     ❷ 카테고리로 분류한다.

        double[] probs   = categorizer.categorize(tokens);
        String label     = categorizer.getBestCategory(probs);
        int   bestIndex  = categorizer.getIndex(label);
        double score     = probs[bestIndex];

        ClassifierResult result            ❸ 결과를 분석한다.
            = new ClassifierResult(label, score);
        resultAnalyzer.addInstance(parts[0], result);
    }
    in.close();
                                                    ❹ 결과를 나타낸다.
}
System.err.println(resultAnalyzer.toString());
```

다시 살펴봤듯이 각 테스트 문서는 입력 파일에서 한 행의 두 번째 열에 나타난다. 각 훈련 문서에서 텍스트를 추출하는 것으로 시작해서 그런 다음 ❶에서

SimpleTokenizer를 사용해 토큰 집합을 만든다. 토큰은 ❷에 있는 카테고리 분류기로 전달된다. categorize 메소드는 리스트 7.16에서 설정한 BagOfWords FeatureGenerator와 NameFinderFeatureGenerator를 사용해 자질을 생성하고 가능한 결과의 목록을 생성하기 위해 이 자질을 모델과 결합하는데, 결과에는 모델 계산에서 파생된 확률이 딸려 있다. 각 결과는 특정 문서 카테고리에 해당되고, 최상위 카테고리가 마지막으로 문서에 배정된다. ❸에서 ResultAnalyzer에 넘겨줄 ClassifierResult를 생성한다. 모든 문서를 이 방식으로 처리한 다음, ❹에서 결과의 요약을 출력한다.

OpenNLP DocumentCategorizer를 생산 시스템에 통합하는 데 필요한 코드는 이번 절에서 설명한 코드와 크게 다르지 않다. 생산 시스템은 토큰 분리기, 자질 생성기, 카테고리 분류기를 리스트 7.16에서 보여준 것과 유사한 방식으로 한 번만 초기화하고, 문서 카테고리 분류를 리스트 7.17과 유사한 코드를 사용해서 수행해야 한다. 머하웃 베이즈 분류기를 솔라에 통합한 7.4.7절의 예제에 OpenNLP 문서 분류기를 대신 어떻게 적용할 수 있을지 생각해보라.

이제 문서를 콘텐츠에 따라 카테고리로 분류하는 알고리즘 모음을 소개했으니 이 알고리즘에 대한 한 가지 애플리케이션(콘텐츠 태그 부착)을 살펴보고, 주제 영역이나 검색 결과의 추가적인 주제 패싯에 따라 거대 문서 컬렉션을 탐색하는 방식을 소개하는 것으로 어떻게 여기서 소개한 알고리즘의 변종이 콘텐츠를 정리하는 데 사용되는지 살펴본다.

7.6 아파치 솔라를 사용하는 태그 추천기 작성

자동 콘텐츠 태그 부착기 구현을 시작하기 전에 태그 부착이 어떻게 콘텐츠를 찾는데 대한 대중적 접근 방식으로 부각됐는지에 대한 배경과, 태그 부착이 왜 중요한지 알아보자.

인터넷 초창기에 콘텐츠를 찾는 두 가지 주요 방식이 떠올랐다. 검색 엔진은 웹을 색인으로 만들고 콘텐츠의 위치를 찾기 위해 주요 단어를 입력할 수 있는 단순한 검색 인터페이스를 소개했다. 다른 사이트는 웹 페이지를 거대한 분류 체계로 만들어 주제 기반 카테고리의 트리로 분류했다. 각 접근법은 다른 종류의 정보 탐색 행동을 다룬다. 각기 모두 장점과 단점이 있다.

검색 엔진이 관리하는 색인과 사용자 인터페이스는 대부분의 수요를 충족시키지만, 최종 사용자가 정보 욕구를 키워드로 기술할 줄 모르는 경우에는 문제를 겪었다. 키워드 검색은, 많은 개념은 수많은 다른 단어를 사용해서 기술되고, 따라서 검색에 사용된 단어와 문서에 출현하는 어휘가 연결되지 않으면 중요한 콘텐츠를 놓칠 수 있다는 사실 때문에 더 복잡해진다. 그 결과, 키워드 검색은 많은 경우 적절한 단어를 짐작하는 부분과 검색 결과를 탐색해서 추가적인 질의 단어를 찾아내는 부분으로 구성된다.

다른 사이트는 대규모 조직 체계를 개발하고 웹 페이지를 이 체계 안의 카테고리에 배정했다. 카테고리는 흔히 트리 형태로 정리되는데, 루트에서 멀어질수록 각 단계의 의미는 점점 더 구체적으로 변한다. 예술^{Arts}이나 여행^{Travel} 같은 낮은 단계의 폭넓은 카테고리는 가부키나 도쿄 관광과 같이 높은 수준으로, 구체적인 것으로 향하는 길을 알려준다. 이런 분류 체계^{taxonomies}는 단일 개체가 관리하고, 많은 경우 최종 사용자가 쉽게 이해할 수 없는 데까지 늘어나게 된다. 일본 요리법에 대한 페이지를 찾으려면 어떤 트리의 가지를 탐색해야 하는가? 웹에 있는 페이지 수가 폭발적으로 성장해서 따라잡을 수가 없게 됐다. 각 새 웹사이트는 분류 체계를 완전히 아는 사람이 손으로 분류해야 한다. 정보 탐색자들은 복잡한 분류 체계의 중간 단계를 거치지 않고 바로 원하는 것을 빠르게 찾고 싶어 한다.

소셜 태그 부착은 대규모, 중앙 관리 분류 체계의 대안으로 부상했다. 콘텐츠를 단일 계층화된 카테고리 체계로 넣는 대신, 태그 부착을 하면 사용자가 콘텐츠를 조직화할 권한을 얻게 된다. 예를 들어 사용자가 웹 페이지를 기억하고 싶을 때 자신이 이해할 수 있는 단어(태그)를 페이지에 할당한다. 트위터 사용자는 키워드의 앞에 해시 표시(#)를 단 해시태그를 포스트에 넣어 같은 주제에 관심이 있는 다른 사용자가 자신의 트윗을 찾을 수 있게 한다.

두 경우 모두 사용되는 태그는 공개되고, 그에 따라 같은 태그에 관심이 있는 누구든 콘텐츠를 찾을 수 있다. 수십에서 수천 명의 사용자가 이런 행동을 반복한 다음, 단어의 일반적 용법에 기반을 둔 카테고리 분류 체계가 부상했다. 태그의 정의는 사용되는 방식에서 생겨났다. 소셜 콘텐츠 태그 부착은 콘텐츠를 엄격히 관리되는 카테고리의 분류 체계에 넣게 강제하는 대신, 많은 사람들이 콘텐츠의 맥락을 정의하는 관점을 활용한다.

이 유기적으로 떠오르는 조직 체계는 보통 폭소노미folksonomy라고 하는데, 사회적이고 협력적으로 만든 분류 체계taxonomy의 변형이다. 폭소노미는 수많은 사람의 무리가 시간이 지나는 데 따라 대상을 체계화하는 방식에서 자연적으로 떠오른 대상을 체계화하거나 분류하는 방법이다. 이 조직화 체계를 사용하면 콘텐츠는 고정된 카테고리 분류 체계에 들어맞을 필요가 없고, 각각이 당연히 일종의 카테고리로 여겨지는 단어의 그룹으로 표현된다.

웹상의 콘텐츠 태그 부착 작업은 충분히 단순하다. 웹에서 흥미로운 무언가를 만들거나 발견하면 브라우저 버튼을 누르고, 다음에 그 콘텐츠를 찾는 데 도움이 될 단어 몇 개를 연관 짓는다. 더 많은 콘텐츠에 태그를 달수록 태그를 전체적으로 볼 때 흥미로운 것들이 떠오른다. 사용자가 delicious.com에서 웹 페이지에 배정한 모든 태그의 요약을 보여주는 그림 7.5의 태그 클라우드를 살펴보자. 그들이 무엇에 흥미를 보이는지 빠르게 알아낼 수 있지 않은가?

그림 7.5 워들(wordle.net)에서 만든 딜리셔스(delicious.com) 태그 클라우드. 단어의 크기는 태그가 문서 컬렉션에 출현한 빈도와 관계가 있다.

딜리셔스Delicious나 트위터 같은 사이트에서 보여준 것과 같이 소셜 태그 부착은 콘텐츠에 태그를 다는 수백만 사용자의 힘을 활용한다. 어떤 사람은 이미 있는 사용자 콘텐츠에 대해 자신에게 의미 있는 다른 단어를 선택해서 태그를 단다. 다른 사람은 이미 있는 사용자 태그와 같은 태그를 다른 콘텐츠에 단다. 누군가 자신의 태그를 사용해서 자신의 콘텐츠 컬렉션을 탐색할 수 있지만, 다른 이의 태그를 사용해서 어떤 식으로 자신과 연관되거나 흥미 있는 웹 페이지를 찾을 수 있다. 태그는 사람들이 어떻게 사용하는지에 따라 다른 의미를 갖는다.

그림 7.6에서 추천 태그를 인지했을 것이다. 추천 태그는 어디서 올까? 추천 태그를 어떻게 알아낼까? 단순한 태그 추천 알고리즘은 사용자의 기존 태그와, 다른 사용자가 웹 페이지에 할당한 태그를 조사하고, 이 기준에 따라 추천 목록을 만들어 낸다. 다른 알고리즘은 태그를 붙일 페이지 콘텐츠에 기반을 두고 태그를 추천할 것이다. 태그가 붙을 웹 페이지의 텍스트를 분석하고 이것을 유사한 콘텐츠를 갖는 다른 페이지의 태그에 기반을 둔 통계 모델로 비교하면 높은 수준으로 정확한 일련의 태그 제안을 만들 수 있다.

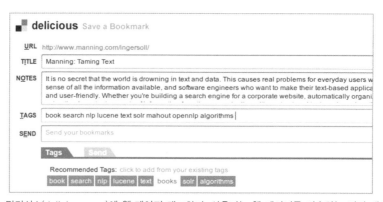

그림 7.6 딜리셔스(delicious.com)에 웹 페이지 태그하기: 사용자는 웹 페이지를 기술하는 여러 개의 키워드 태그를 할당해서 다음에 이들 중 아무 태그나 검색해도 쉽게 페이지를 다시 찾을 수 있다. 태그는 페이지가 무엇에 대한 것인지에 대한 패싯을 담고 있다.

루씬을 사용해서 태그 추천 엔진을 만들기 위해 각각의 사례를 기반으로 할 수 있다. 7.3절에서 소개한 거리 기반 접근법에서 각 문서나 카테고리 벡터는 단일 카테고리 라벨이 붙어 있고, 일치 후보 중 가장 적합한 카테고리를 고른다. 베이즈 예제에서 각 문서에 대해 많은 수의 적당한 카테고리가 있을 수 있고, 보통 일반적인 것에서 구체적인 것을 아우르거나 다른 의미 패싯을 설명하는 것임을 보았다.

일련의 제한된 카테고리를 생성하는 대신, 문서 컬렉션에 있는 기존 태그를 다른 문서에 대한 태그를 만드는 데 어떻게 활용할 수 있을까?

이번 절에서 바로 그 일을 해보겠다. 아파치 솔라를 사용한 태그 추천기를 만드는 데 어떻게 k 근접 이웃 카테고리 분류 알고리즘과 일련의 미리 태그된 문서를 사용하는지 보여준다. 7.3절의 k 근접 이웃처럼 훈련 데이터를 갖는 색인을 만들고 질의를 색인에 있는 문서와 일치하는 네 MoreLikeThis를 사용한다. 추천 태그는 각 질의의 결과로부터 거둬들인다.

7.6.1 태그 추천을 위한 훈련 데이터 수집

태그 추천기를 만들기 위해 질의응답 사이트 스택 오버플로우(http://www.stackoverflow.com)의 데이터 컬렉션을 사용하자. 스택 오버플로우는 '협력적으로 편집되는 전문적인 프로그래머와 열정적인 프로그래머를 위한 질의응답 사이트'이다. 다수의 서로 다른 주제 영역에 초점을 둔 유사한 질의응답 사이트 여러 개를 운영하는 스택 익스체인지Stack Exchange가 운영한다. 사람들은 질문 게시, 새 답안 작성, 기존 답안에 점수 매기기 등의 활동에 참여하려고 각 사이트에 방문한다. 질문을 올린 사람이 질문에 일련의 키워드 태그를 지정한다. 2011년 1월, 스택 오버플로우 데이터 덤프에는 4백만 개 이상의 포스트가 있다. 거기에는 약 백만 개 정도의 포스팅이 태그가 딸린 질문이다. 질문의 길이는 다양하지만, 대다수의 이런 포스트는 이번 예제에서 만들려는 것과 같은 태그 추천 엔진을 훈련하는 데 유용한 텍스트와 태그를 제공한다.

훈련 데이터의 훌륭한 원천이 될 뿐만 아니라, 스택 오버플로우와 자매 사이트는 콘텐츠 지향content-oriented 사이트의 태그에 대한 훌륭한 사용 사례가 된다. 그림 7.7은 java 태그를 기술하는 페이지를 보여준다. 이 페이지는 java 태그가 붙은 질문 중 가장 인기 있는 질문을 보여준다. 또한 태그에 대해 java로 태그된 질문의 수와 연관된 태그 및 개수 같은 약간의 통계도 보여준다. 이것은 태그 정의가 잘 나타났을 때 특히 유용하다. 그렇게 하면 사용자가 인도네시아나 음료에 대한 질문에 java 태그를 잘못 사용하지 않게 된다.

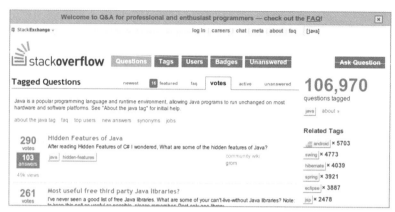

그림 7.7 java 태그가 붙은 질문에 대한 정보를 보여주는 stackoverflow.com의 페이지. 이것은 태그가 정보를 탐색하는 데 사용되는 방식을 보여주고 유용한 훈련 데이터의 원천을 보여준다.

훈련 집합 포스트 10,000개와 테스트 집합 포스트 1,000개를 확인하는 데서부터 작게 시작해보자. 추천 태그가 적절한지 판단할 기준은 처음에는 느슨하다. 질문마다 하나 이상의 태그가 있기 때문에 질문의 텍스트를 연관된 태그에 대한 훈련 데이터로 사용하자. 주어진 질문이 php, javascript, ajax 태그를 포함한다면 이 카테고리 각각에 대해 질문을 훈련 표본으로 사용한다.

태그 부착 엔진의 품질을 테스트 데이터에 대해 평가할 때 엔진이 항목에 배정한 태그를 보고 사용자가 배정한 태그와 비교한다. 한 개 이상의 태그가 일치하면 일치한다고 간주한다.

7장의 처음에서 살펴본 예제와 같이 태그 추천기는 루씬으로 훈련 문서를 색인으로 만드는 식으로 훈련된다. 솔라를 플랫폼으로 활용해서 스택 오버플로우 데이터를 데이터 가져오기 처리기를 사용해 빠르게 적재하고 색인으로 만들고, 웹 서비스로 태그 추천기 결과를 노출한다.

●● **분류(classification)와 추천(recommendation)**
공식적으로 분류와 추천이라는 각 용어는 연관된 기계학습 알고리즘의 군(family)을 기술한다. 두 가지의 차이는, 분류는 관리되는 선택지 목록에서 가능한 선택 몇 가지를 제공하고, 반면 추천은 제품 카탈로그나 학술 논문 데이터베이스처럼 거의 무제한의 옵션 중에서 다수의 옵션을 제공한다는 점이다.

콘텐츠 기반 결정에 더해 혹은 콘텐츠 기반 결정 대신, 다수의 추천자(recommender)는 무엇을 추천할지 알아내기 위해 사용자 행동 양식을 분석하는데, 예를 들어 선호와 비선호를 추적하고, 무엇을 고르거나 구매하는지 주시하고, 선호할 만한 항목을 추천하기 위해 다른 사람의 행동과 비교한다. 아마존이나 넷플릭스는 구매할 책이나 시청할 영화를 제안하는 데 이런 유형의 추천 알고리즘을 사용한다.

이 예제는 입력 문서의 콘텐츠와 시스템에 이미 있는 문서의 콘텐츠만 사용해서 태그를 추천한다. 이 방식은 지금까지 살펴본 분류와 카테고리 분류 알고리즘과 유사하고, 행동 기반 추천기와는 대조적이다. 이 두 가지 접근법을 결합하는 것도 흥미롭겠다.

추천기에 대해 더 알아보고 싶다면 매닝에서 출판한 Owen, Anil, Dunning, Friedman의『Mahout in Action』(Owen 2010)을 보라.

7.6.2 훈련 데이터 준비

이 예제를 시작하기 위해 스택 오버플로우 훈련 및 테스트 데이터 일부분을 http://www.tamingtext.com에서 다운로드하거나 전체를 http://blog.stackoverflow.com/category/cc-wiki-dump/의 지시에 따라 직접 다운로드할 수 있다. 이 페이지에서 토런트 파일을 받아 선호하는 비트토런트[BitTorrent] 클라이언트로 데이터를 다운로드할 수 있다. 데이터 덤프 토런트는 모든 스택 익스체인지 사이트에 대한 파일을 포함하기 때문에 스택 오버플로우 데이터 덤프만 선택하게 하려면 비트토런트 클라이언트를 사용해서 7-zip 형식 아카이브인 Content\Stack Overflow 11-2010.7z를 선택한다.

아카이브의 압축을 풀면 badges.xml, comments.xml, posthisory.xml, posts.xml 같은 파일이 있을 것이다. posts.xml을 훈련 데이터 소스로 사용하자. 이 파일은 찾는 데이터를 포함하는 posts 요소 안에 내포된 일련의 행 요소를 포함한다. 현재 관심 대상인 스플릿을 만드는 방법을 간단히 기술하고, 그 다음에 파일 형식 자체에 대해 알아본다.

다음 명령을 사용해서 데이터를 훈련과 테스트 집합으로 나눌 수 있다.

```
$TT_HOME/bin/tt extractStackOverflow \
    -i posts.xml \
    -te stackoverflow-test-posts.xml \
    -tr stackoverflow-training-posts.xml
```

기본 extractStackOverflow는 발견한 첫 100,000개 질문을 훈련 문서로, 첫 10,000개 질문을 테스트 데이터로 사용한다. 데이터를 더 적거나 많이 사용해서 마음대로 실험해보고 훈련 시간과 품질에 데이터의 양이 얼마나 영향을 주는지 관찰해봐도 좋다.

posts.xml 파일에 이름이 row인 수많은 XML 요소가 있다. 태그가 붙은 질문인 row를 찾는 데 흥미가 있다. 각 질문은 row로 표현되지만, 모든 스택 오버플로우 데이터가 질문은 아니다. extractStackOverflow 유틸리티가 row의 PostTypeId 속성을 검사해서 질문이 아닌 row를 걸러내는 일을 한다. 속성 값이 1이면 질문이고 보존되며, 아니면 버려진다. 관심 대상인 다른 속성은 Title, Tags, Body다. 이것을 원본 훈련 데이터로 사용하자. 다른 속성 일부도 도움이 되기 때문에 이들도 보존해두자.

질문에 대한 태그는 각 row의 tags 속성에서 찾아볼 수 있는데, 여러 개의 태그는 <와 > 표시로 경계를 표시한다. javascript, c++, multithreaded programming이라는 세 개의 별도 태그를 붙인 포스트의 속성 값 전체는 <javascript><c++><multithreaded programming>처럼 나타난다. 이 데이터로 훈련하고 테스트하려면 이런 형식을 해석해야 한다.

7.6.3 솔라 태그 추천기 훈련

스택 오버플로우 데이터를 사용해서 솔라 데이터 가져오기 처리기로 솔라 태그 추천기를 훈련하자. 훈련 데이터 파일을 읽고, 필요한 필드를 XML에서 추출하고, 태그를 색인에 저장되는 별개의 값으로 변환하게 구성된 솔라 인스턴스를 코드 예제에 같이 제공한다. 연관된 구성 내용은 다음 리스트에 있다.

리스트 7.18 발췌된 dih-stackoverflow-config.xml

```
<entity name="post"
        processor="XPathEntityProcessor"
        forEach="/posts/row"
        url="../stackoverflow-corpus/training-data.xml"
        transformer="DateFormatTransformer,HTMLStripTransformer,
        com.tamingtext.tagrecommender.StackOverflowTagTransformer">
    <field column="id"    xpath="/posts/row/@Id"/>
    <field column="title" xpath="/posts/row/@Title"/>
    <field column="body"  xpath="/posts/row/@Body"
                                    stripHTML="true"/>
    <field column="tags"  xpath="/posts/row/@Tags"/>
```

데이터 가져오기 처리기는 개별 <posts> 태그로 둘러싸인 안에서 <row> 태그가 출현할 때마다 훈련 데이터를 루씬 문서로 나누기 위해 XPathEntity 프로세서를 사용한다. row 태그에 있는 다양한 속성은 색인의 ID, 제목, 본문, 태그 필드를 생성하는 데 사용된다. body 속성의 콘텐츠는 html 코드가 제거된 상태다.

StackOverflowTagTransformer는 명시적으로 tags 속성을 찾아 거기서 찾은 콘텐츠를 방금 설명한 방식으로 처리하는 간단한 맞춤 변환기다. 이것은 solr 색인에 있는 각 문서에 대한 분리된 tag 필드 인스턴스를 만든다. 다음 리스트는 클래스 전부를 보여준다.

리스트 7.19 솔라의 데이터 가져오기 처리기 인스턴스에서 데이터 변환하기

```
public class StackOverflowTagTransformer {
   public Object transformRow(Map<String,Object> row) {
      List<String> tags = (List<String>) row.get("tags");
      if (tags != null) {
         Collection<String> outputTags =
             StackOverflowStream.parseTags(tags);
         row.put("tags", outputTags);
```

```
        }
        return row;
    }
}
```

데이터 가져오기 처리기는 한 번에 한 행의 데이터를 `transformRow` 메소드로 넘기고, 변환기는 이 행에 있는 열을 다양한 방법으로 자유롭게 수정한다. 이 경우 열은 원본 형식에서 해석된 새로운 태그 컬렉션으로 교체된다. `row.get("tags")` 의 호출 결과 값을 `List`로 취급할 수 있는데, 이 인스턴스의 솔라 스키마에서 `tags` 필드는 다중 값을 갖게 정의됐기 때문이다.

dih-stackoverflow-config.xml 파일 전체를 조사한다면 알게 되겠지만, 데이터 가져오기 처리기 구성 또한 스택 오버플로우 데이터에서 여러 개의 다른 필드를 추가한다.

이제 색인 생성 프로세스가 어떻게 동작하는지 느낌이 올 테니 솔라 인스턴스를 실행하고 문서를 적재하기 시작해서 실제로 뭔지 알아보자. 다음을 실행해서 솔라 서버를 시작하자.

```
$TT_HOME/bin/start-solr.sh solr-tagging
```

솔라가 시작되고 구성 요소와 구성 항목을 적재하면서 터미널에 대량의 로그 정보를 남길 것이다. 수 초 안에 다음 메시지를 보여주면서 구동이 끝나야 한다.

```
Started SocketConnector@0.0.0.0:8983
```

솔라 로그 데이터를 갖는 이 터미널을 열린 채로 둬라. 데이터 적재 문제를 해결하기 위해 이것을 참조해야 할 수도 있다.

솔라를 시작하는 데 성공했으니 데이터 가져오기 처리기 구성이 훈련 데이터로 사용할 파일을 참고하게 수정해야 한다. $TT_HOME/apache-solr/solr-tagging/ conf/dih-stackoverflow.properties 파일을 편집기로 열어 URL 값을/path/to/ stackoverflow-training-posts.xml에서 훈련 데이터가 있는 시스템 전체 경로로 변경하라. 이 프로퍼티가 url이라는 이름이지만, 일반적인 경로를 넣어도 무방하다. 설정 변경을 마치면 dih-stackoverflow.properties 파일을 저장하고 편집기를 닫는다.

http://localhost:8983/solr/admin/dataimport.jsp 페이지에 들어가 DIH-STACKOVERFLOW 링크를 클릭하면 솔라 데이터 가져오기 처리기 개발 콘솔 화면이 맞아줄 것이다. 데이터 가져오기 처리기 구성을 솔라 시작 이후에 수정했기 때문에 변경된 구성을 다시 적용하기 위해 브라우저 왼편 프레임의 아래에 있는 설정 다시 불러오기 Reload-config 버튼을 눌러야 한다.

구성을 다시 불러오는 데 성공하면 훈련 데이터를 적재할 준비가 된 것이다. 설정 다시 불러오기Reload-config 버튼 근처의 전체 가져오기Full-import 버튼을 누르면 솔라는 훈련 데이터를 읽어 들이는 동안 칙칙폭폭 진행 상태 표시를 시작할 것이다. 상태Status 버튼을 눌러 브라우저의 오른편 프레임에 XML 형식으로 현재 상태를 출력할 수 있다. 몇 분 후 다음과 같은 상태 응답이 보일 것이다.

```
Indexing completed. Added/Updated: 100000 documents. Deleted 0 documents
```

또한 시작 명령을 입력했던 터미널의 솔라 로그 출력에서 다음 메시지도 보일 것이다.

```
Mar 11, 2011 8:52:39 PM org.apache.solr.update.processor.LogUpdateProcessor
INFO: {add=[4, 6, 8, 9, 11, 13, 14, 16, ... (100000 adds)],optimize=} 05
```

훈련 단계가 끝났고, 솔라 인스턴스는 추천 태그를 만들 준비가 됐다.

7.6.4 추천 태그 생성

solr-tagging 인스턴스는 솔라의 MoreLikeThisHandler를 사용해서 질의에 응답하게 구성됐다. 이전에 소개한 MoreLikeThis 카테고리 분류기와 같이 이 질의 처리기는 문서를 입력으로 받고 질의에 있는 단어 중 일치 단어를 얻는 데 가장 유용한 단어를 확인하는 데 색인을 사용한다. 다음 리스트는 solrconfig.xml에 어떻게 MoreLikeThisHandler가 구성됐는지 보여준다.

```
<requestHandler name="/mlt" class="solr.MoreLikeThisHandler">
    <lst name="defaults">
        <str name="mlt.fl">title,body</str>
        <int name="mlt.mindf">3</int>
    </lst>
</requestHandler>
```

태그를 추천하는 데 사용한 접근 방식은 7.3.6절에서 설명한 k-NN 분류 알고리즘과 유사하다. MoreLikeThisQuery가 반환해서 문서에 배정된 카테고리를 세는 대신, 추천을 제공하는 데 사용될 태그를 센다. TagRecommenderClient는 입력 문서를 솔라에 전달하고, 태그를 모으고, 태그에 점수와 순위를 매기기 위해 결과 후처리를 하는 일을 맡는다. 다음 리스트는 프로세스를 고수준으로 기술한다.

리스트 7.21 추천 태그를 생성하기 위해 TagRecommenderClient 사용하기

```
public TagRecommenderClient(String solrUrl)
        throws MalformedURLException {
    server = new HttpSolrServer(solrUrl);   ◀─────────── ❶ 솔라 클라이언트
}

public ScoreTag[] getTags(String content, int maxTags)
        throws SolrServerException {
    ModifiableSolrParams  query  = new ModifiableSolrParams();  ◀───────
    query.set("fq", "postTypeId:1")
                                                        ❷ 질의 파라미터
        .set("start", 0)
        .set("rows", 10)
        .set("fl", "*,score")
        .set("mlt.interestingTerms", "details");

    MoreLikeThisRequest request  ◀───── ❸ 요청을 생성하고 실행한다.
        = new MoreLikeThisRequest(query, content);
```

```
    QueryResponse response = request.process(server);
                                                          ❹ 태그를 수집하고 순위화한다.
    SolrDocumentList documents = response.getResults();   ◄─────┐
    ScoreTag[] rankedTags = rankTags(documents, maxTags);
    return rankedTags;
}
```

먼저 솔라 연결을 초기화해야 한다. ❶에서 이름과는 달리 HTTP 클라이언트 라이브러리를 사용해서 솔라 서버에 요청을 보내는 솔라 클라이언트인 HttpSolrServer 인스턴스를 생성한다. 솔라 서버의 URL은 파라미터로 제공한다.

클라이언트를 생성한 다음, 질의와 일치하는 문서를 얻기 위해 사용할 질의를 만들어야 한다. 추천 태그를 만들기 위해 얻은 문서에 대한 태그를 사용한다. 스택 오버플로우 데이터는 질문만 태그를 갖기 때문에 ❷에서 질의 파라미터를 초기화할 때 postTypeId가 1인 질문만으로 결과를 한정하게 필터를 설정한다. 또한 질의가 일치 문서 중 최상위 10개만 요청하는 데 주의하라. 데이터에 대해 최선의 추천을 만드는 결과 개수를 알아내기 위해 다양한 결과 개수로 실험해봐야 한다.

❸에서 솔라 서버에 보낼 요청을 생성할 때 표준 솔라 질의 요청(QueryRequest) 대신 맞춤 질의 요청 형식인 MoreLikeThisRequest를 사용한다. MoreLike ThisRequest는 솔라의 /mlt 질의 처리기에 긴 질의 문서도 바로 전달할 수 있는 HTTP POST 방식을 사용한다.

이제 결과를 얻었으니 제공된 추천에서 태그를 추천하고 순위를 매겨야 한다. ❹에서 각 태그의 개수를 세고 점수에 따라 태그에 순위를 매긴다. ScoreTag 클래스는 결과 집합에서 발견된 각 태그를 출현 횟수 및 태그의 점수와 같이 저장하는 데 사용된다. 이것을 다음 리스트에서 더 자세히 살펴보자.

리스트 7.22 태그 수집하고 순위화하기

```
protected ScoreTag[] rankTags(SolrDocumentList documents,
                              int maxTags) {
    OpenObjectIntHashMap<String> counts =
```

```
                new OpenObjectIntHashMap<String>();

    int size = documents.size();   ←——— ❶ 태그를 센다.
    for (int i=0; i < size; i++) {
        Collection<Object> tags = documents.get(i).getFieldValues("tags");
        for (Object o: tags) {
            counts.adjustOrPutValue(o.toString(), 1, 1);
        }
    }
                                              ❷ 태그에 순위를 매긴다.
    maxTags = maxTags > counts.size() ? counts.size() : maxTags;
    final ScoreTagQueue pq = new ScoreTagQueue(maxTags);   ←
    counts.forEachPair(new ObjectIntProcedure<String> () {
        @Override
        public boolean apply(String first, int second) {
            pq.insertWithOverflow(new ScoreTag(first, second));
            return true;
        }
    });
    ScoreTag[] rankedTags = new ScoreTag[maxTags]; ←
    int index = maxTags;
                                              ❸ 순위화된 태그를 수집한다.
    ScoreTag s;
    int m = 0;
    while (pq.size() > 0) {
        s = pq.pop();
        rankedTags[--index] = s;
        m += s.count;             ❹ 태그에 점수를 매긴다.
    }
    for (ScoreTag t: rankedTags) {  ←
        t.setScore(t.getCount() / (double) m);
    }
    return rankedTags;
}
```

먼저 태그를 세면서 순위화와 점수 매기기 과정을 시작한다. ❶에서 결과 집합에 있는 문서를 스캔하고, 태그 필드에서 태그를 추출하고, 각 태그에 대한 출현 횟수를 수집한다.

모든 태그에 대해 숫자 세기를 마치면 태그를 출현 횟수로 순위화한다. ❷에서 태그 집합을 출현 빈도가 높은 태그를 갖는 우선순위 큐로 수집했다. ❸에서 우선순위 큐에서 결과를 추출하고, ❹에서 태그의 점수를 계산한다. 태그의 점수는 결과 집합에 태그가 출현한 횟수를 한계 값 미만인 태그를 잘라낸 이후의 결과 집합에 나타난 태그의 전체 개수로 나눈 값에 기반을 두고 계산된다. 이 방식으로 점수는 0과 1 사이이고, 1에 가까울수록 질문에 붙은 태그가 결과 집합에서 특히 중요함을 나타낸다. 태그 점수가 높은 태그 집합은 반환된 태그 집합이 작음을 나타내고, 낮은 점수는 다양한 태그가 결과로 반환됐다는 뜻이다. 이것을 확실성의 척도로 사용할 수 있다. 실험을 통해 태그가 어떤 점수 이하이면 추천에 적절하지 않은 태그임을 나타내는 컷오프 점수를 얻을 수 있다.

7.6.5 태그 추천기 평가

태그 추천기의 결과를 평가하는 일은 이전에 카테고리 분류기 결과를 평가했던 것과 크게 다르지 않다. 훈련에 사용하지 않은 스택 오버플로우 데이터 일부를 테스트 집합으로 사용하고, 이 집합에 있는 질문에 대한 추천 태그를 얻고, 할당된 태그와 비교한다. 여기서의 주요 차이점이라면 각 훈련 문서에 여러 개의 태그가 딸려 있고, 각 질의의 결과는 다수의 태그를 추천한다는 점이다. 그 결과, 여기서 수행하는 테스트는 두 가지 점수를 모은다. 첫 번째는 적어도 한 개의 태그라도 올바른 테스트 문서의 수를 측정하는 것이다. 적어도 한 개 이상의 태그가 일치한 문서의 %를 보면 분류기가 올바르게 동작하는지 알아낼 수 있다. 두 번째 메트릭은 추천된 태그가 50% 이상 올바른 경우의 수에 기반을 둔다. 예를 들어 테스트 문서에 4개의 태그가 붙어 있고 추천기가 적어도 그 중 2개의 태그를 포함한다면 이 문서를 올바르다고 판정한다. 이것은 일치 요건이 엄격해질수록 정확도가 떨어진다는 개념을 알려준다.

앞의 척도에 더해서 훈련과 테스트 데이터에서 찾는 태그 일부분에 대한 정답

% 척도를 수집한다. 테스트 집합에 가장 자주 출현하는 태그를 알아내고 거기에 대한 독립된 정확한 척도를 만든다.

이런 일을 어떻게 할 수 있을지에 대해 코드를 살펴보면서 바로 들어가자. 먼저 스택 오버플로우 데이터를 저장된 XML 파일에서 추출하는 작업에 관심을 가져야 한다. 이를 위해 StackOverflowStream 클래스를 사용한다. 이 클래스는 XML 문서를 해석하기 위해 StAX API를 사용하고, 각 포스트에 대해 관심 대상인 title, body, tags 필드를 포함하는 StackOverflowPost 객체를 생성한다. Stack OverflowStream의 코드 다수는 XML을 해석하고 다수의 포스트에 걸쳐 반복하는 일과 관련된 반복 코드이기 때문에 여기에서는 재현하지 않는다. 7장에 수반되는 예제 코드에서 완전한 코드를 볼 수도 있다.

개별 태그에 대해 측정치를 수집하기 위해 스택 오버플로우 데이터에서 데이터를 수집하기 위한 태그 집합을 추출해야 한다. 다음 명령은 테스트 데이터에서 태그가 10개 미만의 포스트에서 출현하면 버리면서 출현 빈도 상위 25개 태그를 추출한다.

```
$TT_HOME/bin/tt countStackOverflow \
    --inputFile stackoverflow-test-posts.xml \
    --outputFile stackoverflow-test-posts-counts.txt \
    --limit 25 --cutoff 10
```

명령의 결과는 순위, 출현 횟수, 태그 총 3개의 열을 갖는 텍스트 파일이다. 출력의 일부를 보여주는 다음 발췌문에서 c#이 1,480개 포스트에 출현한 가장 인기 있는 태그이고, 그 다음은 858개에 출현한 .net, 715개에 출현한 asp.net, 676개에 출현한 java로 나타났다.

```
1   1480   c#
2   858    .net
3   715    asp.net
4   676    java
```

카테고리 출현 횟수를 얻었으니 테스트 과정에 이 값을 반영할 수 있다. 다음 명령을 테스트 클래스 TestStackOverflow를 실행하는 데 사용한다. 이 클래스는 스택 오버플로우 XML 형식에서 텍스트 데이터를 읽고 필요한 필드를 추출하고, 솔라 서버에 태그 집합을 요청하기 위해 TagRecommenderClient를 사용하고, 테스트 데이터에 배정된 태그를 추천 태그와 비교한다. 실행하면서 추천기가 어떻게 실행하는지를 기술하는 측정치를 수집한다.

```
$TT_HOME/bin/tt testStackOverflow \
    --inputFile stackoverflow-test-posts.xml \
    --countFile stackoverflow-test-posts-counts.txt \
    --outputFile stackoverflow-test-output.txt \
    --solrUrl http://localhost:8983/solr
```

testStackOverflow가 실행되는 동안 100개 문서를 처리할 때마다 측정치를 기록한다. 이렇게 하면 평가를 실행할 때 추천기가 테스트 포스트에 얼마나 잘 태그를 달고 있는지 실험자가 알 수 있다. 다음은 300개와 400개 테스트 문서에 태그를 추천한 다음 추천기가 얼마나 잘 동작하는지 보여주는 출력 발췌문이다.

```
evaluated 300 posts; 234 with one correct tag, 151 with half correct
    %single correct: 78, %half correct: 50.33
evaluated 400 posts; 311 with one correct tag, 204 with half correct
    %single correct: 77.75, %half correct: 51
```

여기서 태그된 모든 문서의 77%와 78%가 정답 태그 한 개를 갖고, 대략 50%의 문서가 반 이상의 정답 태그를 가졌다. 태그되는 문서가 많을수록 이 %는 안정되는 경향이 있음을 인식하게 된다. 이런 사실은 스택 오버플로우 데이터 집합에 가용 테스트 데이터가 필요한 이상 많이 있더라도 테스트에 10,000개 문서를 사용하는 것은 과잉임을 알려준다. 이 경우는 아마도 더 적은 문서로 테스트하는 것이 타당하겠다.

testStackOverflow를 마치면 개별 태그에 대한 측정치를 지정된 출력 파일에 기록한다. 이 파일은 최종 %(단일 그리고 %) 절반 정답 척도와 counts 파일에 출현한 태그별 정답 척도를 포함한다.

```
evaluated 10000 posts; 8033 with one correct tag, 5316 with half correct
    %single correct: 80.33, %half correct: 53.16

-- tag total    correct    pct-correct --
networking       48         12     25
nhibernate       70         48     68
visual-studio   152         84     55
deployment       48         19     39
```

개별 태그 각각에 대해, 테스트 문서에 출현한 횟수를 세고, 특정 문서에 대해 그 태그가 추천된 경우의 수를 세어라. 거기서 추천기가 임의의 특정 태그에 대해 얼마나 잘 동작하는지를 나타내는 정답 %를 끌어낸다. 이 경우 추천기는 networking에 대해서는 잘하지 못했지만 nhibernate에 대해서는 상당히 잘 동작했다. 추천기를 훈련하는 데 사용하는 데이터를 조작하면 이 값이 개별 태그에 대해 어떻게 변하는지 추적할 수 있다.

최상위 X개 태그에 집착할 이유도 없다. 추천기가 다른 태그에 대해 얼마나 잘 동작하는지 알고 싶다면 counts 파일에 수동으로 태그를 추가하라. 테스트 집합에 그 태그가 출현한다면 출력 파일에서 추가한 태그에 대한 측정치를 볼 수 있다.

7.7 정리

7장에서 자동으로 텍스트 문서를 카테고리로 분류하고 텍스트 문서에 태그를 다는데 분류 알고리즘이 사용되는 몇 가지 방식을 살펴봤다. 그러면서 자동화된 분류기 생성 과정에 대해 설명했다. 입력 준비, 문서를 분류하기 위한 모델을 만들기 위해 분류기 훈련하기, 생산한 결과의 품질을 평가하기 위해 분류기 테스트하기, 생산 시스템에 분류기를 배포하는 방식 등을 설명했다. 적절한 카테고리 분류 체계를 선택하고 분류기를 훈련하는 데 적절한 자질을 선택하는 일의 중요성을 인식했고, 공개된 리소스를 사용하거나 기존 카테고리 집합을 사용해서 훈련 집합을 부트스트래핑하거나 훈련 집합을 만드는 데 사람의 판단을 적용하는 등의 테스트 데이터를 얻기 위한 기법을 살펴봤다. 몇 가지 다른 평가 척도와 분류 알고리즘의 성능에 대한 약간 다른 관점들을 나타내기 위한 정확도^{accuracy}, 정밀도^{precision}, 재현율^{recall}, 혼동행렬의 용법을 설명했다. 알고리즘을 제어하는 입력이나 파라미터를 분류기의 결과를 향상시키기 위해 수정하는 다른 방법들을 탐구하고, 생산 환경에서 카테고리 분류 기능을 제공하기 위해 각 분류기가 어떻게 솔라에 통합되는지 보였다.

7장에서는 분류와 텍스트 카테고리 분류에 대한 여러 개의 기본 개념도 소개해서 독자가 다른 알고리즘에 대해 스스로 탐구를 시작할 수 있게 됐을 것이다. 사용 가능한 연구와 소프트웨어를 조사하면 텍스트 카테고리 분류 문제를 풀기 위한 수많은 접근법을 발견할 것이다. 이제 k 근접 이웃, 나이브 베이즈, 최대 엔트로피 같은 기본 알고리즘 일부를 설명했으므로, 독자는 분류, 카테고리 분류, 태그 부착을 사용해 텍스트를 길들이는 방법을 탐구하는 데 필요한 기본 지식을 갖췄다. 개발자나 연구자로서의 독자에게는 수많은 다른 선택지도 있다. 각 알고리즘은 애플리케이션의 요구 사항을 맞출 수도 있는 다른 특성들을 갖는다. 7장에서 보여준 내용을 속행할 때 고려해야 하는 것이 좀 더 있다.

머하웃 프로젝트는 학습 기법으로 추계 경사 하강법$^{stochastic gradient descent}$를 사용해서 구현한 로지스틱 회귀 알고리즘도 포함한다. 일반적으로 이것은 OpenNLP가 갖는 로지스틱 회귀 분류기와 비슷하지만, 머하웃의 구현은 자질이 해석되는 수많은 방법에 관심이 있고, 유사 숫자$^{number-like}$, 유사 단어$^{word-like}$, 유사 텍스트$^{text-like}$ 자질을 단일 모델로 통합하는 방법을 제공한다. 테드 더닝$^{Ted Dunning}$은 머하웃의 이 분류기 구현을 이끌었고, 그에 대해 매닝 출판사에서 출판한 『Mahout in Action』(2011, 번역서는 『머하웃 완벽 가이드』)에 광범위하게 기술했다.

서포트 벡터 머신$^{SVM, Support vector machine}$ 또한 텍스트 분류에 널리 사용된다. SVM을 사용해서 텍스트를 모델링하는 다양한 접근법을 다루는 상당량의 연구를 접할 수 있고, 작동하는 SVM 기반 텍스트 분류 시스템을 구현하기 위해 수많은 오픈소스 구현을 사용한다. 여기에는 Thorsten Joachims의 SVMLIGHT(http://svmlight. joachims.org), Chih-Chung Chang과 Chih-Jen Lin의 LIBSVM(http://www.csie.ntu. edu.tw/~cjlin/libsvm)이 있다. 각 라이브러리 모두 텍스트 분류를 다양한 언어를 사용해 구현했다.

앞에서 설명한 기법의 무수한 변형과 조합이 수없이 있고, 그 외에도 더 탐구할 기법이 수없이 많이 있다. 대안 중 일부를 이 책의 뒷부분인 9장에서 다룬다.

7.8 참고 자료

Lewis, David; Yang, Yiming; Rose, Tony; Li, Fan. 2004. "RCV1: A New Benchmark Collection for Text Categorization Research." Journal of Machine Learning Research, 5:361–397. http://www.jmlr.org/papers/volume5/lewis04a/lewis04a.pdf.

Owen, Sean; Anil, Robin; Dunning, Ted; Friedman, Ellen. 2010. Mahout in Action. Manning Publications.

Rennie, Jason; Shih, Lawrence; Teevan, Jaime; Karger, David. 2003. "Tackling the Poor Assumptions of Naive Bayes Text Classifiers." http://www.stanford.edu/class/cs276/handouts/rennie.icml03.pdf.

8

질의응답 시스템 예제 구축

8장에서 다루는 내용

- 문서에 자동으로 태그를 붙이기 위한 기법 적용하기
- 문서와 부분 문서 태그를 검색에 활용하게 만들기
- 솔라가 반환한 문서를 추가적 기준에 따라 다시 순위 매기기
- 사용자 질문에 대한 가능한 대답 생성하기

이전 장들에서 여러 기술과 접근법을 살펴봤다. 한두 가지의 기술에 집중해서 유용한 애플리케이션을 구축해 왔지만, 애플리케이션의 목적을 위해 지금까지 설명한 여러 가지 도구를 결합해야 하는 경우가 많다. 예를 들어 사용자가 정보 욕구와 연관된 새 콘텐츠를 찾고 발견하는 데 대해서라면 검색과 태그 부착(분류)에 패싯은 클러스터링과 검색만큼 자연스럽게 어울린다. 8장의 목적을 위해 사용자의 사실

기반 질문(영문으로 된)에 대답할 수 있는 질의응답^{QA, question answering} 시스템을 여러 기법 중에서 검색, 개체명 인식, 문자열 일치를 사용해 구축한다. 대다수의 다른 장은 독립적이지만, 8장에서는 독자가 이전 장들을 읽었다고 가정하고 솔라나 다른 시스템의 기본 지식을 다시 설명하지 않겠다.

앞으로 나가서 질의응답 시스템을 구축하기 전에 이전에 다뤘던 내용을 되돌아보자. 이 모든 항목이 어떻게 8장의 내용에 대한 개념적 기반을 제공하는지 볼 수 있다. 1장에서 각각 다른 애플리케이션에 대한 텍스트의 중요성을 설명하고, 검색과 자연언어 처리에 연관된 기본적 용어 및 그런 시스템을 구축할 때 겪을 문제를 다뤘다. 앞의 내용을 직접 언급하지 않더라도 이런 토대의 상당 부분은 암시적으로, 또 명시적으로 8장에서 사용한다.

2장에서는 고등학생 시절을 상기시킬 만한 품사, 구문 해석(파싱), 문법 등을 포함한 텍스트 처리의 기초에 집중했다. 시간을 들여 아파치 티카를 이용해 콘텐츠를 가공되지 않은 형태에서 꺼내 필요한 형식으로 바꾸는 방법을 살펴보기도 했다. 이번 예제에서는 티카를 직접 사용하지는 않지만, 콘텐츠를 전처리해서 작업에 필요한 모양으로 만들 것이다. 또한 질문에 대답하는 데 활용하기 위해 콘텐츠를 토큰으로 분리하고, 해석하고, 거기에 품사 태그를 다는 도구를 폭넓게 활용한다.

3장은 검색 개념을 설명하고, 빠르고 쉽게 텍스트로 색인을 만들고, 질의 결과로 텍스트를 얻을 수 있는 강력한 검색 플랫폼인 아파치 솔라를 소개한다. 여기서 다시 질의응답 시스템을 위한 토대로, 아파치 루씬의 고급 기능 일부와 같이 솔라를 활용한다.

4장은 그날그날의 텍스트 처리 작업에 유용한 유사 문자열 일치를 다뤘다. 8장에서는 4장에서 자동 철자 교정을 수행하기 위해 배운 것과 n그램 같은 다른 유사 문자열 일치 기법을 사용한다. 일부 문자열 기법은 루씬의 저수준 구현에 사용됐고, 시스템에 쉽게 철자 검사 구성 요소를 연결할 수 있지만 이번에는 그러지 않기로 했다.

5장에서는 텍스트에서 고유명사를 알아내고 카테고리로 나누기 위해 OpenNLP를 사용했다. 여기서는 다시 이 작업을 수행하고, 거기 더해 구문을 식별하기 위해 OpenNLP를 사용한다. 질의 분석과 답을 찾기 위해 사용하는 하부 콘텐츠를 처리하는 데 모두 유용하다.

6장에서는 클러스터링의 세계를 깊이 조사했고 어떻게 자율 기법^{unsupervised} technique을 사용해서 유사한 문서를 자동으로 그룹으로 묶는지 보였다. 8장에서 그런 데모를 하지는 않겠지만, 해답을 찾을 때 검색 공간을 줄이거나 결과 자체에서 중복에 가까운 후보를 알아내는 데 모두 클러스터링 기법을 사용할 수 있다.

마지막으로 7장은 어떻게 텍스트를 분류하고 자동으로 새로운 텍스트에 키워드나 폭소노미 태그를 연관짓는 데 분류기를 사용하는지 보여줬다. 8장에서 들어오는 질문에 카테고리를 배정하는 데 이 기법들도 사용한다.

이제 우리가 어디 있는지에 대한 감을 잡았으니 이 모든 것을 가져다 실제 애플리케이션을 만들어보자. 지금까지 이야기한 움직이는 조각 몇 개를 같이 연결해서 실제로 동작하는 시스템을 구성하는 것이 QA 시스템 사례를 만드는 목표다. 위키피디아를 지식 기반으로 활용해서 사실에 기반을 둔 질문에 답하기 위해 설계된 간단한 QA 애플리케이션을 구축한다. 목표를 이루기 위해 솔라를 기준 시스템으로 활용한다. 솔라를 사용하는 이유는 패시지를 얻기 위한 검색 기능만이 아니라 쉽게 확장할 수 있는 플러그인 구조 때문이다. 이 기준선부터 색인 생성 중 분석 기능을 연결할 수 있고, 거기 더해 사용자의 자연언어 질문을 해석하고 답을 순위화해서 결과를 반환하기 위한 검색 측면 기능도 연결할 수 있다. QA와 활용을 좀 더 살펴보면서 시작해보자.

8.1 질의응답 시스템의 기초

시스템의 이름이 시사하듯 질의응답^{QA} 시스템은 자연어 질문을 받아("Who is the President of the United States(미합중국의 대통령은 누구인가)?"와 같은) 응답을 제공하기 위해 설계됐다. QA 시스템은 사용자가 검색 결과 페이지를 통해 검색하거나 패싯을 통해 클릭하거나 탐색할 필요성을 줄여준다. 예를 들어 IBM의 Watson DeepQA 시스템 (http://www.ibm.com/smarterplanet/us/en/ibmwatson/ – 옮긴이)은 정교한 질의응답 시스템을 사용해서 제퍼디^{Jeopardy!}(http://www.jeopardy.com) 게임에서 사람에 대항했다. 그 시스템이 역대 최고 수준의 제퍼디 선수 두 명을 이겼다고 언급했던가? 이 시스템은 세계 지식에 대한 거대 규모 컬렉션과 경기 전략(단서 선택, 내기 등; 그림 8.1을 보라)에 대한 보조 시스템에 기초한 답(제퍼디는 답을 질문 형식으로 해야 함을 기억하라)을 처리하기 위해 아주 많은 장비를 사용했다.

야후! 지식 검색Yahoo! Answers(한국 서비스에서 사용하던 이름이 야후! 지식 검색이다. – 옮긴이)이나 차차ChaCha 같은 오늘날의 어떤 웹 크라우드소스 QA 시스템이든 자동 QA 시스템을 혼동하면 안 된다는 데 주의하라. 이 시스템을 지원하는 기술 일부가 (예를 들어 유사 질문 판별과 같은) 자동 QA 시스템을 구축하는 데도 유용하긴 하지만 말이다. 많은 방면에서 질의응답은 검색 애플리케이션과 유사하다. 보통 키워드로 구성된 질의를 제출하고, 답으로 반환된 문서나 페이지를 살펴본다. 질의응답의 경우 일반적으로 키워드로만 구성된 질의 대신 온전한 문장으로 된 질의를 제출한다. 특이성이 클수록 그 대가로 반환될 문서보다 현저히 적은 문서를 기대하라. 대개 질의응답은 어렵지만, 특정 애플리케이션이나 장르에 대해서는 효과적일 수 있다. 많은 질문에는 복잡한 답이 있고, 답을 위해서는 질문을 상당히 잘 이해해야 한다. 그러므로 질의응답에 대한 기준을 완벽한 이해보다는 낮게 설정하고, 대신 "미합중국의 대통령은 누구인가?"와 같은 사실 기반 질문에 대해서는 표준 검색보다 잘 동작하는 데 두자.

그림 8.1 제퍼디! IBM 도전 동안 IBM의 왓슨 아바타가 화면에 출력된 모습

충분히 발전한 QA 시스템은 사실 기반부터 더 난해한 데 이르는 수많은 유형의 질문에 대한 응답을 시도할 수 있다. 대부분의 QA 시스템이 훨씬 짧은 답을 돌려

주긴 하지만, QA 시스템이 여러 개의 문단이나 여러 개의 문서까지도 답으로 반환하는 것도 완벽하게 합리적이라는 점에 유의하라. 예를 들어 고도로 정교한 시스템(내가 아는 한 실재하지 않는)은 "What are the pros and cons of the current college football bowl system(현재 대학 미식축구 시스템의 장점과 단점은 무엇인가)?"나 "What are the short- and long-term effects of binge drinking(폭음의 단기적 영향과 장기적 영향은 무엇인가)?" 같이 더 깊이 분석하고 응답해야 하는 질문에도 답할 수 있을 것이다.

깊이 들어가면 사실 기반 질의응답은 단어와 구 수준에서 유사 일치 문제로 간주할 수 있다. 그에 따라 여기서의 접근법은 레코드 일치를 수행할 때 선택한 전략과 유사한데, 응답의 유형이 무엇인지를 알아내는 데 대한 방식이 추가됐다. 예를 들어 사용자가 "Who is the President of the United States(미합중국의 대통령은 누구인가)?"라고 질문하면 인명이 답이라고 예상하고, 반면 사용자가 "What year did the Carolina Hurricanes win the Stanley Cup(캐롤라이나 허리케인즈가 스탠리 컵에서 우승한 해는 언제인가)?"라고 질문하면 연도가 답이 된다고 예상한다. 어떻게 시스템을 구축하는지에 파고들기 전에 잠시 따라갈 수 있는 연관된 코드를 설정해보자.

●● IBM의 왓슨(Watson): 제퍼디! 너머로

IBM은 제퍼디!에서 IBM의 왓슨 시스템을 선보여 문제에 대한 관심을 얻었으나, 진정한 의도는 당연히 제퍼디!에서 경쟁하는 것이 아니라 사람들이 훨씬 빠르고 비용에 효율적으로 정보를 추려내게 돕는 것이었다. IBM 웹사이트[1]를 인용해보면 다음과 같다.

DeepQA 기술은 인류에게 정보 수집과 결정 지원을 위한 강력한 도구를 제공한다. 전형적인 시나리오는, 말단 사용자는 다른 사람에게 물어보는 것처럼 자연어 형태로 질문을 입력하고, 시스템은 방대한 양의 가능한 증거를 추려서 가장 설득력 있고 정확한 답들의 순위화된 목록을 반환하는 것이다. 이 답에는 타당성을 보이거나 지원하는 증거의 요약이 포함돼, 사용자가 이를 보고 증거를 빠르게 평가하고 올바른 답을 고를 수 있다.

이 시스템의 깊이는 여기서 다룰 수 있는 것을 넘어가지만, 더 많이 알아보려면 IBM의 DeepQA 프로젝트(https://www.research.ibm.com/deepqa/deepqa.shtml 페이지를 보라)를 살펴보기를 권한다.

---

1. 2011년 4월 12일 검색: http://www.research.ibm .com/deepqa/faq.shtml

8.2 QA 코드 설치와 실행

앞에서 언급한 대로 기초 시스템으로 솔라를 사용하기 때문에 QA 코드의 설치와 실행은, 크게는 클러스터링을 다뤘던 장에서 했던 일과 유사한 방식으로 기존 솔라 패키징을 활용한다는 의미다. 이번 경우에는 전과 다른 솔라 설정을 사용한다. 아직 해 본 적이 없다면 깃허브^{GitHub}(https://github.com/tamingtext/book/blob/master/README)에 있는 README 파일의 지시대로 하라. 그런 다음, TT_HOME 디렉터리에서 ./bin/start-solr.sh solr-qa를 실행하라. 다 잘 됐다면 브라우저에 http://localhost:8983/solr/answer를 입력했을 때 간단한 QA 인터페이스를 볼 수 있어야 한다. 시스템이 동작하면 질문에 조금 응답할 수 있게 약간의 콘텐츠를 시스템에 적재하자.

(대부분) QA 시스템은 검색 엔진의 위에 구축된다(상상할 수 있듯). 검색 엔진의 콘텐츠가 답을 발견하는 소스로 기능해야 하는데, 시스템에 모든 질문과 답변에 대한 어떤 본질적인 지식이 없기 때문이다. 이 요구 사항 때문에 QA 시스템이 소스로 사용하는 콘텐츠만큼만 괜찮다는 문제가 생긴다. 예를 들어 크리스토퍼 콜롬부스 이전 시대에 유럽에서 써진 문서(물론 모두 디지털화됐을 것이다, 그렇지 않은가?)를 엔진에 제공하고, "지구의 형태는 무엇인가?"라는 질문을 한다면 평평하다는 의미의 답을 낼 것이다. 우리의 시스템에 대해서는 2010년 10월 11일에 얻은 영문 위키피디아 덤프를 사용하겠다(처음 10만 개의 문서는 http://maven.tamingtext.com/freebase-wex-2011-01-18-articles-first100k.tsv.gz에 캐시됐다. 411MB가 압축됐다). 이 파일은 크지만, 실제 데이터로 데모하려고 하기 때문에 필요한 일이라는 점에 주목하라. 다운로드한 다음, gunzip이나 유사한 도구로 압축을 푼다. 파일이 너무 크거나 작은 버전을 먼저 시험해보고 싶다면 큰 파일의 앞부분 문서 10,000개로 구성된 http://maven.tamingtext.com/freebase-wex-2011-01-18-articles-first10k.tsv를 다운로드할 수 있다. 이 파일은 압축되지 않았기 때문에 압축을 풀 필요가 없다.

데이터를 얻은 다음, 다음과 같은 과정을 실행해서 시스템에 데이터를 인덱스로 추가한다.

- cd $TT_HOME/bin을 입력한다.

- `indexWikipedia.sh --wikiFile <위키 파일 경로>`(*NIX) 또는 `indexWikipedia.cmd --wikiFile <위키 파일 경로>` (윈도우) 명령을 실행한다. 이 명령은 완료되는 데 시간이 좀 걸린다. 사용 가능한 모든 색인 생성 옵션을 보려면 `--help` 옵션을 사용하라.

색인 생성이 끝나면 QA 시스템을 탐구할 준비가 됐다. 간단한 QA 사용자 인터페이스를 만들어둔 위치인 http://localhost:8983/solr/answer를 브라우저에 입력해서 시작할 수 있다. 인터페이스는 솔라의 출력을 아파치 벨로시티^{Apache Velocity}(http://velocity.apache.org를 보라)에 넘겨 화면을 만드는 솔라 내장 `VelocityResponse Writer`를 활용해서 만들었다(벨로시티는 자바 애플리케이션 기반의 웹사이트를 만드는 데 주로 사용되는 템플릿 엔진이다). 이 모든 단계를 잘 마치면 그림 8.2의 스크린샷과 유사한 화면을 볼 수 있을 것이다.

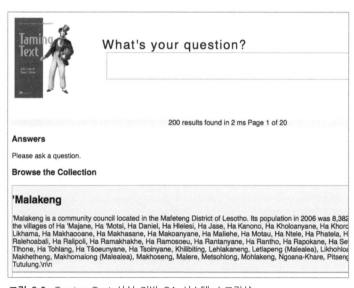

그림 8.2 Taming Text 사실 기반 QA 시스템 스크린샷

이 모든 것이 올바르게 동작한다고 가정하고, 시스템을 구축하는 아키텍처와 코드를 살펴보는 단계로 넘어가자.

8.3 표본 질의응답 아키텍처

이전에 한 검색 작업과 유사하게 QA 시스템은 콘텐츠 색인을 생성하는 것뿐만 아니라 검색과 결과 후처리를 수행할 수 있어야 한다. 색인 측면에서 대부분의 맞춤 변경은 분석 과정에 집중돼 있다. 여기서는 두 개의 솔라 분석 플러그인을 만들었다. 하나는 문장을 감지하는 것이고 하나는 개체명을 인식하는 것이다. 두 가지 모두 OpenNLP에 의존해서 자신에게 요구되는 기능을 제공한다. 대부분의 솔라 분석 프로세스와 달리 문장 단위로 바로 토큰을 만들게 했는데, 그렇게 하면 분석한 문장을 바로 개체명 토큰 필터에 전달하며, 솔라에서 한 번, OpenNLP에서 한 번의 추가적인 토큰 분리를 피할 수 있다. 문장 감지와 개체명 감지 모두 이전에 설명했기 때문에 여기서는 클래스(SentenceTokenizer.java와 NameFilter.java)를 알려주고, schema.xml(solr-qa/conf 디렉터리에 있고 공간상 문제로 여기서는 편집됨)에 있는 텍스트 필드 유형에 대한 선언을 보여준다. 색인 과정과 검색 과정에서 같은 식으로 분석해야 한다는 평상시의 규칙을 어겼다는 데 주목하라. 단일 질문을 가정했기 때문에 질의 측에서는 문장을 감지할 필요가 없기 때문이다. 가장 문제가 되는 것은 출력 토큰이 출력될 때 형태 측면(예를 들어 동일한 어간 추출)에서 동등하다는 것이지, 어떻게 그 형태로 도달했는지가 아니다. 다음은 필드 형식 선언이다.

```
<fieldType name="text" class="solr.TextField" positionIncrementGap="100"
            autoGeneratePhraseQueries="true">
    <analyzer type="index">
        <tokenizer
        class="com.tamingtext.texttamer.solr.SentenceTokenizerFactory"/>
        <filter class="com.tamingtext.texttamer.solr.NameFilterFactory"/>
        <filter class="solr.LowerCaseFilterFactory"/>
        <filter class="solr.StopFilterFactory"
                ignoreCase="true"
                words="stopwords.txt"
                enablePositionIncrements="true"
        />
        <filter class="solr.PorterStemFilterFactory"/>
```

```
    </analyzer>
    <analyzer type="query">
        <tokenizer class="solr.WhitespaceTokenizerFactory"/>
        <filter class="solr.StopFilterFactory"
            ignoreCase="true"
            words="stopwords.txt"
            enablePositionIncrements="true"
        />
        <filter class="solr.WordDelimiterFilterFactory"
            generateWordParts="1" generateNumberParts="1"
            catenateWords="0" catenateNumbers="0" catenateAll="0"
            splitOnCaseChange="1"/>
        <filter class="solr.LowerCaseFilterFactory"/>
        <filter class="solr.PorterStemFilterFactory"/>
    </analyzer>
</fieldType>
```

이전의 장들에서 다뤘기 때문에 분석 과정에 대한 상세한 내용은 생략하고 넘어가 겠지만, NameFilterFactory가 원본 토큰과 어떤 개체명을 나타내는 토큰을 출력하 는 것을 주목해야 한다. 개체명 토큰은 원본 토큰과 동일한 위치를 갖는다. 예를 들어 문장 "Clint Eastwood plays a cowboy in The Good, the Bad and the Ugly(클린트 이스트우드는 석양의 무법자에서 카우보이를 연기했다)."를 솔라의 analysis.jsp 페이지 (http://localhost:8983/solr/admin/analysis.jsp)를 통해 처리하면 그림 8.3에서 보이는 것과 같이 처음 두 위치(위치당 토큰 두 개)를 갖는 전체 네 개의 토큰을 결과 출력으로 생성한다.

com.tamingtext.texttamer.solr.NameFilterFactory {luceneM		
position	1	2
term text	NE_person	NE_person
	Clint	Eastwood
keyword	true	true
	true	true
startOffset	0	6
	0	6
endOffset	5	14
	5	14

그림 8.3 문장 "Clint Eastwood plays a cowboy in The Good, the Bad and the Ugly."에 대해 어떻게 개체명 토큰이 원본 토큰 위치에 겹쳐져 나타나는지에 대한 사례

검색 측에서는, 움직이는 구성 요소가 더 많고 코드도 더 많이 작성해야 하는데, 8장의 절들에서 상세히 다룬다. 시스템의 가장 중요한 부분은 다음과 같은 두 개의 핵심 기능에 의존한다.

- 예상되는 답의 유형을 알아내 사용자 질문을 해석하고, 적절한 질의를 생성하기
- 생성된 질의가 반환한 문서에 점수 매기기

그림 8.4에는 색인 생성과 검색을 같이 묶은 아키텍처를 나타냈다.

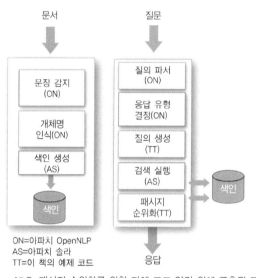

그림 8.4 아파치 솔라, OpenNLP, 패시지 순위화를 위한 자체 코드 약간 위에 구축된 표본 질의응답 아키텍처

이전에 언급하고 그림 8.4에서 보인 것과 같이 색인 구축 측은 상당히 직관적이다. 질의 측은 다섯 단계를 갖는데, 이들 하나하나를 설명하는 절에서 다룬다.

- 사용자 질의를 해석(청크화)한다.
- 검색할 때 질문에 가장 적합한 답변이 되는 후보를 찾을 수 있게 답변 유형을 알아낸다.
- 해석된 질의와 답변 유형의 조합을 사용해서 솔라/루씬 질의를 생성한다.
- 답변을 포함할 만한 후보 패시지를 알아내기 위해 검색을 실행한다.

- 답변에 순위를 매기고 결과를 반환한다.

맥락에 적절하게 이 다섯 단계를 이해하기 위해 이것을 사용자 질의의 이해와 후보 패시지 순위화에 대한 두 개의 절로 나눈다. 이 두 조각을 솔라의 잘 정의된 플러그인 방식을 사용해서 구축하겠다.

- **QParser(그리고 QParserPlugin)** 들어오는 사용자 질의를 처리해서 솔라/루씬 질의를 생성한다.
- **SearchComponent** 다른 SearchComponent와 같이 연결해서 적절한 응답을 만드는 작업을 한다. 배경 지식은 3장을 보라.

코드를 곧 더 자세히 살펴보겠지만, 지금 검색과 솔라에 대한 장(3장)을 다시 보고 이 두 조각이 솔라에서 어떻게 동작하는지 보기 위해 솔라 문서를 살펴보는 것도 해볼 만하다. 연관된 방식에 익숙하다고 가정하고, 사용자 질문을 어떻게 이해하는지 살펴보자.

8.4 질문의 이해와 답변 생성

사용자의 질문을 이해하고 답변을 생성하는 세 가지 구성 요소를 고려했다. 이들은 답변 유형AT, answer type을 알아내고, 그 AT를 사용해서 유의미한 검색 엔진 질의를 생성하고, 마지막으로 질의의 결과를 순위화하는 데 주력한다. 이 세 개 중 답변 유형을 알아내는 것이 문제의 핵심인데, 그 다음 순서인 질의 생성과 패시지 순위화는 비교적 간단하다. 이번 경우 질의 유형을 알아내는 일은 훈련, 청킹, 실제 AT 결정의 세 부분을 수반한다. 이 모든 것은 AT가 주어졌을 때의 질의 생성 접근 방식이나 패시지 순위화와 같이 이어지는 절에 간단히 서술된다.

이번 경우 사용자가 "Who was the Super Bowl MVP(누가 슈퍼볼 MVP인가)?"와 같은 자연어 질문을 입력하고, 3장에서 설명한 것과 같은 불리언 논리 질의를 입력하지 않는다고 가정하는 데도 주의하라. 사용자 질문이 주어졌을 때 사용자가 원하는 답변 유형과 훈련 데이터는 자연언어 질문에 기반을 두고 알아보게 분류 시스템을 훈련했기 때문에 이 가정은 중요하다.

8.4.1 답변 유형 분류기 훈련

이 시스템에 대해 훈련 데이터(소스의 dist/data 디렉터리에 위치한)는 톰 모튼^{Tom Morton}이
자신의 박사 학위 논문(Morton [2005]를 보라)의 일부로 라벨을 각각 붙인 1,888개의
질문으로 구성됐다. 훈련 질문은 다음과 같은 식이다.

- P Which French monarch reinstated the divine right of the monarchy to France
  and was known as "The Sun King" because of the splendour of his reign(프랑스의
  군주제의 절대 권력을 회복시켰으며, 그의 치세가 위풍당당했기 때문에 "태양왕"으로 알려진 프랑스 군
  주는 누구인가)?

- X Which competition was won by Eimear Quinn with "The Voice in 1996,"
  this being the fourth win in five years for her country(Eimear Quinn이 "The Voice
  in 1996"이라는 곡으로 우승했으며, 그 우승이 그녀의 조국에게는 5년 동안 네 번째 우승인 대회는 무엇
  인가)?

훈련 질문들의 첫 글자는 답변의 유형이고, 나머지 텍스트는 질문이다. 훈련 데
이터는 여러 가지 답변 유형을 지원하지만, 현재 시스템은 단순하게 하기 위해 네
가지만 다룬다(장소, 시간, 인명, 조직명). 지원되는 답변 유형과 그 예를 표 8.1에 간단히
정리했다.

표 8.1 훈련 데이터 답변 유형

답변 유형(훈련 코드)	예문
인명(P)	Which Ivy League basketball player scored the most points in a single game during the 1990s(1990년대에 단일 경기에서 최고 득점을 기록한 아이비 리그의 농구 선수는 누구인가)?
장소(L)	Which city generates the highest levels of sulphur dioxide in the world(세계에서 가장 이산화황 농도가 높은 도시는 어디인가)?

(이어짐)

답변 유형(훈련 코드)	예문
조직명(O)	Which ski resort was named the best in North America by readers of Conde Nast Traveler magazine(Conde Nast Traveler 잡지의 독자들이 북미 최고로 꼽은 스키 리조트는 무엇인가)?
시점(T)	What year did the Pilgrims have their first Thanksgiving feast(몇 년도에 필그림(역주:메이플라워호를 타고 미국으로 건너간 영국 청교도들)이 첫 추수감사제를 열었는가)?
기간(R)	How long did Gunsmoke run on network TV(네트워크 TV에 Gunsmoke는 얼마 동안 상영됐는가)?
금액(M)	How much are Salvadoran workers paid for each $198 Liz Claiborne jacket they sew(살바도르의 노동자들이 박음질한 198달러짜리 Liz Claiborne 재킷당 얼마를 받는가)?
퍼센티지(C)	What percentage of newspapers in the U.S. say they are making a profit from their online site(온라인 서비스에서 이익을 내는 미국의 신문은 몇 퍼센트인가)?
정도, 분량(A)	What is the lowest temperature ever recorded in November in New Brunswick(New Brunswick의 11월 최저 기온은 얼마인가)?
거리(D)	What is the approximate maximum distance at which a clap of thunder can be heard(천둥소리가 들리는 최대 거리는 대략 얼마인가)?
설명(F)	What is dry ice(드라이 아이스란 무엇인가)?
제목(W)	In which fourteenth-century alliterative poem by William Langford do a series of allegorical visions appear to the narrator in his dreams(서술자가 자신의 꿈에 나타난 일련의 우화적인 환상을 기술하는 14세기 William Langford의 두운체 시는 무엇인가)?
정의(B)	What does the postage stamp cancellation O.H.M.S. mean(우표 소인인 O.H.M.S 가 뜻하는 바는 무엇인가)?
기타(X)	How did the banana split originate(바나나 스플릿의 기원은 무엇인가)?

답변 유형 분류기를 훈련하기 위해 AnswerTypeClassifier 클래스의 main 메소드를 다음과 같이 활용한다.

```
java -cp -Dmodels.dir=<Path to OpenNLP Models Dir> \
```

```
-Deordnet.dir=<Path to WordNet 3.0> \
<CLASSPATH> com.tamingtext.qa.AnswerTypeClassifier \
<Path to questions-train.txt> <Output path>
```

톰(Tom, Thomas Morton)이 자신의 논문에서 테스트했기 때문에 여기서는 일반적으로 분류기 모델 구축에 연관되는 테스트 단계를 생략한다. 테스트 단계에 관심이 있다면 분류에 대한 5장과 7장을 참고하라.

훈련 단계에 대한 코드는 상당히 단순한데, OpenNLP로 훈련 집합을 청크화(얕은 구문 분석)하고, 품사 태그를 달고, 결과를 OpenNLP의 MaxEnt 분류기에 제공한다. 코드의 주요 부분은 리스트 8.1에 있다. 답변 유형 모델을 훈련하는 일은 앞서 다른 장에서 OpenNLP에 대해 수행했던(개체명 인식과 태그 부착) 훈련과 유사하다.

리스트 8.1 질문 모델 훈련하기

```
AnswerTypeEventStream es = new AnswerTypeEventStream(trainFile,
        actg, parser);
GISModel model = GIS.trainModel(100,
                new TwoPassDataIndexer(es, 3));  ◄── 훈련 표본을 제공하는 이벤트
new DoccatModel("en", model).serialize(              스트림을 사용해서, OpenNLP의
                new FileOutputStream(outFile));       최대 엔트로피(MaxEnt) 분류기를
                                                     사용해 훈련을 시행한다.
```

모델이 훈련되면 모델을 사용할 코드를 작성해야 한다. 그러기 위해 Question QParser(그리고 QuestionQParserPlugin)이라는 솔라 QParser(그리고 팩토리 클래스 QParserPlugin)를 작성한다. 코드를 보기 전에 QuestionParser의 구성은 다음과 같다.

```
<queryParser name="qa" class="com.tamingtext.qa.QuestionQParserPlugin">
```

방금 봤듯이 솔라가 구성에서 보는 것은 QParser 자체가 아니라 QParserPlugin 이다.

QuestionQParserPlugin이 해야 하는 가장 중요한 작업은 AT 모델을 적재하

고 QuestionParser를 생성하는 것이다. 어떤 다른 QParser나 연관된 팩토리에서처럼 여기서도 고비용이나 일회성 계산을 QParser 자체가 아닌 QParserPlugin의 초기화 과정에서 수행하려고 하는데, QParser는 요청당 하나씩 생성되지만 QParserPlugin은 한번 만(커밋당) 생성되기 때문이다. QuestionQParser의 경우 초기화 코드는 AT 모델과 거기 더해 WordNet 리소스를 적재하는 역할을 한다. 그 코드는 단순한 초기화 코드이며, 리스트 8.2에 나타냈다.

리스트 8.2 초기화 코드

```
public void init(NamedList initArgs) {
    SolrParams params = SolrParams.toSolrParams(initArgs);
    String modelDirectory = params.get("modelDirectory",
        System.getProperty("model.dir"));   ◀── 모델 디렉터리는 이 책 전체에 걸쳐
                                                사용한 모든 OpenNLP 모델을 포함한다.
    String wordnetDirectory = params.get("wordnetDirectory",
        System.getProperty("wordnet.dir"));  ◀── WordNet은 답변 유형 식별을 돕는
        if (modelDirectory != null) {            데 사용되는 어휘 리소스다.
        File modelsDir = new File(modelDirectory);
        try {
            InputStream chunkerStream = new FileInputStream(
                new File(modelsDir,"en-chunker.bin"));
            ChunkerModel chunkerModel = new ChunkerModel(chunkerStream);
            chunker = new ChunkerME(chunkerModel);  ◀── Treebank 청커는 질문에
                                                        얕은 구문 분석을 수행하기
                                                        위해 Parser와 같이 동작한다.
            InputStream posStream = new FileInputStream(
                new File(modelsDir,"en-pos-maxent.bin"));
            POSModel posModel = new POSModel(posStream);
            tagger =  new POSTaggerME(posModel);  ◀── 태그 부착기는 품사 태그를
                                                      붙이는 역할을 한다.

            model = new DoccatModel(new FileInputStream(  ◀── 실제 모델을
                new File(modelDirectory,"en-answer.bin")))     생성하고 재사용을
                .getChunkerModel();                            위해 저장한다.
            probs = new double[model.getNumOutcomes()];        모델은 스레드
                                                               안전하지만, 이를
                                                               포함하는 클래스는
                                                               그렇지 않기
                                                               때문이다.
```

```
            atcg = new AnswerTypeContextGenerator(
                    new File(wordnetDirectory, "dict"));  ◀
        } catch (IOException e) {
            throw new RuntimeException(e);
        }
    }
}
```

자질 선택을 맡은
AnswerTypeContextGenerator를
생성한다.

워드넷^{WordNet}(http://wordnet.princeton.edu/)은 프린스턴 대학이 만든 영어 및 기타 언어에 대한 동의어, 반의어, 상위어, 하위어와 같은 단어 정보 및 개별 단어에 대한 기타 유용한 정보를 포함한 언어 리소스다. 상업적 사용을 허용하는 라이선스다. 나중에 이 리소스가 질문을 더 잘 이해하게 돕는 것을 보게 될 것이다. 이런 리소스 생성이 주어졌을 때 다음 리스트에서 볼 수 있는 팩토리의 최우선 작업은 QuestionQParser를 생성하는 것이다.

리스트 8.3 QuestionParser 생성

```
@Override
public QParser createParser(String qStr, SolrParams localParams,
                    SolrParams params,
                    SolrQueryRequest req) {
    answerTypeMap = new HashMap<String, String>();  ◀
    answerTypeMap.put("L", "NE_LOCATION");
    answerTypeMap.put("T", "NE_TIME|NE_DATE");
    answerTypeMap.put("P", "NE_PERSON");
    answerTypeMap.put("O", "NE_ORGANIZATION");
    QParser qParser;
    if (params.getBool(QAParams.COMPONENT_NAME, false) == true  ◀
        && qStr.equals("*:*") == false {

AnswerTypeClassifier atc =
```

장소, 인명, 시간, 날짜 같이
처리 대상인 답변 유형의
맵을 생성한다.

사용자가 질문을 입력하지 않았거나 *:* 질의
(MatchAllDocsQuery)를 입력했을 때 보통 솔라 질의
파서를 생성하기 위해 이 if 절을 사용하라.

```
      new AnswerTypeClassifier(model, probs, atcg);
```

AnswerTypeClassifier는 질문을 분류하는 데 훈련된
답변 유형 모델(models 디렉터리에 위치한)을 사용한다.

```
  Parser parser = new ChunkParser(chunker, tagger);
```

사용자 질문을 구문 분석할 청커(파서)를 생성한다.

```
  qParser = new QuestionQParser(qStr, localParams,
          params, req, parser, atc, answerTypeMap);
```

사용자 질문과 init 메소드에서
미리 초기화한 리소스를 넘겨서
QuestionQParser를 생성한다.

```
} else {
    // qa를 활성화하지 않았다면 일반 질의를 수행한다.
    qParser = req.getCore().getQueryPlugin("edismax")
          .createParser(qStr, localParams, params, req);
  }
  return qParser;
}
```

이 코드의 주된 관심 영역은 답변 유형 맵과 QuestionQParser를 생성하는 부분이다. 답변 유형 맵은 AnswerTypeClassifier가 생성한 내부 코드(표 8.1에서 설명한 것처럼)와 색인 중 태그한 개체명 유형의 매핑을 갖는다. 예를 들어 L은 색인 생성 과정 중 NameFilter 클래스에서 지명에 붙인 태그인 NE_LOCATION으로 매핑된다. 이 맵을 나중에 솔라 질의의 적절한 절을 생성하는 데 사용한다. QuestionQParser는 질문을 실제로 해석해서 솔라/루씬 질의를 생성하는 클래스다. 그런 다음, 한층 더 들어가서 QuestionQParser를 더 상세히 살펴보자.

QuestionQParser는 세 가지 역할을 하는데, 모두 클래스의 parse 메소드에서 다룬다.

- 질의를 청크로 분리해서 Parse 객체에 넣는다.
- 답변 유형을 계산한다.
- 솔라/루씬 질의를 SpanNearQuery 형태로 생성한다(더 자세한 내용은 잠시 후에 나온다).

8.4.2 질의를 청크로 분리

청크 분리는 경량화된 구문 분석^{parsing}(가끔은 깊은 구문 분석이라고도 한다)으로, 문장의 다른 부분을 무시하면서 동사나 명사구 같은 주요 성분에 집중할 때 CPU 사이클을 절약하는 데 유용하고, 여기서 해내려는 일에 완벽히 부합한다. 여기서 깊은 구문 분석은 불필요하고, 질문의 주요 부분을 얻기 위한 보조 정도로 충분하다. 분석을 수행하는 QParser의 코드는 여기서 볼 수 있듯 한 줄로 나타난다.

```
Parse parse = ParserTool.parseLine(qstr, parser, 1)[0];  ◄──────
```
TreebankParser를 사용해서 질문을 분석한다. 분석기가 결과 Parse 객체를 활용해서 답변 유형을 알아내는 데 사용할 수 있다.

이 구문 분석 예제에서처럼 Parser 참조를 넘기는 데 주의하라. 파서 참조는 OpenNLP의 Parser 인터페이스를 구현해 둔 ChunkParser의 인스턴스다. ChunkParser는 OpenNLP의 TreebankChunker를 사용해서 제출된 질문의 얕은 분석을 생성한다. TreebankChunker는 이름에서 암시하듯 2000 Conference on Computational Natural Language Learning(http://www.cnts.ua.ac.be/conll2000/chunking/)의 청크 분리 작업에서 나온 Penn Treebank 리소스(2장을 보라)와 ParserTagger를 사용해서 Parse 객체를 만든다. ParserTagger는 질문 속의 단어에 품사 태그를 붙이는 역할을 한다. 이 클래스는 청커의 선수 조건인데, 청커 모델이 품사 정보를 사용해서 훈련되기 때문이다. 다른 말로 품사 태그는 이 경우 청크화에 필요한 자질이다. 직관적으로 이것은 합리적으로 보일 것이다. 문장의 모든 명사를 먼저 알아뒀다면 명사구를 찾는 것은 훨씬 쉽다는 식이다. 예제 코드에서 사용 가능한 OpenNLP 모델 중 이름이 tag.bin.gz인 기존 모델을 품사 태그 부착기에 배정한다. 비슷하게 TreebankChunker 인스턴스는 다운로드한 모델에 포함된 EnglishChunk.bin.gz 모델을 사용해서 품사 태그 부착기의 결과를 받고 parse를 생성한다. 이 작업의 분량은 상당하지만(모두 단일 메소드로 정리됐다), 이 코드는 다음에 살펴볼 내용인 사용자 질문에 이어질 답변의 종류를 알아내는 기능을 제공한다.

8.4.3 답변 유형 계산

다음 단계는 답변 유형을 알아낸 다음, 내부적으로 사용하는 축약 답변 유형 코드와 개체명을 색인으로 만들 때 사용한 라벨에서 매핑을 찾는다. 이 작업의 코드를 리스트 8.4에 나타냈다.

리스트 8.4 답변 유형 알아내기

```
String type = atc.computeAnswerType(parse);
String mt = atm.get(type);
```

명백히 AnswerTypeClassifier와 위임 클래스 내부에서 상당량의 작업이 일어나기 때문에 솔라/루씬 질의 생성으로 옮겨가기 전에 이 클래스를 살펴보자.

이름이 암시하듯이 AnswerTypeClassifier는 질문을 받아 답변 유형을 출력하는 분류기다. 여러 측면에서 이것은 우리 QA 시스템의 핵심인데, 올바른 AT 없이는 필요한 키워드를 언급할 뿐 아니라 예상되는 종류의 답변도 포함한 패시지를 찾기 어려워질 것이기 때문이다. 예를 들어 사용자가 "Who won the 2006 Stanley Cup?(누가 2006년도 스탠리 컵 우승자인가?)"라고 묻는다면 적절한 AT는 문제의 답이 인명이나 조직이 돼야 한다고 알아낸다. 그런 다음, 시스템이 won, 2006, Stanley Cp을 포함한 패시지를 만나면 적절한 답변 유형과 일치하는 단어나 구가 패시지에 있는지 알아내서 패시지를 순위화할 수 있다. 예를 들어 시스템이 "The 2006 Stanley Cup finals went to 7 games."라는 문장을 만났다고 하자. 이 경우 어떤 인명(이나 조직명)도 언급되지 않았기 때문에 시스템은 이 후보에 답변 유형이 없으므로 버릴 수 있다.

구축할 때 AnswerTypeClassifier는 8장의 앞부분에서 훈련한 답변 유형 모델을 적재하고, AnswerTypeContextGenerator 인스턴스도 구축한다. AnswerTypeContextGenerator는 AnswerTypeClassifier가 분류에 사용할 자질을 알아내서 반환하기 위해 WordNet과 일부 휴리스틱에 의존한다. AnswerTypeContextGenerator를 호출하는 AnswerTypeClassifier 코드는 computeAnswerType과

computeAnswerTypeProbs 메소드에 들어 있고 리스트 8.5와 같다.

리스트 8.5 답변 유형 계산하기

```
public String computeAnswerType(Parse question) {
    double[] probs = computeAnswerTypeProbs(question);    ◄── computeAnswerTypeProbs
                                                              를 호출해서 답변 유형에 대한
                                                              확률을 구한다.

    return model.getBestOutcome(probs);    ◄── 생성된 확률을 주어, 모델에서 최적의 결과를
}                                              얻는다. 배열에서 최대 확률값을 찾는 간단한
                                               계산 작업이다.


public double[] computeAnswerTypeProbs(Parse question) {
    String[] context = atcg.getContext(question);    ◄── AnswerTypeContextGenerator
                                                          에 답변 유형을 예측할 자질
                                                          목록(context)을 요청한다.

    return model.eval(context, probs);    ◄── 가능한 답변 유형에 대한
}                                              확률을 알아내기 위해 생성된
                                               자질을 평가한다.
```

코드의 핵심은 computeAnswerTypeProbs 메소드의 두 줄이다. 첫 줄은 Answer TypeContextGenerator 클래스가 질문 parse로부터 자질 집합의 선택을 하게 요청하고, 둘째 줄은 평가를 위해 모델에 그 자질을 넘겨준다. 모델은 각각의 가능한 결과에 대한 확률 배열을 반환하는데, 거기서 최댓값을 골라 답변 유형으로 반환한다.

이전 장들에서 알아챘듯이 자질 선택은 대개 어려운 문제이기 때문에 AnswerTypeContextGenerator 클래스가 하는 일에 대해 더 자세히 살펴볼 만하다. AnswerTypeContextGenerator의 자질 선택은 getContext() 메소드를 통해 처리된다. 이 메소드는 받은 질문의 유형에 기반을 두고 적절한 자질을 고르기 위한 목적의 단순한 규칙 몇 가지를 구현한다. 이 규칙의 대부분은 질문의 주요 동사와 명사구를 전제로 하며, 다음과 같이 요약될 수 있다.

■ 질문을 나타내는 단어가 있다면(who, what, when, where, why, how, whom, which, name)

□ 질문 단어를 포함시키고 라벨을 qw로 붙인다(qw=who).

□ 질문 단어 우측의 동사를 포함시키고, verb이라고 라벨을 붙이고, 동사와 질문 단어를 이어붙인 다음 이것에 라벨을 qw_verb이라고 붙인다(verb=entered, qw_verb=who_entered).

□ 동사의 우측에 있는 모든 단어를 포함시키고, 이것에 rw 라벨을 붙인다 (rw=monarchy).

- 중심 명사^{focus noun}가 존재한다면(질문의 주요 명사)

□ 명사구의 첫 단어를 더하고 여기에 hw 라벨을 붙이며(hw=author), 이것의 품사에는 라벨 ht를 붙인다(ht=NN).

□ 명사를 수식하는 아무 단어나 포함시키고, 라벨 mw를 붙이며(mw=European), 그 품사에는 라벨 mt를 붙인다(mt=JJ).

□ 명사에 대한 아무 WordNet synset(synset은 단어의 동의어 그룹이다)을 포함시키고, 라벨을 s라고 붙인다(s=7347, synset ID).

□ 중심 명사가 어구의 마지막 명사인지 나타내고 fnIsLast라는 라벨을 붙인다 (fnIsLast=true).

- def라고 부르는 기본 자질을 포함시킨다. 기본 자질은 정규화 목적으로 포함된 빈 라벨이다. 선택된 다른 자질과 관계없이 모든 질문에는 이 자질이 포함되고, 따라서 시스템의 학습을 위한 기준 자질로 제공한다.

목록의 주요 구성 요소를 설명하기 전에 질문 "Which European patron saint was once a ruler of Bohemia and has given his name to a Square in Prague?"에서 선택된 자질을 살펴보자. 이 질문의 자질은 다음과 같다.

```
def, rw=once, rw=a, rw=ruler, rw=of, rw=Bohemia, rw=and, rw=has, rw=given,
rw=his, rw=name, rw=to, rw=a, rw=Square, rw=in, rw=Prague?, qw=which,
mw=Which, mt=WDT, mw=European, mt=JJ, mw=patron, mt=NN, hw=saint, ht=NN,
s=1740, s=23271, s=5809192, s=9505418, s=5941423, s=9504135, s=23100,
s=2137
```

AnswerTypeTest 중 demonstrateATCG를 실행시켜서 이 예제 및 동작하는 다른 많은 예제를 볼 수 있다.

```
AnswerTypeContextGenerator atcg =
    new AnswerTypeContextGenerator(
        new File(getWordNetDictionary().getAbsolutePath()));
InputStream is = Thread.currentThread().getContextClassLoader()
        .getResourceAsStream("atcg-questions.txt");
assertNotNull("input stream", is);
BufferedReader reader =
        new BufferedReader(new InputStreamReader(is));
String line = null;
while ((line = reader.readLine()) != null){
    System.out.println("Question: " + line);
    Parse[] results = ParserTool.parseLine(line, parser, 1);
    String[] context = atcg.getContext(results[0]);
    List<String> features = Arrays.asList(context);
    System.out.println("Features: " + features);
}
```

자질 선택으로 돌아가면 AnswerTypeContextGenerator 클래스에서 볼 수 있듯 대부분의 자질은 몇 가지 단순한 규칙이나 정규 표현식으로 선택된다. 중심 명사(focal noun, 또는 head noun)를 찾는 문제는 다른 규칙과 두드러지게 다른데, 이 문제가 여러 개의 자질을 더하기 때문이기도 하고, 중심 명사를 식별하는 데 상당량의 작업이 필요하기 때문이기도 하다. 중심 단어는 질문 단어의 종류(who, what, which 등)에 의존하며, 무엇을 찾는지 정의하는 데 중요하다. 예를 들어 보헤미아의 지배자에 대한 질문에서 중심 단어는 saint로, saint인 어떤 인물을 찾는다는 의미를 갖는다. 그 다음 동일하거나 유사한 다른 방식으로 답을 찾는 다른 질문을 찾는 데 도움이 될지도 모르는 이 명사의 동의어를 WordNet에서 찾는다. 질문 속을 지나는 동안 중심 단어에 대한 거짓 일치를 제거하기 위한 어떤 규칙이든 적용할 수 있다. 이들 또한 단순한 규칙과 정규 표현식에 기반을 둔다. 코드에서 대부분의 작업은

`AnswerTypeContextGenerator`의 `findFocusNounPhrase` 메소드에서 일어나는데, 길이가 길어 여기에는 포함시키지 않았다.

마지막으로 이 자질 선택 과정은 모델을 만들 때 고려해야 하는 중요한 사항에 관해서는 톰의 질문 분석에 기초했다는 것을 명심하라. 이 방법뿐인 것은 아니다. 더욱이 훈련 데이터가 더 주어지면 시스템이 이 모든 자질 선택 과정 없이도 모델을 학습할 수도 있다. 어떤 면에서는 사람이 중심인 자질 선택은 표본을 모으고 연관 정보 태그를 붙이는 시간과 패턴을 얻기 위해 기존 질의를 선행 분석하는 시간 사이의 트레이드오프다. 어떤 것이 자신의 시스템에 최선인지는 가용 데이터와 시간이 얼마나 있는지에 따라 다르다.

8.4.4 질의 생성

질문 유형을 알아낸 다음에는 검색할 색인에서 후보 패시지를 얻는 데 사용할 질의를 생성해야 한다. 얻어낸 후보 패시지는 QA에 유용하기 위해 다음과 같은 몇 가지 요구 사항을 충족시켜야 한다.

■ 적절한 답변 유형의 단어가 패시지 윈도우 안에 한 개 이상 나타나야 한다.
■ 원본 질의에서 나온 한 개 이상의 주요 단어가 패시지 윈도우 안에 나타나야 한다.

우리가 이 요구 사항을 충족하는 후보 패시지를 얻는 데 사용할 질의를 생성하기 위해서는 주어진 문서에 일치가 일어나는 위치를 정확히 알아야 한다. 솔라(와 루씬)에서 이 작업을 수행하는 메커니즘은 `SpanQuery`와 이를 상속받는 클래스를 통한다. 구체적으로 `SpanQuery` 클래스는 루씬의 다른 질의와 유사하게 문서 일치를 수행하지만, 또한 추가적인 계산 시간 비용으로 위치 정보에 접근할 수 있고, 큰 문서 대신 순위화에 사용할 더 집중된 패시지를 생성하기 위해 이 위치 정보에 반복 접근한다. 마지막으로, 구체적으로 패시지를 찾기 위해 `SpanNearQuery` 클래스를 생성해야 하는데, 지정된 단어와 답변 유형을 같이 찾기를 원하기 때문이다. `SpanNearQuery`는 다른 `SpanQuery` 인스턴스로 구성된 복잡한 구 기반 질의를 생성할 수 있다. 질의를 생성하는 코드를 리스트 8.6에 나타냈다.

```
List<SpanQuery> sql = new ArrayList<SpanQuery>();
if (mt != null) {
    String[] parts = mt.split("\\|");
    if (parts.length == 1) {
        sql.add(new SpanTermQuery(new Term(field, mt.toLowerCase())));
    } else {
        for (int pi = 0; pi < parts.length; pi++) {
            sql.add(new SpanTermQuery(new Term(field, parts[pi])));
        }
    }
}
try {
    Analyzer analyzer = sp.getType().getQueryAnalyzer();
    TokenStream ts = analyzer.tokenStream(field,
            new StringReader(qstr));
    while (ts.incrementToken()) {
        String term = ((CharTermAttribute)
                ts.getAttribute(CharTermAttribute.class)).toString();
        sql.add(new SpanTermQuery(new Term(field, term)));
    }
} catch (IOException e) {
    throw new ParseException(e.getLocalizedMessage());
}
return new SpanNearQuery(sql.toArray(new SpanQuery[sql.size()]),
        params.getInt(QAParams.SLOP, 10), true);
```

질의 생성을 위한 코드에서는 다음과 같은 세 단계의 작업을 수행한다.

- 한 개 이상의 SpanTermQuery 인스턴스를 사용해서 질의 유형을 질의에 추가한 다. 질의 유형을 하나 이상 사용했다면 SpanOrQuery를 사용해서 같이 묶는다.
- 단어 각각에 대한 SpanTermQuery 인스턴스를 생성하기 위해 해당 필드에 대한

질의 분석기로 사용자 질의를 분석한다.

■ 사용자가 넘긴 slop 인자(아니면 기본 값 10)를 사용해서 모든 단어를 함께 잇는 SpanNearQuery를 생성한다.

질의를 생성하는 방식은 이것 외에도 있다. 예를 들어 구문을 식별하거나 패시지 에서 같은 품사를 갖는 단어만 일치시킬 목적으로 품사 태그를 붙이기 위해 질의에 대한 깊은 분석을 수행해서 더 선택적인 질의를 생성할 수 있다.

질의에 대한 접근 방식과 관계없이 솔라에 질의를 보내 다음 절에서 다룰 PassageRankingComponent로 순위를 매길 문서 목록을 받는다.

8.4.5 후보 패시지 순위화

질의 해석과 자질 선택 과정과 비교해서 패시지 순위화는 이 경우에는 훨씬 단순하 다(여기서는 단순한 순위화 프로세스를 사용한다). 이 프로세스는 질의응답에 대한 TREC-8 컨퍼런스(Singhal 1999)에서 처음 소개됐다. 다른 시스템이 이 접근법을 지나쳐 갔지 만 여전히 구현하기 쉬우며, 사실 기반 시스템에 비교적 효과적이고 적절한 접근 방식이다. 아주 간단히는 질의와 일치한 위치 주변에 있는 일련의 윈도우에서 일치 단어를 살펴보는 접근 방식이다. 따라서 SpanQuery와 그 하위 클래스를 사용한 다. 더 자세히 이 접근법은 질의 단어 일치의 첫 위치와 마지막 위치를 알아내고, 주어진 수만큼의 단어로 구성된 윈도우 두 개를 일치 윈도우의 양 끝에 생성한다(이 코드에서는 25개가 기본이지만, 솔라의 요청 파라미터로 오버라이드할 수 있다). 이것을 그림 8.5에 서 볼 수 있다.

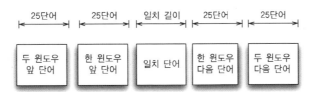

그림 8.5 패시지 채점 구성 요소는 질의와 일치하는 단어 주변에 연속된 윈도우를 생성하고 패시지에 순위를 매긴다.

패시지를 효율적으로 만들기 위해 루씬의 단어 벡터 스토리지를 활용했다. 단순히 놓으면 루씬의 단어 벡터는 문서마다 출현한 단어와 빈도 및 문서 내에서의 위치를 기록하는 데이터 구조다. 검색에 사용되는 역파일과는 달리, 이것은 단어 중심 구조가 아닌 문서 중심 구조. 이상은 모두 이 구조는 전체 문서가 필요한(하이라이팅이나 패시지 분석과 같은) 작업을 하기에는 좋고 빠르게 단어 하나하나를 빠르게 찾아야 하는 작업(검색과 같은)에는 좋지 않다는 의미다. Passage 클래스 코드로 만든 패시지가 주어지면 다음에 나타낼 채점 과정을 시작한다.

리스트 8.7 후보 패시지 채점 코드

```
protected float scorePassage(Passage p, Map<String, Float> termWeights,
                    Map<String, Float> bigramWeights,
                    float adjWeight, float secondAdjWeight,
                    float biWeight) {
    Set<String> covered = new HashSet<String>();
    float termScore = scoreTerms(p.terms, termWeights, covered);
    float adjScore = scoreTerms(p.prevTerms, termWeights, covered) +
        scoreTerms(p.followTerms, termWeights, covered);

    float secondScore =
        scoreTerms(p.secPrevTerms, termWeights, covered)
        + scoreTerms(p.secFollowTerms, termWeights, covered);

    // 주 윈도우의 바이그램 일치에 대해 추가 점수를 부여한다.
    float bigramScore =
                scoreBigrams(p.bigrams, bigramWeights, covered);
    float score = termScore + (adjWeight * adjScore) +
        (secondAdjWeight * secondScore)
        + (biWeight * bigramScore);
    return (score);
}
```

주 윈도우의 단어를 채점한다.

주 윈도우의 왼편과 오른편에 바로 붙어있는 윈도우의 단어를 채점한다.

주 윈도우의 왼편과 오른편에 바로 붙어있는 윈도우의 단어를 채점한다.

패시지에 있는 모든 바이그램을 채점한다.

패시지의 최종 점수는 각각 따로 가중치가 붙은 모든 점수의 조합이다. 바이그램 일치에는 추가 점수가 주어진다.

채점 과정은 패시지의 윈도우 각각에 대한 점수를 주 일치 윈도우에 가장 큰 가중치가 주어지고, 메인 윈도우에서 멀어질수록 점점 줄어들게 해서 가중합한 것이다. 두 단어가 연이어 일치할 때마다 추가 점수(바이그램 추가 점수)도 주었다. 그런 다음 최종 점수는 우선순위 큐 데이터 구조를 사용해 패시지에 순위를 매기는 데 사용된다. 순위화된 패시지 집합을 얻으면 솔라의 응답 구조에 결과를 기록하고, 이들은 클라이언트 시스템으로 전달된다. 결과의 예는 그림 8.6에서 볼 수 있다.

현 시점에서 우리는 지금 먼저 사용자 질문을 처리하고, 그 다음 후보 패시지를 얻을 검색 질의를 생성하는 데 기반을 두고 동작하는 시스템을 갖고 있다.

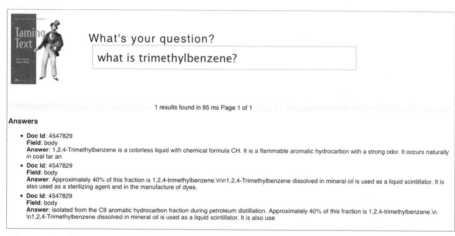

그림 8.6 질문 "What is trimethylbenzene(트리메틸벤젠은 무엇인가)?"에 대답하는, 동작하는 질의응답 시스템 예제

마지막으로 이 패시지를 질의와 일치하는 단어 주변의 윈도우를 살펴보는 단순한 채점 알고리즘을 사용해서 순위화했다. 이 기초를 염두에 두고 시스템을 개선하기 위해 할 수 있는 일에 대해 살펴보자.

8.5 시스템 개선을 위한 과정

지금까지 코드를 따라왔다면 시스템을 개선하기 위해 할 수 있는 다른 작업이 틀림없이 많이 있다는 것을 알아차렸을 것이다. 다음 목록에 일부 아이디어를 강조했다.

- 다수의 QA 시스템은 질문을 분석해서 미리 정의된 질문 템플릿을 선택하는데, 그런 다음 템플릿은 템플릿과 일치하는 패시지에 기초한 적절한 후보를 알아내기 위한 패턴으로 사용된다.

- 답변 유형이 일정 수의 단어 안에 있거나 특정한 문장 안에 있게 해서 더 제한적인 루씬 질의를 생성한다.

- 답변을 포함하는 패시지를 알아내기만 하지 말고, 패시지에서 답변을 추출한다.

- 두 개 이상의 패시지가 같거나 아주 유사한 답변을 생성하면 중복되는 아이템을 제거하고 결과에 가중치를 주어 끌어올린다.

- 답변 유형을 알아낼 수 없는 경우에 검색이나 다른 분석 접근법으로 돌아가서 개선한다.

- 신뢰 수준이나 답변에 이르게 된 과정에 대한 설명을 보이고 사용자에게 결과를 개선할 방법을 준다.

- 특정 질문 유형에 대한 전문적인 질의 처리를 포함한다. 예를 들어 "Who is X?(X는 누구인가?)" 같은 질문은 텍스트를 검색하는 대신 유명인에 대한 지식 기반 리소스를 사용해서 답변을 찾을 수 있다.

앞의 목록은 개선 대상 중 극히 일부만 다룬다. 여기에 자신만의 직관을 더하는 것이 더 중요하다. 꼭 그렇게 해보기를 권한다.

8.6 정리

동작하는 질의응답 시스템을 확장하는 것은 이 책에 있는 많은 원칙이 동작하는 것을 보기에 좋은 방법이다. 예를 들어 질문 분석 단계에는 다수의 문자열 일치 기법 및 개체명 인식과 태그 부착 같은 작업을 적용할 필요가 있고, 반면 패시지를 얻고 순위를 매기는 작업에는 그저 일치 문서를 찾는 것만이 아니라 문서에서 일치가 일어난 바로 그 자리를 찾는 깊은 검색 엔진 기능이 필요하다. 그 일치를 갖고 문자열 일치 기법을 더 적용해 패시지에 순위를 매기고 답변을 생성한다. 전체적으로 여기서 간단한 사실 기반 질의응답 시스템을 얻었다. 이 시스템이 제퍼디!에서 우승할 수 있을까? 물론 그렇지 않다. 이것으로 어떻게 쉽게 사용할 수 있는 오픈 소스 도구를 사용해서 동작하는 시스템을 만드는지 충분히 봤기를 바란다.

8.7 참고 자료

Morton, Thomas. 2005. Using Semantic Relations to Improve Information Retrieval.

University of Pennsylvania. http://www.seas.upenn.edu/cis/grad/documents/morton-t.pdf.

Singhal, Amit; Abney, Steve; Bacchiani, Michiel; Collins, Michael; Hindle, Donald;

Pereira, Fernando. 1999. "AT&T at TREC-8 ." AT&T Labs Research. http://trec.nist.gov/pubs/trec8/papers/att-trec8.pdf.

9

야생의 텍스트: 다음 개척지 탐구

9장에서 다루는 내용

- 검색과 NLP 분야에서 다음에 할 일
- 여러 언어에 걸친 검색과 콘텐츠의 감정 감지
- 신흥 도구, 애플리케이션, 아이디어 리소스
- 의미론, 담론, 화용론과 같은 언어 처리의 고차원 요소

휴! 긴 여정이었다. 그저 이 책이 끝나기를 기다린 독자의 인내심 측면만을 뜻한 것은 아니다(대단히 감사드린다!). 몇 년 전, 검색은 대단히 유행했고, 소셜 네트워킹은 갓 시작된 상태였다. 갓 나온 것만 같은 검색과 NLP 분야 아이디어는 이제 포춘

100대 기업부터 막 시작한 스타트업과 그 사이에 있는 기업까지 광대한 범위의 애플리케이션을 뒷받침한다.

여기에서는 텍스트를 다루는 일부 기초 지식을 이해하고, 텍스트를 검색하고, 텍스트에 태그를 달고, 그룹으로 묶는 수준에서 시작했다. 그리고 그 개념 중 다수를 단일 애플리케이션으로 묶는 기본적인 질의응답 시스템을 살펴보기까지 했다. 이런 기능이 실용적인 텍스트 애플리케이션 다수를 이루지만, 결코 정보 검색[IR]이나 자연언어 처리[NLP] 분야의 전체를 구성하지는 않는다. 특히 개체(브랜드, 장소, 인물 등)에 대한 사용자 정서 같은 것들을 살펴보는 고수준 언어 처리는 부분적으로는 의식의 흐름을 남기는 트윗과 업데이트에 대한 강박 덕에 빠르게 성장하는 영역이다.

9장에서는 시작하는 데 충분한 정보와 이 영역의 더 어려운 문제와 맞붙기에 충분한 영감을 제공하기를 바라며, 정서 분석을 다른 고급 기법과 함께 살펴본다. 또한 각 주제 너머의 개념을 소개하고, 독자가 더 탐구할 수 있는 참고 자료를 제공하며, 적절하게 사용한다면 구현에 도움이 될 만한 오픈소스 라이브러리와 도구를 소개한다. 그러나 이전 장들과는 달리 동작하는 코드 예제를 제공하지는 않는다.

문서 요약과 사건 및 관계 감지에 대한 설명으로 넘어가기 전에 의미론, 담론 분석, 화용론을 포함한 고수준 언어를 다루는 작업을 살펴보는 것으로 시작한다. 그런 다음, 텍스트에서 중요성과 감정을 알아내는 것을 살펴보고, 다양한 언어에 걸친 검색을 살펴보면서 9장(과 이 책)을 마친다.

9.1 의미론, 담론, 화용론: 고수준 NLP 탐구

이 책의 대부분은 텍스트를 해석하고, 텍스트에 라벨을 붙이고, 텍스트를 검색하고, 아니면 소비 가능한 정보 단위로 조직화하는 것 같은 작업을 통해 사용자(살아 있고 숨쉬는 인간)가 텍스트의 의미를 찾는 것을 돕기 위해 조직됐다. 그러나 컴퓨터에게 텍스트의 의미를 파악하고 결과를 내라고 한다면 어떨까? 가장 단순하게 특정 단어(문구, 문장) 집합의 의미를 물을 수 있지만, 컴퓨터가 텍스트의 더 깊은 의미를 알아낼 수 있다면? 예를 들어 컴퓨터가 저자의 의도를 알려주거나 한 문서의 의미가 다른 문서의 의미와 비슷하다고 할 수 있다면?

그 대신, 기계가 세계에 대한 지식을 사용해서 "행간을 읽을 수 있다"면? 이런 식의 의미에 대한 생각과 그 외의 것은 다음과 같은 세 가지 다른 영역으로 묶을 수 있다(Liddy [2001]과 Manning [1999]를 보라).

- **의미론(Semantics)** 단어의 의미와, 더 큰 의미 단위를 구성하기 위한 단어 간의 상호작용에 대한 연구
- **담론(Discourse)** 의미 단계를 기반으로 해서 담론 분석은 문장 간의 관계를 알아내는 것이 목적이다. 어떤 저자는 의미의 다음 단계인 화용론과 담론을 같은 그룹으로 묶는다.
- **화용론(Pragmatics)** 맥락, 세계에 대한 지식, 언어 관습, 그 외의 기타 추상적 속성이 어떻게 텍스트의 의미에 기여하는지에 대해 연구한다.

> **참고** 이 세 가지 분야가 주로 텍스트의 의미에 초점을 두고 있지만, 모든 수준의 언어는 텍스트의 의미에 기여한다. 예를 들어 여러 개의 글자를 무작위로 모아 문자열로 만든다면 단어처럼 보이지는 않을 것이고, 문장에 사용되는 경우 대개 의미가 없을 것이다. 그렇지 않으면 문장에서 단어의 순서(문법)를 바꾼다면 또한 의미를 바꾸게 될 것이다. 예를 들어 'Natural Language Processing(자연언어 처리)'(Liddy [2001]을 보라)이 가리키듯 문장 "The dog chased the cat(개가 고양이를 뒤쫓았다)"과 "The cat chased the dog(고양이가 개를 뒤쫓았다)"는 모두 같은 단어를 사용하지만, 배열 순서는 문장의 순서를 크게 바꾸었다.

이런 정의를 준비해 두고 각 영역을 더 깊게 파고 몇 가지 예제와 의미를 찾기 위해 텍스트를 처리하는 데 사용할 수 있는 도구를 살펴보자.

9.1.1 의미론

실용적인 관점에서, 의미론 수준 처리에 관심이 있는 애플리케이션은 전형적으로 두 가지 분야에 관심을 갖는다(의미론 전체는 더 넓은 범위를 가리킨다).

- 동의어, 반의어, 상위어/하위어 등과 같은 단어 의미와 단어 의미 명확화^{WAD, word sense disambiguation}에 관계된 작업으로, 여러 개의 뜻을 고려해서 단어의 적절한 의미를 고른다. 예를 들어 bank는 금융 기관이나 강둑^{river bank}이 될 수 있다.

- 통계적으로 흥미로운/있을 것 같지 않은 문구^{SIPs, statistically interesting/improbable phrases} (http://www.amazon.com/gp/search-inside/sipshelp.html - 옮긴이)에도 관련된 연어^{collocation}와 관용구^{idiom}는 따로 떨어져 있을 때보다 모여서 더 많은 의미를 추론하는 단어 그룹이다. 다른 말로 전체의 의미는 부분의 의미보다 크거나 다르다. 예를 들어 "bit the dust(실패하다/죽다)"라는 문구는 무언가가 실패하거나 죽는 데 대한 것이지 말 그대로 먼지 입자를 먹는 데 대한 것이 아니다.

단어 의미를 작업 대상으로 하며, 효과적으로 동의어와 기타 등등을 사용하는 첫 관심 분야는 검색 품질을 향상시키는 데 유용할 수 있다. 특히 질의의 맥락에 관련 있는 동의어만 선택하기 위해 단어 의미 간의 차이를 분명히 보여줄 수 있다면 그렇다. 어쨌든 전반적으로 명확화는 대개 어렵고 느려서 실세계의 검색에서 실용적이지 못하다. 그러나 도메인과 사용자가 입력할 만한 가능성이 높은 질의를 안다면 완전한 명확화 솔루션을 배치하지 않고도 결과를 향상시키는 데 도움이 된다. WSD를 시작하려면 매닝^{Manning}과 슈츠^{Schütze}의 『Foundations of Statistical Natural Language Processing』(1999)의 7장을 확인하라. 명확화는 보통 프랑스어를 영어로 바꾸는 것처럼 한 언어를 다른 언어로 번역하는 기계 번역 애플리케이션이 갖춰야 하는 필요조건이기도 하다. WSD를 수행하는 소프트웨어에 대해서는 다음을 확인한다.

- SenseClusters-http://www.d.umn.edu/~tpederse/senseclusters.html.
- Lextor-http://wiki.apertium.org/wiki/Lextor. Lextor는 더 큰 프로젝트의 일부인데 주의하라. Lextor를 독립 시스템으로 사용하려면 작업이 좀 필요하다.

많은 사용자들은 8장에서 소개된 프린스턴 대학의 워드넷^{WordNet}이 이런 유형의 작업에도 유용함을 알아볼 것이다. 연어와 SIP도 검색부터 책이나 단순히 언어 또는 연구 분야를 더 잘 이해하기 위한 색인을 구축하기 위한 자연언어 생성(컴퓨터가 당신의 에세이나 리포트를 써 준다)에 이르는 많은 용도가 있다. 예를 들어 검색 애플리케이션에서 특정 문서에 대해 연어의 목록과 그 문구를 포함하는 다른 문서에 대한 링크를 사용자에게 보여주는 식으로 질의를 향상시키고 발견용 인터페이스를 구축하는 데 연어를 사용할 수 있다. 아니면 특정 분야에 대한 모든 문헌을 받아들여 SIP 목록을 정의, 참조, 기타 속도를 내는 데 도움이 되는 정보와 같이 출력하는 애플리케이션을 상상해보라. 연어를 생성하는 소프트웨어에 대해서는 아파치 머하웃^{Apache Mahout} 이상은 찾아보지 말라. 더 알아보려면 https://cwiki.apache.org/confluence/display/MAHOUT/Collocations(https://mahout.apache.org/users/basics/collocations.html가 유효한 url로 보인다. - 옮긴이)를 보라.

의미 수준에 대한 다른 관심 분야는 특히 다른 수준에서 텍스트를 처리할 때 그 일부로써 텍스트를 이해하는 데 유용하다. 예를 들어 진술의 사실성 평가는 진술 안의 단어에 대한 의미적 이해를 다른 지식만큼 수반한다. 의미론은 또한 보통 문장의 수량사와 다른 어휘 단위의 정해진 역할을 파악하기 어렵다. 예를 들어 이중 부정, 위치가 잘못된 한정어, 기타 범위 문제는 문장의 의미를 이해하기 어렵게 만든다. 의미론에 대해서는 배울 것이 훨씬 더 많이 있다. 위키피디아의 의미론 페이지(http://en.wikipedia.org/wiki/Semantics)는 학습을 더 시작할 장소의 적절한 목록과 언어학에 대한 괜찮은 도입부를 제공한다.

9.1.2 담화

의미론이 보통 문장 내에서 작동하는 반면, 담화는 문장 너머로 가서 문장 간의 관계를 살펴본다. 담화는 발언, 몸짓 언어, 발화 행위 등의 것도 살펴보지만, 우리는 주로 기록된 텍스트에서의 용도에 초점을 두자. 담화는 가끔 다음 논의 영역인 화용론에 묶인다.

자연언어 처리까지 고려하면 담화 도구의 용도는 주로 대용어 확인과 텍스트의 구조를 정의하기/라벨 붙이기(담화 분할이라고 일컫는)다. 예를 들어 뉴스 기사에서 선두, 주 기사, 인용, 기타 같은 종류는 별도로 나누고 적절히 라벨을 붙일 수 있다.

대용어^{anaphor}는 대개 명사이면서 대용어 앞에 출현하는 다른 텍스트 조각의 참조다. 예를 들어 문장 "Peter was nominated for the Presidency. He politely declined

(피터는 회장 후보에 지명됐다. 그는 정중히 거절했다).”에서 대명사 He는 대용어다. 대용어는 다음 문장이 보이는 것과 같이 대명사와 다를 수 있다. “The Hurricanes' Eric Staal scored the game winning goal in overtime. The team captain netted the winner at 2:03 in the first overtime(허리케인의 Eric Staal은 연장전에 경기 승리 득점을 기록했다. 팀 주장은 첫 연장전의 2분 3초 때 승점을 올렸다).” 이번 예제에서 team captain팀 주장은 Erik Staal의 대용어이다. 대용어 확인은 상호 참조 확인이라고 하는 더 일반적인 주제의 부분집합인데, 이것은 보통 담화 분석과 다른 수준의 처리에도 의존한다. 상호 참조 확인Co-reference resolution의 목적은 텍스트 조각에서 특정 개념이나 개체에 대한 언급을 모두 찾아내는 것이다. 예를 들어 다음 텍스트에서 New York City, NYC, Big Apple, Gotham, the city는 모두 같은 장소에 대한 인급이다.

New York City (NYC) is the largest city in the United States. Sometimes referred to as the Big Apple, The City that Never Sleeps, and Gotham, NYC is a tourist mecca. In 2008, the Big Apple attracted over 40 million tourists. The city is also a financial powerhouse due to the location of the New York Stock Exchange and the NASDAQ markets.

교차 참조 확인, 그리고 대용어 참조는 검색, 질의응답QA 시스템, 그 외의 많은 곳에서 유용하다. QA 문맥의 예제로 “Which presidents were from Texas(텍사스 출신 대통령은 누구인가)?”라는 질문을 했다고 가정하고 다음 문서(Lyndon Baines Johnson에 대한 위키피디아 페이지 http://en.wikipedia.org/wiki/Lyndon_B._Johnson)를 QA 시스템의 소스로 갖고 있다고 가정하자.

Lyndon Baines Johnson (August 27, 1908–January 22, 1973), often referred to as LBJ, served as the 36th President of the United States from 1963 to 1969... Johnson, a Democrat, served as a United States Representative from Texas, from 1937–1949 and as United States Senator from 1949–1961...

36대 대통령 Johnson이 텍사스 출신임을 알아내기 위해 교차 참조 확인을 사용할 수 있다.

교차 참조와 대용어 확인에 대해 더 학습하려면 담화 분석에 대한 책과 대용어에 대한 위키피디아 페이지(http://en.wikipedia.org/wiki/Anaphora_(linguistics))가 학습을 시작하기 적절한 지점이다. 구현에 대해서는 OpenNLP가 교차 참조 확인을 지원한다.

담화 분할은 검색과 NLP 애플리케이션에서 사용된다. 검색 측면에서, 식별하고, 라벨을 붙이고, 큰 문서를 작은 분할로 잠재적으로 나누면 문서에서 일치가 일어난 정확한 위치로 사용자를 이끌고, 거기 더해 토큰에 더 잘게 나뉜 가중치를 제공하는 식으로 보통 더 정확한 검색 결과로 이어진다. 부정적인 점은 문서를 전체로 다시 조립하거나 단일 세그먼트 내의 결과보다 여러 세그먼트에 걸친 결과가 더 나은지 알아내려면 추가적인 작업이 필요하다는 것이다.

담화 분할은 텍스트 안의 주제와 세부 주제를 더 잘 다루는 요약을 생성하기 위한 문서 요약 기법에도 유용할 수 있다(나중에 다른 절에서 요약에 대해 다루겠다). "Multi-Paragraph Segmentation of Expository Text"(Hearst 1994)를 이 분야의 접근법 예제로 보자. MorphAdorner 프로젝트(http://morphadorner.northwestern.edu/morphadorner/textsegmenter/)는 Hearst의 TextTiling 접근법의 자바 구현체(상업적 용도에 대해서는 라이선스를 반드시 확인하라)와 CPAN의 http://search.cpan.org/~splice/Lingua-EN-Segmenter-0.1/lib/Lingua/EN/Segmenter/TextTiling.pm에 위치한 펄Perl 버전을 갖는다. 또한 보통 룩씬과 솔라로 인덱싱 도중이나 질의 도중(잘게 나뉜 위치 일치를 허용하는 SpanQuery 객체를 사용해서) 적절한 애플리케이션 시점 결정을 통해 기초적 수준의 분할을 할 수 있다.

이 분야에서 유익하다고 판명될 수도 있는 패시지 기반 검색에 대해서도 많은 글이 나왔다. 지금은 다음으로 넘어가서 화용론에 대해 알아보자.

9.1.3 화용론

화용론Pragmatics은 맥락과 맥락이 의사소통에 어떻게 영향을 미치는지에 대한 모든 것이다. 맥락은 우리에게 이해하기 위해 필요한 모든 정보를 설명하지 않고도 소통할 수 있게 하기 위한 프레임워크와 기초를 제공한다. 예를 들어 이 책의 제안 단계와 개발 내내 저자들이 답해야 했던 주요 질문 중 하나는, 이 책의 대상 독자가 누구인가였다. 사업 수준에서 이것은 시장의 크기와 예상 이득을 알아내는 데 유용하지만, 저자 수준에서는 이 책의 맥락 대부분을 설정하는 데 중대하다.

시장 분석 절차를 마쳤을 때 대상 독자를 프로그래밍(아마도 자바)에 익숙하지만, 검색과 자연언어 처리의 개념과 관례에는 익숙하지 못할 공산이 크고, 이 도구와 기법을 현업에서 사용할 필요가 있는 개발자로 정했다. 또한 복잡한 수학적 설명을 피하고, 이미 일반적으로 사용되는 알고리즘을 구현한 오픈소스 도구에 기반을 두고 동작하는 예제를 제공하기로 결정했다. 이 맥락을 염두에 두고, 사용자들이 커맨드라인 작업과 자바나 다른 프로그래밍 언어를 읽는 기초에 익숙하다고 가정하고, 따라서 설치와 기본 프로그래밍 원칙에 대한 지루한 설명을 피할 수 있었다.

단순한 수준에서 화용론은 언어적(형태론, 문법, 통사론 등) 지식과 우리를 둘러싼 세계에 대한 지식의 조합에 대한 것이다. 화용론은 우리가 모호성을 극복하거나 사람들의 의도를 이해하기 위해 어떻게 '행간을 읽는지' 연구한다. 화용적 시스템은 보통 추론을 만들기 위해 세계에 대해 추론할 수 있어야 한다. 예를 들어 Lyndon Johnson에 대한 이전 담론 예제에서 질문이 "What state was Lyndon Johnson from(Lyndon Johnson의 출신 주는 어디인가)?"이었다면 QA 시스템은 Texas가 고유명사이며 주 이름이라는 것을 알아내야 할 것이다.

짐작할 수 있듯이 폭넓은 세계 지식을 애플리케이션에 인코딩하는 것은 사소하지 않기 때문에 보통 화용론적 처리는 어렵다. 도움이 될 많은 오픈소스 도구들이 있다. 몇 개만 예를 들면 OpenCyc 프로젝트(http://www.opencyc.org), 워드넷WordNet (http://wordnet.princeton.edu), CIA Factbook (https://www.cia.gov/library/publications/the-world-factbook/) 같은 것들이 있다. 어떤 리소스를 갖고든 애플리케이션 개발자는 보통 가용한 어떤 모든 리소스를 사용해서 바다를 데우려고 하는 대신, 상당히 엄격한 평가 프로세스를 통해 문제를 푸는 데 유용하다고 증명된 리소스에 집중해서 최선의 결과를 얻는다.

화용론의 다른 분야는 빈정거림, 공손함, 기타 행동의 용도와 이들이 의사소통에 어떻게 영향을 주는지를 조사할 수 있다. 이런 경우의 상당수는, 애플리케이션은 정서 분석(9장의 뒤에서 논한다)이나 추론 엔진 같은 후속 애플리케이션에서 사용될 수 있게 빈정거림 같은 역할을 하는 라벨을 붙이게 훈련된 분류기를 구축한다. 이런 경우 태그 부착에 대해 다룬 이전 장들이 더 깊이 파기 위한 적절한 시작지점이다.

모든 것을 고려했을 때 화용론 수준의 처리는 보통 많은 애플리케이션에 통합되기 어렵다. 화용론에 대해 더 학습하려면 Pragmatics(Peccei 1999)나 언어학 개론 텍스트를 읽어 보라. 괜찮은 소개 글이면서 다른 읽기 자료에 대한 포인터인 http://www.gxnu.edu.cn/Personal/szliu/definition.html(2018년 12월 유효하지 않은 링크)도 보라.

그 뒤에 따르는 몇 가지 다른 것들과 같이 다음 주제는 요즘 사용할 수 있는 거대한 양의 정보를 사람들이 쉽게 다룰 수 있게 하기 위한 노력으로, 이런 고수준 언어 다수가 동작하게 한다. 시작하기 위해 NLP가 어떻게 문서와 컬렉션 전체까지 요약해서 처리해야 하는 정보의 양을 상당히 줄이는 데 사용될 수 있는지 살펴보자.

9.2 문서와 컬렉션 요약

저자 Manish Katyal

문서 요약 기법은 독자에게 긴 문서나 문서 컬렉션의 중요한 정보를 빠르게 일별하게 해주기 위해 사용할 수 있다. 예를 들어 그림 9.1은 이집트의 정치적 불안정에 대한 워싱턴 포스트 기사(2011년 2월 4일자 워싱턴 포스트 기사로 제거됐다)의 개요를 보여준다.

이 개요는 IBM AlphaWorks의 Many Aspects Document Summarization으로 생성됐다. 왼편은 기사의 중심이 되는 문장을 보여서 워싱턴 포스트에서 복사해 붙여 넣은 기사에 대한 적절한 개요가 된다. 이것은 단일 문서 요약의 사례다. 요약기 summarizer는 이집트의 정치적 불안정에 대한 연관된 뉴스 기사에 대한 개요를 생성하는 데도 사용될 수 있다. 생성된 개요는 "Riots in Egypt. President Mubarak under pressure to resign. US government urges Mubarak to react with restraint(이집트 폭동. 사임 압력하의 무바라크 대통령. 미국 정부는 무바라크에게 구속으로 반응하게 촉구하다)."와 같이 중요한 정보를 포함할 수 있다. 이 문장 각각은 같은 사건을 다루는 다른 뉴스 소스에서 왔을 수 있다. 이것을 컬렉션 요약이나 복수 문서 요약이라고 한다.

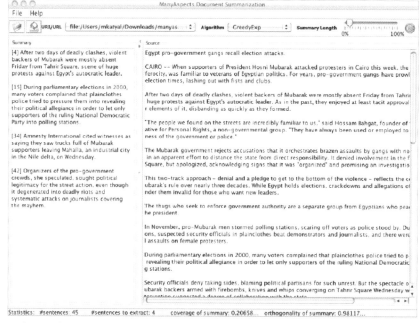

그림 9.1 대규모 문서의 개요를 자동으로 생산하는 애플리케이션 예제를 보여주는 이미지

다른 요약 애플리케이션은 검색 페이지의 링크 각각에 대한 안내문이나 테크크런치^{Techcrunch}, 엔가젯^{Engadget}, 기타 기술 블로그에서 유사한 글을 합쳐 기술 뉴스의 개요를 생성하기도 한다. 이 모든 애플리케이션의 주요 목표는 독자에게 충분한 정보를 줌으로써 독자가 더 뚫고 들어가 상세 정보를 읽을지 결정할 수 있게 하는 것이다.

개요 생성에는 세 가지 작업이 있다. 첫 번째 작업은 콘텐츠 선택이다. 이 작업에서 요약기는 개요에 필수적인 후보 문장 목록을 선택한다. 일반적으로 선택될 수 있는 단어나 문장의 수에는 제약이 있다.

후보 문상을 선택하는 작업의 접근 방식에는 여러 가지가 있다. 그 중 한 가지 접근법에서 요약기는 문서에서 문장의 중요성에 따라 문장을 순위화한다. 문장이 다른 문장과 크게 유사하다면 그것은 다른 문장과 공통적인 정보를 포함하고 있고, 따라서 요약에 선택되기 적합한 후보다. 다른 접근법은 문서에서의 문장 위치를 고려하거나, 문장이 포함한 단어의 연관성에 따라서, 그리고 'in summary(요약하면)',

'in conclusion(마지막으로)' 등과 같은 신호 문구 문장을 찾아서 순위화하는 것이 될 수 있다. 문서에 자주 나타나지만 전반적인 문서 컬렉션에는 그렇게 많이 나타나지 않는다면 그 단어는 유익하다거나 요약에 연관돼 있다고 여긴다. TF-IDF나 로그 우도 같은 가중치 방식은 문서에 대한 단어의 연관성을 알아내는 데 사용될 수 있다. 세 번째 접근법은 모든 문장의 중심 의사 문장을 계산하고 가능한 한 중심에 가장 가까운 문장을 찾는 것이다.

문서 컬렉션을 요약하기 위해 문서 그룹이 상당히 겹칠 수 있기 때문에 요약기는 동일하거나 유사한 문장을 선택하지 말아야 한다. 그러기 위해 요약기는 이미 선택된 문장과 유사한 문장에 불이익을 준다. 이 방법으로 중복을 없애고 문장 각각이 독자에게 새로운 정보를 주게 할 수 있다.

우리 의견에는, 콘텐츠 선택은 다음 작업인 문장 배치나 문장 실현sentence realization 에 비해서는 비교적 쉬운 작업이다. 문장 배치 작업은 선택된 문장을 재배열해서 요약이 일관성 있고 독자가 정보 흐름을 부드럽게 받아들여야 한다. 단일 문서 요약에 대해 선택된 문장의 원본 순서를 유지할 수 있다. 불행히도 문서 컬렉션 요약에 대해서는 이 작업이 훨씬 어렵다.

최종 작업에서 배열된 문장은 읽기 쉽게 다시 써야 할 수 있다. 예를 들어 문장은 독자가 이해하기 쉽게 하기 위해 반드시 해결해야 하는 줄임말이나 대명사를 갖고 있을 수 있다. 예를 들어 "Mubarak promised to deal with the rioters with a firm hand"는 "The President of Egypt, Mubarak, has promised to deal with the rioters with a firm hand."와 같이 다시 써져야 할지도 모른다. 우리 생각에 이 작업은 텍스트에 대한 정교한 언어학적 분석이 필요하기 때문에 생략될 수 있다.

이런 대부분의 기술처럼 문서와 컬렉션 요약에 대해 가용한 오픈소스 선택지가 몇 가지 있다. http://www.summarization.com/mead/에 위치한 MEAD 프로젝트는 개방 도메인 복수 문서 텍스트 요약기다. 콘텐츠 선택을 위해 MEAD가 사용하는 알고리즘인 LexRank의 온라인 데모는 http://tangra.si.umich.edu/~radev/lexrank/ 에서 찾을 수 있다. 중요도에 대한 절에서 LexRank가 선택한 접근법 일부를 다시 살펴보겠다. 다른 솔루션으로는 http://texlexan.sourceforge.net/에 위치한 Texlexan 이 있다. Texlexan은 요약과 텍스트 분석, 분류를 수행한다. Texlexan은 영어, 프랑스어, 독일어, 이탈리아어, 스페인어 텍스트에 대해 동작한다.

텍스트 요약에 대해 더 학습하려면 Speech and Language Processing(Jurafsky [2008])을 보라. 이 분야의 연구 논문에 대해서는 http://www-nlpir.nist.gov/ projects/duc/pubs.html에서 DUC[Document Understanding Conference]의 출판물을 보라. DUC는 텍스트 요약에 대한 일련의 대회다. 요약과 비슷하게 다음 주제인 관계 추출은 텍스트에서 주요 정보 조각을 추출하는 것이 목적이다. 그러나 요약과는 달리 관계 추출은 후속 도구가 사용하거나 최종 사용자가 소비할 수 있게 텍스트에 구조를 추가하는 데 대한 것이다.

9.3 관계 추출

저자 Vaijanath N. Rao

관계 추출[RE, relation extraction] 작업은 텍스트에 언급된 관계를 알아내는 것을 목표로 한다. 전형적으로 관계는 하나 이상의 독립 변수에 대한 함수로 정의되는데, 독립 변수는 개념, 객체, 실세계의 사람을 나타내고, 관계는 독립 변수 간의 연관이나 상호 작용을 설명한다. RE에 연관된 대부분의 연구는 관계가 두 독립 변수의 함수인 이항관계에 초점이 맞춰져 있었지만, 공통 개체를 같이 연결해서 더 복잡한 관계로 이것을 확장할 수 있다. 이항관계의 예제로 "Bill Gates is the cofounder of Microsoft(빌 게이츠는 마이크로소프트의 공동 창립자이다)."라는 문장을 생각해보자. RE 시스템은 cofounder[공동 창립자] 관계를 문장에서 추출해서 이것을 cofounder-of(Bill Gates, Microsoft)처럼 나타낼 수 있다. 이번 절의 남은 부분에서는 특별히 언급하지 않는 한 이항관계 추출에 주력한다.

RE 시스템의 또 다른 예는 T-Rex 시스템이다. 그림 9.2에서 T-Rex 시스템의 일반적 아키텍처와 예제를 볼 수 있다. T-Rex는 셰필드대학[University of Sheffield]의 오픈소스 관계 추출 시스템이다. 더 자세한 내용은 이번 절의 뒤에서 찾아볼 수 있다. 입력 텍스트 문서는 관계 추출 작업을 수행하는 RE 엔진에 제공된다.

관계 추출 시스템
(T-Rex)

예제

텍스트 문서

Albert Einstein was a renowned theoretical physicist, was
born in Ulm, on 14th March 1879. ....

처리 시스템

전처리기

자질 추출기

분류 시스템

여과기

분류기

추출된 관계들

Occupation (Albert Einstein, Theoretical Physicist)
Born-in (Albert Einstein, Ulm)
Born-on (Albert, Einstein, 14th March 1879)

그림 9.2 T-Rex는 관계 추출 시스템의 사례다. 이 그림에서 RE의 결과는 문장에서 추출된 몇 가지 관계를 보여준다.

T-Rex의 RE 시스템은 두 가지 주된 부분 시스템인 처리기Processor와 분류기Classifier로 구성된다. 부분 시스템에 대해서는 나중에 자세히 설명한다. 그림의 오른편은 T-Rex 시스템을 통해 실행되는 예제를 포함한다. "Albert Einstein was a renowned theoretical physicist, was born in Ulm, on 14th March 1879(앨버트 아인슈타인은 유명한 이론 물리학자였고, 1879년 3월 14일에 울름에서 태어났다)."이라는 문장을 생각해보자. RE 시스템은 Occupation, Born-in, and Born-on 관계를 추출한다. 따라서 추출된 관계는 Occupation(Albert Einstein, Theoretical Physicist), Born-in(Albert Einstein, Ulm), Born-on(Albert Einstein, 14th March 1879)이다.

관계 추출은 텍스트를 깊이 이해하는 것을 돕는 개체 간의 의미적 관계를 기술하기 때문에 여러 가지 관계 추출 애플리케이션이 있다. RE는 질의응답 시스템만큼 요약 시스템에도 일반적으로 사용된다. 예를 들어 "Learning Surface Text Patterns for a Question Answering System"(Ravichandran [2002]를 보라)는 잠시 후 설명할 텍스트 패턴과 준지도semisupervised 접근법을 사용하는 개방 도메인 질의응답 시스템을 제안했다. 예를 들어 "When was Einstein born(아인슈타인은 언제 태어났는가)?" 같은 질문에 답하기 위해 '$<$NAME$>$ was born in $<$LOCATION$>$.'와 같은 패턴을 제안한다. 이것은 그저 관계 추출 시스템이 추출할 수 있는 {\bf born-in}({\it Einstein, Ulm}) 관계다. 이런 예제를 기억해 두고, 관계 확인에 대한 서로 다른 접근법을 조금 살펴보자.

9.3.1 접근 방식 개요

관계 추출에 연관된 연구는 과잉됐다. Chu et al.(Chu [2002])과 Chen et al.(Chen [2009])에서 사용한 것과 같은 규칙 기반 접근법이 제안됐는데, 여기서는 미리 정의된 규칙을 관계 추출에 사용한다. 그렇지만 이 방식은 규칙 공식화를 위해 도메인을 많이 이해해야 한다. 대략적으로 RE에 대한 접근법은 관계 추출을 주석이 붙은 데이터에서 학습하는 바이너리 분류 작업으로 만들어내는 지도 방식, 부트스트래핑 방식을 주로 사용하는 준지도 방식, 클러스터링을 수반하는 자율 방식, 그리고 바이너리 관계를 넘어선 접근법 카테고리로 분류할 수 있다. 관계 추출 접근법의 상세한 내용에 대한 훌륭한 개관은 "A Survey on Relation Extraction"(Nguyen [2007])에서 볼 수 있다.

지도 방식

지도Supervised 방식(Lodhi [2002]와 같은)은 일반적으로 관계 추출 작업을 분류 문제로 본다. 태그된 긍정과 부정 관계 예제 집합이 있으면 작업은 이진 분류기를 훈련하는 것이다.

예를 들어 어떤 문장에 대해 이 책의 앞부분에서 소개한 OpenNLP에 있는 것과 같은 개체명 인식NER 도구를 사용할 수 있다. 이 개체와 개체를 연결하는 단어를 고려해서 개체 간의 관계를 인식하는 새로운 분류 모델을 생성하는 데 이 개체를 사용하는 다른 분류기를 훈련할 수 있다.

지도 방식은 분류기 학습에 사용되는 데이터에 따라 자질 기반 메소드와 커널 기반 메소드로 더 나눌 수 있다.

자질 기반 메소드는 문장에서 자질을 추출한다. 그 다음 분류에 이 자질을 사용한다. 구문적 자질(Kambhatla [2004] 참고)의 추출과 의미론적 자질(GuoDong [2002] 참고)을 추출하는 데 다른 방식을 채택한다. 구문적 자질의 예로는 개체명, 개체 유형(예를 들어 인물, 회사 등), 개체 사이의 단어 시퀀스, 개체 사이의 단어 수 등이 있다. 의미론적 자질의 예로는 명사구인지 동사구인지와 같은 문장의 해석 트리가 있다. 이 자질은 그 다음 분류기를 훈련하는 데 사용된다. 물론 모든 자질이 동등하게 중요하지는 않고, 때때로 최적의 자질 집합에 이르기는 어렵다. 다음에 소개할 커널 메소드는 최적 자질 선택에 대한 의존성을 제거하는 대안적 방식이다.

커널은 두 객체를 고차원 공간에 매핑하는 함수로, 객체 간의 유사도를 정의한다. 일반적으로 문자열 커널의 변종(Lodhi [2002] 참고)이 관계 추출에 사용된다. 문자열 커널은 두 문자열의 공통부분 시퀀스에 기반을 두고 두 문자열 간의 유사도를 계산한다. 가장 일반적으로 사용되는 커널은 자질낭^{bag-of-features} 커널과 컨볼루션^{convolution} 커널이다. 그림 9.3은 문장과 다른 커널 표현에 대한 예를 보여준다.

자질낭 커널은 두 문자열에 특정 단어가 출현하는 횟수를 정의한다. 예를 들어 그림 9.3에서 볼 수 있듯 자질낭 커널은 각 단어가 문장에서 출현한 횟수를 보여준다. "Subsequence Kernels for Relation Extraction"(Bunescu [2005] 참고)을 따르면 이것을 세 가지 부분 커널로 세분할 수 있다. 그림의 예제에 대해 John과 XYZ 개체가 식별됐다. 맥락 커널은 관심 대상인 맥락의 세 부분을 알아낸다.

- Before   John 개체 이전에 출현한 단어
- Middle   John과 XYZ 개체 사이에 출현한 단어
- After   XYZ 개체 이후에 출현한 단어

컨볼루션 커널(Zelenko [2003] 참고)은 부분 구조의 유사성을 더해 구조화된 두 문장

간의 유사도를 계산한다. 컨볼루션 커널의 예제는 두 개체 간의 관계를 부분 트리의 유사성을 사용해서 정의하는 트리 커널이다. 그림 9.3의 예제에 대해 개체 John과 XYZ 사이의 관계는 각 부분 트리 간의 유사성을 사용해 계산된다.

이 설명은 짧지만, 더 많은 정보는 참조된 인용 자료를 보기 바란다. 지금은 준지도 접근법을 대략적으로 살펴보겠다.

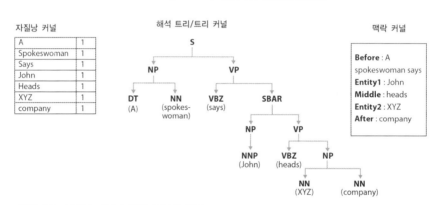

그림 9.3 자질낭 커널과 맥락 커널의 예제

준지도 방식

지도 방식은 좋은 성능을 내기 위해 많은 훈련 데이터에 더해 도메인 전문 지식이 필요하다. 반면 새로운 도메인에서의 RE를 위해 부트스트래핑과 같이 부분적 지도 방식을 사용할 수 있다.

문헌에서 제안된 부트스트래핑 방식은 대략 세 가지 유형으로 나눠진다. 첫 번째 방식(Blum[1998] 참고)은 시드seeds라고 하는 작은 훈련 데이터 집합을 사용한다. 이 시드 데이터를 사용해서 새로 발견되는 데이터의 추가적인 주석에 대해 반복적인 부트스트래핑 학습 프로세스를 이용한다. 두 번째 방식(Agichtein [2005] 참고)은 미리 정의된 관계 집합을 가정한다. 적은 양의 훈련 데이터가 훈련 과정에 사용된다. 정의된 관계를 갖는 새로운 사례를 발견하기 위해 반복적 2단계 부트스트래핑 프로세스를 이용한다. 첫 번째 단계에서 개체가 식별되고 패턴이 추출되는데, 이는 두 번째 단계에서 새로운 패턴을 찾는 데 사용된다. 세 번째 방식(Greenwood[2007]

참고)은 특정한 관계 추출 작업에 관계relevant/무관nonrelevant으로 분류되는 문서 그룹만 사용한다. 패턴은 관계와 무관에 연관된 문서에서 각각 추출돼 적당히 순위화된다. 이렇게 순위화된 패턴은 이후 개체를 포함한 새로운 연관 패턴을 식별하기 위한 반복적 부트스트래핑에 사용된다.

자율 방식

지도와 준지도 방식의 경우 새 도메인에의 적용과 도메인 지식 요구에 대한 본질적 비용이 든다. 이 비용은 훈련 예제가 필요하지 않은 자율 방식을 사용해서 극복할 수 있다. Hachey et al.(Hachey [2009]참고)은 일반적인 관계 추출에 유사도와 클러스터링을 사용하는 방식을 제안했다. 그 방식은 관계 식별relation identification과 관계 특성 짓기relation characterization라는 두 단계로 구성된다. 관계 식별 단계에서 연관된 개체 짝이 식별되고 추출된다. 공통 출현 윈도우co-occurrence window나 개체 제약(사람-사람 관계나 사람-회사 관계만 허용한다는 식으로) 등의 다양한 자질이 사용된다. 개체에는 적절한 가중치가 주어져야 한다. 관계 특성 짓기 단계에서 상위 관계는 클러스터화되고 클러스터 라벨이 관계를 정의하는 데 사용된다. 더 자세한 내용은 Hachey의 상세한 기록을 보라.

9.3.2 평가

2000년도에 미국 표준기술연구소NIST, National Institute of Standards and Technology(http://www.nist.gov/index.html)는 텍스트 데이터에서 자동으로 의미를 추론하는 기술을 돕기 위해 Automatic Content Extraction자동 콘텐츠 추출 공유 과제 프로그램에 착수했다. 개체, 값, 시간 표현, 관계, 사건 인식을 포함하는 다섯 가지 인식 과제가 프로그램의 일부로 지원됐다. 또한 공유 과제의 일부로 태그된 데이터와 지상 검증 자료 데이터(라벨로 주석이 붙은 데이터)가 사용 가능해졌다.

　개시 이후 이 데이터는 관계 추출 과제의 평가에 널리 사용됐고, 이번 절에서 설명한 대부분의 지도 메소드 또한 같은 것을 이용했다. 데이터가 포함하는 관계 유형에는 조직-위치organization-location, 조직-소속organization-affiliation, 시민-거주자-종교-민족citizen-resident-religion-ethnicity, 스포츠-소속sports-affiliation 등이 있다. 위키피디아(http://www.wikipedia.org) 데이터도 하이퍼링크로 된 엔티티를 대부분의 페이지에서 포함하며 Culotta(Culotta [2006] 참고) 등과 Nguyen(Nguyen [2007] 참고) 등의 연구에서 관계 추출에 사용된 또 다른 풍부한 데이터 소스다. 생체의학 분야에서 BioInfer(http://mars.cs.utu.fi/BioInfer/ 참고) 데이터와 MEDLINE(PubMed 참고)이 이전 연구에 사용됐다.

성능 평가에 가장 널리 사용되는 척도는 정밀도, 재현율, F-Measure다. 정밀도와 재현율은 검색에 대한 장에서 정의한 대로다. F-measure는 정밀도와 재현율 모두를 고려해서 단일 척도를 생성하기 위한 단순한 공식이다. 자세한 내용은 http://en.wikipedia.org/wiki/F1_score를 참고하라. 이전 절에서 본 대부분의 준지도 접근법은 대량의 데이터에 대해 동작한다. 이런 이유로 정밀도에 대한 추정은 추출된 관계와 지상 검증 자료 데이터만 사용해서 계산된다. 거대한 데이터 집합에서 실제 관계의 수를 얻기 어렵기 때문에 재현율을 계산하기 어렵다.

9.3.3 관계 추출을 위한 도구

이번 절에서는 일반적으로 사용되는 관계 추출 도구 몇 가지를 나열한다. 이전에 언급했듯이 T-Rex 시스템은 처리 작업과 분류 작업의 두 단계로 구성된다. 처리 작업에서 입력 텍스트는 자질로 변환된다. 분류 작업에서 자질이 추출되고 분류는 추출된 자질에 대해 훈련된다. T-Rex 프로젝트 페이지 http://sourceforge.net/projects/t-rex/에서 다운로드할 수 있다.

JSRE^Java Simple Relation Extraction는 두 정보 소스를 통합하기 위해 커널 함수의 조합을 사용한다. 처음은 관계가 발생한 문장이고, 두 번째는 개체를 둘러싼 맥락이다. JSRE 프로젝트 페이지 https://hlt-nlp.fbk.eu/technologies/jsre에서 다운로드할 수 있다.

파이썬 기반 NLP 툴킷인 NLTK^Natural Language Toolkit의 관계 추출 알고리즘은 2 패스 알고리즘이다. 첫 패스에서 텍스트를 처리해 맥락과 개체 튜플을 추출한다. 맥락은 개체의 앞이나 뒤의 단어(비어있을 수도 있다)가 될 수 있다. 두 번째 단계에서 짝의 3개 묶음을 처리해서 이진 관계를 계산한다. 조직이나 사람과 같이 개체에 대한 제약을 지정할 수도 있고, 변호사, 학장 등과 같은 관계 유형을 제한할 수도 있다. NLTK는 프로젝트 페이지 http://code.google.com/p/nltk/에서 다운로드할 수 있다.

9장의 모든 절에서는 관계 추출을 잘 해내기 위해 어떤 것이 수반되는지에 대해 표면적으로만 접했다. 이런 추출을 자신의 애플리케이션에서 어떻게 사용할지에 대해 이미 생각하고 있기를 바란다. 그 주제를 남겨두고 이제 중요한 아이디어와 거기 연관된 사람을 탐지하기 위한 알고리즘을 살펴보자.

9.4 중요한 콘텐츠와 인물 식별

소셜 네트워크의 정보 폭발과 현 시대의 과도한 연결성을 고려했을 때 콘텐츠와 인물을 어떤 우선순위나 중요도 개념에 따라 분리하는 일을 돕는 것은 차츰 더 유용해지고 있다. 이메일 애플리케이션에서 스팸 감지(중요하지 않은 메시지를 걸러내는)의 개념은 얼마간 구현됐지만, 어떤 메시지가 중요한지 알아내는 데 이제 막 컴퓨터를 사용하기 시작한다. 예를 들어 구글은 최근 Gmail 서비스를 통해 Priority Inbox(그림 9.4를 보라)라는 중요한 이메일과 중요하지 않은 이메일을 분리하려고 시도하는 기능을 출시했다.

그림 9.4 구글 메일의 Priority Inbox는 사용자에게 무엇이 중요한지 자동적인 결정을 시도하는 애플리케이션이다(2011년 1월 3일 캡처).

페이스북이나 트위터 같은 소셜 네트워크에서 다른 이들보다 중요하다고 여기는 사람들의 포스팅을 끌어올리고, 우선순위가 낮은 것은 나중에 읽거나 전혀 읽고 싶지 않게 하고 싶을 수 있다. 다른 수준에서 중요도의 개념은 단어, 웹사이트, 그 이상에 대해 적용될 수 있다. 마지막 예제로 그날의 뉴스를 얻어 일에 중요한 기사에 집중할 수 있다거나 새로운 연구 분야에서 가장 중요한 논문을 쉽고 빠르게 찾을 수 있다고 가정해보라(그랬다면 우리는 9 을 작성할 때 그런 도구를 사용할 수 있었을 것이다!).

중요도의 문제는 어려운 것이고, 이것을 해결하는 방식은 애플리케이션과 대개 사용자에게 달려 있다. 중요도는 순위화/연관성이나 권위authoritativeness와도 겹치는 영역이 있다.

주요 차이는 중요한 것이 연관되지만, 연관된 것이 꼭 중요하지는 않다는 것이다. 예를 들어 독에 대한 해독제와 그것을 어디서 구할지에 대한 정보는 언급된 독을 막 삼킨 사람에게는 해독제가 어떻게 개발되는지 설명하는 정보보다 훨씬 더 중요할 것이다. 이것은 불행히도 명확하지 않고, 무엇이 언제 연관성에서 중요성으로의 한계점을 넘는지는 상당히 주관적이다.

이번 절의 연구에서 '중요성 이론'의 개념이 아직 없다는 것은 금방 명확해지지만, 그 대신 중요성과 연관된 특정 문제를 해결하는 데 대한 증가하고 있는 상당량의 작업이 있다. surprise(http://en.wikipedia.org/wiki/Self-information 참고), 상호 정보(http://en.wikipedia.org/wiki/Mutual_information 참고) 등과 같은 정보 이론에 연관된 몇 가지 분야도 있다. 중요도를 전반적과 개인적의 두 단계로 생각해 보는 것도 유용하다. 전반적 중요도는 그룹의 대부분 사람들이 중요하다고 생각하는 것이고, 반면 개인적 중요도는 개인이 중요하다고 생각하는 것이다. 각 수준에 대해 동작하는 알고리즘과 접근 방식이 있는데, 다음의 두 절에서 살펴본다.

9.4.1 전반적 중요도와 권위

전반적 중요도global importance를 활용하는(적어도 그러려고 하는) 단일 최대 애플리케이션은 구글의 검색 엔진일 것이다. 구글의 검색 엔진은 사용자 질의에 대해 어떤 웹사이트가 가장 중요하고 믿을 만한지(연관된 사이트도 반환한다) 알아내기 위해 전 세계의 수백만 사용자의 투표(링크, 단어, 클릭 등을 통한)를 활용한다. 그 초기 형태가 "The Anatomy of a Large-Scale Hyper-textual Web Search Engine"(http://infolab.stanford.edu/~backrub/google.html)에 기술된 구글의 페이지랭크PageRank라는 접근 방식은 '웹의 정규화된 링크 매트릭스의 주요 고유 벡터에 해당하는' 상당히 단순하고 반복적인 알고리즘이다.

참고 이 책의 범위를 넘어서지만, 고유 벡터^{eigenvector}와 다른 행렬 수학이 NLP, 기계학습, 검색의 일상적 작업에 자주 나타나기 때문에 관심 있는 독자는 이에 대해 잘 학습할 것이다. 훌륭한 선형대수 교과서는 이런 일에 좋은 시작점이다.

고유 벡터에 대한 이런 인식은 다른 분야에서도 사용됐다. 예를 들어 유사한 접근법이 키워드 추출(TextRank, 구글에서 'TextRank emnlp04'로 검색해서 찾아보기를 추천한다. - 옮긴이)과 다중 문서 요약(LexRank, http://www.cs.cmu.edu/afs/cs.cmu.edu/project/jair/pub/volume22/erkan04a.pdf) 및 그래프 순위화 전략에도 사용됨을 볼 수 있다(Grant는 때때로 이들을 *Rank 전략이라고 부른다). 이런 접근 방식은 소셜 네트워크의 역학을 이해하는 데도 자주 사용되는데, 중요한 인물과 연결을 빠르게 찾을 수 있기 때문이다. 반복적 알고리즘은 구현하기 간단하고 다행히 상당히 쉽게 확장 가능하다. 더 어려운 부분은 우선 규모의 콘텐츠를 얻는 것이다.

9.4.2 개인적 중요도

개개인에게 무엇이 중요한지 계산하는 것은 여러모로 전반적 중요도를 계산하는 것보다 어렵다. 첫째, 사용자 A에게 중요한 것이 보통 사용자 B에게는 중요하지 않다. 둘째, 애플리케이션에 따라 잘못된 답의 비용(긍정 오류든 부정 오류든)은 클 수 있다. 개인적 중요도 애플리케이션은 또한 부트스트래핑 문제도 갖는데, 개인이 시스템과 전혀 상호 작용한 적이 없다면 개인이 중요하다고 여기는 것을 이해하기는 상당히 어렵기 때문이다.

지금까지 대부분의 개인적 중요도 애플리케이션은 문제를 보통 이 책에서 이전에 다룬 것과 같은 변형이 있는 분류 문제로 다룬다. 애플리케이션은 n이 시스템의 사용자 수일 때 n+1개의 모델을 훈련하고 테스트한다. 다른 말로 각 사용자는 고유한 모델을 갖고 추가적인 모델은 중요도와 연관된 전반적 자질의 개념으로 훈련되는 전반적 모델이다. 사용자별 모델은 일반적으로 전반적 모델과 비교했을 때 사용자가 갖는 차이점인데, 이것은 크기와 확장성 측면에서 다수의 장점을 갖는다. 실제 동작하는 이런 시스템에 대해 더 읽어보려면 http://research.google.com/pubs/

archive/36955.pdf에서 Aberdeen 등의 "The Learning Behind Gmail Priority Inbox"를 보라.

9.4.3 중요성에 대한 자료와 포인터

불행히도 앞에서 시사한 것처럼, 그리고 여기의 다른 대다수의 주제와 달리 어떤 것을 중요하게 만드는 것이 무엇인지에 대한 이론과 개념에 대해 알아볼 어떤 장소도 없다. 인터넷 시대의 많은 주제를 알아볼 때 시작하는 기본 장소인 위키피디아조차 단어 importance에 대해서는 자리 채움 페이지보다 조금 나은 정도(적어도 2001년 1월 21일만큼, http://en.wiktionary.org/wiki/importance 참고)만 갖고 있을 뿐이다. 흥미 있는 독자들은 여전히 조각을 맞춰 볼 많은 위치가 있기 때문에 낙심할 것 없다.

- 구글의 페이지랭크 논문(http://infolab.stanford.edu/~backrub/google.html)은 권위와 그래프 순위화 전략을 이해하기 위한 좋은 시작점이다.
- 정보 이론(위키피디아에서 시작하라 - http://en.wikipedia.org/wiki/Information_theory), 상호 정보, 엔트로피, 놀라움surprisal, 정보 이득information gain, 기타 도움이 될 주제에 대한 좋은 교과서 아무거나 참고하라.

중요성과 우선순위화 작업은 소셜 네트워크와 정보 쇄도를 다루기 위해 맡은 상당한 역할 때문에 오늘날 믿기지 않을 정도로 관심을 많이 받는 주제다. 유사하게 다음 주제인 정서 분석도 활발히 연구되는 영역으로, 적지 않은 부분이 페이스북이나 트위터 같은 서비스의 빠른 성장 덕분이다.

9.5 정서 분석을 통한 감정 감지

저자 J. Neal Richter 와 Rob Zinkov

정서 분석은 텍스트에서 주관적인 정보를 알아내서 추출하는 것이다. 보통 의견 마이닝opinion mining이라고 참조되는데, 이것은 일반적으로 절차를 자동화하기 위해 다양한 NLP 도구와 텍스트 분석 소프트웨어의 활용을 수반한다. 다음의 간단한 예제는 영화 리뷰 사이트인 RottenTomatoes.com에서 나왔고 명확성을 위해 바꿔썼다.

"The movie Battlefield Earth is a disaster of epic proportions(영화 Battlefield Earth는 엄청난 규모의 재앙이다)!"

– Dustin Putnam

이것은 분명히 부정적인 영화 리뷰다. 정서 분석의 기본적 형태는 극성^{polarity} 분류이고, 이 문장에 정규화된 범위 [-10, 10]에서 -5점을 부여할 수 있다. 고급 정서 분석 기법은 문장을 해석해서 다음 사실을 추정한다.

- BattleField Earth는 영화다.
- BattleField Earth는 아주 나쁜 영화이다.
- Dustin Putnam은 BattleField Earth가 아주 나쁜 영화라고 생각한다.

이 작업의 복잡도도 눈에 띈다. 소프트웨어는 개체 {BattleField Earth, Dustin Putnam}을 인식해야 하고, 'disaster'가 음의 점수를 갖는 문구 데이터베이스가 있어야 한다. 또한 전치사구 'of epic proportions'가 명사 'disaster'의 형용사로 기능하고, 이것이 대략 'big disaster'와 동등하며, 따라서 'disaster'에 연결된 음의 값을 강조해야 함을 인식하는 능력이 있어야 한다. 웹의 사용자 생성 콘텐츠의 급속한 확산에 따라 이제 주제(정치, 영화)와 객체(특정 제품)에 대한 많은 사람의 의견을 측정할 수 있게 됐다. 이 의견을 찾고, 색인으로 만들고, 요약하고 싶은 욕구는 기업 마케터, 기업 내의 고객 서비스 분과, 금융, 정치, 정부 조직 사이에서 강렬하다.

9.5.1 역사와 비평

Pang과 Lee(Pang [2008] 참고), 그리고 Liu(Liu [2004] 참고)의 조사 논문은 정서 분석의 역사와 현재 상태에 대한 훌륭한 비평을 제공한다. 이 분야는 NLP와 언어학 커뮤니티에 깊은 뿌리를 갖고 있다. 이 분야의 초기 작업은 Janyce Wiebe와 공동 작업자(1995-2001)에 의해 이뤄졌는데, 그들은 이것을 주관성 분석^{subjectivity analysis}이라는 용어로 불렀다. 연구의 목적은 문장을 주관적으로, 또는 사용된 형용사 및 그 방향성에 기초하지 않고 분류하는 것이었다.

소프트웨어 업계 내부에서 2000년은 정서 분석에서 흥미로운 해다. 퀄컴^{Qualcomm}

은 유도라^{Eudora} 이메일 클라이언트의 2000년 배포에 Mood Watch 기능을 출시했다. Mood Watch는 단순한 이메일을 [−3, 0] 범위로 부정 극성 분석해서 화면에 고추 아이콘을 표시했다. 이 시스템은 카네기 멜론 영문학부의 David Kaufer(Kaufer [2000] 참고)가 설계했다. 내부적으로 알고리즘은 이메일을 여덟 가지 유즈넷 'flame wars'에서 발견된 일반적인 담화 패턴 카테고리로 분류했다.

2000년 초, 첫 저자(Neal Richter)는 고객 서비스를 위한 이메일 처리를 특화하는 CRM 소프트웨어 벤더를 위한 감정 극성 분석 시스템에 대한 작업을 시작했다. 그 시점에 우리는 이 분야를 설명할 때 정서 분석 대신 정서적 평가^{affective rating}라는 용어(Durbin [2003] 참고)를 사용했다. 이 기능은 2001년에 출시됐고, 그때부터 매달 수십억 개의 고객 서비스 연구를 처리했다. 이 시스템은 30개 이상의 언어로 번역되기도 했다. 2001년 이전에도 고립된 학술적 연구가 있었지만, 2001년을 정서 분석이 자연언어 처리의 공식 연구 분야로 출발한 해로 간주할 수 있다.

연구의 첫 단계는 기본 문법 규칙과 영어의 구조에 더해 텍스트 조각의 휴리스틱 극성 평가에 이르기 위한 키워드 사전을 사용하는 데 중점을 뒀다. 키워드 사전은 보통 극성에 대한 사람의 판단으로부터 수동으로 구성됐다. 이런 기법으로 합당한 정확도를 얻었다. 예를 들어 Turney(Turney [2002] 참고)는 제품 리뷰의 극성을 예측하는 데 74% 정확도를 이뤘다. 이런 유형의 기법은 영어에 존재하는 고차 구조를 포착하는 데 실패하더라도 구현하기 쉽다. 특히 이 기법은 그 단어 주변이나 문장 저편의 의미를 변경하는 단어를 고려하는 데 실패할 수 있다. 그런 알고리즘이 작은 문구(2~3개 단어)만 추출하기 때문에 더 복잡한 구조를 놓칠 수 있다. 이런 기법은 보통 재현율이 낮다. 분류를 제시하는 데도 흔히 실패한다.

휴리스틱 알고리즘의 한계는 열거 문제다. 언어의 복잡한 본질을 고려하면 모든 가능한 정서 표현 패턴의 수동 구성을 시도하는 것은 상당한 헛고생이다. 그 대신 다음 단계의 연구는 정서 패턴이나 단순히 추정을 내기 위해 제품 리뷰에서 얻은 인터넷 데이터 발달을 이용한다. 초기 지도 학습 기법은 "Mining the Peanut Gallery: Opinion Extraction and Semantic Classification of Product Reviews"(Dave [2003] 참고)였다. 기본 어간 추출 기법과 전처리, TF−IDF, 라플라스 변환, 유사한 척도의 활용으로 시작해서 처리돼 점수가 매겨진 리뷰를 다양한 분류기에 넣었다.

이진 +/- 분류는 나이브 베이즈 알고리즘으로 데이터셋에 대해 87% 만큼 높았다.

더 최근의 고성능 휴리스틱 주도 접근 방식은 Ding 등(Ding [2009] 참고)에 의해 설명됐다. 읽기를 적극적으로 추천하는데, 대규모 데이터 주도 의견 단어 렉시콘을 풍부한 전처리와 전이 상태 계산과 같이 결합시켰다. 특히 그들은 추론을 추출하는데 규칙 문법(컴파일러 관점에서)을 사용했다. 규칙 엔진은 태그된 텍스트를 단어와 품사 짝, 그리고 정서 극성 간의 연관성을 성의하는 추론 진술로 변환하기 위해 여러 번 적용됐다. 그들은 재현율과 정밀도 모두에서 80% 이상 상승하는 정확도를 얻었다.

최근의 간단한 자율 방식은 Hassan과 Radev(Hassan [2010] 참고)가 사용했다. 그들은 워드넷WordNet 데이터베이스에 대해 부트스트랩하고 알려지지 않은 극성 단어에서 시작하는 '랜덤 워크'를 수행했다. 랜덤 워크는 알려진 극성이 있는 단어를 만나면 멈춘다. 극성 예측은 같은 시작 단어에서 여러 번의 랜덤 워크에 대해 평균을 계산한다. 고차 구조를 이용하려는 시도는 하지 않았다. 이 방식은 빠르다. 비교적 짧은 '황금 표준' 긍정적 단어와 부정적 단어 목록 이상의 말뭉치가 필요 없다. 이것은 매우 작은 시드 시작 단어 목록에 대해 92~99%의 정확도를 얻었다. 이것이 비말뭉치 기반 메소드이고, 워드넷이 모든 영어 단어를 포함하지 않음을 고려하면 이 아이디어는 정서 키워드 사전을 부트스트랩하는 데 가장 활용할 만한 것이다.

9.5.2 도구와 데이터 요구

정서 분석의 대부분 방식은 몇 가지 기본적 도구와 데이터만 요구한다. 첫 번째는 문장을 해석해서 단어에 품사 라벨을 붙이는 소프트웨어 패키지인 품사 태그 부착기다. 몇 가지 일반적인 태그 부착기는 다음과 같다.

- 앞의 내용에서 설명한 OpenNLP 태그 부착기
- Eric Brill의 태그 부착기 http://gposttl.sourceforge.net/(C 코드)
- Lingua-EN-Tagger http://search.cpan.org/~acoburn/Lingua-EN-Tagger/Tagger.pm
- Illinois POS Tagger https://cogcomp.org/page/software_view/POS
- Demo http://cogcomp.org/page/demo_view/pos

품사 태그 부착기에 더해 키워드/문구 극성 평가 데이터베이스는 중요하다. 이것은 주석이 달린 소스에서 모으거나 말뭉치에서 학습할 수 있다. Whissell의 정서적 언어 사전^{DAL, Dictionary of Affective Language}('Dictionary of Affective Language'로 직접 검색하기를 추천한다. - 옮긴이)과 WordNet-Affect(http://wndomains.fbk.eu/wnaffect.html 참고)가 데이터의 두 가지 소스다. DAL 데이터를 사용하려면 추출이 좀 필요하다는 데 주의하라. 의미적 사전은 표 9.1과 같다.

표 9.1 감정 사전 예제

어휘 개체	품사(POS)	감정 카테고리(+는 긍정, −는 부정)
happy	JJ	+
horror	NN	−
dreadful	JJ	−
fears	VBZ	−
loving	VBG	+
sad	JJ	−
satisfaction	NN	+

게다가 토큰 분리기, 문장 경계 결정, 불용어 표시, 단어 어간 추출기 등의 기본적 원문 분석 도구는 필요하다. 이 항목에 대한 더 많은 정보는 2장을 보라.

9.5.3 기본적 극성 알고리즘

정서 극성을 생각하는 최선의 방법은 문서를 따라 액체가 흐른다고 생각하는 것이다. 정서는 문서 전반에 걸쳐 일관적이게 기대된다. 예를 들어 블렌더의 아마존 리뷰 조각이 있다.

This was a good price and works well hwever it is very loud. Also the first 10-15 uses I noticed a very pronounced electric smell after running it. But hey, you get what you pay for. The thing works, blends well, and

I like that I can stand the jar up and take it with me.(이것은 가격이 괜찮고 잘 동작하나 굉장히 시끄럽다. 또한 처음 10~15번 사용할 때 동작 이후 굉장히 확연한 전기 냄새를 느꼈다. 그러나 음, 낸 만큼 받은 것이다. 이 물건은 동작하고, 잘 갈고, 단지를 세워두고 갖고 다닐 수 있는 것이 좋다.)

however에서 어떻게 정서가 긍정적에서 부정적으로 바뀌는지 주의하라. 이 리뷰는 'But'에 이르러 부정에서 긍정으로 다시 돌아온다. 이 이동은 리뷰의 맥락에서 loud가 부정적 정서를 갖는다는 것을 추론할 수 있게 해준다. loud의 정서는 보통 문서에 의존적이다. 락 콘서트를 설명할 때는 loud는 보통 긍정적인 특성이다. 블렌더를 설명할 때 loud는 주로 부정적인 특징이다.

Yi 등(Yi [2003] 참고)과 Turney(Turney [2002] 참고)의 초기 극성 알고리즘 두 가지가 있다. 다음은 구현의 명확성을 위해 다시 구성된 Yi의 알고리즘이다.

■ 텍스트를 토큰으로 분리한다.
■ 동사구와 명사구를 찾기 위해 문장 각각에 패턴 집합을 적용한다.
■ 찾아낸 어떤 2진이나 3진 표현을 구성한다.
■ 동사와 형용사 및 그 한정사를 Semantic DB에서 찾는다(필요에 따라 어간 추출 변형을 사용하라).
■ 찾은 연관 표현을 출력하라.

3진(대상, 동사, 소스) 표현의 예는 'the burrito', 'was', 'too messy'이고, 이진 표현(형용사, 대상)의 예는 'quality', 'camera'다. 이 모두를 모아서 여기 이 문장 "This recipe makes excellent pizza crust(이 조리법은 훌륭한 피자 크러스트를 만든다)."는 표본 텍스트에 있는 Yi 알고리즘의 예가 된다.

■ **정서 패턴 일치** <"make OP SP>
■ **주어구(SP, Subject phrase)** This recipe
■ **목적어구(OP, Object phrase)** pizza crust
■ **OP의 정서** 긍정적

■ **T 표현** <"recipe", "make", "excellent pizza crust">

Turney의 알고리즘은 거대 텍스트 말뭉치에서 키워드가 알려진 긍정적 단어와 부정적 단어가 근접한 정도에 따라 특정 키워드의 극성을 추정하기 위해 점별 공통 정보PMI, pointwise mutual information를 적용하는 기본 패턴 추출기의 다른 예다. 기초적 용어로 PMI는 두 단어가 각자 출현하는 횟수로 예측하는 것보다 함께 더 많이 출현할 때 고도로 연관됐다고 언급한다. 그렇지 않으면 선행과 유사하다. 문장을 토큰 분리하고 품사 태그를 붙인 다음 2개나 3개 단어로 된 태그된 구문(바이그램이나 트라이그램)을 패턴으로 추출한다. 그런 다음 단어를 해당 바이그램이나 트라이그램에 있는 아무 알려진 긍정적/부정적 단어와의 공동 출현에 기반을 두고 PMI 메소드를 사용한다.

9.5.4 고급 주제

정서 분석을 감지하는 고급 방법 중 하나는 조건부 랜덤 필드CRF, Conditional Random Fields(Getoor [2007] 참고)라고 하는 기법이다. CRF와 다른 데이터 주도 기법의 주된 이점은 단어 간의 의존성과 구조를 모델링하는 능력이다. 따라서 그것들은 재현율 성능이 훨씬 좋다. 이전에 언급한 기법 다수는 각 단어의 정서를 주변 단어와 무관하게 다뤘다. 많은 자연어 문제에 대해 이것은 성능에 크게 영향을 미치지는 않는다. 불행히도 단어의 정서는 심하게 주변 단어에 따라 결정된다. 이 의존성을 고려하는 최선의 방법 중 하나는 조건부 랜덤 필드를 사용해 문제를 모델링하는 것이다.

CRF는 데이터를 단어가 어떤 라벨을 받을 수 있는지 제약하는 내부 구조를 사용해서 모델링할 수 있게 해준다. 정서 분류 작업은 인간 언어 내에 잠재적으로 사용할 수 있는 구조를 활용해서 최신 결과를 얻기 위해 CRF를 사용할 수 있다.

학습과 CRF를 위한 추론 알고리즘에 대한 특정 세부 사항은 이 책의 범위를 넘어선다. 대신 여기서는 CRF를 위한 자질을 어떻게 정의할지 개요를 서술하는 데 집중한다. 그런 다음 모델을 훈련하기 위해 오픈소스 라이브러리를 사용한다. 단어의 정서를 알아낼 때 어떤 자질을 고려할지 명시해서 CRF를 정의한다. 이전에 설명한 다음과 같은 일반적인 자질 일부가 적절하다.

- 단어의 품사

- 이 단어가 개체인가?

- 이 단어가 개체를 설명하는가?

- 단어의 동의어

- 단어의 어간[stem]

- 단어가 대문자화됐는가?

- 단어 사체

이제 다음과 같이 정해진 단어 자체에 대한 자질을 고려할 수 있다.

- 이전 단어와 다음 단어의 품사

- 이전 단어가 not인가?

- 이전 단어가 but인가?

- 이 단어가 대용어라면 참조하는 단어의 자질

더 중요하게 이제 현재 단어, 주변 단어, 대용어 자질과 같이 멀리 있는 단어 요소를 갖는 자질을 정의하는 식으로 자질을 연결할 수 있다. 예를 들어 현재 단어의 품사와 다른 단어를 참조하는 경우 참조하는 대용어를 자질로 가질 수 있다. 이 자질을 갖고 있다면 CRF++(http://crfpp.sourceforge.net/) 같은 도구를 통해 제공할 수 있다. 갖고 있는 자질을 CRF++가 받는 형식으로 바꾸는 전처리가 필요하다는 데 주의하라. 학습된 모델을 사용하기 위해서도 후처리가 좀 필요하지만, 작은 마법이 있다.

수행하고 싶을 또 다른 일반적인 연산은 여러 개의 단어나 문서에 걸쳐 의견을 모으는 것이다. 이런 상황에 이 집합은 문서 내에서 참조되는 문서나 개체에 대한 것이 된다. 예를 들어 펩시에 대한 사람들의 일반적인 의견을 알고 싶을 수 있다. 이것은 펩시에 속하거나 펩시를 참조하는 모든 개체의 정서의 평균을 내서 얻을 수 있다.

많은 상황에서 잘 정의되지 않은 무언가를 원한다. 우리는 문서의 주제를 알고 싶어 한다. 사람들이 조리 있고 일관적인 의견을 갖는 단어의 자연적 클러스터링이 있다. 이 클러스터를 간혹 주제라고 부른다.

주제 모델링(6장에서 대략 다룬)은 문서 컬렉션에서 이런 클러스터를 발견하기 위해 설계된 알고리즘군을 나타낸다. 그들은 문서의 중요한 단어를, 문서를 가장 잘 대표하는 다른 주제들로 정리하는 경향이 있다. 도메인에 대해 정서가 이 주제에 속한다고 간주하는 것이 이치에 맞는다면 무수한 방법을 통해 얻을 수 있다. 가장 단순한 방법은 각 단어의 정서를 특정 주제에 단어 각각이 얼마나 강하게 연관됐는가에 기초한 가중치를 부여해 가중 평균을 계산하는 것이다. 또한 동시에 정서와 주제를 학습하고 싶을 수도 있다. 이것 뒤의 직관은 주제의 단어가 대략 같은 정서를 갖기를 원한다는 점이다. 이것을 위한 접근 방식을 정서주제 모델이라고 한다.

9.5.5 정서 분석을 위한 오픈소스 라이브러리

정서 분석 모델을 구축하기 위해 많은 분류 라이브러리를 사용할 수 있지만(분류는 일반적인 접근법이고 정서 분석 작업에 특별히 맞춰져 있지 않다는 것을 기억하라), 정서 분석을 할 수 있게 이미 설정된 라이브러리가 다음을 포함해서 몇 가지 있다.

- GATE(http://gate.ac.uk/) 정서 분석 모듈을 포함한 다용도 GPL 라이선스 NLP 툴킷
- Balie(http://balie.sourceforge.net/) 개체명 인식과 정서 분석을 제공하는 GPL 라이선스 라이브러리
- MALLET(http://mallet.cs.umass.edu/) 조건부 랜덤 필드와 다른 알고리즘을 구현하는 Common Public 라이선스 라이브러리

정서 분석을 하기 위해 다양한 상용 도구(Lexalytics 같은)와 API(Open Dover 같은), 공유 소스(LingPipe 같은) 라이브러리를 사용할 수 있다. 이 책에서 설명한 어떤 도구를 사용할 때든 도구를 구매하거나 접근 방식을 구현하기 전에 결과의 품질을 검사하게 도구를 준비하라.

정서 분석은 오늘날(2012년 경) 관심 받는 주제 중 하나지만, 지구에 걸친 계속 증

가하는 연결(페이스북 단독으로 집필 시점에 전 세계 대부분을 아우르는 50억 이상의 사용자를 갖고 있다)은 언어 장벽을 더 효과적으로 넘고 싶어 하는 요구를 만들어낸다. 다음 주제인 교차 언어 검색은 세계의 사람들이 모국어와 관계없이 소통하는 일을 쉽게 만들어주는 솔루션의 중요한 부분이다.

9.6 교차 언어 정보 검색

교차 언어 정보 검색^{CLIR, Cross-language information retrieval}은 사용자가 특정 언어로 질의를 입력해서 다른 언어로 된 결과를 얻을 수 있는 검색 시스템이다. 예를 들어 CLIR 시스템은 중국어가 모국어인 사용자(영어를 하지 못하는)가 중국어로 질의를 입력해서 영어, 스페인어, 기타 지원되는 언어로 된 연관된 문서를 받을 수 있게 해준다. 이 문서들이 표면적으로는 거의 그 언어를 하지 못하는 사람에게는 무의미해보이긴 하지만, 대다수의 실용적인 CLIR 시스템은 사용자의 모국어로 문서를 보여주기 위한 어떤 종류의 번역 구성 요소(자동 또는 수동)를 사용한다.

> **교차 언어와 다중 언어 검색** 일부 검색 집단에서 사람들이 다중 언어 검색을 원한다고 말하거나 가끔은 교차 언어 검색이 필요하다는 말을 들을 것이다. 우리가 보기에 다중 언어 검색은 다른 언어를 포함하는 여러 개의 색인을 갖는 검색 애플리케이션을 다루고, 사용자는 선택한 언어를 사용해서만 시스템에 질의한다(영어 사용자는 영어 리소스에 대해 질의하고, 스페인어 사용자는 스페인어 리소스에 대해 질의하는 등). CLIR의 경우 사용자는 영어 사용자가 스페인어 리소스에 대해 질의하는 식으로 명시적으로 언어 장벽을 넘게 요청한다.

3장에서 상세히 다룬 것처럼 단일 언어 검색의 장벽을 극복하는 데 더해 CLIR 시스템은 언어 장벽을 넘는 문제도 다뤄야 한다. 대부분의 사람들이 새로운 언어를 배우기 어렵다는 점을 고려했을 때 좋은 교차 언어 검색은 소프트웨어 애플리케이션에 있어 작지 않은 작업임이 분명하다.

CLIR 애플리케이션은 전통적으로 사용자 질의를 대상 언어로 번역해서 소스 언어로 된 대상 문서에 대해 정보 검색을 수행하거나, 전처리 시점에 컬렉션의 모든 문서를 대상 언어에서 소스 언어로 번역하는 식으로 구축된다.

어떤 접근법을 사용하든 시스템의 품질은 대체로 번역 능력에 달려 있다. 가장 단순한 시스템에서조차도 수동 번역은 불가능하기 때문에 어떤 유형의 자동화된 접근법을 사용해야 한다. 가장 단순한 프로그램적 접근법은 이중 언어 사전을 얻어 질의 단어 하나를 다른 단어로 대체하는 작업을 하는 것이지만, 대부분의 언어가 관용구, 동의어, 기타 단어와 단어 대체를 어렵게 하는 구조를 사용한다는 사실 때문에 잘해봐야 명확화^{disambiguation}와 의미론적 문제를 겪는다.

병렬 말뭉치나 유사 말뭉치를 분석해서 자동으로 관용구, 동의어, 기타 구조를 학습하는 통계적 접근법에 기초해서 고품질 자동 번역을 제공하는 몇 가지 상용 및 오픈소스 도구를 사용할 수 있다(병렬 말뭉치는 문서 각각이 다른 컬렉션의 문서에 대한 번역 인 두 개의 문서 컬렉션이다. 유사 말뭉치는 같은 주제에 대한 두 개의 문서 컬렉션이다). 가장 잘 알려 진 자동 번역 시스템은 그림 9.5에 나온 구글의 온라인 번역기 http://translate. google.com이겠지만, Systran(http://www.systransoft.com/)과 SDL Language Weaver (http://www.languageweaver.com/) 같은 다른 시스템도 있다. 오픈소스 측에는 Apertium (http://www.apertium.org/) 프로젝트가 상당히 활동적으로 보이지만, 평가해보지는 않았 다. Moses 프로젝트(http://www.statmt.org/moses/)는 통계적 기계 번역^{MT} 시스템으로, 자 체적으로 통계적 MT 시스템을 구축하기 위해서는 여기에 병렬 말뭉치만 있으면 된다. 마지막으로 Mikel Forcada는 적절한 크기의 자유/오픈소스 MT 시스템의 목 록을 http://computing.dcu.ie/~mforcada/fosmt.html(2018년 12월 유효하지 않다. - 옮긴이) 에 만들어 뒀다.

그림 9.5 문장 "Tokyo is located in Japan(도쿄는 일본에 위치한다)."을 Google Translate를 사용해서 영어 에서 일본어로 번역하는 예(2010년 12월 30일에 캡처)

CLIR의 어떤 경우 직접 번역 기능이 없어서 중간 단계 역할을 하는 중심 언어(그런 언어가 있다고 가정하고)를 통해서만 번역이 가능할 수도 있다. 예를 들어 영어에서 프랑스어로, 프랑스어에서 광동어로 가는 번역 리소스는 있지만, 영어에서 광동어로 직접 리소스가 없다면 프랑스어를 통해 돌려서 광동어로 갈 수 있다. 당연히 품질은 안 좋아지겠지만, 아무것도 없는 것보다는 나을 수 있다.

좋은 번역 엔진(개념의 골자를 얻는 시작지점으로 대개 유용한)에서조차 시스템은 자주 정해진 입력에 대해 여러 개의 결과를 만들고, 따라서 CLIR 시스템은 언제 번역을 사용하고 사용하지 말아야 될지 결정하는 수단을 가져야 한다. 이와 비슷하게 많은 언어에서 고유명사를 다루기 위해 알파벳 사이에서 일어나는 음역^{transliteration}(한 알파벳에서 다른 알파벳으로 바꿔 쓰기, 번역과 혼동되면 안 된다)도 필요하다. 예를 들어 Grant가 작업하는 아랍어-영어 CLIR 시스템은, 영어 이름을 아랍어로, 또는 그 반대로의 음역을 시도하는데, 결과가 (가끔은 100개 이상의) 서로 다른 많은 순열일 때가 많고, 결과가 말뭉치에 출현하는 통계적 우도에 따라 이들 중 무엇을 검색 단어로 포함시킬지 정해야 한다.

> **참고** 왜 어떤 기사에서는 리비아의 지도자 이름을 Gaddafi로 쓰고 다른 기사는 Khadafi나 Qaddafi라고 쓰는지 궁금했다면 이는 주로 음역의 차이에서 나온 것으로, 알파벳 간의 명백한 매핑이 항상 존재하지는 않기 때문이다.

어떤 경우 번역 시스템은 신뢰도 점수를 반환하지만, 그 외의 경우 애플리케이션은 효과적이 되기 위해 사용자 피드백이나 로그 분석을 사용해야 할 수도 있다. 마지막으로, 그리고 불행히도 많은 경우 CLIR 방정식의 검색 부분이 얼마나 잘 구현됐든지 간에 사용자는 결과의 자동 번역 품질에 기초해서 시스템을 판단할 공산이 크고, 이것은 조금 연습하면 기사의 요지를 파악하는 데는 충분하더라도 거의 항상 일반적인 경우에는 썩 좋지 않다.

CLIR에 대해 더 학습하려면 Grossman과 Frieder의 Information Retrieval (Grossman [2004] 참고)를 시작점으로, Doug Oard의 사이트 http://terpconnect.umd.

edu/~oard/research.html을 보라. CLEF(http://www.clef-campaign.org)와 NTCIR(http://research.nii.ac.jp/ntcir/index-en.html)처럼 CLIR에 초점을 둔 몇 가지 컨퍼런스와 대회(TREC과 유사한)도 있다.

9.7 정리

9장에서는 검색과 자연언어 처리에 대한 다른 많은 주제를 가볍게 다뤘다. 의미론과 자동 의미 검색 문제를 살펴보고, 그런 다음 요약, 중요도, 교차 언어 검색, 사건과 관계 탐지 같이 다양한 분야를 살펴보는 것으로 진행했다. 유감스럽게도 이 분야를 깊이 파들어 갈 시간과 공간이 없었지만, 바라건대 독자가 원한다면 자료를 더 찾아볼 수 있는 지점에 대한 안내도 남겼다. 여기서 볼 수 있듯 검색과 NLP 분야는 커리어를 흥미로운 작업으로 채울 수 있는 도전적인 문제로 가득 차 있다. 이 주제 중 어떤 것에 대해서라도 상당한 진출을 하면 아주 많은 새로운 애플리케이션과 기회를 드러내는 것이다. 이 책의 내용이 독자의 커리어와 인생에 대한 새로운 기회를 드러내줬기를 진심으로 바란다. 즐겁게 텍스트를 길들여 보기를!

9.8 참고 자료

Agichtein, Eugene. 2006. "Confidence Estimation Methods for Partially Supervised Relation Extraction." Proceedings of the 6th SIAM International Conference on Data Mining, 2006.

Blum, Avrim and Mitchell, Tom. 1998. "Combining Labeled and Unlabeled Data with Cotraining." Proceedings of the 11th Annual Conference on Computation Learning Theory.

Bunescu, Razvan and Mooney, Raymond. 2005. "Subsequence Kernels for Relation Extraction." Neural Information Processing Systems. Vancouver, Canada.

Chen, Bo; Lam, Wai; Tsang, Ivor; and Wong, Tak-Lam. 2009. "Extracting

Discriminative Concepts for Domain Adaptation in Text Mining." Proceedings of the 15th ACM SIGKDD International Conference on Knowledge Discovery and Data Mining.

Chu, Min; Li, Chun; Peng, Hu; and Chang, Eric. 2002. "Domain Adaptation for TTS Systems." Proceedings of IEEE International Conference on Acoustics, Speech, and Signal Processing (ICASSP).

Culotta, Aron; McCallum, Andrew; and Betz, Jonathan. 2006. "Integrating Probabilistic Extraction Models and Data Mining to Discover Relations and Patterns in Text." Proceedings of the main conference on Human Language Technology Conference of the North American Chapter of the Association of Computational Linguistics.

Dave, Kushal; Lawrence, Steve; and Pennock, David. 2003. "Mining the Peanut Gallery: Opinion Extraction and Semantic Classification of Product Reviews." Proceedings of WWW−03, 12th International Conference on the World Wide Web.

Ding, Xiaowen; Liu, Bing; and Xhang, Lei. 2009. "Entity Discovery and Assignment for Opinion Mining Applications." Proceedings of ACM SIGKDD Conference (KDD 2009). http://www.cs.uic.edu/~liub/FBS/KDD2009_entity-final.pdf.

Durbin, Stephen; Richter, J. Neal; Warner, Doug. 2003. "A System for Affective Rating of Texts." Proceedings of the 3rd Workshop on Operational Text Classification, 9th ACM SIGKDD International Conference.

Getoor, L. and Taskar, B. 2007. Introduction to Statistical Relational Learning. The MIT Press. http://www.cs.umd.edu/srl−book/.

Greenwood, Mark and Stevenson, Mark. 2007. "A Task−based Comparison of

Information Extraction Pattern Models." Proceedings of the ACL Workshop on Deep Linguistic Processing.

Grossman, David A., and Frieder, Ophir. 2004. Information Retrieval: Algorithms and Heuristics (2nd Edition). Springer.

GuoDong, Zhou; Jian, Su; Zhang, Jie; and Zhang, Min. 2002. "Exploring Various Knowledge in Relation Extraction." Proceedings of the Association for Computational Linguistics.

Hachey, Ben. 2009. "Multi-document Summarisation Using Generic Relation Extraction." Proceedings of the 2009 Conference on Empirical Methods in Natural Language Processing: Volume 1.

Hassan, Ahmed and Radev, Dragomir. 2010. "Identifying Text Polarity Using Random Walks." Proceedings of the 48th Annual Meeting of the Association for Computational Linguistics (ACL). http://www.aclweb.org/anthology-new/P/P10/P10-1041.pdf.

Hearst, Marti. 1994. "Multi-Paragraph segmentation of Expository Text." Proceedings of the Association for Computational Linguistics.

Jurafsky, Danile, and Martin, James. 2008. Speech and Language Processing, 2nd Edition. Prentice Hall.

Kambhatla, Nanda. 2004. "Combining Lexical, Syntactic, and Semantic Features with Maximum Entropy Models for Extracting Relations." Proceedings of the Association for Computational Linguistics. http://acl.ldc.upenn.edu/P/P04/P04-3022.pdf.

Kaufer, David. 2000. "Flaming: A White Paper." Carnegie Mellon. http://www.eudora.com/presskit/pdf/Flaming_White_Paper.PDF.

Liddy, Elizabeth. 2001. "Natural Language Processing." Encyclopedia of Library and Information Science, 2nd Ed. NY. Marcel Decker, Inc.

Liu, Bing, and Hu, Minqing. 2004. "Opinion Mining, Sentiment Analysis, and Opinion Spam Detection." http://www.cs.uic.edu/~liub/FBS/sentiment-analysis .html.

Lodhi, Huma; Saunders, Craig; Shawe-Taylor, John; and Cristianini, Nello. 2002. "Text Classification Using String Kernels." Journal of Machine Learning Research.

Manning, Christopher D, and Sch?tze, Hinrich. 1999. Foundations of Natural Language Processing. MIT Press.

Nguyen, Bach and Sameer, Badaskar. 2007. "A Survey on Relation Extraction." Literature review for Language and Statistics II.

Pang, Bo, and Lee, Lillian. 2008. "Opinion Mining and Sentiment Analysis." Foundations and Trends in Information Retrieval Vol 2, Issue 1-2. NOW. Peccei, Jean. 1999. Pragmatics. Routledge, NY.

PubMed, MEDLINE. http://www.ncbi.nlm.nih.gov/sites/entrez.

Ravichandran, Deepak and Hovy, Eduard. 2002. "Learning Surface Text Patterns for a Question Answering System." Proceedings of the 40th Annual Meeting on Association for Computational Linguistics.

Turney, Peter. 2002. "Thumbs Up or Thumbs Down? Semantic Orientation Applied to Unsupervised Classification of Reviews." Proceedings of the 40th Annual Meeting of the Association for Computational Linguistics (ACL).

Yi, Jeonghee; Nasukawa, Tetsuya; Bunescu, Razvan; and Niblack, Wayne. 2003. "Sentiment Analyzer: Extracting Sentiments About a Given Topic Using Natural

Language Processing Techniques." Third IEEE International Conference on Data Mining. http://ace.cs.ohiou.edu/~razvan/papers/icdm2003.pdf.

Zelenko, Dmitry; Aone, Chinatsu; and Richardella, Anthony. 2003. "Kernel Methods for Relation Extraction." Journal of Machine Learning Research.

찾아보기

에이콘출판의 기틀을 마련하신 故 정완재 선생님 (1935-2004)

자연어 텍스트 처리를 통한 검색 시스템 구축

아파치 솔라, 루씬, OpenNLP 등 오픈소스 활용

발 행 | 2015년 1월 2일

지은이 | 그랜트 잉거솔, 토마스 모튼, 드류 패리스
옮긴이 | 임 혜 연

펴낸이 | 권 성 준
편집장 | 황 영 주
편 집 | 조 유 나
디자인 | 박 주 란

에이콘출판주식회사
서울특별시 양천구 국회대로 287 (목동)
전화 02-2653-7600, 팩스 02-2653-0433
www.acornpub.co.kr / editor@acornpub.co.kr

Copyright ⓒ 에이콘출판주식회사, 2015, Printed in Korea.
ISBN 978-89-6077-650-0
ISBN 978-89-6077-446-9 (세트)
http://www.acornpub.co.kr/book/taming-text

이 도서의 국립중앙도서관 출판시도서목록(CIP)은 서지정보유통지원시스템 홈페이지(http://seoji.nl.go.kr)와
국가자료공동목록시스템(http://www.nl.go.kr/kolisnet)에서 이용하실 수 있습니다.(CIP제어번호: CIP2014036675)

책값은 뒤표지에 있습니다.